KB193645

신화가 된 東夷이야기

김진일 지음

신화가 된 東夷이야기

김진일 지음

김진일(金眞一)

1961년 인천에서 태어났다.

20대 초반부터 내면세계의 수련에 탐구를 해오면서
우리민족의 상고철학에 관심을 가져왔다.

저서로는 《수행문화의 원형 천부경》이 있다.

신화가 된 동이이야기

초판발행	2013년 12월 20일
지은이	김진일
펴낸이	김동섭
펴낸 곳	도서출판 거발환
등록번호	2011. 10. 5 (제 2011-34호)
총 공급처	대전 서구 도마동 31-54
전화	070-7517-8787
팩스	042-525-3721
E-mail	samsirang77 @ naver.com
값	15,000원
ISBN	978-89-967400-1-8

서문

　신화는 상징을 담고 있는 이야기이다. 이런 점에서 신화는 사실적이라
는 점에 치중되기 보다는 풍부한 상징으로 표현된다. 한마디로 신화는 상
징이라고 하는 도구를 통해 복합적 사고(思考)를 갖게 함으로써 감성을
자극하고 영성을 자극한다. 이러한 의미로 볼 때에 지식적이며 사실 일변
도의 역사는 호기심이 충족된 이후에는 지루함과 메마름을 준다. 다시 말
해 감성을 적셔주지 못한다.

　하지만 신화의 특성은 상징이라는 도구를 통해 우리의 내면을 풍요롭
게 할뿐 아니라, 더 나아가 사건과 사물을 서로 연결시키게 되면서 입체
적 이미지를 만들기까지 한다. 그렇기 때문에 신화는 우리로 하여금 현재
의 위치를 파악하게 하고, 현재를 있게 한 중심이라고 하는 근원으로 되
돌아가게 만든다. 이런 점에서 신화는 우리의 영성을 자극함과 동시에 우
리에게 태초의 시간으로 되돌아가는 길을 제시하고 있다.

　우리 자신이 태초의 시간으로 되돌아간다는 것은 곧 흐트러진 삶을 복
원하고 진리에 대한 뼈대를 튼튼히 하여 영적의식의 수준으로 들어가게
되는 것을 말한다. 그러므로 신화는 내면으로 들어가는 신비의 문(門)에

서 영성적인 삶, 즉 어떻게 살아야 할 것인가와 그 구도(求道)의 과정에서 구원의 중심사상을 발견하게 하여 우리로 하여금 원형적인 세계와 만날 수 있도록 한다.

이 밖에도 신화는 자연의 현상과 사회의 현상을 상징으로 담아내면서 사람들에게 이미지화시켜 오래 전달되게도 하고, 사실을 상징화시켜 역사의 사실을 숨기는 기능도 하고 있다. 이런 점에서 신화는 생명력이 있고, 역사적 사실을 상징화함으로써 영성으로 깨어있지 않은 자들로부터 역사의 진실을 숨기기도 한다.

세계의 정치사에서 역사의 기록은 강자들에 의하여 쓰여 졌다. 그러므로 약자의 진실은 가리어질 수밖에 없었다. 하지만 역사의 진실을 상징화한 이야기는 강자들로부터의 왜곡과 말살정책에도 살아남을 수가 있다.

한마디로 역사에는 진실이 가리어질 수 있으나 신화에는 진실이 남겨지게 된다. 이런 점에서 신화는 왜곡된 역사를 바르게 비추는 거울이 될 수도 있다. 그렇다면 역사는 강자들에 의하여 만들어진다면 신화는 누가 만드는가? 그 발자취는 민심의 바탕위에 지혜로운 자들에 의해 만들어진다고 할 수 있다.

이렇게 볼 때에 역사는 특출한 것과 강한 모습만 보이게 되나 신화는 당시의 민심을 알려주고 정치에 의해 가리어진 억눌린 진실과 그것을 숨기고자 하는 거짓을 드러내게 된다. 이렇듯 신화는 진실과 거짓, 강자와 약자, 신성(神性)을 가진 자와 그렇지 않은 자를 가려내기도 한다.

이런 점에서 신화란 상징을 통해 풍부한 감수성을 주고, 근원으로 되돌아갈 수 있는 길과 진실을 숨겨서 오래도록 전해질 수 있게 만든다. 그런데 이러한 신화가 한 나라에 국한된 것이 아니라 각 민족으로부터 전해오면서 한국신화, 수메르신화, 이집트신화, 그리스신화, 로마신화, 북유럽신화, 중국신화 등을 만들어 놓았다.

이 중에서 눈여겨볼 신화는 중국신화이다. 그 이유는 중국신화에 등장하는 대표적 영웅들이 환국(桓國)과 배달국(倍達國)에 뿌리를 두고 중원으로 넘어간 인물들과 그 후손들이기 때문이다. 이와 더불어 그 영웅들을 중국신화에서는 천계(天界)에서 내려온 반신반인(半神半人)의 인물들로 다루고 있기 때문이다.

이렇게 볼 때에 중국신화에 등장하는 영웅들의 이야기는 동이족(東夷族)의 이야기이며, 그들 동이족이 천신(天神)과 같았다는 것은 그들이 신성(神性)을 겸비한 문화영웅들이었음을 말해주고 있다.

당시 고대의 한국은 신교(神敎)의 문화를 가지고 있었다. 여기서의 신교는 신의 가르침을 받들어 세상을 다스리는 것을 말한다. 그러므로 고대의 한국은 신에게 제물을 바치는 제사문화와 신과의 교통을 이루는 샤먼의 문화를 바탕으로 문명(文明)을 열었다.

이후 신교문화는 고대의 한국을 발판으로 중원의 땅에서도 펼쳐졌다. 그래서 고대의 중국에서도 인간의 사후(死後)에 혼령들이 천상과 지하의 세계를 오고간다고 믿었다. 이와 함께 만물에도 각기 정령(精靈)이 존재한다고 여겨 바위나 호수, 나무와 숲 등에도 정령이 깃들어 있다고 믿었다.

그런데 중원의 땅에서는 고대의 한국과는 다르게 신교문화를 바탕으로 온갖 생명과 사건의 관계 속에서 상징화된 이야기가 보다 풍부하게 만들어지게 되면서 신화를 만들어낼 수 있는 기반이 마련되었다. 따라서 이때부터 꿈(夢)과 영적체험을 바탕으로 한 신도세계와 상징의 세계가 결합되어 중국신화(中國神話)가 만들어지기 시작하였다.

잠시 여기서 중국신화의 구성을 보게 되면 높은 산(山)과 천상의 세계는 서로 교통이 가능한 곳으로 인식되었다. 그래서 산에 머무는 자와 산으로부터 내려온 자들에 대해서는 반신반인(半神半人)의 존재, 또는 신과 동일한 인물로 일컬어졌다.

이와 같은 원리에서 북방도 생명의 시원을 이루는 북극수(北極水)가 시작되는 곳이라 하여 인류의 시원을 이루는 거인족이 출현하는 곳이라 여겨졌다. 이 밖에도 그 곳에는 신들이 머무는 산정(山頂)이 있으며, 지하로 내려가는 통로가 있다고 여겼다. 그러므로 중원의 땅에 머무는 사람들에게 북방의 땅은 천상과 지하를 자유롭게 오고갈 수 있는 신들이 머무는 땅이기도 했다.

반면에 중원의 땅에서 살고 있는 사람들은 자신들이 머물고 있는 땅이 천국과 지하세계와는 거리가 먼 하계(下界)라고 생각하였다. 그래서 중국의 고대신화에서는 북방을 터전으로 살던 동이족(東夷族)들을 천국(天國)의 무리들로 여겼으며, 중원(中原)과 그 주변을 터전으로 살던 무리들을 하계의 존재로 여겼다.

그런데 이때에 천국에 있는 엘리트들인 동이족의 일부가 선진문화를 가지고 하계로 내려가게 되면서 천국에 있는 동이족과 하계로 이주한 동이족이 서로 나뉘게 되는 상황이 발생했다. 이 뒤로 신들로 일컬어지는 두 집단이 각기 터전을 잡은 곳에서 서로 문명을 발전시키더니, 급기야는 두 문명이 대립하게 되는 상황까지 이르게 되었다. 이로부터 문명에 대한 신들의 전쟁은 시작되고, 이 전쟁으로 인하여 북방과 중원의 땅은 끝없는 전쟁을 치르게 되는 상황이 발생하였다.

이런 점에서 볼 때 중국의 고대신화는 그 주역들이 동이족들이었으며, 동이족들의 이야기를 담고 있다. 그래서 필자는 하계의 입장에서만이 아니라 동이족들이 시작된 천국의 입장에서도 중국의 고대신화를 다시 봐야 한다고 생각하게 되었다. 이러한 입장은 어찌 보면 중국의 고대신화를 보다 자세히 살펴볼 수 있기 때문이다.

책의 내용에 대해서는 목차에서 알 수 있듯이 먼저 신화의 기본을 이루는 상징들에 대해서 다루었다. 그 다음으로는 전설적인 신성(神聖)들과 문화영웅시대를 열었던 성웅(聖雄)들에 대해서도 새로운 시각에서 바라보고자 하였다. 이와 더불어 제왕신화(帝王神話)와 후예(后羿)의 무용이 드러나는 십일신화(十日神話)에 대해서도 다루었다.

끝으로 탄생신화에 있어서는 감생신화(感生神話)와 관련하여 삼신(三神)이 집안에 들어야 애기를 낳게 된다는 이야기 등으로 책의 내용을 정리해 놓았다. 아무쪼록 졸필이지만 독자들에게 《신화가 된 동이이야기》를 소개 하게 되어 기쁘게 생각한다.

차례

5장. 십일신화(十日神話)

1장. 신화의 원형문화

1. 하늘과 땅의 중재자 샤먼

   신화의 상징체계에서 가장 기본이 되는 것은 인간이 하늘과 땅의 가운데서 중심을 이루는 역할이다. 이러한 상징체계는 나중에 인간을 중심으로 하늘과 땅이 하나가 되는데 목적을 두게 되면서 인간이 천지와 동등한 위격에 놓이게 되는 천지인(天地人) 삼재(三才)의 사상이 나오는 계기가 되었다. 이로부터 사람들은 하늘과 땅의 자식으로서 존재만 하는 것이 아니라, 하늘과 땅을 대행하는 존재가 되는데 가치를 두었다.

   이른바 위에 있는 하늘과 아래에 있는 땅의 중간에서 사람이 고리역할을 하는 것은 단순히 천지(天地)의 자식을 뛰어넘어 천지의 뜻을 실현하기 위해서이다. 그러나 여기에 적용되는 사람이란 천지에 대하여 가장 잘 아는 전문가이다. 그는 외형적인 천지를 아는 전문가가 아니라 내면적인 천지를 아는 전문가이다. 그러므로 그는 영적인 하늘과 영적인 지하를 자유롭게 오고 갈 수 있는 샤먼이다.

   샤먼이 역사에 드러난 시기는 신의 가르침을 받들어 정치를 펼치던 신정일치(神敎一致)의 시대였다. 그런데 샤먼이 신정일치의 시대에 역사의 전면으로 드러났다는 것은, 그들 샤먼이 사회지도층의 인사가 되어 세상에 가르침을 주었다는 것이 된다. 이 말은 한편으로 샤먼들에 의하여 문명이 열렸고, 그들이 문명의 주체가 되었다는 것을 말한다.

《성경》에서도 보게 되면 예수께서는 멜기세덱의 반차(班次)를 좇아 영원히 대제사장이 되었다는 내용이 있다.[1] 이 말은 예수가 살렘 왕인 동시에 하나님의 제사장인 멜기세덱의 계통을 좇았다는 것을 말한다. 그러므로 예수도 군왕(문화영웅)과 제사장(신의 전령)의 역할로 나뉜 모세 때의 계통을 따르지 않고 군왕인 동시에 제사장의 역할을 하던 신정일치(神政一致)의 문화를 따랐다는 것을 말해주고 있다.

이러한 예수의 뜻과 같이 초기의 역사에 있어서는 최초의 샤먼들이 신의 계시를 받들어 백성을 다스릴 줄 알았다. 이 뒤에는 제사장과 군왕의 직분이 나뉘었으나 서로의 부족함을 채우고자 협력하는 관계가 되었고, 역사의 시간이 더 흘러가면서 신정일치는 완전히 분리되는 시대를 맞이하였다. 그러나 신정일치의 초기는 최초의 샤먼들에 의하여 다스려지던 인류의 황금시대였다.

당시 최초의 샤먼은 그 특징이 신(神)을 몸으로 받아 들여 접신을 하는 오늘 날의 샤먼들이 아니었다. 그들은 수행을 통하여 무병장수를 이루고, 직접 신과의 교통을 이루었을 뿐만 아니라 천계(天界)와 지하의 명계(冥界)를 자유롭게 왕래하던 샤먼들이었다. 그래서 우리는 그들을 샤먼이라는 명칭대신에 선무(仙巫)나 신성(神聖)이라고도 한다.

야쿠트전승에 의하면 최초의 샤먼은 엄청난 능력을 지니고 있었고, 그 몸은 뒤엉킨 수많은 뱀들로 이루어져 있었다고 한다. 반면에 시베리아의 여러 종족들에 의하면 최초의 샤먼은 독수리로부터 태어났거나 독수리로부터 무업(巫業)을 배운 것으로 되어 있다.[2] 그래서 샤먼들은 자신의 무

---

1) 〈신약전서〉「히브리서 6장20절」
2) 엘리아데의 《샤마니즘》 84쪽 참조.

복(巫服)에 조형(鳥形)과 함께 뱀 모양의 장식으로 치장하기도 했다.

이와 같이 샤먼들은 하늘의 상징인 새와 땅의 상징인 뱀의 중재자로서 자신을 나타내게 되면서 하늘을 자유롭게 날아다니는 새(鳥)를 자신의 영적인 상징으로 삼았다. 이와 함께 땅속과 지상을 자유롭게 오고가는 뱀을 자신의 생산적인 삶과 근원으로 회귀하는 삶의 상징으로 삼았다.3) 그래서 샤먼들은 하늘의 상징인 새의 깃털장식과 함께 지상과 지하의 상징인 뱀 모양의 장식으로 자신의 무복을 치장하기도 하였다.

카프탄 자락에 달려 있는
수많은 댕기나 수건은 뱀을 상징한다.

〈샤마니즘(153쪽)〉

샤먼의 무복 중에서 가장 많은 것은
새 모양을 흉내 낸 무복이다.

〈샤마니즘(156쪽)〉

마야문명에서도 새와 뱀은 하늘과 땅을 상징하고 있는데, 그곳 마야문명에는 새의 특징을 가진 특별한 뱀이 있다. 그 뱀은 귀족을 위한 쿠쿨칸으로 깃털이 달린 뱀이다. 그러므로 쿠쿨칸은 신정일치의 문화에서 깃털과 관련하여 신의 전령과 뱀과 관련해서는 문화영웅으로서의 역할을 하던 샤먼으로 보인다. 그런 그가 신으로 모셔졌다는 것은 쿠쿨칸이 위대한 샤먼인 동시에 마야인들의 조상신에 해당되기 때문이다.

---

3) 땅속에서 뱀이 지상으로 나오는 것은 생산적인 삶과 문명을 낳기 위한 삶을 위해서이다. 반면에 뱀이 땅속으로 들어가는 것은 근원으로 회귀하는 삶, 즉 자신의 탈바꿈을 통해 불멸의 삶을 얻기 위해서이다.

카스티요 신전(神殿)

그를 모신 신전도 있는데 그것이 카스티요신전이다. 쿠쿨칸에게 바쳐진 이 신전에는 건물장식으로 뱀 모양이 있다. 그런데 이 조각품은 일 년에 두 번, 춘분과 추분 오후 늦게 태양이 비치면 깃털이 달린 뱀 모습으로 살아나도록 되어 있다.4) 이때의 모습은 태양광선과 그림자의 변화가 그 난간을 서서히 비추면서 만들어지는데, 흡사 몸을 비트는 꽃무늬 방울뱀을 연상시키기도 한다.5)

뱀과 새의 모습이 뒤섞인 상징적인 문화는 그리스신화에 나오는 티폰(Typhon)을 통해서도 찾아볼 수 있다. 그는 대지의 여신 가이아와 땅 밑에 존재하는 암흑세계의 신 타르타로스 사이에서 태어났다. 그의 모습은 거대한 거인으로서 머리에는 100개정도의 용이 돋아나 있었다. 이 밖에도 그에게는 두 개의 대퇴부 밑으로 거대한 뱀의 모습을 지니고 있었고, 온 몸을 깃털과 날개가 뒤덮고 있음으로 해서 자신이 일으키는 격렬

---

4) 춘분과 추분에는 왜 뱀이 날개를 달고 천상에 오르는가? 이때는 낮(陽)과 밤(陰)의 길이가 같기 때문이다. 한마디로 춘분과 추분에는 음양이 한쪽으로 치우침이 없기 때문에 이때는 음존재인 지하의 혼령들이 양존재가 있는 천상으로 자유롭게 올라갈 수가 있다.
5) 존 S. 헨더슨의 〈마야문명(373쪽)〉 참조. 이 책에 의하면 당시 마야인들은 하늘은 두 개이고, 이 두 개의 하늘인 낮과 밤을 용의 머리라고 하였다. 이와 함께 태양, 달, 금성, 그리고 천체의 모습을 용의 몸이라고 했다. 그러므로 마야인들은 낮과 밤을 머리로 하여 천체 모두를 용의 상징으로 삼고 있었다.

한 폭풍 때문에 항상 깃털이 휘날리고 있었다.

이와 같이 쿠쿨칸이나 거대한 거인(巨人)인 티폰의 모습 속에서도 우리는 하늘의 상징인 새와 땅의 상징인 뱀의 모습을 발견하게 된다. 이런 점에서 볼 때 당시에는 하늘과 땅을 교통시키는 샤먼으로서의 역할이 중시되었음을 알 수 있다. 그래서 지금도 샤먼들은 그 중요성을 인식하여 자신의 무복에 깃털장식과 뱀 모양의 장식으로 치장하기도 한다.

샤먼에게 뼈는 생명의 귀의처

샤먼에게는 이 뿐만이 아니라 하늘과 땅의 교통을 주관하고, 얼(魂)과 넋(魄)의 전문가이기 때문에 근원적인 상징을 중시한다. 그래서 사람의 뼈나, 동물의 뼈나 상관없이 샤먼은 뼈(骨)를 무복에 치장하기도 했다.

> 뼈는 사람의 것이든 짐승의 것이든 생명의 귀의처이다.
>
> 〈샤마니즘(158쪽)〉

샤먼은 입문의례에서부터 뼈에 대한 중요성을 배우게 되는데, 그 이유는 금방 썩어 없어질 살점과 피의 허상을 버리고 오래도록 남아서 자손과 소통할 수 있는 뼈를 중시하기 때문이다. 요컨대 그 뼈로부터 샤먼은 여러 신들과 조상의 혼령을 불러내기 위해서이다. 그러므로 뼈는 생명의 귀의처이기도 하지만 그 뼈로부터 현실세계로 부활을 하게 되므로 샤먼의 무업을 나타내기도 한다.

이 밖에 생명의 귀의처인 뼈는 샤먼들에게 명상의 방법으로도 이용되어 자신의 신체를 해체시키는 과정 속에서 뼈만 남기게 된다. 신라에서 불교 초기에 자장정률(慈藏定律)도 이와 같은 명상법인 고골관(枯骨觀)을 하였다.

진표전간(眞表傳簡)에서보면 진표율사도 망신참법(亡身懺法)으로 자신의 신체를 돌로 두들겨서 무릎과 팔뚝이 모두 부서져 피를 쏟는 고행까지 했다고 《삼국유사》에 기록되어 있다. 이때에 미륵이 나타나서 자신의 손가락뼈까지 주었다는 기록이 있는데, 그 기록은 죽어서 없어질 살점과 피의 허상에서 진표가 벗어나서 진리의 정수(精髓)를 얻었다는 것을 나타낸다. 따라서 진표는 해탈(解脫)을 이룬 새로운 인간으로 다시 태어난 것이다.

> 해골로의 변형과 그 자신을 해골로 보는 능력은 속된 인간조건의 초
> 월, 즉 입문 혹은 해탈을 의미한다.
>
> 〈요가(314쪽)〉

이와 같이 고대인들에게 뼈는 만물의 근본과 진리의 정수를 나타내는 상징이었다. 그래서 뼈는 지하세계를 상징하기도 하고, 깨달음의 궁극인 해탈을 상징하기도 한다. 이것으로 보아 진리세계에서 뼈는 물질에 집착하는 나의 죽음인 동시에 탈바꿈을 통해 얻어지는 해탈의 상징이요, 득도(得道)의 상징이기도 했다.

샤먼은 북방에서 태어난다

최초의 샤먼이 처음으로 등장한 지역은 북방이다. 야쿠트전설에 의하면 샤먼은 북방에서 태어나고 그곳에는 거대한 전나무가 있다고 알려져 있다. 그런데 이 전나무의 수많은 둥지에서 상급샤먼은 가장 높은 곳의 둥지, 중급샤먼은 중간에 자리한 둥지, 하급샤먼은 낮은 곳의 둥지에 깃든다고 한다.[6]

이때의 전나무는 세계수라고 할 수 있는데, 이 세계수는 그 원형이 위

로는 그 줄기가 북극성으로 뻗고, 아래로는 그 뿌리가 북방의 땅으로부터 시작하여 지하로 뻗고 있다. 그러므로 샤먼이 태어난 땅은 북극성과 마주하고 있는 북방의 땅이었다.

이와 같은 상징은 북유럽의 신화인 오딘의 이야기에서도 찾아볼 수가 있는데, 여기서의 세계수는 거대한 물푸레나무인 이그드라실(Yggdrasil)이다. 이 나무도 북유럽을 중심으로 위로는 천상과 연결되고 아래로는 지하 세계와 연결되어 있는 나무이다.

그런데 여기서 전나무가 되었든, 이그드라실이 되었든지 세계수의 특징은 우주산(宇宙山)이 있는 곳에 있으므로 우주산 위에는 세

북유럽의 세계수 이그드라실

계수가 자리를 잡고 있다. 이러한 관점에서 보게 되면 북방에서 우뚝 솟은 우주산은 세상의 중심인 세계의 배꼽(옴팔로스)이 되고, 그 위로 뻗은 세계수는 세계의 기둥, 즉 천상과 지상을 잇는 고리로서 하늘로 올라가는 사다리가 된다.

세계수는 움빌리쿠스(배꼽)[7]에 솟아 있고,
꼭대기는 신들의 궁전에 닿아있다.

〈샤마니즘(251쪽)〉

그렇다면 북방을 중심으로 세계의 배꼽과 하늘로 올라가는 사다리가 있는 것은 북방이 우주의 축(軸)이 된다는 것을 말한다. 그러므로 문명은

---

6) 엘리아데의 《샤마니즘》 54쪽 참조.
7) 움빌리쿠스(umbilicus)는 로마인들이 지구의 배꼽을 부를 때에 쓰던 언어이다. 라틴어로는 옴팔로스(Omphalos)라고 한다.

북방으로부터 시작한다. 이에 북아시아권에서 대표적인 천산(天山)은 문명의 조종인 종산(宗山)이 되고, 북방의 푸른 눈으로 알려진 바이칼호수는 문명을 낳아 기르는 젖줄이 된다.

천산과 바이칼호수로부터 시작된 환국문명(桓國文明)에 대해서도 그 의미만을 잠시 알아보면 그 문명은 환국이란 이름 그대로 밝은 빛을 숭상하는 문명이다. 초기 환국문명은 안파견(安巴堅) 환인으로부터 시작되었고, 이때의 환인(桓仁)은 밝을 환(桓)에 어질 인(仁), 또는 근본이 되는 인(因)이므로 광명(光明)의 씨앗이 되는 뜻을 가지고 있다. 그러므로 북방은 신교(神敎)의 가르침 속에 광명의 세상을 열고자 했던 최초의 샤먼들이 나오는 땅이었다고 말할 수 있다.

인류의 스승, 샤먼

이번에는 인류의 스승인 최초의 샤먼들의 능력에 대해서 살펴보면 그들은 초자연적 능력을 보이는 중고(中古)이래의 샤먼들의 모든 것을 가졌다고 할 수 있다. 그러므로 사람들의 눈에 자기 모습을 보이지 않게 하는 능력이나 칼로 자기 몸을 찌르고, 자기의 주위에 있는 사물을 공중으로 띄어서 서로 부딪치게 하기도 하고, 어린 아이를 공중에 띄어서 그대로 머무르게 하는 능력 등을 가지고 있었다.[8]

그러나 무엇보다 최초의 샤먼이 가지고 있는 능력이란 재주를 부리는 주술(呪術)이 아니라, 사람들의 의식을 변화시키는 위대한 스승과 병을 고치는 의사(醫師)로서의 모습이다.

최초의 샤먼, 그들은 질병으로부터 인간을 보호하고 인간을 개화시

---

8) 엘리아데의 《샤마니즘》 393쪽, 520쪽 참조.

키라고 신이 보낸 사자(使者)이다.

<샤마니즘(347쪽)>

최초의 샤먼에게서 나타나는 스승으로서의 역할은 문명을 낳는 일이었다. 이 일은 많은 창생을 깨어나게 하여 세상을 밝음으로 인도하고, 인류의 삶을 한 단계 높은 차원으로 끌어올리게 된다. 이 일에 최초의 샤먼들이 참여하게 되면서 고대의 문명은 열릴 수가 있었다.

이 밖에도 최초의 샤먼에게서 나타나는 의사로서의 역할은 그들이 산(山) 사람으로서 많은 약초를 알고 있으며, 수행을 통해 무병장수의 길을 알고 있었기 때문이다. 그렇기 때문에 최초의 샤먼들은 사람들을 질병에서 건져낼 뿐 아니라, 무병장수를 통해 불멸의 삶을 인류에게 제시해주기도 했다.

당시에 샤먼들이 수행을 했다는 증거들에 대해서는 엘리아데의 《샤마니즘》을 보게 되면 샤먼들이 주력(呪力)을 통해 굉장히 뜨거운 열기를 자신의 몸으로부터 만들어내는 능력이 있었다고 한다. 이 외에도 그들은 이때에 만들어지는 뜨거운 열기를 가지고 내적인 빛을 만들어냄으로써 무병장수뿐 아니라 해탈에까지 이르렀다고 하였다.

이런 점에서 볼 때 최초의 샤먼이나 그 능력을 이어왔던 샤먼들은 《샤마니즘》에서 언급하고 있듯이 접신의 전문가들일 뿐 아니라 수행인들이기도 했다는 결론에 이른다.

이후 최초의 샤먼 다음에는 백샤먼과 흑샤먼이 나오게 된다. 여기서 백샤먼은 최초의 샤먼들보다는 능력이 떨어지지만 그래도 신을 자신의 몸에 개입시키는 접신을 하지 않고도 나름대로의 능력을 발휘했던 샤먼들이다.[9]

---

9) 엘리아데의 《샤마니즘》 545쪽 참조.

이를테면 신들을 자신의 몸으로 불러들이는 샤먼이 아니라 동등한 입장에서 신들과 교감을 하고 그 의식의 높은 집중도와 의로움으로 인하여 사건의 열쇠가 되는 곳을 직접 자유롭게 찾아가서 문제를 풀어내는 샤먼들이었다. 그러므로 사람들은 그들을 일러 흔히 귀신의 법을 쥐고 있는 법사(法師)라고도 말한다.

그러나 흑샤먼의 경우는 신과의 접신을 통하여 신의 뜻을 자신의 입을 통하여 전한다. 여기에는 오직 매개자의 역할만 있다. 그러므로 이때는 자신이 신을 선택하여 자신에게 수종을 들게 하는 것이 아니라, 신의 선택에 의하여 자신이 신의 도구로 쓰여질 뿐이다.

이 뒤로 세상은 더욱 신성(神性)과의 거리가 멀어져 백샤먼도 차츰 자취를 감추고 흑샤먼만이 넘쳐나는 세상이 되었다. 이로써 시대의 흐름 속에서 인류의 스승이었던 위대한 샤먼들은 사라져가기 시작했다.

샤먼의 무구(巫具)

샤먼의 세계에서 특별히 눈여겨 볼 것은 무구(巫具)이다. 무구에서 대표적인 것은 북(鼓)과 칼(劍)이다. 이 중에 칼은 벼락불의 현현(顯現)이다. 그래서 칼은 신의 심판에 의한 위엄의 상징이고, 부정을 제압하는 정의로움의 상징이다.

반면에 북의 경우는 천둥소리로부터 왔다. 그래서 북은 의식의 깨어남을 상징한다. 여기서 의식의 깨어남은 교화(敎化)이며 만물을 길러내는 땅의 상징이기도 하다. 그런데 북은 천둥소리뿐 아니라 우주수(宇宙樹)와도 깊은 관련이 있다. 그 이유는 북이 우주수라고 하는 나무로부터 만들어졌기 때문이다. 그러므로 북은 하늘과 땅을 교통시키는 상징도 가지고 있다.

이 뒤로 북은 하늘과 땅의 교통과 관련하여 천마(天馬)의 상징으로도 나타난다. 그래서 샤먼의 혼령은 무고(巫鼓)의 울림을 통하여 우주의 어느 곳이든 날아가게 된다. 이런 점에서 무고에는 우주의 상징적 그림을 그려 넣기도 했는데 그것이 태양이나 달, 무지개 등이다.

> 야쿠트전설에 따르면
> 샤먼은 이 무고를 타고 일곱 하늘을 두루 지난다.
>
> 〈샤마니즘(169쪽)〉

> 말은 속계(俗界)를 돌파함으로써
> 이승에서 저승으로 통하는 문을 여는 것이다.
>
> 〈샤마니즘(403쪽)〉

천마의 상징을 가진 무구에는 북과 더불어 지팡이도 있다. 이 지팡이에는 말의 머리를 새겨놓음으로써 샤먼은 그 마두장(馬頭杖)을 타고 천계와 지계를 자유롭게 오고가기도 한다.

> 말머리가 새겨진 지팡이를 타고 도달하는 접신의 상태는 환상의 말을 타고 천계를 달리는 상태와 동일시된다.
>
> 〈샤마니즘(359)〉

그런데 북이나 마두장에서 나타나는 천마의 특징은 다리가 여덟 개나 된다. 이와 같은 특징은 인도북부와 퉁구스지역에서 잘 나타나는데, 이러한 특징은 팔각마(八脚馬)가 샤먼의 기능을 가진 동물의 전형이기 때문이다.
독일과 일본의 신화에서도 팔각마나 머리 없는 말(馬)의 이야기가 전해오고 있으며, 그 시작은 샤머니즘으로부터 전해져왔다고 여겨진다. 그러므로 중국신화에서 나오는 머리가 없고 발이 여섯이며 날개가 네 개가 달린 제강(帝江)의 경우도 샤먼의 기능으로부터 왔다고 볼 수 있다.

제강(帝江)

그렇다면 샤먼의 기능에서 말(馬)은 왜 발이 여덟이고 제강은 무엇 때문에 발이 여섯 개일까? 이에 대하여 먼저 팔각마부터 알아보면 샤먼의 기능에서 여덟 개의 다리는 팔방위(八方位), 즉 어느 곳이든 갈 수 있다는 상징이다. 그러므로 팔각마는 샤먼을 태우고 천상이든 지하이든 어느 곳이든지 달려갈 수가 있는 특징을 가졌다고 할 수 있다.

이와 같이 제강의 모습도 상징성으로 보게 되면 여섯 개의 발은 어떤 특징을 나타내고 있다. 〈산해경〉「서산경」을 보게 되면 제강은 천산(天山)에 살고 있는 것으로 나온다. 그렇다면 제강은 천산으로부터 비롯된 환국문명(桓國文明), 즉 문명의 종주국과 관련이 있다고 볼 수 있다.

이 외에도 제강의 명칭에서 임금 제(帝)를 사용하는 것으로 보아 그가 환국시대의 천자(天子)임을 알 수가 있다. 특히 제(帝)와 함께 강물 강(江)을 사용하는 것으로 보아 환국시대의 천자가 물(水)의 시원과도 관련이 있다고 말할 수 있다. 그렇다면 물의 시원과 관련하여 볼 때에 제강은 문명의 종주국을 이끌었던 천자였을 가능성이 크다.

제강의 명칭에서 나타나고 있는 물의 시원은 생명의 근원인 육수(六水)의 정신을 나타낸다. 이와 같은 6水의 정신은 제강의 모습에서도 나타나고 있는데, 그 모습이 여섯 개의 발이다. 그렇다면 제강의 여섯 개에 발이 어떻게 6水의 정신과 같은 의미를 가지는 것일까? 그것은 북방의 6

水가 문명의 종주국인 환국문명의 바탕이 되었듯이, 제강의 여섯 개에 발도 자신을 땅위에 서 있게 하는 바탕이기 때문이다.

〈태백일사〉「삼신오제본기」를 보면 북방 6水의 정신은 수정(水精)으로써 태수(太水)인 1水, 즉 수정자(水精子)를 낳는 모태로 알려져 있다. 수정자에 대해서는 부루태자가 자신을 일컬어 북극 수정의 아들이라고도 했는데, 여기서의 수정자란 북방으로부터 나온 모든 인물들을 지칭하기도 한다.

이렇게 볼 때에 제강이 여섯 개의 발을 가지고 있다는 것은 환국시대의 천자들이 북방 6水의 정신을 가지고 문명을 열었다는 것을 말한다. 한마디로 제강의 여섯 개의 발은 문명의 종주국에 대한 상징을 나타낸다고 하겠다.[10]

신체의 일부가 여섯 개로 되어 있는 생명체로는 마야부인의 태몽에서도 나타난다. 그 생명체가 상아(象牙)를 여섯 개나 가지고 있는 코끼리이다. 여기서의 상아는 코끼리의 위턱에 있는 돌출된 이빨로써 생명의 기운이 모이는 곳이다. 따라서 상아는 뿔과 마찬가지로 힘의 상징이며 정신적으로는 지혜의 상징이다.

반면에 코끼리의 상아가 여섯 개나 되는 것은 제강의 여섯 개에 발과 마찬가지로 북방 6水의 정신을 나타낸다. 그렇다면 여섯 개에 상아의 의미는 생명의 근원(6水)으로부터 지혜(상아)를 가진 인물이 탄생을 하게 된다는 뜻이다. 이로 보건대 석가는 생명의 근원으로부터 신성력을 가지고 태어날 수밖에 없는 운명의 소유자였다.[11]

---

10) 6水는 하도(河圖)에서 1水를 낳는 만물의 자궁수(子宮水)와 같다. 그래서 물의 결정체도 육각형으로 나타나게 된다. 이런 점에서 제강의 여섯 개의 발은 문명의 모태가 되는 것을 말한다.
11) 마야부인의 태몽에서 나타난 흰 코끼리는 여섯 개의 상아뿐 아니라, 일곱 개의 다리도 가지고 있었다. 그런데 여기서의 일곱 개에 다리는 생명의 근원을 나타내기 보다는 장차 석가가 깨달음을 성취하게 되는 상징을 담고 있다. 그래서

제강(帝江)은 이 밖에도 여러 독특한 모습을 가지고 있는데, 먼저 〈산해경〉「서산경」을 보도록 한다.

> 서쪽으로 350리를 가면 천산(天山)이라고 하는데 금과 옥이 많고
> 청웅황(靑雄黃)이 있다.…… 신령스런 새가 있는데 그 모습이 누런
> 자루와 같고 붉기는 붉은 불꽃같고 여섯 개의 다리와 네 개의 날개
> 가 있으며 도리(道理)를 분별하지 못하고 얼굴과 눈이 없다. 노래와
> 춤을 알고 있는 이 신은 실제는 제강(帝江)이다.

제강(帝江)에 대한 이야기에서 그의 몸은 붉은 불꽃같고, 새(鳥)의 몸에 네 개의 날개를 가졌다고 하였다. 여기서 제강의 몸이 붉은 불꽃과 같다는 것은 제강이 살고 있는 천산의 문화가 활발했으며, 그 문화로 인해세상의 어둠을 밝히고 있다는 것을 말한다.

제강의 날개와 관련해서는 천산지역이 샤머니즘과 관련되어 있음을 나타내고 있고, 네 개의 날개는 넓은 지역과 관련하여 보다 넓은 지역을 관할하기 위하여 두 개의 날개가 더 필요했다고 생각된다.

이와 함께 도리를 분별하지 못하였다는 것은 천산의 문화가 인륜(人倫)이 시작되기 이전의 태고시대의 문화였다는 것을 말한다. 얼굴과 눈이없다는 것은 천산의 문화가 어떤 형태와 정신 속에서 시작되었는지를 당시의 사람들은 알기 어려웠다는 것을 나타낸다.

끝으로 제강이 노래와 춤을 알고 있다는 것은 천산의 문화가 신명나는문화를 가지고 있었다는 것을 말한다. 이런 점에서 볼 때에 제강은 태고

석가는 일곱 걸음을 걸으며 하늘 위와 하늘 아래에 오직 내가 홀로 존엄하다는
천상천하유아독존(天上天下唯我獨尊)이란 말을 남기기도 했다. 여기서의 유아독
존인 존엄은 자신이 장차 육도(六道) 윤회를 뛰어넘는 일곱 걸음을 통해 깨달
음을 얻게 되는 것을 말하고 있다.

시대 샤머니즘의 문화권에서 출현한 천자(天子)라는 점과 그가 속해 있은 북방의 문화가 풍류(風流)를 아는 문화권이었음을 알게 한다.

결국 샤먼의 무구(巫具)인 칼이나 북이 신의 위엄과 깨어있기 위한 상징으로 쓰였듯이 중국신화에 나오는 제강의 경우도 상징적 모습을 통해 자신의 특성을 나타내었다. 이렇게 볼 때에 신화 속에서 나타나는 모든 괴상한 모습의 인물들은 나름대로의 상징을 가지고 있고, 그 상징을 통해 자신들의 특성을 나타내었다고 할 수 있다.

2. 원방각(圓方角)

하늘과 땅, 그리고 사람은 우주의 근본 틀을 보는 진리의 대명제(大命題)이다. 동양철학에서 하늘은 무한(無限)과 무형(無形)의 세계이다. 땅은 유한(有限)과 유형(有形)의 세계이다. 사람의 경우는 무한과 유한, 무형과 유형이 함께 공존하는 존재이다. 그러므로 인간은 무한과 유한의 삶에 놓여있고, 무형인 영혼과 유형인 육신을 가지고 있다.

그렇다면 이제 원방각(圓方角)과 관련하여 무한과 무형의 세계인 하늘에 대하여 먼저 살펴보게 되면 하늘이란 시간에 제약이 없는 무한과 형체가 없는 무형의 세계이다. 이를 상징적으로 잘 나타내는 것이 둥근 원형(圓形)인데, 그 모양은 시간과 공간에 제약이 없음을 나타낸다. 그래서 원형은 모나지 않고 원만하며 막힘이 없이 온전하다.

한마디로 원형은 조금도 결함이나 부족함이 없는 완전함을 상징한다. 이를 구도의 세계에서 원각통(圓覺通)이라 하며, 더 이상이 없는 최상의 도통의 경지를 말한다.

이번에는 땅에 대하여 알아보면 땅이란 시작과 마침이 있는 유한과 형체가 있는 유형의 세계이다. 그러므로 땅이란 시간에 제약과 형체에 제약이 있다. 이를 상징적으로 잘 나타내는 것이 네모진 방형(方形)이고, 그 모양은 시간과 공간에 제약이 있음을 나타낸다.

하지만 방(方)이란 물건의 네모짐과 반듯함을 나타내게 되면서 언행과 품행에 단정함을 상징하기도 한다. 주역 곤괘(坤卦)에서도 직방대(直方大)라는 말이 있다. 이 말은 땅의 정신이 곧고, 반듯하고, 크다는 뜻을 내포하고 있는 것을 말한다. 그러므로 방형은 시공에 제약이 있지만 사람들로 하여금 올곧고 반듯해지기를 바라는 상징을 가지고 있다.

그러면 이제 사람에 대해서도 알아보면 사람이란 무형의 정신과 유형의 육신을 함께 가지고 있다. 여기서의 무형에 정신은 온전함을 추구하는 정신을 말한다. 반면에 유형의 육신은 물질의 달콤함에 빠져드는 성향이 있다. 그래서 사람은 유한의 세계에 갇혀서 갈등하는 모습을 보여주기도 한다.

하지만 사람에게는 땅의 성정인 올곧고 반듯함 속에서 하늘의 성정인 온전함을 얻고자 하는 성향도 가지고 있다. 이에 근본을 중시하는 사람들은 올곧고 반듯함을 통해 온전함을 얻고자 이를 실행하기 위한 강인함을 중시하게 되었다.

이때에 강인함의 상징이 뿔(角)로 나타나고 있는데, 그 이유는 뿔이 앞으로 전진하는 모습을 갖고 있기 때문이다. 뿔의 이러한 강인한 모습에 대해 신라 십칠 관등에서도 뿔을 최고의 상징으로 삼게 되면서 첫 번째 관등을 뿔 각(角)자를 사용하여 각간(角干)이라고 하였다. 이 밖에도 뛰어남과 함께 맞버티어 굴복하지 않는 기상을 나타내는 용어로 각립(角立)이라는 말도 있듯이 뿔은 강인함의 상징으로 널리 사용되어 왔다.

뿔에 대해서는 몽고족 제1신 보목낙신(保牧樂神)에 대한 천신천강(天神天降)신화가 있는데, 여기서도 뿔을 강인함의 상징으로 삼아 신으로까지 모시고 있다.

옛날 옛적 하부라트(郝布拉特)가 하늘나라에서 인간세상으로 내려올 때, 천제(天帝)의 말을 훔쳐가지고 갔다. 하부라트는 이 말을 타고 흰 눈이 하얗게 쌓인 백두산으로 갔다. 그곳에서 천제의 소(神牛)도 잡아먹었다. 천제가 이를 알고 천사를 보내 하부라트를 잡아오라고 명령했다.

천사를 보고 하부라트는 "제가 천제의 말을 훔친 것은 사실입니다. 그래서 지금 곧 하늘로 올라가 천제의 심판을 받으려 합니다. 제가 천제의 소를 잡아먹은 것은 그 가죽과 뼈로 불상(佛像)[12]을 만들어 섬기려 했기 때문입니다." 하였다. 그러자 천사는 이를 가상히 여겨 그를 놓아주었다.

그리하여 하부라트는 소가죽을 구해 하나하나 조금씩 잘라 소가죽 끈을 만들어 이것을 소뿔에다가 감아 보목낙신(保牧樂神)을 만들어 사방의 백성들에게 나눠주었다. 그리고 일러주기를 이 신을 성심성 의껏 잘 모시면 1년 내내 재해가 없고, 편안하고 행운이 올 것이며, 만사형통할 뿐 아니라, 또 집집마다 기르는 가축들이 아무 탈 없이 번성할 것이라고 했다.[13]

목축을 보호하고 즐거움을 주는 보목낙신을 하부라트가 처음으로 모시고, 이후 많은 중생들이 잇따라 모셨다는 것은 소뿔로 된 신상(神像)이 널리 퍼졌다는 것을 말한다. 그래서 몽골지역에서는 소뿔이 솟대 위에서 나타나기도 하는데, 이때는 솟대의 꼭대기에 하나의 기둥을 가로로 올려

---

12) 불상: 보목낙신의 신상(神像)을 말한다.
13) 《하나 되는 한국사》 고준환 지음 63쪽

놓고 그 위에 새들을 대신하여 여러 개의 소뿔을 올려놓기도 하였다.

그런데 여기서 새들을 대신하여 소뿔로 장식을 해놓았다는 것은 소뿔의 강인함 때문이다. 한마디로 강인함과 꺾이지 않는 기상을 가진 신의 형상을 모시게 되면 모든 것이 이루어 질 수 있다는 믿음 때문이었다. 그렇기 때문에 신의 상징인 보목낙신은 사람들에게 행운과 함께 만사형통을 가져다 줄 수 있었고, 이로 인해 많은 사람들은 소뿔을 신성시 할 수 있었다.

가야의 각배   신라 동해시 구호동에서
                    발굴된 각배(角杯)

소뿔에 대해서는 〈삼국유사〉「탈해왕」편에서도 찾아볼 수 있다. 당시 탈해의 노비가 소뿔로 된 술잔인 각배(角杯)에 물을 떠오다가 잠시 먼저 입을 대고 물을 먹으니 입술이 달라붙었다. 이러한 이유는 당시 각배가 신성한 곳에 쓰이는 제사용 술잔일 뿐 아니라 임금이 될 자의 술잔이었기 때문이다. 이로 보건대 소톱은 신성함과 함께 권력자의 상징이기도 했다.

〈산해경〉「서산경」에 보면 외뿔을 가진 박(駁)14)이란 말(馬)이 나오며「북산경」에도 환소와 발마라고 하는 일각수(一角獸)가 나오는데, 이

---

14) 〈산해경〉「서산경」에서 일각수인 박(駁)은 흰 몸체에 검은 꼬리를 하고 뿔이 하나이며 호랑이 이빨과 발톱을 가졌고 소리는 북소리와 같다고 한다. 이 짐승은 호랑이와 표범을 잡아먹으며 이것을 기르면 병기(兵器)를 막는다고 한다.

들의 특징은 병기를 들고 갑옷을 입은 형태로 나타난다. 여기서 유니콘 (一角獸)에서 나타나는 외뿔은 음양이 결합되어 조화된 힘, 즉 단일의 강인함을 나타낸다. 그러므로 외뿔의 경우는 병기와 갑옷을 입고 있는 장수(將帥)나 최고의 권력을 가진 임금을 상징하기도 한다.

발마   환소

외뿔에 대해서는 〈태평어람〉「권496」의 기록에도 나타나고 있다. 여기서 그 짐승은 동북 변방에 살고 있는 해치(獬豸)라고 한다. 그 생김새는 양과 같은데 뿔이 하나 있고, 털은 푸른빛에 네 개의 발은 곰과 같다고 하였다. 그런데 이 짐승은 사람들이 다투는 것을 보면 잘못한 이를 들이받고 말싸움을 하면 거짓말하는 이를 물어 씹는다고 한다.15)

이런 점에서 해치라는 동물은 동북방에 살고 있는 장수나 임금일 가능성이 있고, 그 행동에 있어서는 굳센 기운이 넘치며 정의로움이 있고 진실 됨이 보인다. 이로 보건대 외뿔의 상징은 강인한 영혼, 깨어있는 영

---

15) 東北荒中有獸焉 其狀如羊一角毛靑四足似熊 見人鬪則觸不直
　　聞人論則咋不正 名曰獬豸《태평어람 권496》

해치(獬豸)

혼, 근본을 중시하는 영혼을 말한다고 볼 수 있다.

이제 원방각에 대한 정의를 한마디로 내린다면 원(圓)은 완전함과 방(方)은 반듯함과 각(角)은 강인한 의지를 나타낸다. 이렇게 볼 때에 원방각이란 완전한 모습으로서의 하늘과 반듯한 모습으로서의 땅과 강인한 모습으로서의 사람을 나타낸다고 할 수 있다.

다음은 〈태백일사〉「삼신오제본기」에 나와 있는 원방각의 내용을 한번 살펴보고자 한다.

三韓古俗 皆十月上日 國中大會
築圓壇而祭天 祭地則方丘
祭先則角木 山像雄常 皆其遺法也

삼한의 옛 풍속에는 10월 상순에 나라에서
하루 종일 펼치는 큰 모임이 있다.
이때 원형의 단을 쌓아 하늘에 제사를 지내고
방형의 구릉을 쌓아 땅에 제사를 지내며
각형의 나무를 심어 선조에게 제사를 지낸다.
산모양의 웅상(雄常)은 모두가 그 유법이다.

삼한의 풍속에 둥근 단을 쌓아 하늘에 제사를 지냈다는 것은 하늘의 상제(上帝)에게 제사를 지낸 것을 말한다. 요컨대 삼신상제가 곧 하늘의 현현(顯現)이기 때문이다. 그러므로 하늘의 상제는 완전함을 나타낸다.

네모진 단을 쌓아 제사를 지낸 것은 땅의 지신(地神)에게 제사를 지낸 것을 말한다. 이 또한 지신이 곧 땅의 현현이기 때문이다. 그러므로 지신은 땅의 모양과 같이 반듯함을 나타내고 있다.

특히 지신으로는 지하세계의 정령(精靈)들과 각 지역의 지방신(地方神)들과 산신령 등을 말하기도 하나, 그 대표적인 지신의 상징으로는 명부세계의 대왕인 염라대왕을 말한다. 이 염라대왕은 지하세계에서 인간의 사후를 심판하는 법정의 통치자이기도 하다. 이런 점에서 염라대왕은 반듯함을 기준으로 법을 세우게 되니, 곧 방형의 정신과 일치한다.

다음으로 뾰족한 모양의 나무를 심어 선조에게 제사를 지낸 것은 굳세고 강인한 선조들의 정신을 이어가기 위해서이다. 그래서 각형(角形)을 통한 문화는 환웅천왕(桓雄天王)의 신상(神像)인 웅상(雄常)으로도 만들어졌으며, 소도제천(蘇塗祭天)에서 대목(大木)을 묘당(廟堂)에 세우는 계기를 만들기도 했다. 이로써 사람들은 각형의 모습을 가진 웅상을 통해 환웅천왕의 정신을 받들었으며, 대목의 밑에서 나라를 위하여 각자의 다짐과 맹세를 하기도 하였다.

> 천제(天帝)의 묘정(廟廷)에 큰나무(大木)를 세워 북을 매어 달도록 하고, 3·7일을 기한으로 하여 연령순으로 서로 술을 마시면서 권화(勸化)하게 하였다. 이를 통하여 책을 만들고, 구서의 모임(九誓之會)이라 했다.16)

〈태백일사〉「소도경전본훈」

---

16) 天帝廟廷 立大木懸鼓 三七爲期 序齒相飮
    勸化成冊 是爲九誓之會

특히 나무를 땅에 심지 않고 밑동을 잘라 와서 세우는 문화는 44대 구물단군(丘勿檀君) 때에 처음으로 시작되었다. 이때의 특징은 잘라온 나무에 북을 매어달고, 그 곳에서 국가를 위한 다짐과 정의로운 삶에 대한 맹세를 하였다. 그러므로 뾰족한 나무는 위대한 선조(先祖)들을 나타내었을 뿐 아니라, 국가와 자신을 위하여 충성과 정의로운 의지를 세우는 상징이 되기도 했다.

원방각(圓方角)에 대하여 이번에는 태호와 동문수학했다는 발귀리(發貴理) 선생의 말을 들어보면 그는 철학적 입장에서 원(圓)을 하나(一)인 동시에 무극(無極)이라 하였고, 방(方)을 둘(二)인 동시에 반극(反極)이라고 했다. 이와 함께 각(角)을 셋(三)인 동시에 태극(太極)이라고 하였다.

원자일야무극(圓者一也無極)
방자이야반극(方者二也反極)
각자삼야태극(角者三也太極)

위의 내용에서 원형이 하나(一)라는 것은 모든 것에 시초가 되는 양(陽)의 정신을 말한다. 그 원형이 무극(無極)이라는 것은 모든 것에 시초가 되는 양의 정신이 될 때에는 무형의 지극한 상태가 되는 것을 뜻한다. 그러므로 원형(圓形)이란 양의 정신으로써 무형의 지극한 상태를 나타내고 있다.

방형이 둘(二)이라는 것은 모든 것을 포용할 수 있는 음(陰)의 정신을 말한다. 그 방형이 반극(反極)이라는 것은 생명을 포용할 수 있는 음의 정신이 될 때에는 되돌림의 지극한 상태가 되는 것을 뜻한다. 그러므로 방형(方形)이란 음의 정신으로써 모든 생명을 근본으로 되돌릴 수 있는 상태를 나타내고 있다.

　반(反)은 도(道)의 움직임이다.
　反者道之動

〈도덕경〉「제 40장」

　각형이 셋(三)이라는 것은 양(陽)존재인 하나와 음(陰)존재인 둘이 만나 하나의 몸체(1+2=3)인 음양의 합일을 이루었음을 말한다. 그 각형이 태극(太極)이라는 것은 양존재인 하나와 음존재인 둘이 만나 셋을 통한 음양의 합일을 이루게 될 때에는 생명의 근본이 되는 것을 뜻한다. 그러므로 각형(角形)이란 음양의 합일을 통한 하나의 몸체로써 생명의 근본이 되는 상태를 나타내고 있다.

연금술의 그림에서
나타난 원방각 문양

　한마디로 원(圓)은 지극한 무형의 하늘이며, 방(方)은 그 무형을 감싸고자 하는 그윽한 유형의 땅이다. 여기에 그 중간에 해당하는 각(角)은 무형을 유형으로 감싸고 있는 생명체의 근원적 형태로써 한철학(韓哲學)에서는 이를 일기(一氣)라고 하며, 태극(太極)이라고 하였다.

이로써 원방각이 우리에게 전해주는 가르침은 온전함, 반듯함, 강인함을 통한 천지인의 정신뿐 아니라 철학적으로는 하늘은 무형이고, 땅은 유형이며, 사람은 무형과 유형이 합쳐진 태극체임을 말해주고 있다.

3. 세계의 중심과 성(聖)과 속(俗)

　　신화의 구성원리에서 세계의 중심은 세계수(世界樹)와 우주산(宇宙山)이 있는 곳이다. 세계수와 우주산은 그 특징이 위로는 천상으로 뻗고, 아래로는 지하세계와 연결되어 있다. 그러므로 세계의 배꼽인 우주산과 세계수가 있는 곳은 천상과 지하의 신들이 교통을 하는 곳으로 그곳은 성(聖)이 되고, 그 밖에는 속(俗)이 된다.

　　그래서 《성경》을 보게 되면 몸을 정결히 하고 마음을 정결히 한 제사장이나 백성을 대표하는 자만이 신과의 만남을 위하여 산정(山頂)에 오르고, 성목(聖木)에 가까이 갈 수가 있었다.

　　너희는 삼가 산에 오르거나 그 지경을 범하지 말지니 산을 범하는
　　자는 정녕 죽임을 당할 것이라.

　　　　　　　　　　　　　　　　　　　〈출애굽기〉「19장 12절」

　　하나님이 떨기나무 가운데서 그를 불러 가라사대 모세야 모세야 하
　　시매 그가 가로되 내가 여기 있나이다. 하나님이 가라사대 이리로
　　가까이 하지 말라. 너의 선 곳은 거룩한 땅이니 네 발에서 신을 벗
　　으라.

　　　　　　　　　　　　　　　　　　　〈출애굽기〉「3장 4~6」

성화된 공간은 산(山)과 나무(木)가 있는 곳이다. 이와 같은 성소는 신성한 산과 세계수가 있는 곳만이 아니라, 돌로 된 기둥이 있는 곳도 신성한 영역이 된다. 《성경》을 보게 되면 이에 대한 자세한 기록이 있다.

> 야곱이 브엘세바에서 떠나 하란으로 향하여 가더니, 한 곳에 이르러는 해가 진지라. 거기서 유숙하려고 그 곳의 한 돌(石)을 취하여 베개하고 거기 누워 자더니, 꿈에 본즉 사다리가 땅 위에 섰는데, 그 꼭대기가 하늘에 닿았고 또 본즉 하나님의 사자가 그 위에서 오르락내리락하는 것을 보고 있었는데, 여호와께서 그 위에 서서 가라사대 "나는 여호와니 너희 할아버지인 아브라함의 하나님이요, 이삭의 하나님이라. 너 누운 땅을 내가 너와 네 자손에게 주리니, …… "
> 야곱은 잠에서 깨어나 가로되 "여호와께서 과연 여기 계시거늘 내가 알지 못하였도다."하며 이에 두려워하여 가로되 "두렵구나! 이곳이 다른 곳이 아니라, 이는 **'하나님의 성전(聖殿)'**이요, 이는 **'하늘의 문'** 이로다"하고 야곱이 아침에 일찍이 일어나 베개 하던 돌을 가져 기둥으로 세우고 그 위에 기름을 붓고, 그 곳 이름을 벧엘(하나님의 집)이라 하였더라.
>
> <창세기>「28:10~19」

야곱의 꿈에 사다리가 하늘에 닿았다는 것은 그곳이 하늘과 교통할 수 있는 신성한 땅이라는 것을 말한다. 그래서 야곱은 자신이 베개를 하고 잤던 돌(bethel: 신성한 돌)을 가지고 기둥을 세워 하늘로 올라갈 수 있는 '하늘의 문(門)'인 하나님의 성전을 세우게 된다.

이때의 성석(聖石)은 성산(聖山)과 성목(聖木)과 마찬가지로 하늘로 올라가는 사다리역할을 한다. 따라서 성화된 공간에는 산과 나무가 있고,

돌이나 바위 등이 놓여있게 된다. 이러한 성역은 세계의 곳곳에서 찾아볼 수 있으며, 우리나라에서는 솟터(蘇塗)를 통해 산과 돌과 나무를 만날 수가 있다.

야곱과 모세에게 나타나는 성소(聖所)에 대한 개념은 그 뿌리가 에덴 동산으로부터 시작된다. 에덴동산에는 두 그루의 나무가 있다. 그 중에 하나는 생명나무(生命木)요, 다른 하나는 선악나무(善惡木)이다. 이 두 그루의 나무는 각기 특색이 있지만 그 공통점은 생명의 완성에 있다.

> 여호와 하나님이 그 땅에서 보기에 아름답고 먹기에 좋은 나무가 나게 하시니 동산 가운데에는 생명나무와 선악을 알게 하는 나무도 있더라.
>
> 〈창세기〉「2장 9」

대지(大地)의 배꼽에 자리 잡고 있는 두 그루의 나무 중에서 생명나무는 영생을 얻을 수 있는 열매를 가지고 있다. 이 나무는 서왕모(西王母)의 불사약인 복숭아나무와도 같다. 그러므로 그 열매를 먹으면 영원히 살게 된다.

이와는 다르게 선악(善惡)을 알게 하는 나무가 있다. 이 나무는 카발라(Kabbalah)에서 세피로드(Sefiroth)의 나무로 나타나며, 천부경(天符經)에서는 천부체계도(天符體系圖)의 나무로 나타난다. 그러므로 그 특징은 근원이 되는 뿌리가 하늘로 뻗고, 줄기와 가지를 밑으로 드리운 진리체계도의 나무와 같다.

이런 점에서 선악을 알게 하는 나무는 뿌리가 있는 위로 올라갈수록 진리에 이르게 되고, 줄기가 있는 아래로 내려갈수록 선악의 분별 속에서 끊임없이 갈등을 불러일으키게 되는 나무이다. 그러므로 선악나무의 가지에 붙어있는 열매를 먹게 되면 대부분의 사람들은 순수성을 잃고 에덴동산을 떠나 죽음에 이르게 된다.

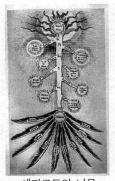
세피로드의 나무

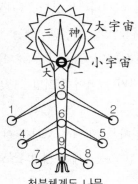
천부체계도 나무

그래서 여호와는 순수성의 상징인 에덴동산에서 너희가 계속 머무르기 위해서는 생노병사(生老病死)가 있는 선악나무의 과실을 따먹지 말라고 경고하고 있다.

여호와 하나님이 그 사람에게 명하여 가라사대 "동산 각종 나무의
실과는 네가 임의로 먹되 선악을 알게 하는 나무의 실과는 먹지
말라. 네가 먹는 날에는 정녕 죽으리라" 하시니라.
〈창세기〉「2장 16~17」

그러나 에덴동산에 있는 뱀은 너희가 선악과(善惡果)를 먹고 선악을 분별하게 된다고 해도 결코 죽지 아니하고, 너희의 눈이 밝아져 하나님과 같이 된다고 하와에게 말한다. 이 말은 사람들에게 지각(知覺)이라는 눈이 뜨이게 되면서 분별 속에서 죽어갈 수도 있으나 죽음의 끝자락에서도

다시 영생을 할 수 있는 길을 찾을 수 있다는 것을 알려주고 있다. 그래서 그만 여호와의 경고를 무시하고 아담과 하와는 선악나무의 과실을 따 먹게 된다.

> 뱀이 여자에게 이르되 너희가 결코 죽지 아니하리라. 너희가 그것을 먹는 날에는 너희 눈이 밝아 하나님과 같이 되어 선악을 알 줄을 하나님이 아심이니라.
>
> <창세기>「3장 2~5」

이때에 선악나무의 실과를 따먹지 말라고 한 여호와에 반대되는 뱀은 땅의 여신(女神)을 나타낸다. 즉 뱀은 현실적 삶을 누리기도 하지만 다시 지하세계로 들어가 생명력을 복원시키는 상징도 가지고 있기 때문이다. 그러므로 땅의 상징을 가지고 있는 뱀은 우리에게 죽음의 길과 재생의 길을 동시에 제시하고 있다.

여기서의 죽음에 길은 에덴동산을 떠난 삶의 길이며 생산을 위한 길이다. 반면에 재생의 길은 에덴동산으로 되돌아오기 위한 회귀의 길이며 구원을 위한 길이다. 다만 이때에 많은 사람들은 에덴동산을 떠난 이후 선악의 분별 속에서 죽음을 향하여 타락의 길을 걷게 된다.

그러나 네가 만약 근본을 보는 안목과 의지가 강한 영웅이라면 타락의 길을 물리치고 이로부터 선악의 분별이 없는 경지로 되돌아갈 수 있을 것이라고 땅의 여신인 뱀은 말하고 있다. 이에 대하여 여호와도 혹시라도 누군가 다시 에덴동산에 찾아와 영원히 사는 길을 찾을 것을 생각하여 영생을 누릴 수 있는 생명나무를 하나 더 만들어 놓았다. 대신 아무나 찾아와서 먹을 수 없도록 에덴동산에 화염검(火焰劍)을 두어 생명나무의 길을 지키게 하였다.

여호와 하나님이 가라사대 보라 이 사람이 선악을 아는 일에 우리
중 하나같이 되었으니 그가 그 손을 들어 생명(生命)나무 실과도 따
먹고 영생할까 하노라.

〈창세기〉「3장 22」

　결론적으로 뱀은 우리에게 너희가 선악의 분별을 뛰어넘어 분별 이전
의 세계로 되돌아갈 수 있다면 결코 죽지 않는다고 말하고 있다. 그러나
그 길은 우리가 성(聖)의 세계로부터 멀리 떠난 만큼 다시 단계를 통하
여 聖의 세계로 되돌아가야 한다.

　이때에 세속에서 성스러움으로 되돌아가는 길로는 중심에서 밖으로 나
간 우리의 삶을 다시 중심으로 되돌리는 일이다. 이 일은 에덴동산인 세
계의 배꼽에서 달아난 우리의 삶이 다시금 생명나무의 열매를 얻기 위하
여 근원으로 회귀하는 길이기도 하다. 그런데 여기에는 타락에서 구원으
로 가기위한 단계가 있다.

　그 단계에 대하여 회교신비주의에서는 비전으로 들어가는 일곱 단계로
회개, 금욕, 자제, 빈곤, 인내, 신심, 자족을 말하고 있다. 이 밖에도 동이
문화로 알려진 참전계(參佺戒)에서는 진리체계도의 나무형태를 빌려서
아홉 단계로 지성(知性), 안목(眼目), 목적(目的), 박식(博識), 갈력(竭
力), 집중(集中), 적멸(寂滅), 호탕(浩蕩), 순박(淳朴)을 통해 최종적인
목적지에 이르는 길을 제시하고 있다.[17)]

　그렇다면 시공(時空)에 있어서 점차 중심으로 들어가는 삶이란 거룩함
과 깨달음으로 들어가는 삶이요, 점차 중심에서 밖으로 나아가는 삶은 타

---

17) 참전계(參佺戒)의 원문에서는 지성을 지능대(知能大), 안목을 택원(擇圓), 목
　　적을 협일(協一), 박식을 축장대(蓄藏大), 갈력을 효원(効圓), 집중을 근일(勤
　　一), 적멸을 현묵대(玄黙大), 호탕함을 보원(普圓), 순박함을 진일(眞一)이라 말
　　하고 있다.

락과 죽음을 향한 삶이다. 따라서 성과 속의 세계가 우리에게 요구하는
것은 밖으로만 향하는 삶을 멈추고, 중심으로 향하는 삶을 살 것을 제시
하고 있다고 하겠다.

만다라(曼茶羅)와 아(亞)형 문화

성과 속에 대해서는 만다라(mandala)의 그림을 통해서도 만나볼 수
있다. 만다라의 그림을 보게 되면 외부로부터 중심으로 들어가는 문양으
로 되어 있다. 여기서 점차 안으로 들어갈수록 깨달음이 열리는 상태는
그 세계가 성스러움과 동시에 순수의 세계이기 때문이다.

만다라는 처음 티베트 밀교(密敎)로부터 시작되었다. 만다라의 뜻은 깨
달음의 본질에 가깝게 다가간다는 뜻으로 만다(manda)는 [중심]과 [본
질]을 의미하는 단어이고, 라(la)는 소유를 뜻하는 접미사로서 만다라
(mandala)는 중심이나 본질을 얻는다는 뜻이다. 따라서 만다라의 본래
의미는 수행의 과정을 통하여 생명의 본질인 깨달음을 얻는 것을 말하고
있다.

그런데 이러한 뜻을 가진 만다라가 나중에는 그림으로 표현되어 오늘
날의 문양으로 만들어진 만다라가 나오게 되었다. 이 중에서 대표적인 만
다라가 '칼라차크라 만다라'[18]이다. 칼라차크라 만다라는 '시간의 수레
바퀴'를 뜻하는 것으로 중생들의 바쁜 시간과 계속되는 윤회의 삶을 상
징한다. 즉 윤회의 수레바퀴를 벗어나기 어려운 중생의 고단한 삶을 상징
하고 있다.

더구나 시간의 수레바퀴는 빠르게 회전하는데, 밖으로 갈수록 더욱 크
게 회전하게 되면서 중생들의 삶은, 삶의 본질을 전혀 생각할 시간도 없

---

18) 만다라는 처음 7세기에 형성되었으며, 칼라차크라 만다라는 밀교(密敎)의 후
기에 만들어졌다.

이 바쁘게 쫓기면서 세월만 흘려보내게 된다.

그러나 가장자리 밖의 원에 있는 화염문(火焰紋)을 지나서 점차 안으로 들어 갈수록 중생의 삶은 회전의 범위가 폭이 적어지면서 본질에 가까워진다. 이렇듯 중생의 삶이 정중앙의 본질에 다다르면 수레바퀴의 중앙은 회전의 폭이 전혀 없기 때문에 번뇌가 완전히 끊어지고 정신은 통일되어 깨달음을 얻게 된다.

칼라차크라 만다라   중태팔엽원(中台八葉院) 만다라
중앙에 대일여래가 있다

이 밖에도 다양한 문양의 만다라가 있는데, 그 중 두드러지는 것은 사방에 보살들을 배치시켜 놓고 정중앙에는 부처나 대일여래를 배치시켜놓고 있는 만다라이다. 따라서 이 만다라의 특징은 정중앙에 가까이 갈수록 깨달음을 얻은 부처가 되는 것이다. 그런데 이러한 만다라의 문양이 시작된 시원을 찾아보게 되면 중국의 전국시대 말기로부터 한나라 때에 유행하였던 청동거울[19]로부터 시작된다는 점이다.

---

19) 고대 중국인의 우주모식(宇宙模式)이 담긴 청동거울은 한대(BC 202년~AD 220년)에 귀족들 사이에서 성행했던 것으로 알려져 있다.

그것이 당시에 유행하였던 TLV형 청동거울이다. 그림에 나와 있는 TLV형의 청동거울을 보게 되면 가장 큰 특징이 땅의 상징인 네모(口)와 갑골문(甲骨文)인 무(巫—十)가 겹쳐진 문양의 그림이다. 여기서의 갑골문인 무(十)는 「사방」을 뜻하는 방위를 상징한다.

TLV형 청동거울

무(十)의 중앙에 땅을 상징하는 네모(口)가 있는 것은 사방의 중심에 「중원의 땅」이 있음을 나타낸다. 따라서 청동거울 속의 무(十)와 네모(口)의 문양은 〈초사〉「초혼(招魂)」에서도 나타내고 있듯이, 중원의 땅이 동서남북의 사방으로부터 혼령(魂靈)을 불러들이는 중심이 되는 땅이라는 것을 말해주고 있다.

이 밖에도 청동거울을 통해 또 다른 문화적 상징을 발견할 수 있는데, 밖의 둥근 원형과 중앙의 사각형 모습은 천원지방(天圓地方)의 원리를 따르고 있음을 알게 된다.

중앙의 사각형 내부에 우뚝 솟은 '돌기'의 경우는 세계의 배꼽으로써 세계의 중심으로부터 솟아난 우주산(Cosmic Mountain)을 말한다. 그런데 당시 신선사상에 따른 원리로 볼 때에 그 산은 무(巫)와 선(仙)이 오르고 내리는 곤륜산의 산봉우리를 나타낸다. 따라서 청동거울의 중심에는 곤륜산이 위치해 있음을 알 수가 있다.

곤륜산을 중심으로 사각형의 밖에는 8방위를 뜻하는 여덟 개의 작은 돌기도 있다. 이 돌기들은 곤륜산을 중심으로 여덟 주(州)와 함께 구주(九州)를 상징한다. 이와 함께 사각형 안에는 12지지(十二地支)가 있는데 그것은 열두 달을 뜻하고, 사각형 밖에 새겨진 동물은 각 방위의 수호신을 나타낸다.

이 밖에 모서리의 지그재그문양과 구름무늬, 그리고 빗살무늬 등은 우주의 경계를 뜻하기도 한다. 그런데 청동거울마다 각기 특색은 있지만 TLV형의 대표적인 특징은 사각형의 밖에 있는 글귀이다. 그것은 여덟 방위의 중심이며 구주의 중심인 "산봉우리에 오르면 신선과 만나서 불멸의 생명을 얻을 수 있다"는 내용과 "옛날 선인은 늙음을 알지 못하였다(上有仙人不知老)"는 등의 글귀이다.

亞자 형의 청동거울 뒷면

이것으로 보아 당시에는 불멸의 생명을 얻는 신선사상이 널리 퍼져있었다는 증거이다. 더불어 세계의 중심으로 들어갈 때는 불사의 생명을 얻게 된다는 것이 그 당시의 사람들에 생각이었다.

다시 TLV형 청동거울의 특징인 '네모'와 '무(十)'가 겹쳐진 문양을 자세히 보게 되면 이 문양은 은(殷)나라 때부터 시작되어 주나라와 춘추전국시대를 거쳐 한나라 때까지 이어지는 아(亞)형과 같다는 것을 알 수 있다. 따라서 청동거울의 특징을 각종 문서와 무덤의 형태에서 발견되는 亞형문화에서 찾아볼 수 있는데, 여기서의 문양은 십(十)자형을 나타내고 있는 것이 가장 큰 특징이다.

무당 무(巫- 十)   청동거울 중앙의
                         아(亞)형 문양

리우보(Liubo) 놀이판

한(漢)나라 때에 신선의 놀음으로 유행하던 놀이

　은나라 때부터 시작된 아(亞)형 명문은 태양의 추상형인 십자가(十)를 중심으로 담장을 쌓은 모습이기 때문에 왕대유(王大有)[20]는 이것을 "신사(神社)와 종묘(宗廟)를 대표한다."고 하였다. 그러나 여기서 조금 더 나아가서 亞형을 자세히 살펴보면 십(十)의 숫자를 안으로 품고, 외형적으로는 사방을 상징하고 있다.

---

20) 왕대유: 중국출신. 미술평론가 및 문화인류학자(저서: 중국의 용봉문화)

그런데 여기서의 십자형은 왕대유의 말처럼 태양의 추상형이므로 하늘의 상제(上帝)를 상징하기도 한다. 그렇다면 하늘의 상제가 사방의 중앙에 내려와 있는 것과 같다. 따라서 亞형은 천상의 임금인 상제가 세상의 중심에서 천하를 다스리는 것과 같은 문양이라 할 수 있다.

은나라 시대의 아(亞)형
청동기 명문

은나라 무덤-亞형

하지만 상제는 천상의 존재이므로 세상을 직접 다스릴 수가 없다. 대신 자신의 대행자인 천자(天子)를 통해 다스릴 수가 있다. 이로 보건대 亞형은 상제를 가슴에 품고 있는 천자가 亞형의 중심에 들어가 세상을 다스리는 모습이라 할 수 있다.

이번에는 亞형의 중심부를 신화적 이미지로 보게 되면 그곳은 세계의 배꼽으로써 위로는 천상과 통하고 아래로는 지하와 통하는 곳이다. 이와 함께 亞형의 중심과 사방의 관계에 있어서는 성(聖)과 속(俗)의 모습을 가지고 있다.

이런 점에서 亞형은 안과 밖으로 이루어진 우리의 삶에 모습에서 신성한 땅인 안으로 들어갈 것을 제시한다. 더불어 그곳 안에서 위로는 천상과 통하고, 아래로는 지하와 통하는 삶을 살 것을 요구한다. 이렇게 볼 때에 亞형은 우리에게 천지인삼재(天地人三才)에 이르도록 하는 귀중한 문양이라고 할 수 있다.

대왕암(大王岩)의 전설

신라의 땅, 경주를 가면 우리는 그곳에서 亞형의 모습을 가진 바위를 만나게 된다. 이 바위는 신라에서 삼국통일을 했던 문무대왕(文武大王)의 대왕암(大王岩)이다. 그는 죽어서도 신라를 지키겠다는 일념아래 바닷가에 솟아난 바위에 자신의 유골을 묻었다. 이로써 그는 바다의 용이 되어 신라를 지키는 수호신이 되고자 하였다.

바닷가에 솟아난 대왕의 수중릉(水中陵)을 보게 되면 바다의 한가운데에 자리를 잡고 있다. 수중릉으로부터 조금 떨어진 곳에는 이견대(利見臺)가 있다. 이곳 이견대는 문무대왕이 바다의 용이 되어 나타난 것을 보았다는 장소이다.

이견대는 주역의 건괘(乾卦)인 구오(九五)에서 비룡재천(飛龍在天) 이견대인(利見大人)을 말한다고 볼 수 있다. 그러므로 바다에서 하늘로 승천하는 용(문무대왕)을 보면 이롭다는 뜻이다.

이견대 이외로 대왕의 수중릉을 바라다보는 곳이 있다. 그곳은 대왕암 쪽을 바라보고 있는 토함산의 석굴암이다. 조사결과 석굴암 속의 본존불(本尊佛)은 그 시선이 대왕암을 바라보고 있다고 밝혀졌다. 따라서 신라의 백성과 군왕들에 이어 본존불까지도 문무대왕의 뜻을 따르고, 그 뜻을 옹호한다는 것을 토함산의 석굴암은 말해주고 있다.

그렇다면 대왕의 뜻이 무엇이기에 모든 시선이 대왕암을 바라다보는 것일까? 〈삼국유사〉「만파식적(萬波息笛)」을 통해서 이를 알아보고자 한다.

제31대 신문대왕(神文大王 辛巳 681) 즉위 이듬해 임오(壬午) 5월 초하루에 해관(海官) 박숙청(朴夙淸)이 아뢰었다. "동해 속에 소산(小山) 하나가 떠서 감은사를 행해 오는데 파도에 따라 이리저리 움직입니다." 왕이 기이하게 여겨 일관(日官) 김춘질(金春質)로 하여금 점을 치게 했다. "대왕의 아버님께서 지금 바다의 용(龍)이 되어 삼한(三韓)을 진호(鎭護)하고 계십니다.

또 김유신공도 33천의 한 아들로서 인간세계에 내려와 대신(大臣)이 되었습니다. 이 두 성인(聖人)이 덕(德)을 함께 하여 수성(守城)의 보물을 내놓으려 하옵니다. 만일 폐하께서 바닷가로 나가시면 반드시 값으로 칠 수 없는 큰 보물을 얻으실 것입니다." 왕은 기뻐하여 그 달 7일에 이견대로 나가 그 산을 바라보고 사자(使者)를 보내어 살펴보도록 했다.

산 모양은 마치 거북의 머리처럼 생겼는데 산 위에 한 개의 대나무가 있어 낮에는 둘이었다가 밤에는 하나로 합쳐졌으며 산 역시 대나무처럼 주야로 합쳐졌다가 떼어졌다 하였다. 사자(使者)가 와서 사실대로 아뢰었다. 왕이 감은사에서 묵는데 이튿날 점심 때 보니 대나무가 합쳐져서 하나가 되는데, 천지가 진동하고 비바람이 몰아치며 7일 동안이나 어두웠다. 그 달 16일에 이르러서야 바람이 자고 물결도 안정되었다.

왕이 배를 타고 그 산에 들어가니 용 한 마리가 검은 옥대(玉帶)를 받들어 바친다. 왕은 용을 맞아 함께 앉아서 묻는다. "이 산이 대나무와 함께 혹은 갈라지고 혹은 합치는 것은 무엇 때문인가?" 용이 대답한다. "비유해 말씀드리자면 한 손으로 치면 소리가 나지 않고 두 손으로 치면 소리가 나는 것과 같습니다. 이 대나무란 물건은 합쳐야 소리가 나는 것이오니, 성왕(聖王)께서는 소리로 천하를 다스리실 징조입니다. 왕께서는 이 대나무를 가지고 피리를 만들어 부시면 온천하가 화평해질 것입니다. 이제 대왕의 아버님께서는 바닷속의 큰 용이 되셨고 유신은 다시 천신(天神)이 되어 두 성인이 마음을 같이 하여 이런 값으로 칠 수 없는 큰 보물을 보내시어 나로 하여금 바치게 한 것입니다." 왕은 놀라고 기뻐하여 오색(五色) 비단과 금과 옥을 주고는 사자를 시켜 대나무를 베어 가지고 바다에서 나왔는데 그때 산과 용은 갑자기 모양을 감추고 보이지 않았다.

왕은 감은사에서 묵고 17일에 지림사(祇林寺) 서쪽 시냇가에 이르러 수레를 멈추고 점심을 먹었다. 태자(太子) 이공(理恭)이 대궐을 지키고 있다가 이 소식을 듣고 말을 달려와서 하례하고는 천천히 살펴보고 아뢰었다. "이 옥대의 여러 쪽은 모두 진짜 용입니다." 왕이 말한다. "네가 어찌 그것을 아느냐", "이 쪽 하나를 떼어 물에 넣어 보십시오." 이에 옥대의 왼편 둘째 쪽을 떼어서 시냇물에 넣으니 금시에 용이 되어 하늘로 올라가고 그 땅은 이내 못이 되었으니 그 곳을 용연(龍淵)이라고 불렀다.

왕이 대궐로 돌아오자 그 대나무로 피리를 만들어 월성천존고(月城天尊庫)에 간직해 두었는데 이 피리를 불면 적병(敵兵)이 물러가고 병(病)이 나으며, 가뭄에는 비가 오고 장마가지면 날이 개며, 바람이 멎고 물결이 가라앉는다. 이 피리를 만파식적(萬波息笛)이라 부르고 국보(國寶)로 삼았다.

동해 가운데 소산(小山)은 문무대왕의 대왕암(大王岩)이다. 그 소산 위에 하나의 대나무는 세계수인 생명나무와 같다. 그러므로 대왕암과 대나무는 전형적인 우주산과 생명나무의 모티프이다.

특히 대왕암의 모습을 보게 되면 바다 가운데 있으며 중앙은 십자형으로 갈라져 있다. 이러한 모습은 바다 한가운데 중심을 나타내므로 대왕암이 만들어내고 있는 십자형은 세계의 배꼽과 같다. 그러므로 대왕암에서의 십자형은 대지의 자궁을 상징하는 바다의 용궁(龍宮)과도 통하게 된다. 이런 점에서 대왕암은 생명의 근원인 용궁으로 들어가는 입구를 나타내기도 한다.

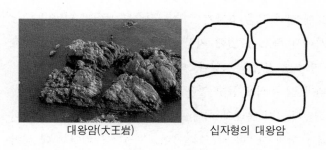

대왕암(大王岩)   십자형의 대왕암

용궁으로 들어가는 이야기는 《삼국유사》에서 문무왕이 왜병(倭兵)을 진압하고자 감은사(感恩寺)를 창건하는 내용에서 찾아볼 수 있는데, 이때에 문무왕은 감은사를 완공하지 못하고 죽어 바다의 용이 되었다. 그런데 이때에 용이 머물게 되는 바다는 용궁으로써 대지의 자궁(子宮) 속과 같다고 할 수 있다. 그렇다면 문무왕은 세계의 중심인 대왕암에서 생명의 근원인 대지의 자궁으로 들어간 것과 같다.

이 뒤에 문무왕의 아들인 신문왕(神文王)이 감은사의 공사를 완공하자 바다의 용이 된 문무왕이 수면 위로 나타나 승천하였다. 그래서 바다의 용이 비룡(飛龍)이 되어 승천하는 것을 본 곳을 이견대(利見臺)라고 하였다. 그러므로 문무왕은 세계의 배꼽인 대왕암을 입구로 하여 바다로 들어가 처음에는 바다의 용이 되었으나 그 아들인 신문왕이 감은사를 완공하면서 비로소 비룡이 될 수가 있었다.

문무왕께서 처음에 해룡(海龍)으로 있다가 십자형인 대왕암에서 승천하였다는 것은 그가 본래 해탈의 경지인 황룡으로 있다가 대해탈의 경지인 비룡이 되어 승천했다는 것을 말한다. 그러므로 문무왕은 살아서는 순수의식에 머물다가 죽어서는 무의식으로 돌아가고, 다시 감은사를 완공함으로써 더 깊은 무의식 속에서 조화(造化)를 부리는 경지에 이르렀음을 《삼국유사》는 말해주고 있다.

다시 본문을 보게 되면 바다에 떠있는 소산과 함께 대나무가 낮에는 둘이 되고 밤이면 하나가 되었다고 했다. 이 말은 십자형으로 갈라진 대왕암의 틈새가 낮에는 확연히 드러나므로 두 개로 보이나, 밤에는 대왕암의 갈라진 틈이 어둠으로 인하여 하나로 보였다는 것을 말한다.

다만 여기서의 의미는 손도 마주쳐야 소리가 난다는 말처럼 무엇인가를 이루기 위해서는 두 개로 갈라진 대나무와 소산이 합쳐져야 한다는 가르침을 펼치고 있다. 한마디로 음(陰)의 원리와 양(陽)의 원리가 합쳐질 때 모든 일이 순조롭게 된다는 것을 말하고 있다.

그리스신화에도 바다에 떠 있는 두 개의 바위가 있다. 이 두 개의 바위는 흑해의 입구에서 파도가 칠 때마다 부딪치며 그 입구를 통하는 모든 것을 산산조각으로 파괴시키는 바위였다.

그러나 이아손의 모험에서 '아르고의 용사'들은 황금양털을 구하고자 아르고호를 타고 그곳 흑해의 입구를 뚫고 지나가는데 성공을 하였다. 여기서 두 개의 바위는 무의식으로 들어가는 문이며, 찾아야 할 황금양털은 우리의 내면에 잠들고 있는 진아(眞我)와 만사를 뜻대로 하는 여의주(如意珠)를 상징한다.

특히 바다에 떠 있는 두 개의 바위를 인체에 비유하면 인간의 머릿골에 있는 좌뇌와 우뇌를 상징하기도 한다. 이른바 뇌(腦)를 뇌해(腦海)21)

---

21) 〈단군세기〉 「3세 가륵 단군」편을 보면 삼광오정이 뇌해에 응결되었다(三光五精 凝結腦海)고 하였다. 여기서 뇌해(腦海)는 뇌(腦)를 말한다. 따라서 고대인들은 뇌를 바다로 인식했다는 것을 알 수 있다.

라고 할 때에 두 개의 바위는 머릿골 내부의 바다에 떠 있게 된다. 이러한 해석은 고대로부터 우리의 몸을 진리를 찾아가는 통로로 보았기 때문이다.

이런 점에서 우리 몸의 일곱 개의 차크라는 깨달음을 열어가는 통로이고, 그 궁극인 뇌해는 대지의 자궁수와 같은 역할을 하게 된다. 다만 이때에 좌뇌와 우뇌는 음존재와 양존재로서 대지의 자궁으로 들어가는 입구를 나타낸다. 그러므로 뇌의 입구에서 음양의 합일을 이루어 뇌해의 중심으로 들어갈 때에 우리는 고급자아인 황금양털을 얻을 수가 있다.

다시 그리스신화를 보게 되면 두 개의 바위이야기 말고도 두 개의 대나무에 대한 이야기도 있다. 여기서 두 개의 대나무가 하나로 합쳐지는 것에 대한 내용은 시링크스의 피리이야기이다. 옛적에 아르카디아의 숲속에는 시링크스라는 아름다운 님프가 살고 있었다. 그러던 어느 날 사냥에서 돌아오던 시링크스를 목신(牧神) 판이 보게 되면서 시링크스의 미모에 반하여 쫓아가게 된다.

그런데 판이 한참 달려가다가 시링크스를 붙잡아 껴안는 순간 시링크스는 한 묶음의 갈대의 모습으로 바뀌어 버렸다. 이후 그 갈대로 피리를 만들게 되면서 그 피리는 시링크스의 피리라는 명칭이 붙게 되었다. 여기서 님프 시링크스(여성원리)와 목신 판(남성원리)이 하나가 될 때 피리소리가 만들어진다는 판파이프의 유래는 두 개의 바위와 만파식적의 이야기와 같이 음양의 합일을 나타내고 있다.

시링크스의 피리가 쓰이게 되는 이야기는 제우스와 이오(Io)와의 만남을 질투한 헤라와 그 질투를 막고자 했던 헤르메스의 이야기에서 나온다. 당시 헤르메스는 제우스로부터 흰 암소로 변한 이오를 백 개의 눈을 가진 거인(巨人)에게서 구해오라는 명령을 받는다. 이에 헤르메스는 이오를 구하기 위해 거인을 잠재우게 되는데, 이때에 그 방법으로 시링크스의 피리가 사용된다.

여기서 시링크스의 피리가 사용되는 이유는 시링크스의 피리가 음양이 합일되어 무의식으로 들어가는 것을 상징하기 때문이다. 그래서 인간의 상념을 상징하는 거인의 잠들지 않는 백 개의 눈(거인이 잠들 때에도 항상 하나의 눈이 떠져 있으므로 잠들지 않는 눈이다)을 시링크스의 피리로 잠재울 수가 있었다.

이와 같이 시링크스의 피리가 거인을 잠재울 수가 있었듯이 만파식적(萬波息笛)의 소리도 음양의 합일을 통해 너와 나의 뜻을 하나로 통일시켜 무의식으로 들어가는 상징을 담고 있다. 그래서 〈삼국유사〉「만파식적(萬波息笛)」에서는 이 피리를 불면 적병들이 물러나고, 병(病)이 나으며, 자연의 재앙에 이르기까지 모든 일을 잠재울 수 있다고 말한다. 요컨대 각자의 뜻을 달리할 수 있는 군왕과 신하가 한 뜻으로 뭉치게 될 때에는 불가능을 기적으로 만들게 된다는 것을 만파식적에서는 보여주고 있다.

이러한 만파식적(萬波息笛)의 명칭에 대해 알아보면 그것은 만 가지 상념에 파도를 잠재우는 피리라는 뜻이다. 그러므로 만파식적은 번뇌가 난무하는 상념의 바다에서 음양의 합일을 통해 대지의 자궁(용궁)으로 들어갈 수 있도록 하는 보물이라고 할 수 있다.

한마디로 상념의 바다 한가운데 있는 대왕암(세계의 중심)에서 만파식적을 얻게 될 때는 용궁(대지의 자궁)으로 들어가서 여의주를 얻어가지고 조화를 부리는 비룡(飛龍)이 될 수 있음을 말한다. 그런데 이러한 단계에 대하여 불교에서는 그 구도(求道)의 과정을 사법계관(四法界觀)이라 말하고 있다.

먼저 그 첫 번째를 보면 사법계(事法界)이다. 사법계는 현실세계로서 상념이 끊어지지 않는 속세의 단계이다. 두 번째는 이법계(理法界)이다. 이법계는 상념의 세계를 끊고 적멸의 세계로 향하고자 하는 회귀의 길이며 구도의 단계이다. 이른바 세계의 중심인 대왕암을 찾고, 그곳에서 대나무를 통해 만파식적을 얻기 위한 단계와 같다.

세 번째는 이사무애법계(理事無碍法界)이다. 이사무애법계는 현실과 구도의 길에 걸림이 없는 적멸(寂滅)의 단계이다. 이 단계는 심해의 바닷속과 같고, 현실적 집착을 끊고 구도의 길을 성취한 득도(得道)자의 경지와 같다. 한마디로 만파식적을 사용하여 여의주를 획득한 상태와 같다고 할 수 있다.

네 번째는 사사무애법계(事事無碍法界)이다. 사사무애법계는 득도의 단계에서 현실과 현실에 걸림이 없는 조화(造化)의 단계이다. 이 단계는 심해에 있는 용이 여의주를 얻어 비룡승천(飛龍昇天)하는 것과 같고, 현실에서 일어나는 모든 사건에 막힘이 없이 뜻대로 일을 이루는 경지이다.

그렇다면 사법계관(四法界觀)의 결론은 상념의 세계에서 음양의 합일을 이루어 회귀하고, 적멸의 단계에서 득도를 이루어 만사를 뜻대로 하는 삶을 살자는 것이 목적이다. 이렇게 볼 때에 대왕암에서 만파식적을 얻는 것은 결론적으로 상념의 바다에서 회귀를 통해 여의주를 얻고, 궁극적으로는 비룡승천하기 위함이다.

하지만 그전에 여의주를 얻어 비룡승천하기 위해서는 먼저 음양의 합일을 이루어야 한다. 그것이 바로 만파식적을 얻기 위한 길이며, 신하와 군왕이 하나가 되는 길이다.

용궁(龍宮)의 비밀

바다에 대한 신화적 이미지는 대지의 자궁수(子宮水)와 같다. 그러므로 바다는 모든 만물을 생산하는 보고(寶庫)이다. 그래서 진주(眞珠)로부터 시작된 여의주(如意珠)도 바다로부터 나온다. 여기서 진주의 특징은 둥근 구슬 모양을 하고 있다. 이와 마찬가지로 여의주도 구슬모양을 하고 있다.

다만 여의주의 특징은 붉다. 붉은 것은 불(火)의 상징이다. 이를 볼 때
에 바닷물과 달빛에 의하여 만들어진 진주가 더욱 정진하여 정련(精鍊)
이 된 상태가 여의주이다. 이렇듯 바다로부터는 만사를 뜻대로 할 수 있
는 여의주도 나오게 된다. 그래서 용은 여의주를 얻고자 바다로 들어가게
되고, 바닷속에서 여의주를 얻게 될 때에는 천상으로 올라가 구름을 만들
고 비를 뿌리며 벼락을 만들기도 한다.

용(龍)들은 허공에 감히 생각할 수도 없는 침수향 구름과 뇌성과 번
개를 공양한다.

〈화엄경〉「입법계품」

이와 같은 여의주의 특징은 산도깨비들이 들고 다니는 도깨비방망이와
손오공의 여의봉에서도 잘 나타나고 있듯이 조화(造化)의 상징이다. 손오
공이 가지고 있는 여의봉의 경우에도 바다로부터 가져오게 되는데, 이때
에 사해(四海)의 용왕으로부터 여의봉과 함께 황금갑옷과 투구를 가져오
게 된다.

여의주를 바다로부터 얻는다는 이야기는 〈화엄경〉「여래출현품」에서도
발견할 수 있다. 그 기록을 보면 "큰 바다에 큰 여의주가 있으니 그 이름
은 일체세간장엄(一切世間莊嚴)이다."라고 하여 중생들의 재앙을 소멸시
키고 그들의 소원을 가득 채워준다고 한다. 그러나 이 여의주를 박복한
중생들은 보지 못한다고 한다.

다시 〈화엄경〉「여래출현품」의 내용을 보게 되면 큰 바다에는 마니보
배가 있어 그 이름을 집일체광명비로자나장(集一切光明毘盧遮那藏)이라
고 하여 누구든 이 광명에 비추이면 이 빛과 같아진다고 말하고 있다. 이

밖에도 큰 바다에는 네 개의 보주(寶珠)가 있어 바다 속의 온갖 진보(珍寶)를 낸다고 한다.

> 큰 바다에는 네 개의 보주가 한량없는 덕을 갖추고 있으면서 바다
> 속의 온갖 진보(珍寶)를 낸다…… 이 네 가지 보주를 범부와 용과
> 귀신들은 볼 수 없다. 왜냐하면 사갈라 용왕이 이 보주를 귀하게 여
> 겨 궁중의 은밀한 곳에 감추어두었기 때문이다.
>
> <화엄경>「여래출현품」

바다에 온갖 진보(珍寶)가 있다는 이야기는 <삼국유사>「기이 제2」에
도 나와 있다. 여기서 명랑법사(明朗法師)는 용궁(龍宮)에 들어가서 비법
(秘法)을 배워왔다고 한다. 이와 같은 이야기는 수로부인(水路夫人)의 내
용에서도 찾아볼 수 있다. 하루는 용모가 아름다운 그녀가 임해정(臨海
亭)에서 점심을 먹는데 갑자기 바다에서 용이 나타나더니 부인을 끌고
바닷속으로 들어갔다.

그래서 많은 사람들이 그 잘못됨을 따져 문자 용이 부인을 모시고 바
닷속에서 나왔는데 그녀는 바닷속에 들어갔던 일을 말하길, "칠보궁전(七
寶宮殿)에 음식은 맛있고 향기롭게 깨끗한 것이 인간의 연화(煙火)[22]가
아니었다."고 하였다.[23]

이로 보건대 바닷속 수궁(水宮)은 전술(戰術)에 필요한 비법과 향기로
운 음식에 이어 온갖 보물이 넘치는 곳이다. 그래서 《화엄경》에서는 깨
달음을 얻을 수 있는 진리의 상징들을 바다의 온갖 진귀한 보물로 나타
내고 있다. 그렇다면 이러한 모든 보물이 바다로부터 나오는 이유는 무엇

---

22) 연화(煙火)는 불에 익힌 음식
23) 《삼국유사》에서는 수로부인이 너무 아름다워서 깊은 산과 큰 못을 지날 때마
　　다 여러 차례 신물(神物)들에게 붙들려갔다고도 하였다.

일까? 그것은 바다가 대지의 자궁과 마찬가지로 모든 생명의 근원이기 때문이다.

이러한 원리로 인하여 신화 속에서 진리를 구하는 영웅들은 잠재적 가능성의 원천인 바다로 들어가 깨달음과 해탈의 열매를 얻고자 했다. 이와 마찬가지로 땅속과 바위의 내부도 대지의 자궁을 나타내므로 신화 속의 영웅들은 그곳으로부터 온갖 보물을 얻고자 모험을 하였다.

〈삼국유사〉「의해 제5」를 보게 되면 원효대사와 사복(蛇福)의 이야기가 있다. 그 내용을 보면 어느 날 사복이 원효를 데리고 자기의 어머니를 매장하기 위하여 활리산(活里山) 동쪽 기슭으로 갔다. 그곳에서 사복이 띠풀의 줄기를 뽑으니, 그 밑에 명랑하고 청허(淸虛)한 세계가 펼쳐졌다.

그 뿐만 아니라 그곳에는 칠보(七寶)로 장식한 난간에 누각이 장엄하여 인간세상의 것 같지 않았다. 이때 사복이 어머니의 시체를 업고 땅속으로 들어가니 갑자기 땅이 합쳐져 버렸다. 이러한 현상은 사복이 어머니의 죽음과 관련하여 현상계 이전의 대지의 자궁으로 들어가 해탈의 경지에 이르렀다는 것을 상징한다.

이렇듯 저급자아에서 벗어나 고급자아를 얻기 위한 곳과 온갖 보물이 있는 곳은 바다뿐만 아니라 땅속에도 있다. 그렇기 때문에 진리와 불멸의 삶을 구하고자 하는 신화 속의 영웅은 온갖 보물과 불멸을 상징하는 여의주(如意珠)를 찾기 위하여 바다나 땅속으로 여행을 하게 된다. 그런데 이때의 여행은 서양에서 말하고 있는 성배 찾기와 같다.

한마디로 최후의 만찬과 예수의 피를 나타내는 성배가 영적인 길의 상징이듯이 여의주를 얻는 것도 깨달음과 해탈을 위한 길이기 때문이다. 그러므로 성배와 여의주를 찾는 것은 고귀한 영적 잠재성의 성취를 위한 길이라고 말할 수 있다.

특히 이 길은 그 본질이 바다로 들어가 진리를 구하는 길이기 때문에 근본으로 회귀하는 길이기도 하다. 그렇기 때문에 홀로 걷는 길이기도 하며 내면을 향한 영적인 길이기도 하다. 그렇다면 깨달음과 진리를 위하여 수궁(水宮)으로 뛰어 들어가야 하는데 이에 대한 내용을 우리는 심청전에서 만날 수가 있다.

심청전(沈淸傳)에 대한 내용을 보면 바다에서 가장 높은 신령은 용왕(龍王)이다. 이러한 원리는 호수나 연못에서도 마찬가지로 가장 높은 위치에 있는 신령을 용왕이라고 한다. 그 외로는 수많은 어족(魚族) 신들이 있다.

어느 날 심청이라고 하는 효심 많은 소녀가 봉사인 아버지 눈을 뜨게 해준다는 일념아래 공양미 삼백 석을 마련하고자 어부들에 의해 바다의 제물이 된다. 그래서 심청은 바다에 몸을 던진다. 그런데 이때 천상의 옥황상제가 이를 알고 바다의 용왕에게 명령하여 효녀 심청이를 구하도록 한다.

이 이야기에서 우리는 천상의 옥황상제가 바다의 용왕보다 한 차원 높다는 것을 발견할 수 있다. 여기서 옥황상제가 용왕에게 명령을 내릴 정도로 높은 위격에 있는 이유는 천상의 세계가 무형의 세계이기 때문이다. 반면에 용왕의 위격이 옥황상제로부터 명령을 받을 수밖에 없는 이유는 용궁의 세계가 지하의 세계와 마찬가지로 유형과 무형이 혼재된 세계이기 때문이다. 그러므로 천상의 세계가 바다의 세계보다 한 차원 높다는 것을 알 수가 있다.

그렇다면 바다는 어떻게 유형과 무형으로 이루어진 것일까? 그것은 바다가 유형의 시작인 탄생과 무형의 시작인 죽음이 함께 공존하는 곳이기 때문이다. 이른바 바다는 물에 잠길 때에 죽음을 맞이하게 되고, 물에서 부양하게 될 때에는 탄생을 맞이하게 되므로 바다는 죽음과 탄생이 공존하고, 무형과 유형이 공존하는 곳이다.

물속에 잠기는 것은 무형상태로의 회귀, 존재 이전의 미분화(未分
化)된 상태로의 복귀를 의미한다. ……
물에 잠기는 것은 형태의 해체에 해당한다. 물의 상징인 죽음과 재
생을 모두 포함하는 것은 바로 이 때문이다.

〈성과 속〉「115쪽」

삶과 죽음을 동시에 가지고 있는 형태는 바다와 지하세계 뿐만 아니라
무덤에 있는 비석(碑石)을 통해서도 나타난다. 오늘 날 비석을 보면 그
밑은 거북의 등위에 올려놓았는데, 이 또한 물(거북)을 바탕으로 사람이
머무는 것과 같다. 그러므로 우리의 삶은 물에서 해체되고 다시 물에서
시작된다고 할 수 있다.

유형과 무형의 세계에 대해 좀 더 자세히 알아보면 무형인 천상의 세
계는 시작도 마침도 없는 세계이다. 한마디로 육체와 완전히 분리된 영
(靈)의 세계이다. 반면에 유형과 무형이 혼재된 바닷속이나 지하의 세계
는 천상으로부터 얻어낸 靈을 바탕으로 물질의 외형을 만들어 생명체를
이루는 세계이다. 그래서 생명세계의 가장 근원이 되는 세계를 천상계(天
上界)라 하고, 두 번째에 해당하는 세계를 지하인 명부계(冥府界)나 물속
에 있는 용궁(龍宮)의 세계라고 한다.

다시 말해 천상의 세계는 육신의 인연과는 완전히 끊어져 있는 순수한
靈의 세계이다. 이와는 다르게 명부계나 용궁의 세계는 육신과 靈의 세계
가 결합을 하여 생명을 만들고, 육신과 靈이 분리되어 죽음을 맞이하게
되는 세계이다. 따라서 무형인 천상계는 죽음이후의 세계이나, 유형과 무
형이 공존하는 명부계나 용궁의 세계는 삶이 시작되고, 죽음이 시작되는
세계를 말한다.

이런 점에서 볼 때에 명부계나 용궁의 세계는 절반은 현실적 세계와

관련이 있고, 절반은 죽음과 동시에 시작되는 영적인 세계와도 관련이 있다. 그렇다면 옥황상제와 용왕의 관계에서 천상(天上)이 영적인 세계라면 수궁(水宮)도 영적인 세계이다. 그 이유는 수궁이 유형의 세계일 뿐 아니라, 무형의 세계도 포함하고 있기 때문이다. 그러므로 심청이가 인당수(印塘水)에 빠진 것은 현실적으로는 눈에 보이는 바다이나 내적으로는 영적인 세계를 말한다.

이를 인당수라는 말이 잘 설명해주고 있는데 여기서의 인당(印塘)은 도장(印)과 연못(塘)을 말하고 있으나 그 의미를 사람의 인체와 관련하여 잘 살펴보면 인(印)은 사람의 얼굴에서 양미간에 있는 인당(印堂)을 가리키고 있다. 반면에 당(塘)은 물(水)을 나타내므로 인당에 물을 더하게 되면 인당수(印堂水)가 된다.

그렇다면 심청이가 인당수에 빠졌다는 것은 제3의 눈이 있는 인당을 통하여 심청이가 수궁(水宮)으로 빠졌다는 것을 말한다. 즉 심청이가 혈(穴)자리인 미간의 문을 열고 바닷속 명부의 세계로 들어간 것이 된다. 그러므로 심청은 옥황상제의 명령을 받고 있는 또 다른 영적세계인 용궁으로 들어간 것이다.

이후 심청이가 연꽃을 타고 인당수의 심연(深淵)으로부터 나오는 것은 영적세계로부터 현실세계로 나온 것을 나타낸다. 그런데 이때의 연꽃은 창조성을 상징한다. 그러므로 심청이는 바닷속 영적세계에서 저급자아를 버리고 고급자아를 얻어 가지고 나온 것이 된다.

신화나 인도의 도상(圖像)에서 줄기식물과 연꽃은 우주적인 현현의
상징체가 된다. 시원적인 바다에 떠 있는 연꽃은 창조를 상징한다.
식물은 언제나 풍요, 다산, 모든 종자의 발아를 의미한다.
〈요가(67쪽)〉

인당수에서 다시 살아난 심청은 사람들에 의하여 발견되고, 그 소식은 황제(皇帝)에게까지 전해지면서 이 뒤로 황제와 결혼을 하게 되는데, 이러한 모습은 심청이가 저급심을 버리고 고급심을 얻은 이후에 세상의 중심에 우뚝 서게 되는 것을 상징한다.

한마디로 심청이와 황제와의 결혼은 심청이가 해탈의 경지에서 여의주를 얻어 조화를 부리는 상태를 나타내고 있다. 그렇기 때문에 심청이는 많은 장님들을 불러들이는 봉사잔치를 벌일 수 있었으며, 심봉사가 눈을 뜨게 되는 기적도 만들어낼 수가 있었다.

심청전과 더불어 물속에 뛰어들어 능력을 인정받는 이야기로는 손오공이 나오는 《서유기》에도 있다. 손오공은 처음 화과산에 있는 산꼭대기의 바위로부터 태어난다. 이것은 손오공이 땅속의 자궁으로부터 태어난 것을 상징한다. 그러므로 손오공은 천지의 집약된 기운을 가지고 태어난 것이 된다.

> 많은 언어에 있어서 인간은 '대지에서 태어난 자' 라고 일컬어진다.24) 아이들은 대지의 밑바닥으로부터, 동굴로부터, 골짜기로부터, 또 연못, 샘, 강물로부터 '온다' 고 믿어진다.
>
> 〈성과 속(125쪽)〉

이후 손오공은 자라나면서 동료인 원숭이들과 개울에서 물놀이를 하다가 폭포에 이르게 되었는데 그 물속의 깊이를 알 수가 없었다. 그러자 동

---

24) 대지의 자궁으로부터 태어난 인물에 대해서는 제주도의 창세신화가 있다. 이 신화를 보게 되면 한라산 기슭 모흥혈(毛興穴)에서 최초의 사람 삼을나(三乙那)가 나왔다고 한다. 여기서 첫째는 고을나(高乙那)로서 높은 사람을 뜻한다. 둘째는 양을나(良乙那)로서 어진사람을 뜻한다. 셋째는 부을라(夫乙那)로서 밝은 사람을 뜻한다.

료 중에 한 원숭이가 누군가 물속에 뛰어들어 그 깊이를 알아오면 그를 왕으로 모시자고 제안한다. 이에 모두들 수긍을 하자 손오공이 물속을 향해 몸을 날렸다.

그런데 폭포가 떨어지는 물속에서 손오공이 다시 치솟아 올라와 얼굴을 내민 곳은 폭포가 떨어졌던 곳이 아니라 절벽의 뒤쪽에 있는 수면이었다. 그 위로는 하나의 동굴이 보였는데, 그 동굴 위로는 올라가기 좋게 덩실하게 걸린 철다리 하나만이 있었다.

그래서 손오공은 철다리를 통하여 동굴 쪽으로 올라가보았다. 그리고 그 동굴 속을 들여다보니 사람들이 머무르며 살기 좋은 곳으로 보였다. 다시 손오공이 입구 쪽을 보니 '화과산 복지 수렴동 동천(花果山 福地 水簾洞 洞天)'이라고 하는 돌비석이 하나 있었다.

여기서 복지(福地)는 복이 있는 땅, 즉 명당 혈(穴)을 말하고, 수렴동(水簾洞)은 물의 베일에 가려진 동굴을 말한다. 동천(洞天)은 이곳이 동굴 속에 있는 하늘이란 뜻이다. 그러므로 이곳은 세상과는 다른 별천지(別天地)였다. 이 뒤로 손오공은 그 곳 철다리 밑으로 흐르는 물줄기가 용궁으로 흘러들어가는 것을 알고 그 물줄기를 통하여 용궁에까지 가서 여의봉(如意棒)을 가져오기도 한다.

이런 점에서 물의 베일에 가려진 이 동굴은 용궁과 같은 대지의 자궁이었다. 한마디로 손오공이 내려갔다가 되돌아온 폭포의 아래는 대지의 자궁이나 용궁으로 들어가는 길목이었다. 따라서 손오공은 용궁에까지 갈 수 있는 생명의 근원이 되는 장소를 발견한 것이다.

이로 말미암아 손오공은 그 능력을 인정받아 원숭이들로부터 대왕으로 추대되어 미후왕(美猴王)으로 불리게 된다. 이후 손오공은 바닷속으로부터 온갖 보물이 나온다는 것을 증명이라도 하듯이 용궁에서 해탈의 상징인 여의봉까지 가져와서 옥황상제가 머무는 옥경(玉京)을 깜짝 놀라게도

한다. 이런 점에서 볼 때 심청이와 손오공이 들어간 대지의 자궁이나 용
궁은 저급심을 버리고 고급심을 얻게 하는 적멸보궁(寂滅寶宮)과 같은
세계였다.

4. 북방(北方)은 대지의 배꼽

이 지구상에 많고 많은 곳 중에서 세계의 배꼽으로 가장 손꼽히는 곳
은 어디일까? 그곳에 대하여 그리스도 교인들은 골고다가 대지의 자궁
위에 있는 배꼽이라고 믿었다. 그리스인들은 올림푸스산이 세계의 배꼽이
라 믿었고, 인도인들은 메루산, 중국인들은 곤륜산, 동북아시아인들은 백
두산을 세계의 배꼽이라 여겼다.

그래서 이들 모두는 하늘의 중심인 북극성과 자신들이 믿고 있는 세계
의 배꼽이 곧 바로 연결 되어 있다고 믿었다. 이러한 믿음은 자신들이 생
각하고 있는 세계의 배꼽이 가장 성스러운 곳이라 여겼기 때문이다. 하지
만 하늘의 중심인 북극성과 연결된 곳은 북방의 땅이었다. 북방은 바로
북극성과 일치된 방위를 향하고 있을 뿐 아니라, 생명의 시원인 북극수
(北極水)가 흘러나오는 땅이기 때문이다.

중국의 고대신화에서도 당시의 북방은 지하세계와 함께 천상세계가 있
는 곳이었다. 이러한 생각은 북방이 상하의 중심으로 그 아래로는 지하세
계가 있고, 그 위로는 천상세계가 있다는 믿음 때문이었다. 그래서 중국
의 고대신화에 나오는 지하세계의 신들인 과보족이나 후토는 북방에 살
고 있으며, 황제와의 전쟁을 하였던 천상세계의 신들인 치우(蚩尤)나 우
사(雨師), 풍백(風伯) 등도 북방에 살고 있는 것으로 나온다.

다만 다른 점은 천상의 신들은 동북방을 중심으로 살고 있으며, 지하의

신들은 서북방을 중심으로 살고 있는 것으로 나온다. 이와 같은 이유는 동북방을 천국으로 보고, 서북방을 지하세계로 보았다는 것을 말한다.

그렇다면 북방은 지하(서북방)와 천상(동북방)으로 이동이 가능한 공간이 된다. 그렇기 때문에 그곳은 생명나무와 우주산이 있는 곳이다. 그곳에 대하여 〈열자〉「탕문편」에서는 종북국(終北國)이 있는데 그곳의 사람들은 병으로 죽는 일이 없고, 성품이 깨끗하고 곧아서 사물에 따라 다투거나 싸우지 않는다고 했다.

더불어 그곳 종북국은 사방이 평지이고, 둘레에 높은 산이 겹쳐져 모여 있다고 한다. 나라의 한가운데는 산이 있고, 그 산으로부터 물이 한 근원에서 갈리어 네 갈래가 되어 산 아래로 흐르는데 나라 전체를 돌면서 흘러 모두 두루미치지 않는 데가 없다고 하였다.

이와 비슷한 내용으로는 불교에서 전해지는 울단월(鬱單越)[25] 세계가 있다. 지상의 낙원과 같은 그곳 울단월세계의 중앙에는 북방천하(北方天下)의 중심인 울난타(鬱難陀)라는 못(澤)이 있다고 한다. 울난타의 둘레에는 사면에 네 개의 하천이 있고, 네 개의 아름다운 동산도 있다. 그곳에 살고 있는 울단월 사람들은 수명이 천 년을 살되 더하지도 덜하지도 않았다고 한다.

북방과 관련된 정토(淨土)세계에 대해서는 플라톤의 이야기[26]에서도 찾아볼 수 있다. 그는 그리스신화에서 아폴로의 진짜 집은 델피신전이 아니라 영생의 땅인 하이퍼보레아(Hyper-borea: 북방정토)였다고 하였다. 특히 이 지역은 두 마리의 비둘기가 세계의 양극 땅으로부터 각기 날아와서 만나는 공정한 땅이라고 한다.

---

25) 울달월의 바른 음은 울달라구류(鬱恒羅究溜)이며, 수(隋)나라 말로는 고상(高上)이라고 한다. 고상은 다른 곳보다 높고 으뜸가는 것을 말한다.
26) 플라톤의 이 이야기는 티모시 그린 베클리 편저의 《지구 속 문명》23쪽에 있다.

이 북극의 땅을 그리스인들은 언제나 봄이 계속되는 낙원, 즉 상춘국(常春國)이라고 했는데, 이 말은 가장 살기 좋은 땅이라는 것을 상징적으로 표현한 것이다. 그렇다면 열자나 플라톤은 왜 북방을 지상의 낙원이라고 했으며 영생의 땅이라고 했을까?

그 이유는 북방이 생명의 근원이 되는 물이 샘솟는 땅이며, 인류의 시원이 되는 창세의 땅이기 때문이다. 그래서 〈태백일사〉「삼신오제본기」에서는 천도(天道)가 북극에서 일어난다고 하였다.

천도(天道)는 북극에서 일어난다.
고로 천일(天一)의 물을 낸다.
이를 북수(北水)라 했다.
대저 북극은 수정자(水精子)가 기거하는 곳이다.

북방의 땅으로부터 천도가 일어난다는 것은 그곳이 생명을 낳는 땅이기 때문이다. 그래서 하늘과 땅의 고리를 잇는 샤먼도 북방으로부터 제일먼저 나왔다고 알려져 있다. 이에 대해서는 엘리아데의 《샤머니즘》에서도 언급되고 있듯이 북쪽으로 올라갈수록 샤머니즘은 더욱 복잡해지고 풍성해진다고 한다. 이런 점에서 볼 때 신화 속 샤먼이 하늘을 오르고 내렸던 세계수와 우주산은 북방에 자리를 잡고 있다고 할 수 있다.

북방이 세계의 배꼽이 되는 것을 사람의 배꼽을 통해서도 알 수 있다. 먼저 사람의 상체를 보게 되면 배꼽은 아래에 있고, 얼굴은 위에 있다. 그런데 여기서 얼굴이 있는 곳은 남방에 해당하고, 배꼽이 있는 곳은 북방에 해당한다. 이러한 해석은 남방은 불(火)이기 때문에 열기가 모이는 위에 자리를 잡게 되고, 북방은 물(水)이기 때문에 생명력이 응집되는 아래에 자리를 잡기 때문이다.[27] 이렇게 볼 때에 배꼽이 차지하는 부분은 북방이 된다.

우리는 북방이 중심이라는 것을 十자형을 통해서도 그 답을 찾을 수가 있다. 먼저 십자형의 중앙을 보면 사방의 중심일 뿐 아니라 좌우상하의 중심을 나타내기도 한다. 그렇다면 좌우상하의 입장에서 위와 아래로는 천상과 지하를 나타내기도 하지만 좌측과 우측으로는 분화와 회귀, 생(生)과 사(死)를 나타내기도 한다. 여기서 좌측은 양(陽)과 우측은 음(陰)의 작용을 하게 되듯이 십자가의 중앙은 시작과 되돌아옴의 중심이 되어 북방을 나타내게 된다.

이런 점에서 볼 때에 북방의 땅은 위로는 천상과 통하고, 아래로는 지하세계와 통할 뿐 아니라 만물의 시작과 마침이 이루어지는 땅이다. 그래서 북방의 땅에는 천상과 지하를 연결시키는 세계수가 있게 되고, 생명의 시원인 북극수(北極水)가 자리를 잡게 되는 것이다.

북극수(北極水)와 지성소

북극수는 만물을 낳고 기르는 생명수(生命水)이다. 이러한 논리는 북극수가 대지의 자궁인 지하로부터 흘러나오기 때문이다. 여기서 대지의 자궁은 바위로 상징되기도 하는데, 그 이유는 바위가 불멸성을 가지고 있기 때문이며 인체의 뼈와 같이 대지의 근원을 상징하기 때문이다. 그래서 고대인들은 지하세계로 들어가는 무덤에 돌무더기나 바위로 치장하기도 하였다.

지금도 만주지역을 가면 장군총과 같은 많은 돌무더기 무덤이 있다. 이 뿐만이 아니라 그곳에는 더 오래된 고인돌도 사방에 널려 있다. 따라서

---

27) 동양에서 북방은 항상 남방의 아래에 위치해 있다. 그래서 하도(河圖)나 낙서(洛書)에서도 북방은 아래에 배치되고, 남방은 위에 자리를 잡게 된다. 이러한 이유는 동서남북을 단순히 방위로만 본 것이 아니라 생명의 법칙으로 보았기 때문이다.

과거의 무덤양식은 바위나 돌이 기초가 되었고, 그 바위와 돌은 지하세계의 상징이 되었다.

그러나 무엇보다 중요한 것은 지하세계인 대지의 자궁이나 바위로부터 흘러나오는 지하수(地下水)이다. 이 지하수는 고대인들의 사유(思惟)에 의하면 바위를 뚫고 나오게 되는데, 이러한 모습은 대지의 자궁으로부터 시작하여 세계의 배꼽을 통해 흘러나오게 된다.

예루살렘의 바위는 지하수 깊은 곳까지 뚫고 들어가 있다.
사원이 지하수 바로 위에 있다.……
예루살렘 사원의 바위는 '지하수의 입'을 가지고 있다.
〈엘리아데의 이미지와 상징(49쪽)〉

이를테면 우리의 몸속에 뼈가 있듯이 땅속에는 바위가 있고, 뼈에 내재된 골수로부터 피가 생성되듯이 바위로부터 지하수(地下水)는 생성되어 세계의 배꼽을 통해 흘러나오게 된다. 그러므로 지하수는 바위로부터 생성되기 때문에 생명의 근원(6水)을 이루게 되고, 세계의 배꼽으로부터 흘러나오는 물은 생명의 기초(1水)를 이룬다.

이와 같은 원리는 고대인들의 사유 속에서 이미지화된 상징을 만들어 놓기도 했는데, 그것이 물을 상징하는 거북이와 지하세계를 상징하는 뱀의 모습이다. 여기서 서로의 모습을 보게 되면 땅이 물을 품고 내놓듯이 땅을 상징하는 뱀은 물을 상징하는 거북(龜)을 품게 된다. 그래서 고구려의 벽화인 사신도(四神圖)에서 보면 물이 있어야 하는 북방 현무(玄武)에 뱀이 거북이를 휘감고 있다.

이런 점에서 볼 때 땅으로부터 물은 나오고, 물은 만물을 낳게 되면서 땅을 상징하는 뱀은 거북을 비롯하여 만물을 품는 이미지를 가지게 된다.

그래서 인도인들의 우주관념도를 보면 뱀이 거북이를 바탕으로 하여 온 세상을 품고 있는 모습을 하고 있다.

이로 보건대 뱀은 만물을 품는 어머니의 상징이며, 거북이는 만물의 기초를 나타낸다. 그래서 역대의 제왕들은 자신을 만물의 기초를 이루는 생명의 중심임을 자처하며 거북의 모양으로 옥새(玉璽)를 만들기까지 하였다.

인도인들의 우주관념도

거북이 생명의 기초임을 우리는 홍산문화에서도 찾아볼 수 있다. 그것은 우하량 제1지점 중심대묘에서 무인(巫人)으로 추정되는 남성 1구의 인골에서 양손에 옥거북이가 쥐어져 있었기 때문이다.

《산해경》을 보게 되면 이와 비슷한 모습으로 양손에 뱀을 쥐고 있는 인물들이 많이 나온다. 여기서 뱀은 만물의 근원인 땅을 상징하고, 거북은 만물의 기초인 물을 상징하기 때문에 그 공통점은 지하세계와 관련하여 비슷하다. 따라서 양손에 거북이나 뱀을 쥐고 있는 것은 고대인들이 만물의 근원과 시작을 중요시 했다는 것을 말해주고 있다.

양손에 옥 거북이를
쥐고 있는 인골.
우하량 유적지 제1지점

뱀을 쥐고 있는 여신
-크레타에 뿌리를 둔 미노아문명-
크노소스 궁전에서 출토 기원전 1500년경

홍산문화에서 발굴된 옥 거북

　거북에 대한 이야기는 김수로왕의 탄생설화에도 있다. 그 내용을 보면 하늘에서는 자색줄(紫繩)과 함께 여섯 개의 황금알(黃金卵)이 내려오는데, 바로 귀지(龜旨)라는 곳에 내려왔다. 여기서 귀지라는 곳은 물이 샘솟는 세계의 배꼽(북방)을 말한다. 그러므로 나라를 창업할 수 있는 땅에 가야의 여섯 임금들이 내려온 것이 된다.

　거북이에 대한 또 다른 이야기로는 남성의 성기와 관련하여 귀두(龜頭)라는 말도 있다. 여기서 남성의 성기가 거북이와 관련이 있는 것은 생명의 정수(精水)를 남성이 주관하고 있기 때문이다. 그래서 일본에서는 남근을 유형(육신)을 만들게 되는 '생명의 근원'이라 부른다.

그런데 남근을 무형(영혼)의 본질이 되는 '크게 밝은 신'이라고도 하여 신사(神祠)에서 남근의 모형을 받들고도 있다. 이러한 의미로 볼 때에 거북(물)은 유형과 무형의 특성을 함께 가지고 있는 것을 알 수 있다. 하지만 이 뿐만이 아니라, 물을 생성하게 되는 지하세계도 유형과 무형의 속성을 함께 가지고 있다는 사실이다.

지하세계가 유형과 무형의 속성을 함께 가지고 있다는 것은 하늘로부터 온 무형과 땅이 가지고 있는 유형 때문이다. 그러면 어떻게 하늘로부터 무형의 기운을 지하세계로 받아 내리는 것일까? 이에 대해서는 신화의 상징체계에서 지하에 뿌리를 두고, 줄기와 가지를 천상으로 뻗고 있는 세계수(世界樹)가 있기 때문에 가능한 일이다.

한마디로 세계수는 천상으로 뻗고 있는 줄기로부터 무형의 기운을 받아 뿌리로 내려주기 때문에 지하세계는 유형과 무형의 속성을 함께 가질 수가 있다.

특히 여기서 나타나고 있는 지하세계는 암석과 작은 성석(聖石)들로 표현되기도 하는데, 멜라카 반도의 세망 피그미족에서는 옛날에 바투-리븐이라는 거대한 바위에서 나무줄기가 하늘을 향해서 자라났다고 했다.28) 따라서 세계수는 대지의 자궁에 뿌리를 두고, 그 줄기를 하늘로 뻗고 있다고 할 수 있다.

이와 같은 문화는 한국의 솟터나 몽고의 오보(obo) 등에서도 나타나고 있는데, 그 특징은 성석과 세계수가 함께 모여져 있는 모습이다. 지금도 솟터와 같은 곳은 한국과 몽고뿐 아니라 시베리아나 인도 등 아시아권에서 많이 발견되고 있다.

---

28) 멜라카 반도의 세망 피그미족에 대한 이야기는 미르치아 엘리아데의 〈이미지와 상징〉 47쪽에 있다.

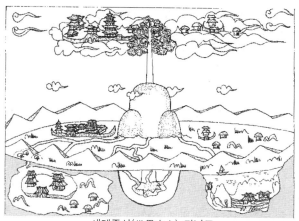

세계중심(世界中心) 관념도

　그렇다면 지하의 상징인 돌무더기와 지하에 뿌리를 두고 천상으로 그
줄기를 뻗고 있는 세계수와의 관계에서 생명의 근원이 되는 지하수(地下
水)는 어떠한 특징을 갖느냐는 것이다. 이에 대하여 먼저 지하수가 생겨
나는 곳을 보게 되면 그곳은 지하세계인 대지의 자궁(子宮)이라는 것을
알 수가 있다.

　그런데 여기서 대지의 자궁은 천상으로 그 줄기를 뻗고 있는 세계수의
뿌리가 있는 곳이기도 하다. 그렇기 때문에 대지의 자궁은 세계수의 줄기
를 통하여 천상으로부터도 영향을 받게 된다. 이런 점에서 대지의 자궁으
로부터 생성되는 지하수는 단순한 물이 아니라 하늘과 땅의 집합체, 즉
유형인 땅이 무형인 하늘을 감싼 상태인 지하세계로부터 만들어지는 물
이다.

　이렇게 볼 때에 지하세계로부터 만들어진 물은 유형과 무형의 속성을
함께 가지고 있기 때문에 일기(一氣)나 현빈(玄牝), 그리고 태극(太極)이
된다. 그런데 이때에 물은 세계의 배꼽이 있는 북방으로부터 흘러나오게

되고, 이 물은 북극수(北極水)가 되어 생명의 시초를 이룬다. 따라서 북방의 땅은 생명이 시작되는 땅으로써 지하세계의 입구가 되기도 한다.

특히 이곳 북방의 땅은 지하세계의 입구뿐 아니라, 지하세계를 거쳐서 천상으로 올라가는 입구이기도 하다. 그렇다면 북방의 땅은 다른 세계로 이동이 가능한 성소(聖所)가 된다.

한마디로 북방의 땅은 신화 속 영웅들이 대지의 자궁으로 들어가 해탈에 해당하는 보물을 얻고, 그 보물을 갖고 천상의 세계도 자유롭게 오고 갈 수 있는 곳이다. 이런 점에서 볼 때 이곳 북방의 땅은 영적세계로 들어가는 입구인 동시에 지하와 천상에 제사를 드리는 지성소(至聖所)이기도 한 것이다.

5. 승천을 위한 일곱 계단

사람들은 세계수가 있는 제사 터에서 천신과 지신을 만나고 조상과 만나게 된다. 하지만 샤먼은 세계수가 있는 곳을 발판으로 삼아 자신의 혼령(魂靈)을 통하여 지하와 천상의 여행을 자유롭게 하는 자이다.

그래서 그들은 자신의 혼령을 통하여 지하세계의 여행을 끝내고 천상으로 올라가게 되는데, 이때에 하늘로 올라가기 위한 과정으로 세계수는 샤먼에게 의식(儀式)을 위한 사다리가 된다. 그런데 여기서 사다리는 북(鼓)이 되기도 하고 샤먼이 기거하는 곳에 있는 기둥이 되기도 한다.

이때에 샤먼은 북이나 기둥에 칼로 일곱이나 아홉 개의 가로장이 있는 사다리를 표시하고 천상에 오르게 되는데, 미트라교의 비의(秘儀)에 의하면 그 일곱 개의 표시는 토성, 금성, 목성, 수성, 화성, 달, 태양이며, 이로부터 최고천(最高天)에 오른다고 한다. 이와는 달리 지역에 따라 칠성

(七星)을 밟고 최고천에 오르며 아홉 개의 가로장을 통해 구천(九天)에 까지 오르기도 한다.

세계수인 사다리는 무지개로도 나타나는데, 이때의 무지개는 물뱀으로 상징되기도 한다. 즉 무지개는 거대한 물뱀이 하늘로 올라가는 모습인 것이다. 이와 같은 인식은 당시의 사람들에게 공중에서 무지개를 만들어내는 물방울이 물뱀으로 상징되었기 때문이다.

그렇다면 무지개는 물방울이 공중에서 만들어내는 모습이라 할 수 있는데, 이때는 물과 빛의 만남으로 무지개가 만들어지게 된다. 그러므로 무지개는 땅의 생명이 되는 물과 하늘의 생명이 되는 빛의 만남으로 만들어지게 되는 것이다. 이와 같은 원리에서 볼 때에 무지개는 하늘과 땅에 원초적인 기운이 만나서 형성되는 하늘 사다리라 할 수 있다.

신화적인 영웅이 천계에 오를 때 이용되는 것도 늘 무지개이다.
〈샤마니즘(198쪽)〉

무지개가 하늘 사다리로서 가능한 것은 또한 일곱 색깔 때문이다. 이른바 무지개의 일곱 색깔이 신화(神話)에서 나타나고 있는 일곱 가로장이 있는 사다리와 동일시되기 때문이다. 이러한 믿음은 인도는 물론이고 메소포타미아와 유대교에도 남아있다.

《창세기》를 보면 무지개에 대한 내용이 나오는데 여기서는 다시는 홍수를 일으키지 않겠다는 언약으로 여호와가 구원의 사다리인 무지개를 구름 속에 가두어 두고 있다.

내가 너희와 언약을 세우리니 다시는 모든 생물을 홍수로 멸하지 아니할 것이라 땅을 침몰할 홍수가 다시 있지 아니하리라. 하나님이

가라사대 내가 나와 너희와 및 너희와 함께하는 모든 생물의 사이에 영세(永世)까지 세우는 언약의 증거는 이것이라. **내가 내 무지개를 구름 속에 두었나니 이것이 나의 세상과의 언약의 증거니라.** 내가 구름으로 땅을 덮을 때에 무지개가 구름 속에 나타나면 내가 나와 너희와 및 혈기(血氣) 있는 모든 생물 사이의 내 언약을 기억하리니 다시는 물이 모든 혈기 있는 자를 멸하는 홍수가 되지 아니할지라. 무지개가 구름 사이에 있으리니 내가 보고 나 하나님과 땅의 무릇 혈기 있는 모든 생물 사이에 된 영원한 언약을 기억하리라.

〈창세기〉「9장 11~17」

무지개를 구름 속에 두었다는 것은 진리의 상징인 사다리를 감추어 두겠다는 뜻이다. 이른바 하늘과 지상을 연결시켜주는 가교로서의 구원에 사다리가 아직 필요가 없기 때문에 구름 속에 감추어두겠다는 의미이다. 한마디로 당분간은 홍수를 일으키지 않을 것이니 구원의 사다리가 필요 없다는 뜻이다.

그러므로 구름 속의 무지개는 너희가 하늘의 뜻에 따라서 살게 될 때에는 나타나지 않는다는 것을 말해주고 있다. 하지만 세상이 다시 죄악으로 물들게 될 때에는 구원을 위하여 구름 속에 있는 무지개가 구름 밖으로 나타나게 된다는 것을 암시하고 있다.

천계상승의 사다리는 이 밖에도 인공산인 지구라트(Ziggrat)와 바벨탑으로 나타나고, 두 기둥인 문설주와 이집트의 계단식피라미드, 쿠푸왕의 대형 피라미드 등으로도 나타난다. 여기서 바벨탑의 의미는 "신의 문(門)"이라는 뜻으로, 바벨은 곧 신을 모신 제단이며, 신과 인간이 만나는 신전을 말한다.

지구라트(Ziggrat)　　　　바벨탑을 연상시키는 회교 사원탑

인안나 여신과 문설주인 두 기둥

우르크 화병조각에 나타난 인안나 여신. 뒤에는 그녀의 상징인
두 기둥이 있고, 황소 등에도 운반용 기둥 장식이 보인다.

　이와 함께 지구라트도 '하늘로 올라가는 계단' 또는 '하느님 산'이라
고 하였는데, 그 꼭대기에서는 달(月)의 신과 수호신들을 모시기도 하였
다. 그러므로 지구라트나 바벨탑은 하늘에 제사를 드리는 제천단(祭天壇)
인 동시에 천상으로 올라가는 사다리이기도 했다.

　이 밖에도 문설주와 같은 두 기둥을 통해 천상으로 올라가는 상징도
있다. 수메르문화에서 두 기둥인 문설주(하늘로 올라가는 통로)는 인안나
여신의 상징이기도 했다. 그런데 문설주의 두 기둥은 동북아시아 계통으
로 동이족(東夷族)인 은(殷)나라 제단(祭壇)의 대표적 모습으로도 나타
나고 있다.

하후씨(夏后氏)는 동쪽 계단 후미에 빈소를 마련했으니 죽은 자를
주인으로 대우하는 것이요. 은(殷)나라 사람들은 **두 기둥 가운데에**
빈소를 마련했으니 이는 죽은 자를 신(神)으로 대우하는 것이며, 주
나라 사람들은 서계(西階)위에 빈소를 마련했으니 이는 죽은 자를
빈객으로 모셨던 것이다.

〈禮記〉「檀弓 上」

《예기(禮記)》에 나오는 "두 기둥"은 문설주의 모습이다. 그런데 《사기
(史記)》를 보게 되면 공자가 죽기 전에 두 기둥 사이에 누워있는 꿈을
꾸고 나서 자신이 은나라 사람이라는 것을 알았다고 한다. 그러므로 공자
도 은나라 빈소의 풍습에서 알 수 있듯이 두 기둥을 통한 하늘사다리를
중시하는 문화와 죽은 자는 신으로 대우받는다는 문화로부터 나온 인물
이었다. 하지만 안타깝게도 그는 자신의 태생을 모르고 인문(人文)을 중
시하는 주나라의 가르침만을 따르다가 운명을 다하고 말았다.

어쨌든 인안나 여신의 수메르에서도 마찬가지로 두 기둥은 하늘로 올
라가는 사다리의 상징이며, 그들도 죽은 조상들을 신으로 받들고 있었다.
그러므로 은나라와 수메르의 두 문명은 하나의 문화에 뿌리를 두고 있었
다는 것을 짐작할 수 있다.

이번에는 특별한 모습의 하늘 사다리인 피라미드(PYRAMID)에 대해
서도 알아보면 그것은 처음에 지구라트와 같은 계단식이었다. 당시 여섯
층으로 이루어진 계단식 피라미드는 하늘로 올라가는 사다리이며 죽은
왕이 천상의 신들에게 접근할 수 있는 통로였다.

이 뒤로 만들어진 피라미드는 점차 그 꼭대기가 뾰족한 구조로 만들어
져 있는 것이 특징이다. 특히 그 모습이 원방각(圓方覺)에서의 삼각형모
습을 가지고 있는데, 이것은 강인한 인간의 정신을 나타내는 것이라 할

수 있다.

이집트에는 왕가의 계곡이 있다. 그 계곡의 중심에는 이집트어로 '엘-구른'이란 산이 있다. 이 산은 그 꼭대기가 뾰족하다하여 '뿔(角)'을 뜻하는 말로서 '뿔 산'이라고도 한다. 그런데 이집트인들은 이 산을 신성한 산이라고 한다. 그 이유는 그들이 파라오를 황소라고 부르듯이 '뿔 산'은 그들에게 힘의 상징이요, 강인함의 상징이기 때문이다.

그러므로 뾰족한 피라미드는 하늘로 올라가는 사다리의 상징뿐 아니라 파라오의 정신, 즉 통치자의 정신을 나타내기도 한다. 이런 점에서 뾰족한 피라미드는 단순한 무덤과 하늘 사다리의 상징만을 가지고 있는 것이 아니라, 뿔의 상징답게 강인한 인간정신을 길러내는 비전의 성전(聖殿)이기도 했다.

《이집트 사자의 서》를 통해 피라미드의 신비를 알아보게 되면 피라미드 안에서는 미라를 만드는 법과 양심을 저울질 하는 등의 심판의식을 통해 거듭남의 비전의식이 있었음을 말해주고 있다. 이러한 비전의식은 피라미드의 어원을 통해서도 알 수 있는데, 피라미드에서 먼저 PYR을 보면 그리스어의 PYRO에서 유래한 말로, 이 말은 불(火)과 열(熱)을 뜻한다.

이와 함께 AMID은 그리스어의 MESOS에서 파생한 말로서 존재나 중심에 가까운 뜻으로 피라미드는 '중심에서 타오르는 불'[29]이라는 의미가 있다. 그러므로 피라미드의 어원이 뜻하는 것은 내부의 열기(熱氣)를 일으켜 깨달음을 얻을 수 있도록 생명을 익히는 것을 말한다.

인간의 내부로부터 열기를 만들어 내는 모습을 우리는 쿠푸왕의 대형 피라미드에서 발견할 수 있는데, 쿠푸왕의 피라미드에서 삼각형의 네 면에서 만나는 1/3의 중앙의 지점은 외부의 열기가 모아져 생명의 열기가

---

29) 《초고대 문명의 초대》 138쪽

만들어지는 곳이다.30) 그러므로 생명의 열기가 발생하는 지점에 누군가 머무르게 될 때에 불멸의 존재가 될 수 있다는 것이 피라미드를 비전의 장소로 만든 이유라고 할 수 있다.

이른바 이집트에서 불사조(不死鳥)가 스스로 몸을 불태워 죽고 다시 그 잿속에서 살아난다는 것은 불사조의 상징인 파라오가 피라미드의 중앙부분에서 신성(神性)을 아는 삶으로 다시 태어났다는 것을 말한다. 이렇게 볼 때에 피라미드의 중앙부분에서는 내세를 위하여 비전의식이 실행되었고, 그곳 중앙부분에서는 죽음을 통한 거듭남이 이루어졌다고 할 수 있다.

> 나(파라오)는 매로 들어갔다가 레를 숭배하는 불사조가 되어 나왔다.
>
> 〈사자의 서〉「주문 13」

파라오가 피라미드 속에서 다시 태어나는 것은 그 목적이 불사조가 되기 위함이다. 이른바 샤먼이 뱀이 되어 지하의 여행을 마치고 천상의 여행을 하기위한 과정에서 태양조가 되듯이, 매(파라오)가 불사조가 되기 위함은 천상의 세계는 시간에 제약이 없는 무한계이기 때문이다.

그렇다면 불사조가 된 파라오는 드디어 천상의 여행을 하게 되는데, 이때에 중요한 것은 천상으로 올라가기 위한 여행은 지상에서 올라가는 것이 아니라, 먼저 지하를 거쳐서 올라간다는 사실이다. 그러므로 불멸의 세계로 가기 위해서는 먼저 바다나 지하로부터 거듭남의 비밀을 간직한

---

30) 《피라밋 파워 氣 히란야 파워 氣》 20쪽을 보면 피라미드의 바닥면에서 약 1/3의 높이에 죽은 후 얼마 안 되는 고양이 시체를 놓았는데 수일 후 그것이 미라가 되었다고 한다. 그러므로 이 책에서는 피라미드의 내부에서 유기체의 수분을 탈수시키는 그 무엇이 있다고 결론내리고 있다.

붉은 여의주(如意珠)를 얻어야 한다는 신화적 이미지가 피라미드의 세계관에도 그 밑바탕에 깔려 있다고 할 수 있다.

그런데 신화적 영웅들이나 불사조가 된 파라오가 지구라트, 바벨탑, 두 기둥, 피라미드 등을 통해 승천하기 위해서는 그 특징이 일곱 계단을 통해 천상으로 올라가야 한다는 것이 고대인들의 인식이었다. 그래서 동이의 계통에서는 일곱 계단의 형태를 취하여 무덤양식의 장군총(將軍塚)이나 왕실의 상징으로는 황남대총의 금관(金冠)과 칠지도(七支刀) 등을 만들었다. 이와 같은 문화는 이스라엘에서도 실행되어 일곱 계단을 상징하는 금촛대인 메노라를 만들기도 했다.

황남대총 금관과 칠지도(七支刀)

그렇다면 당시 일곱 계단의 의미는 무엇인가? 그 의미는 북두칠성을 상징한다는 사실이다. 이런 점에서 볼 때에 일곱 계단으로 이루어진 장군총은 죽은 제왕의 영혼이 무덤으로부터 북두칠성으로 올라가기 위한 것이다. 금관의 경우도 군왕의 머리에 씌어져 있으므로 군왕의 영혼이 지하세계(선왕들이 묻힌 곳)를 거쳐서 항시 북두칠성과 교통하고 있다는 것을 나타내고 있다.

이와 마찬가지로 칠지도의 경우도 군왕의 뜻이 지하세계(선왕들이 묻힌 곳)를 통해 항시 북두칠성에 있다는 것을 말한다. 이런 점에서 볼 때에 고대인들에게 하늘 사다리인 세계수는 다양한 모습으로 나타나지만 그 궁극은 모두가 북두칠성에 오르기 위함임을 알 수가 있다.

북두칠성은 옥황상제가 머무는 별

동양에서는 최고신(最高神)의 명칭을 상제(上帝), 또는 옥황상제(玉皇上帝)라 불러왔다. 여기서 옥황의 경우는 홍산문화에서 옥기(玉器)가 제사문화에 쓰였다는 점을 감안할 때에 구슬 옥(玉)자가 들어가는 옥황상제라는 명칭은 가장 오래된 명칭임을 알 수가 있다.31)

특히 옥황상제라고 하면 선관(仙官), 선녀(仙女)들이 시중을 드는 형태로 나타나기 때문에 천상의 주재자라는 개념을 갖게 한다. 어쨌든 그 대표적 명칭으로서의 옥황상제가 머무는 곳을 동양에서는 북두칠성이라고 하였다.

> 칠성은 천제(天帝)가 타는 수레(마차)로 하늘의 정중앙을 운행하면
> 서 사방을 직접 통제(統制)한다. 음양을 나누고 사계절을 정하고 오
> 행을 조절하며 절기를 바꾸고 제기(諸紀: 歲, 日, 月, 星辰, 曆數 등)
> 를 확정 짓는 것이 모두 북두칠성에 연계된다.32)
>
> 〈사기(史記)〉「천관서(天官書)」

---

31) 홍산문화에서는 여러 옥 장신구들이 발견되고 있는데, 우하량 적석총에서 발굴된 장신구들을 보면 곰 형상의 장신구와 옥 목걸이, 옥 팔찌 등 그 외에 여러 가지 다양한 장신구들이 발견되었다. 한마디로 홍산문화는 옥기시대라고 할 정도로 옥의 대중화를 이루었던 시대였다.
32) 斗爲帝車로 運于中央하야 臨制四鄕하니 分陰陽하며 建四時하며 均五行하며 移節度하며 定諸紀가 皆繫於斗라.

칠성하늘이 천제가 타는 수레와 같고, 칠성하늘에서 천제가 사방을 선회하면서 직접 통제한다는 것은 칠성하늘이 하늘의 옥황상제가 계신 별자리라는 것을 말해준다. 이러한 생각은 수메르인들에게도 있었던 것으로 보인다.

수메르의 인장들에서 나타나는 일곱별과 신(神＊)의 표기

수메르인들의 문화가 잘 나타나 있는 인장을 보면 일곱 개의 별과 신(神 ― ＊)을 뜻하는 글자가 항상 같이 붙어 다닌다. 이것은 바로 북두칠성에 하나님이 계시다는 뜻이다. 이런 점에서 북두칠성은 수메르문화에서도 하나님이신 통치자가 머무는 별자리이고, 인간의 생사화복을 주관하는 별자리였다고 말할 수 있다.

특히 북두칠성이 옥황상제의 별자리라는 것을 〈해동이적〉「권진인」편에서도 발견할 수 있는데, 여기서는 북두칠성을 인간의 선악을 심판하는 별자리라고까지 말하고 있다.

옥황상제께서는 매우 가까운 곳에 강림해 계시어 한 가지 일을 저지르면 바로 북두성(北斗星)에 기록되어 보응(報應)의 효과가 재빨리 나타난다. 그러나 우매한 사람은 잘못을 저지르고도 어리석어 두려

위할 줄을 모르니, 그들이 어찌 저 푸른 하늘 위에 참으로 주재자하
는 자가 있어 그 심판의 힘을 쥐고 있는 줄을 알겠는가?

북두칠성이 선악을 심판하고 생사화복을 주관하는 별자리라는 것은 북
두칠성에 옥황상제가 머물러 있기 때문이다. 그래서 우리의 선조들은 옥
황상제의 뜻에 조금도 어긋남이 없는 삶을 살기 위하여 항상 그 마음을
북두에 맞추었는데, 그것이 머리카락을 위로 묶은 상투문화였다.

알타이의 얼음공주
상투의 모습을 가진 머리관

홍산문화 출토 동곳
국립고궁박물관 소장

상투문화는 초기 홍산문화로부터 시작되었다. 그러므로 이때부터 사람
들은 자신의 마음을 옥황상제의 뜻에 맞추는 삶을 살고자 했다. 이러한
의지는 결국에 가서는 죽어서도 북두로 돌아간다는 믿음이 되어 사람들
은 가족이 죽으면 칠성판 위에 올려놓고 칠성으로 되돌아가기를 염원하

기도 하였다.

　이 밖에도 북두칠성에 대한 이야기는 영웅들의 탄생신화와도 관련이 있다. 이른바 북두칠성은 옥황상제가 계신 별자리이기 때문에 세상에 이름을 떨치는 영웅들은 북두칠성의 정기를 받고 태어나게 된다. 그 인물들 중에는 삼국통일의 영웅 김유신장군과 고려를 위기로부터 구한 강감찬장군이 있다.

　〈삼국사기〉「김유신 傳 上」의 보기(補記)를 보면 "유신공은 칠요(七曜)[33]의 정기를 타고 태어났기 때문에 등에는 칠성(七星)의 무늬가 있으며, 또 신비스럽고 이상한 일이 많았다."라고 하였다.

　강감찬(姜邯贊)장군의 경우도 송나라 사신이 와서 장군을 보고서 모르는 사이에 절을 하며 "문곡성(文曲星)이 보이지 않은지 오래 되었는데, 이제 보니 여기에 있었군요."[34]라고 했다. 이처럼 영웅은 칠성기운에 응하여 오게 됨을 당시의 사람들도 알고 있었다.

　그렇다면 무엇 때문에 북두칠성에는 옥황상제가 계신다하고, 그 북두로부터 영생과 깨달음이 있다고 했을까? 신화에서는 이에 대하여 대지의 자궁은 지하에 있고, 세계의 배꼽은 북방에 있듯이 북두칠성이 있는 곳은 천상의 중심이기 때문이라 말하고 있다.

　북두칠성에 대해서는 〈도장(道藏)〉「17권」에 잘 나타나고 있는데, 그 내용을 보게 되면 북두(北斗)는 중천(中天)에 있으면서 사방을 선회하며, 일체 인간의 생사화복을 주관한다고 씌어 있다.[35] 이 밖에도 《천문류초(天文類抄)》에서는 북두는 칠정(七政)[36]을 주관하는 사령탑이라고 하였

---

33) 칠요(七曜): 칠요는 태양, 달, 목성, 화성, 토성, 금성, 수성을 말한다. 그러나 여기서 칠요는 북두칠성을 지칭하고 있다. 따라서 위대한 인물은 칠요의 정기, 즉 북두칠성의 기운을 받고 태어나게 된다.
34) 해동이적: 강감찬 장군 편
35) 北斗居中天而旋回四方하야 主一切人民生死禍福이니라.
36) 칠정(七政)은 칠요(七曜)를 말한다. 그러므로 북두칠성은 태양, 달, 목성, 화

다. 따라서 북두칠성은 천상의 중심이 되는 별자리라는 것을 알 수가 있다.

그렇다면 북두칠성은 중천(中天)에 해당하기 때문에 그곳에는 옥황상제가 머물고 있다고 볼 수 있다. 이런 점에서 볼 때에 북두칠성은 영생과 깨달음을 얻게 되는 별자리이며, 인간의 모든 운명을 주관하는 별자리이기도 하다. 그렇기 때문에 신화 속 영웅들은 지하세계로부터 여의주(해탈)를 얻고, 세계수를 사다리로 삼아 칠성(七星)에까지 오르고자 했던 것이다.

우리는 신화 속 영웅들이 천상의 중심인 북두칠성에 오르고자 하는 이유를 해탈에 해당하는 여의주를 얻은 이후에 대해탈에 해당하는 경지에까지 오르기 위함임을 알 수가 있다. 그렇다면 구도자의 길을 가고자 했던 신화 속 영웅들의 최종적 목적지가 옥황상제가 계신 북두칠성이라는 것을 말해주고 있다. 이로 보건대 옥황상제가 계신 북두칠성은 천상의 중심으로서 모든 영웅들의 최종적 목적지가 된다고 하겠다.

6. 태양조(太陽鳥)와 뱀

태양조에는 삼족오(三足烏), 봉황(鳳凰), 주작(朱雀), 불사조(不死鳥) 등이 있다. 이들 태양조는 태양신의 전령으로서 그리스의 신화에서 보게 되면 아폴론은 두 마리의 까마귀를 가지고 있고, 북유럽신화 속의 오딘도 두 마리의 까마귀를 통해 세상의 소식을 듣는다. 이와 함께 이집트의 태양신 라(Ra)도 불사조와 함께 있다.

특히 이집트에서의 불사조는 사람으로 상징되는 일이 많다. 이러한 이

성, 토성, 금성, 수성을 주관하는 것이다.

유는 불사조가 지식의 전달자요, 불멸의 생명을 얻는 영웅의 상징이기 때문이다. 동아시아에서도 이와 같은 원리는 지속되어 삼족오는 고구려의 조의선인(皂衣仙人)에 상징이 되고, 봉황은 군왕의 상징이 되기도 한다.

이집트의 태양신 라(Ra)

호루스

이러한 문화 속에서 결국 새(鳥)와 사람의 이미지가 결합되면서 인면조신(人面鳥身)이나 조두인신(鳥頭人身)의 모습을 만들기까지 했는데, 이러한 문화는 중국신화에서만 나오는 것이 아니라 이집트에서도 찾아볼 수가 있다. 다만 여기서의 중심사상은 사람이 새의 모습을 가졌다는 점에서 그 사람의 영혼이 세속을 뛰어넘어 고급심을 가졌다는 것을 말해주고 있다.

이 밖에도 인면조신이나 조두인신은 아니지만 날개를 달고 있는 천사의 모습도 있다. 처음 날개를 달고 있는 천사의 모습으로는 유대민족에서 등장하는 가브리엘과 미카엘이 있다. 가브리엘과 미카엘이 날개의 특징을 가졌다는 것에 대해서는 처음 《에녹서》에서 전하고 있다. 그 내용을 보면 그들은 날개를 가진 것이 아니라 깃털과 같은 옷을 입고 있었던 것으로 나타난다.

매우 키가 큰 두 사람이 나타났다. 그렇게 큰 사람은 본 적이 없다. 그 얼굴은 태양처럼 찬란하고 눈은 불붙은 촛불 같았으며, 입에서는 불을 뿜었다. 입고 있는 옷은 깃털의 모습이었다.

두 인물에게서 나타나는 특징은 '매우 큰 키'에 '태양처럼 찬란한 얼굴'과 '깃털과 같은 옷차림'이다. 여기서 매우 키가 크다는 것은 그 사람의 법신(法身)을 말한다. 이 말은 신성한 인물일수록 영체(靈體)의 모습이 크게 나타나기 때문이다.

이와 더불어 태양처럼 찬란한 얼굴은 영체의 본성이 광명(光明)으로 되어 있기 때문이며, 깃털과 같은 옷차림은 새의 깃털을 중시하는 샤먼의 옷차림과 같다는 것을 말해주고 있다. 그러므로 가브리엘과 미카엘을 통해 느낄 수 있는 모습은 그들이 광명숭배의 샤머니즘문화와 관련이 있음을 알게 한다.

어쨌든 여기서 가브리엘과 미카엘의 깃털과 같은 옷이 잘못전달 되어 날개를 가진 천사의 모습으로 변형되기도 했지만, 이때의 깃털이나 날개의 상징은 천상을 자유롭게 오고갈 수 있는 승화된 영혼을 나타낸다. 그러므로 가브리엘과 미카엘이 깃털과 같은 옷을 입고 있었다는 것은 그들이 하늘과 통하는 사람, 영적으로 성숙한 사람이었다는 것을 말해주고 있다.

이번에는 태양조와 함께 사람에게 가장 많이 나타나는 상징으로는 뱀(蛇)이 있다. 뱀은 그 이미지가 탐욕과 색욕의 물질성을 가지고 있다. 그러나 신화적 이미지로서의 뱀은 문화영웅과 초월적 세계인 근원으로 귀환하고자 하는 구도자의 모습이다. 그러므로 사람의 얼굴에 뱀의 몸을 가지고 있는 인면사신(人面蛇身)의 모습은 전형적인 문화영웅의 상징이다.

특히 땅속으로부터 나와 다시 땅속으로 들어가야 하는 뱀의 본능으로 볼 때에 문화영웅의 삶이란 현세에서의 문명을 여는 일과 초월적세계로 되돌아가 지혜를 받아 내리는 일이다. 그래서 신화에서는 문화영웅이 대지의 자궁인 지하나 용궁 등으로 들어가서 보물을 찾는 모습으로 나타나기도 한다. 따라서 뱀의 상징을 가지고 있는 문화영웅은 문명을 여는 일만큼 영적인 구도자의 역할도 중요시 된다고 하겠다.

이와 같은 입장에서 볼 때에 문화영웅인 뱀이 대지의 자궁을 찾아 들어가는 것은 해탈과 고급자아를 얻기 위해서이다. 우리는 여기서 그리스의 신화에 나오는 페르세우스의 모험을 보게 되면 메두사(Medusa)의 눈과 마주치는 자는 누구나 돌이 되어버리는 것을 알고 있다.

즉 이 말은 뱀이 대지의 자궁인 돌로 되돌아가듯이 메두사의 눈을 보는 자는 누구나 그를 따라서 돌로 변하게 된다는 뜻이다. 그런데 이때의 돌은 시간과 공간을 초월하는 절대 아(我)를 나타내게 된다. 그러므로 메두사를 보고 돌이 되어 버리는 것은 죽음을 상징하기도 하지만 고급자아를 이루게 되는 것을 나타내기도 한다.

그렇다면 뱀이 지상을 돌아다니는 것은 세상에 문명을 열고자 함이며, 지하로 들어가는 것은 고급자아를 얻고자 함이다. 이로 보건대 태양조(太陽鳥)와 뱀의 관계는 태양조가 태양신으로부터 영적인 지혜를 얻어 대지의 자궁으로 전해주는 전령의 역할이라면 뱀은 그 영적인 지혜를 대지의 자궁으로부터 얻어 현실세계에 전해주는 역할이다. 한마디로 태양조는 하늘로부터 영적인 지혜를 받아 내리는 신의 전령이라면 뱀은 지하로부터 영적인 지혜를 얻고자 하는 문화영웅의 역할이라 할 수 있다.

이러한 뱀과 태양조의 차이는 해탈과 대해탈의 차이로 나타나는데, 그리스신화에서 보게 되면 당시 델피의 동굴에는 가이아(Gaia) 여신의 딸인 퓌폰(Python)이라는 커다란 뱀이 살고 있었다. 그런데 어느 날 아폴론이 델피의 동굴에서 대지의 여신 가이아의 딸을 화살로 쏴 죽이게 된다. 그리고 그 자리에 아폴론신전을 세우게 되는데, 이곳에서는 퓌티아 (Pythia)라는 여사제가 인간의 운명을 이야기해주는 신탁을 내리는 임무 를 맡고 있었다.

델포이 신전에 있는   터키 이스탄불의 뱀 기둥
옴팔로스 돌(세계의 배꼽을 뜻함)

이 이야기에서 가이아는 어떻게 뱀을 낳았을까? 또 그 뱀은 왜 태양신 인 아폴론에게 죽고, 뱀이 죽은 그 자리에는 어떻게 신전이 세워졌는가하 는 의문이 생긴다. 하지만 이 내용은 간단하다. 첫 번째로 가이아가 뱀을 낳았다는 것은 땅이 가지고 있는 특성이 만물을 낳고 다시 되돌아오게 하듯이 뱀도 그 특성을 그대로 가지고 있기 때문이다.

두 번째로 뱀이 태양신에 의하여 죽은 것은 해탈의 단계가 대해탈의 단계에 의하여 죽음을 당한 것을 말한다. 이른바 문화영웅인 퓌폰의 단계 에서 신의 전령인 아폴론의 단계로 올라가는 것으로 볼 수 있다. 그러므 로 퓌폰이 죽고 아폴론이 승리한 델피에서 천상의 신으로부터 영적인 지 혜를 타 내리는 역할로서의 신전이 세워질 수가 있었다.

특히 퓌티아가 신탁을 내릴 때는 반드시 세 발 의자에 앉아 있었는데, 세 발 의자의 중앙에는 세 마리의 뱀이 서로 꼬인 형태로 기둥을 만들어

의자를 떠받치고 있었다. 이것은 세 발 의자와 세 마리의 뱀이 상징하고 있듯이 신의 가르침이 천상에서 세 가지의 원리로 내려온다는 것을 말해주고 있다.

이러한 원리는 인간에게 영적감응을 일으키는 령(靈)의 글자에서도 발견되는데, 그 모양을 보게 되면 신의 가르침을 상징하는 입구(口)자가 세 개나 구성되어 있다. 이와 같은 원리는 중국이나 한국에서 제사에 쓰이는 향로가 일반적으로 세 개의 발로 되어 있는 것을 통해서도 그 의미를 찾아볼 수가 있다.

그렇다면 세계수를 상징하는 세 발 의자의 중앙에는 왜 뱀이 매달려 있느냐는 것이다. 그 이유는 뱀이 생명의 생산과 귀일의 작용을 하는데 있어서 그 근원인 지하세계로 되돌아와서 이제 대해탈의 상징인 태양조가 되기 위한 단계에 있기 때문이라 말할 수 있다.

다시 말해 뱀이 지상의 여행을 마치고 지하세계로 돌아와 여의주를 얻은 후에 하늘로 승천하게 되는 것과 같이 뱀이 세 발 의자에 매달려 있는 것은 신의 전령인 태양조(삼족오)가 되기 위한 변신을 시도하고 있기 때문이다. 그러므로 이때의 뱀은 탈바꿈을 통해 용이 되듯이, 삼족오나 봉황, 주작, 불사조 등이 되는 것이다.

문화영웅과 뱀

뱀에 대한 신화는 《산해경》에서 잘 나타나고 있다. 그 중에서 서방의 신(神) 욕수(蓐收)에 대하여 〈산해경〉「해외서경」을 보게 되면 그의 왼쪽 귀에는 뱀이 매달려 있고, 그는 두 마리의 용을 타고 다닌다. 이어 그는 오른 손에 도끼를 들고 있다.

여기서 욕수가 왼쪽 귀에 뱀을 매달고 있는 것은 문화영웅으로서 그가 한쪽으로는 선진문화를 받아들이고, 도끼를 들고 있는 다른 한쪽으로는 그가 군왕으로서의 강인함을 가졌다는 것을 말한다. 그가 두 마리의 용을 타고 다니는 것은 천상의 수레를 타고 천상으로부터 지혜를 받아 내리는 신의 전령이었음을 말해주고 있다.

욕수(蓐收)

북방의 신 우강(禺彊)에 대해서도 〈산해경〉「해외북경」을 보게 되면 욕수와 같은 모습으로 나타나고 있다. 이때의 그는 사람의 얼굴에 새의 몸을 하고, 귀에는 두 마리의 푸른 뱀을 귀고리로 하고 있으며, 두 마리의 푸른 뱀을 밟고 있다.

여기서의 푸른 뱀에 대한 상징은 시작, 처음, 봄, 새싹 등을 뜻하는 푸른색과 관련이 있고, 꿈해몽으로는 인기인이나 인기 직업을 말하는 것으로 보아 새롭고 인기가 있는 문화에 우강이 관심을 가지고 개척을 했던 것으로 볼 수 있다.

특히 그가 사람의 얼굴에 새의 몸을 가진 인면조신(人面鳥身)의 모습을 하고 있다는 것은 우강이 신의 전령으로서 세상에 인기가 있고 새로운 문화를 만들어내는 데에 기여했다는 것을 말해주고 있다.

이 밖에도 〈산해경〉「대황동경」을 보면 우경(禺京)[37]으로도 알려져 있는 우강에게는 아버지가 있는데, 그 아버지 우표(禺貌)는 푸른 뱀 대신에 누런 뱀 두 마리를 귀에 걸고, 누런 뱀 두 마리를 밟고서 있는 모습으로

---

37) 북해에 살고 있는 우경에 대해서는 〈설문〉「권11」어부(魚部)에서 말하기를 "강(彊), 강(鱇), 경(鯨)이 모두 동성(同聲)의 전음(轉音)인 것으로 보아 우강은 곧 우경(禺京)이며 우경(禺鯨)이다"라고 하였다.

나타나기도 한다.

　　동해의 모래섬 속에 신이 있는데, 사람의 얼굴에 새의 몸을 하였고,
귀에는 누런 뱀 두 마리를 걸고, 누런 뱀 두 마리를 밟고 서 있으며,
이름을 우표(禺䝬)라고 한다. 황제(黃帝)가 우표를 낳았고, 우표가
우경(禺京)을 낳았으며, 우경은 북해(北海)에 살고 우표는 동해에
사는데, 이들은 각기 해신(海神)이다.

우강

　　우강의 아버지 우표는 황제의 아들이고 동해에 살
며 푸른 뱀 대신에 누런 뱀과 관련이 있다. 여기서
우표가 누런 뱀으로 나타나는 것은 땅과 관련이 있
음을 말한다. 그러므로 푸른 뱀은 처음 시작과 관련
이 있다면 누런 뱀은 지하세계와 관련이 있다. 그렇
기 때문에 누런 뱀은 푸른 뱀의 모태가 된다. 이로
보건대 누런 뱀은 생명의 근원인 원사(元蛇)임을
알 수 있다.

　　〈산해경〉「대황남경」을 보게 되면 무산(巫山)이
라는 곳이 있는데 상제(上帝)의 선약(仙藥)이 여덟 채의 재실에 들어 있
고, 무산의 황조(黃鳥)가 이 원사(元蛇)를 맡고 있다고 했다. 그렇다면
누런 뱀(우표)은 하늘의 상징인 황조와 생명의 시초인 푸른 뱀(우강)의
사이에서 하늘적인 것을 받아 푸른 뱀에게 전달해주는 역할을 하고 있는
것이다. 이른바 우표가 지상의 문명을 열기 위하여 천상에 있는 황조로부
터 지혜를 받아 내리는 지하신(地下神)의 역할을 통해 아들인 우강에게
알음귀를 열어주었다고 할 수 있다.

　　〈산해경〉「대황서경」에서는 붉은 뱀에 대해서도 말하고 있다. 그 내용

을 보게 되면 서해(西海)의 모래섬 가운데 엄자(弇玆)라고 하는 신령이 있는데, 그는 두 마리의 붉은 뱀을 밟고 있다고 한다. 이 또한 우표나 우강의 모습과 흡사한데 여기서의 붉은 뱀이란 것은 생명의 꽃이 활짝 핀 상태인 왕성한 생명력을 나타낸다. 그러므로 붉은 뱀을 밟고 있는 엄자는 문명을 세상에 크게 드러내는 역할을 했다고 말할 수 있다.

　다음에는 〈산해경〉「해외동경」에 있는 우사첩(雨師妾)의 이야기를 보면 그는 양 손에 각각 한 마리씩의 뱀을 쥐고 있으며 왼쪽 귀에는 푸른 뱀이 있고, 오른 쪽 귀에는 붉은 뱀이 있다. 이어 그는 한 마리의 거북이를 잡고 있다.

우사첩(雨師妾)　　　연금술에서 나오는 남녀추니와 뱀

　우사첩이 양 손에 각각 뱀을 잡고 있다는 것은 그 스스로가 세계수(世界樹)가 되어 두 마리의 뱀에 감겨 있는 것을 나타낸다. 따라서 우사첩이 지하로부터 천상으로 오르기 위한 뱀을 두 손에 쥐고 있는 것은 그가 지하로부터 고급자아를 얻고 나서 천상과 교통하기 위한 단계에 있음을 말해주고 있다.

　이 밖에도 우사첩의 왼쪽 귀에 푸른 뱀이 있다는 것은 그에게는 창의적인 문화와 대중에게 인기 있는 문화에 관심이 많고, 오른 쪽 귀에 붉은 뱀이 있다는 것은 그가 관심을 갖고 있는 문화를 크게 발전시켰다는 것을 말한다. 그리고 우사첩이 거북이를 잡고 있다는 것은 북극수(北極水)와 관련하여 그가 북방에 터전을 잡고 문명을 열었던 인물이라는 것을 말해주고 있다.

이런 점에서 그는 천상으로부터 지혜를 타 내리는 역할의 인물일 뿐 아니라, 세상에 문명을 전해주는 역할의 인물이기도 했다. 따라서 우사첩은 신의 전령과 문화영웅의 역할을 했던 인물이었다.

강량   부정호여

이 외에도 뱀과 관련된 인물들이 〈산해경〉에는 많이 나타나고 있는데 「대황북경」에 나오는 강량(彊良)의 경우는 뱀을 입에 물고 있다. 이와 함께 「대황남경」에 나와 있는 부정호여(不廷胡余)는 두 마리의 푸른 뱀으로 귀고리를 하였으며, 두 마리의 붉은 뱀을 밟고 있다. 이렇듯 뱀과 관련하여 많은 인물들이 나타나고 있는데, 이러한 모습은 초기의 역사에서 많은 인물들이 문명을 여는 일에 관여 했다는 것을 말한다.

그렇다면 사람들에게 인기를 끌만한 문화는 무엇일까? 이에 대해서는

《에녹서》에 그 기록이 나오는데, 초기의 문화영웅인 주시자(注視者)[38]
들은 금지된 천상의 비밀을 지상의 사람들에게 누설했다고 한다.

이때에 팔찌와 여러 장식물들을 만드는 법과 눈을 화장하고 보석으로
멋을 내거나 채색하는 법을 가르쳤다고 씌어 있다. 학문적으로는 기상학,
점성학, 측량술, 지리학 등을 가르쳤으며 군사적으로는 장검과 단검, 방
패와 갑옷을 만드는 법을 가르쳤다고 하였다.

그런데 《에녹서》에서 당시에 선진문화를 전해주던 주시자들을 천사(天
使)인 가브리엘[39]이나 미카엘과 같은 인물들이었다고 말하고 있다. 이들
은 사람들에게 지혜와 지식을 알려주었는데, 당시 중동지역에서의 뱀에
대한 상징은 성적 욕망, 감추어진 지식, 숨겨진 지혜였다. 그러므로 천상
의 비밀을 알려주는 가브리엘이나 미카엘과 같은 천사들은 새의 상징과
함께 뱀의 상징을 가진 인물들이기도 했다.

> 주시자들은 숨겨진 지혜와 지식을 최초의 인간들에게 누설한 뱀들일
> 것이며, 지혜와 지식을 얻은 인간은 자각(自覺)이란 최초의 죄를 범
> 하게 된 것이다.

〈금지된 신의 문명1〉「67쪽」

신화의 세계에서 뱀들은 문화영웅으로써 태고시대의 신성한 인물들을
상징한다. 이런 점에서 인면사신(人面蛇身)의 나가(naga)들이나 뱀들은
지하로부터 천상의 지혜를 받아 가지고 나오는 문화영웅들의 상징이었다.

---

38) 주시자(注視者): 앤드류 콜린스의 《금지된 신의 문명1》을 보게 되면 watcher
　　는 히브리어로 '지켜보는 자들', '깨어있는 자들'이란 뜻으로 어떤 신성한 특정
　　의 종족을 말한다고 한다.
39) 가브리엘: 히브리어로 '신인(神人)이라는 뜻'이고, '알려주는 천사'라고도 한
　　다.

그래서 나가들(nagas)과 뱀들은 주술과 관련된 마법이나 비의학(秘儀學)과도 연관이 되어 있었다.

이집트의 세라피스(Serapis)

명부(冥府)와 의술의 신

남녀의 모습으로 조각된

나가(Naga)

특히 문화영웅인 주시자들이 뱀으로 상징되고 있다는 것은 석가, 공자, 예수 등의 모든 성현들과 철인들도 모두 하나같이 뱀으로 상징될 수 있다는 것을 말한다. 이와 같이 나가들(nagas)과 뱀들이 성현과 철인들로 나타날 수 있는 것은 뱀이 가지고 있는 상징이 한쪽으로는 문명을 열고, 다른 한쪽으로는 자신의 깨달음과 세상의 구원을 위해 생명의 근원으로 되돌아가는 길을 제시하고 있기 때문이다. 이렇게 볼 때에 나가들과 뱀들은 문화영웅과 구도자의 역할을 했던 위대한 인물들의 상징으로서 손색이 없다고 할 수 있다.

지혜와 뱀

이란의 시인 피르다우시의 작품인 《샤나메》에서 자하크의 양어깨에서는 두 마리의 검정 뱀이 돋아난다. 자하크는 이를 싫어하여 필사적으로 두 마리 뱀의 머리를 잘라 죽이려고 하지만 머리가 잘린 그 자리에서는 새로운 머리가 다시 자라난다. 이 뿐만 아니라 자하크는 두 뱀에게 매일 같이 인간의 뇌를 먹이로 주어야 하는 고통 속에서 생활한다.

이 내용에서 뱀이 인간의 뇌를 먹는 것은 우리의 삶이 지혜를 요구하는 것을 말한다. 특히 검정 뱀은 물과 관련된 색이니 창의적인 생각, 즉 항상 지혜를 요구하는 것을 나타낸다. 이와 함께 머리가 잘린 그 자리에서 다시 뱀의 머리가 생겨나는 것은 뱀이 가지고 있는 재생의 의미이다. 그러므로 자하크의 심령은 항상 지혜와 거듭남을 얻고자 한다는 것을 《샤나메》에서는 말해주고 있다.

지혜를 알려주는 뱀에 대해서는 《삼국유사》에서 경문대왕(景文大王)의 기록에도 있다. 경문대왕은 남의 말을 잘 새기어듣는 겸손함으로 인하여 군왕이 되고, 두 공주를 얻게 되는 인물이다. 그가 군왕이 된 후 하나의 일화를 보게 되면 다음과 같은 내용이 있다.

일찍이 왕의 침전(寢殿)에는 날마다 저녁만 되면 수많은 뱀들이 모여들었다. 궁인(宮人)들이 놀라고 두려워하여 이를 쫓아내려 했으나 왕은 말했다. "내게 만일 뱀이 없으면 편하게 잘 수가 없으니 쫓지 말라." 왕이 잘 때에는 언제나 뱀이 혀를 내밀어 온 가슴을 덮고 있었다.

이 이야기는 경문대왕이 날마다 저녁만 되면 수많은 지혜로운 자들을 불러놓고 지혜를 얻었다는 것을 말한다. 그러므로 뱀이 혀를 내밀어 대왕의 가슴을 덮어주었다는 것은 지혜로운 자들이 대왕의 마음을 항상 편안하게 해주었다는 것을 나타낸다. 이런 점에서 뱀은 지혜의 상징이고, 그 뱀을 가까이 한다는 것은 지혜를 얻는 것을 말한다.

그리스 신화에서도 제우스가 페르세포네의 침실에 들어갈 때에 지혜의 상징인 뱀으로 변하여 들어간 후 디오니소스를 낳았다는 이야기도 있다. 이것은 바로 페르세포네가 지혜를 가진 아이를 낳았다는 의미이다.[40]

이번에는 〈산해경〉「중산경」을 보게 되면 강연(江淵)에서 거처하고 있는 우아(于兒)[41]가 있다. 그는 몸에 두 마리의 뱀을 걸치고 항상 강연에서 노닐며 물속에서 나오고 들어가는데 광채가 난다고 했다. 이때에 우아가 생명의 근원인 물속으로부터 나와 다시 물속으로 들어간다는 것은 그가 문화영웅으로서의 전형을 보여주는 것과 같다.

한마디로 우아가 뱀의 상징이 되어 생명의 근원으로부터 나오는 것은 현실에 있어서 문명을 열고, 지식을 쏟아 붓기 위함이다. 반면에 다시 생명의 근원으로 되돌아가는 것은 다시 그 부족한 지식을 채우는 지혜를 얻기 위하여 내면적 세계로 되돌아가는 것과 같다. 이렇게 볼 때에 그는 부족함이 없는 지혜를 바탕으로 문명을 열었음을 알 수가 있다. 그래서 그에게는 지혜를 항시 갖추고 있다는 의미로써 《산해경》에서는 그의 몸에서 광채가 난다고 하였다.

---

40) 디오니소스의 어머니는 일반적으로 세멜레로 알려져 있다. 그러나 이탈리아 남부에서는 페르세포네를 디오니소스의 어머니라고 한다. 페르세포네의 어머니 데메테르와 제우스의 결합, 그리고 페르세포네와 제우스와의 결합에 대한 이야기는 근친상간으로 이해할 수 있으나, 이때는 제우스가 아이를 그 부모에게 태워주는 삼신(三神)의 역할로 이해하여야 한다.
41) 우아(于兒): 신령의 이름

독수리와 뱀

샤먼은 역할에 있어서 두 가지의 특징을 가지고 있다. 하나는 새(鳥)와 관련하여 인면조신(人面鳥身)의 모습과 다른 하나는 뱀(蛇)과 관련하여 인면사신(人面蛇身)의 모습이다. 이 중에서 인면조신에 대한 모습은 샤먼의 천계상승인 여행과 관련하여 조화(造化)를 얻게 되는 것을 상징한다. 이와는 다르게 인면사신에 대한 모습은 샤먼의 지하여행과 관련하여 신성(神性)을 얻게 되는 것을 상징한다.

달리 표현하면 천상의 상징인 새는 여의주를 얻은 상태에서 조화(造化)를 뜻대로 부리는 경지이므로 현실에서의 집착을 완전히 벗어난 대해탈의 상태이다. 그러나 영웅으로서 상징을 가진 뱀은 세속적인 삶과 회귀의 길에서 갈등을 극복하고 여의주를 얻어 해탈을 이루게 되는 이미지를 가진다. 다만 영웅으로서의 뱀은 여의주를 얻기 전까지는 구도자의 모습을 가지게 된다.

그래서 인도의 신화에서 새(鳥)의 모습을 한 가루다를 보게 되면 뱀(蛇)과의 사이가 좋지 않다. 그 원인은 자아의 완성(독수리)과 미완성(뱀)에서 오는 갈등 때문이다. 여기서 처음 갈등의 시작은 뱀이 영적세계의 근원인 가루다의 어머니를 잡아갔기 때문인데, 그 뜻은 누구나 영적세계의 근원인 신성(神性)을 가지고 태어나는 것을 말한다.

그러나 가루다는 초자연적 힘과 불멸을 주는 암리타42)를 뱀에게 주고 어머니를 구해오게 되는데, 이때에 가루다의 행동은 사람들에게서 영적세계의 근원인 신성을 다시 빼앗아가는 대신 불멸을 위한 재생의 길(회귀를 통한 구도심)을 알려주는 것과 같다.

이로부터 가루다는 자아완성의 입장에서 미완성의 상징인 뱀에게 영적

---

42) 암리타: 인도의 감로(甘露), 생명의 물이다. 암리타는 죽지 않는다는 뜻이기도 하다.

승화를 위해 독촉을 하는 황금태양의 새로 변신을 하게 되고, 뱀은 이에 맞서 싸우게 된다. 그러므로 대해탈의 고급심(새)과 현실에 안주하려고 하는 해탈이전의 저급심(뱀)은 항상 싸우게 되는 운명을 맞이한다.

이와 같은 이야기는 북유럽의 신화 속에서 나오는 이그드라실에 있는 독수리와 뿌리에 머무르고 있는 뱀의 관계도 마찬가지이다. 다만 여기서는 다람쥐의 이간질에 의하여 독수리와 뱀이 서로 숙적이 되어 싸움을 하게 된다.

이때의 독수리는 대해탈의 상태를 나타내기 때문에 영적인 완전함을 요구한다. 그러나 현실 속에서의 뱀은 구도의 과정에 있으므로 아직까지는 미완성의

뱀을 입에 물고 있는 가루다

상태이다. 그러므로 둘은 완전함과 미완성에서 오는 갈등이 생기게 되는데, 여기서 그 갈등을 일으키는 것은 우리의 마음(상념)인 다람쥐이다.

약간의 차이는 있으나 이와 같은 이야기는 그리스신화에서도 발견된다. 그리스신화에서 이아손의 모험담에는 결코 잠들지 않는 용이 황금양털이 걸린 떡갈나무를 지킨다. 이 밖에도 헤라클레스의 모험담에서는 님프(妖精)인 헤스페리스들의 동산에 있는 황금의 사과를 100개의 머리를 가진 용(龍) 라돈이 지키고 있다.

여기서 세계수에 걸려있는 황금양털과 황금사과는 영생(永生), 불사약(不死藥), 여의주(如意珠) 등을 상징한다. 그러므로 태양조(太陽鳥)의 상징을 가지고 있는 용(龍)은 이 모든 불사약과 보물들을 지키고자 하는 우리의 고급심(高級心)을 나타낸다.

반면에 뱀의 상징을 가진 모험담의 주인공은 지상에서 문명을 열고자

하며, 진리를 찾아 지하로 되돌아가고자 하는 구도자의 모습이다. 이로 보건대 고급심으로 상징되는 용과 구도자의 모습으로 상징되는 모험담의 주인공은 완전함과 미성숙의 차별로 인하여 입문 의례적 과정에서 부딪칠 수밖에 없다.

5세기경
콘스탄티노플의 모자이크
독수리와 뱀의 싸움

　하지만 시간이 흘러 모험담의 주인공이 목숨을 초월하여 진리를 구하고자 할 때 그는 능히 불사약과 보물들을 지키는 용(태양조)으로부터 그것을 얻을 수 있도록 허락을 받게 된다.
　한마디로 신화 속의 영웅들은 잠들지 않는 용이나, 100개의 눈을 가진 용으로부터 처음에는 시련을 당하지만 곧 해탈을 이루기 위한 황금양털과 황금사과를 얻게 되는 것이다. 따라서 뱀으로 상징되는 모험담의 주인공은 이제 진리를 구하는 구도자의 역할에서 영성적인 눈을 뜨게 되는 신적인 존재가 될 수가 있다.

2장. 신성시대(神聖時代)

1. 전설적 신성(神聖)들

황하문명에서 전해지는 역사흔적의 첫 설정은 천황(天皇)씨, 지황(地皇)씨, 인황(人皇)씨로부터 시작된다. 이러한 역사의 시작은 태초의 하늘이 처음으로 열리고, 태초의 땅이 그 다음으로 열렸으며, 태초의 사람이 하늘과 땅을 바탕으로 세상에 출현하였음을 나타낸다. 그러므로 역사는 천지인(天地人)을 바탕으로 정해진 순서에 의하여 시작되고 진행되어간다는 것이 삼황(三皇)이 가지고 있는 본래의 뜻이다.

삼황 이후에는 방위를 중심으로 오제(五帝)[1]의 시대가 열린다. 그러나 그 이전 희미하게나마 문명의 시원을 열어준 동호(東戶)씨, 황담(皇覃)씨, 유소(有巢)씨, 수인(燧人)씨 등의 인물들이 역사의 어둠을 제치고 문명의 씨를 뿌린 흔적을 남기게 된다.

만주족들에 의하여 기록된 《역대신선통감(歷代神仙通鑑)》에서 등장하는 동호(東戶)씨에 대한 기록을 보면 그는 동방(東方 ― 배달나라)의 땅에서 출현하여 다스리기를 17대에 이르렀으며, 곧이어 황담(皇覃)씨가

---

1) 오제(五帝): 방위를 중심으로 오제를 보게 되면 청제(青帝)인 복희, 적제(赤帝)인 신농, 황제(黃帝)인 헌원, 백제(白帝)인 소호, 흑제(黑帝)인 전욱이 있다.

일어나서 250년 동안 나라를 다스리다가 드디어 동방에 있는 태백산(太白山)에 들어가 쉬셨다고 전하고 있다.[2]

그 이후로 동해(東海)에 성스러운 자가 있었는데 그가 일어나 6룡(六龍)의 수레를 타고 밝음을 좇아 백루산(百婁山) 꼭대기에서 살았다고 한다. 그런 그가 백성의 불쌍함을 보고, 참지 못하여 백성을 가르치고 나무를 얽어서 집을 삼게 하였으니 그가 곧 유소(有巢)씨라고 하였다.[3]

유소씨가 7대 동안에 300여년을 다스린 후 은둔(隱遁)해버리고, 수인(燧人)씨가 출현하니 그는 천수(天水)[4]에서 나온 자라고 하였다. 그런 그가 하늘의 별들을 28수(二十八宿)로 나누고, 한 해를 사 계절로 나누는 동시에 한 철을 석 달(90일)로 정하고, 한 달을 30일로 정하였다고 한다.[5]

그는 이 뿐만이 아니라 나무를 뚫거나 문질러서 불내는 법을 알아 백성들에게 음식을 익혀 먹는 법을 가르쳤다. 그리고 나무그릇 만드는 법과 흙으로는 그릇, 시루, 사발 등을 만들어 불(火)로 굽는 법을 가르쳐 주었다고 한다.

지금까지의 내용이 간략하게나마 황하문명에서 전해지는 오제(五帝) 이전의 기록들이다. 이와는 다르게 신라의 박제상공에 의하여 전해지고 있는 《부도지(符都誌)》가 있는데, 여기서는 요하문명으로부터 나온 마고(麻姑)에 대한 개벽신화(開闢神話)가 있다. 이 내용은 처음 뜨거운 빛(火

---

2) 東方有東戶氏作其出治之……其傳始遠 十七世而皇覃氏作……皇覃氏作 治二百五十載 遂逸入太白山……《역대신선통감》卷一
3) 東海有聖者作 駕六龍從明 棲於百婁之山顚 不忍見民如此乃敎民構木爲巢……因號爲有巢氏《역대신선통감》卷一
4) 천수(天水)는 바이칼호수를 말한다. 안호상박사는 백두산의 천지못이라고 주장하기도 했다.
5) 有巢氏治三百餘世而隱 傳七世 有燧人氏出於天水 觀天之星辰 列爲二十八宿 分歲爲春夏秋冬四時 時各九十日 分孟仲季三月《역대신선통감》卷一

日)만이 있었지, 땅이 없는 상태로부터 시작된다.

이때 팔려(八呂)의 음(音)이 우주의 공간에 들려오더니 음(陰)기운이 뭉쳐진 실달성(實達城)과 양(陽)기운이 뭉쳐진 허달성(虛達城)이 나왔다. 이 뒤로 음양의 기운으로 뭉쳐진 마고대성(麻姑大城)이 만들어지고 그곳에서 마고(麻姑)가 나왔다.

지금까지의 내용을 삼신일체(三神一體)[6]의 원리로 보게 되면 뜨거운 빛(火日)은 일신(一神)에 해당하고, 허달성은 삼신에서의 천일신(天一神), 실달성은 삼신에서의 지일신(地一神), 마고대성은 삼신에서의 태일신(太一神)에 해당한다. 그러므로 마고(麻姑)는 일기(一氣)[7]에 해당되어 유한계를 열어주는 만물의 근원이 된다.

마고가 만물의 근원이 되는 일기와 같다는 것은 노자의 도덕경에서 나타나는 현빈(玄牝)과 음양론에서의 태극(太極)과 같다는 뜻이다. 이런 점에서 볼 때에 마고로부터는 생명체를 이루게 되는 음양(陰陽)과 오행(五行)이 나오게 됨으로 마고는 천지일월(天地日月)과 만물을 낳는 근원이 된다고 할 수 있다.

마고(麻姑)에 해당하는 원리를 로마신화를 통해서도 보게 되면 야누스(Janus)라는 신과 같다. 그의 전신(前身)은 카오스이다. 동시에 시작을 맡은 신이기도 하다. 이로 보건대 야누스는 이전과 이후의 중심에 서 있는, 즉 안과 밖으로도 열리는 문(門)의 역할을 하는 신이다.

---

6) 삼신일체에서 삼신은 천일신(天一神), 지일신(地一神), 태일신(太一神)을 말한다. 삼신이 일체가 되어 하나가 될 때는 일신(一神)이 된다. 따라서 삼신이 하나로 귀일할 때는 일신이 되고, 일신이 각기 셋으로 분화될 때는 삼신이 되는 것이다.
7) 일기(一氣)는 내부로 삼신을 포함하므로 삼신을 바탕으로 생겨났다. 일기의 모습은 텅 빈 것과 극미의 물질이 하나로 합쳐진 허조동체(虛粗同體)로 되어 있다. 따라서 일기는 무한계와 유한계가 하나로 합쳐져 있는 성향을 가지고 있다. 주역(周易)에서는 이를 태극(太極)이라 하며, 노자의 도덕경에서는 이를 현빈(玄牝)이라 한다.

이 밖에도 그 모습은 두 얼굴을 가지고 있는데, 한 얼굴로는 과거를 보고 한 얼굴로는 미래를 본다. 그러므로 야누스는 마고와 마찬가지로 현상계 이전과 현상계 이후의 성정을 동시에 갖고 있는 신이라 할 수 있다.

일기의 성정을 가지고 있는 마고는 궁희(穹姬)와 소희(巢姬)를 낳게 되는데, 그 모습은 현상계에서 음양(陰陽)이 나뉘게 되는 것과 같다. 궁희와 소희는 각기 이번에는 두 명의 천인(天人)과 두 명의 천녀(天女)를 낳게 되니 모두 네 명의 천인과 네 명의 천녀였다. 그런데 네 명의 천인과 네 명의 천녀는 바로 네 개의 음괘(陰卦)와 네 개의 양괘(陽卦)로 이루어진 8괘(八卦)가 나오는 것과 같은 원리이다.[8]

이 뒤로 마고는 네 명의 천인과 네 명의 천녀로 하여금 결혼하게 하여 자식을 낳게 하니 이들은 겨드랑이를 열어 3남 3녀의 자식을 낳았다. 이로써 지상에는 처음으로 인간이 생겨났다. 그런데 이를 8괘의 입장에서 보게 되면 8괘는 6효(爻)를 통하여 64괘를 만들게 된다.[9] 따라서 6효에 해당하는 3남 3녀는 모든 변화를 만들어내는 가장 기본적인 생명의 시원을 가진 태초의 사람들이었다.

3남 3녀로부터 몇 대에 이르기까지 이들 최초의 인간들은 품성이 순정(純精)하여 능히 조화(造化)를 알고, 땅의 진액이 뭉쳐진 지유(地乳)를 마시므로 혈기가 맑았다. 그래서 이들은 몸이 가벼워 내왕(來往)을 자유자재로 빠르게 할 수 있었고, 수명(壽命)이 한이 없었다.

시간은 더욱 흘러 사람들이 늘어나자 생명의 젖샘에서 나오는 양은 적어지고 못 먹는 자들도 많아졌다. 그러므로 사람들은 차츰 포도와 같은

---

8) 복희팔괘에서 양(陽) 방위에 해당하는 괘(卦)로는 진(震 ☳), 이(離 ☲), 태(兌 ☱), 건(乾 ☰)이 있다. 음(陰) 방위에 해당하는 괘로는 손(巽 ☴), 감(坎 ☵), 간(艮 ☶), 곤(坤 ☷)이 있다.

9) 효(爻)란 괘상(卦象)을 이루는 음효(--)와 양효(—)를 말한다. 효가 세 개가 뭉친 것을 소성괘(小成卦)라 하고, 여섯 개가 뭉친 것을 대성괘(大成卦)라 한다. 소성괘에는 팔괘(八卦)가 있고, 대성괘에는 육십사괘(六十四卦)가 있다.

열매를 따먹기 시작하면서 오미(五味)의 재앙에 의하여 모두 이빨이 생겼으며, 그 침은 뱀의 독과 같이 되어버렸다. 그래서 사람들은 혈육이 탁하게 되고, 심기(心氣)가 혹독해져서 마침내 발은 무거워지고 천성(天性)은 동물적으로 변하여 갔다.

성곽에 있었던 젖샘도 사람들이 서로 차지하려는 욕심 때문에 주변이 파헤쳐지기 시작하면서 젖샘은 사방으로 흘러내려 흙이 되어버렸다. 이뒤로 사방(四方)을 대표하는 반신반인(半神半人)의 인물들이 나왔는데, 그들이 첫 번째로 황궁씨(黃穹氏)요, 두 번째로 백소씨(白巢氏)요, 세 번째로 청궁씨(靑穹氏)요, 네 번째로 흑소씨(黑巢氏)였다. 이들은 성곽에서 젖샘이 나오지 않자 각기 분거하여 살기로 뜻을 정하고 사람들을 데리고 길을 떠나게 된다.

이때에 청궁씨는 자신의 무리를 이끌고 동쪽 사이의 문을 나가 운해주(雲海洲)로 가고, 백소씨는 자신의 무리를 이끌고 서쪽 사이의 문을 나가 월식주(月息洲)로 가고, 흑소씨는 자신의 무리를 이끌고 남쪽 사이의 문을 나가 성생주(星生洲)로 가고, 황궁씨는 무리를 이끌고 북쪽 사이의 문을 나가 천산주(天山洲)로 떠나가니 천산주는 매우 춥고 매우 위험한 땅이었다.

천산주에 도착한 황궁(黃穹)씨는 이 뒤로 자신의 자리를 유인씨(有因氏)에게 넘겨주게 된다. 그런데 이때에 황궁씨는 유인씨에게 천부삼인(天符三印)을 전해주니 이것이 곧 천지본음(天地本音)의 상(象)으로 그것은 진실로 근본이 하나임을 알게 하는 것이었다.

이후 황궁씨는 천산(天山)에 들어가 바위(巖)가 되어 대성회복(大城恢復)의 서약을 성취하였고, 유인씨는 인세(人世)의 일을 밝히고자 나무를 뚫고 마찰을 통해 불을 만들어 냈다. 이로써 인류는 그 불을 이용해 어둠을 밝히고, 몸을 따뜻하게 하는 동시에 음식물을 익혀서 먹는 법을 알게 되었다.

다시 시간이 흐르자 유인씨는 황궁씨로부터 받은 천부삼인을 환인(桓因)씨에게 전했다. 그러나 황궁씨와 유인씨에 이어 환인씨까지 이어지는 역사는 존재하는 것 같으면서도 또한 뚜렷하게 전하여지지 않는 태고시대의 역사이다. 그러므로 그 역사를 자세히는 알 수가 없다. 하지만 우리는 여기서 조금이나마 창세의 역사를 통해 고대인들의 삶에 모습을 알게된다.

지금까지의 내용이 《부도지》에서 역사가 시작되는 신화이야기인데, 우리는 여기서 일신(一神), 삼신(三神), 일기(一氣), 음양(陰陽), 팔괘(八卦), 사방(四方)의 원리 등을 만날 수가 있었다.10) 이후에는 유인씨와 환인씨, 그리고 환웅(桓雄)과 반고(盤固)를 비롯하여 유소씨, 수인씨, 복희씨, 신농씨로 이어지는 역사가 시작되는데, 이때부터는 그 뚜렷함이 드러나기 시작하는 시기라고 할 것이다.

특히 이들 중에서 환웅천왕(桓雄天王)과 반고가한(盤固可汗)의 경우는 북방의 땅에서 신의 계시를 받아 가르침을 여는 신교시대(神敎時代)에 이어 인간의 인식(認識)이 발전하는 인문시대(人文時代)를 열었다. 이와함께 중원의 땅에서는 복희씨와 신농씨에 의하여 인문시대가 열렸다. 그러므로 역사는 황궁(黃穹)씨로부터 환인(桓仁)씨에 이르기까지 다스려지던 신교시대를 지나 인간의 인식이 발전하는 인문시대를 맞이하게 되었다.

그런데 초기 인문시대는 신교시대의 후기인 신정(神政)이 일치하는 시

---

10) 일신(一神)은 한빛과 같고, 삼신(三神)은 한빛이 세 가지로 작용하는 것과 같다. 일기(一氣)의 경우는 무형과 유형이 처음으로 뒤엉키기 시작하는 상태이다. 따라서 일신과 삼신은 무형의 상태이며, 일기는 무형과 유형이 뒤엉키기 시작하는 시초를 말한다. 이후 생명의 시작과 함께 음양(陰陽)과 팔괘(八卦)가 나오게되고, 사방(四方)은 현실적인 삶의 원리로 나타나게 된다.

대였다. 이때에 그 대표적인 인물들이 환웅천왕과 반고가한, 그리고 복희씨와 신농씨였다. 이로부터 신정이 나뉘게 되는 시대의 이전까지는 이들 인물로 인하여 선진문화가 폭발적으로 넘쳐나게 되는 시대를 맞이할 수가 있었다.

이제 천산족(天山族)인 환웅천왕과 반고가한이 역사 속에서 자리를 잡게 된 것을 보게 되면 환웅의 경우는 지금의 백두산에 자리를 잡고 나라를 열게 되니 그 국호가 배달(倍達)이었다. 이로부터 복희(伏犧), 여와(女媧), 신농(神農), 헌원(軒轅), 소호(少昊), 전욱(顓頊), 제준(帝俊), 제요(帝堯), 제순(帝舜), 하우(夏禹)라는 인물들이 배달국에 뿌리를 두고 중원(中原)의 땅에서 가르침을 펼치기도 했다. 그래서 중원의 토착민들은 이들을 일러 동이족(東夷族)이라고도 하였다.

환웅과 더불어 천산(天山)을 떠난 반고라는 인물은 서북방에 있는 삼위산(三危山)에 자리를 잡고 나라를 열었다. 이때에 반고를 따른 인물들이 공공(共工), 유소(有巢), 유묘(有苗), 유수(有燧)이다.

이로써 동북방에 자리를 잡은 환웅씨의 후예들인 동이족의 일부가 중원의 땅에 흘러들어오고, 서북방의 땅에 자리를 잡은 반고씨의 후예들인 서이족(西夷族)의 일부가 중원의 땅으로 흘러들어오면서 중원의 문화는 꽃을 피우기 시작하였다.

당시 중원에 살던 사람들에 비해 서북방과 동북방으로부터 흘러들어온 북방의 민족들은 월등히 앞선 문화를 가지고 있었다. 그것도 만물이 처음으로 시작된다는 북방으로부터 들어왔으며, 이들은 한결같이 신성(神性)을 중시하는 샤머니즘의 문화를 가지고 있었다.

그래서 당시의 중원에 살던 사람들은 이들의 신성적인 면을 보고 신(神)이 머무르는 곳으로부터 왔다고 하여 그들이 살던 북방을 천국(天國)이나 지하에 있는 명부(冥府)의 세계와 관련지어 보았다. 이런 점에서 중원에서는 그들을 신을 섬기는 신성족(神性族)이나 또는 반신반인(半神半人)과 같은 존재로 여겼다.

반면에 중원의 사람들은 자신들을 일컬어 천국과 지하와는 가깝지 않은 먼 곳에서 살고 있는 사람들이라고 생각하였다. 이로써 중국의 고대신화에서는 북방으로부터 중원의 대륙에 내려온 무리들을 천국이나 지하로부터 온 신들로 여겼으며, 중원에서 터전을 잡고 삶을 시작한 사람들에 대해서는 하계(下界)의 사람들로 보았다.

당시 동이족의 샤머니즘문화를 보게 되면 최고의 신을 상제(上帝)로 여기며 받들었다. 그러므로 중원에 거주하는 지나인(支那人)을 비롯한 북방의 지역에서는 상제신(上帝神)이 최고의 위격에 있었다.

〈삼신오제본기〉「표훈천사」에서는 이와 같은 상제의 위격에 대해서 말하고 있는데 그 내용을 보면 전 세계를 통치하실 크나큰 지능을 가지셨다고 말하고 있다. 더불어 최상의 꼭대기에 앉아계시며 항상 크게 광명을 발하신다고 한다.

> 삼신(三神)[11]은 만물을 끌어내시고 전 세계를 통치하실 가늠할 수 없는 크나큰 지능을 가지셨더라. 그 형체를 나타내지 않으시고 최상의 꼭대기의 하늘에 앉아 계시니 계신 곳은 천만억토(千萬億土)요 항상 크게 광명을 발하시고 크게 신묘함을 나타내시며 크게 길한 상서(祥瑞)를 내리시더라.

이와 같은 상제(上帝)에 대하여 그 상징성을 찾아보면 대표적인 것이 태양(太陽)이다. 그 이유는 태양이 세상을 밝게 비추고 생명이 살 수 있

---

11) 삼신(三神)은 만물을 낳고 가르치며 다스리는 조화(造化), 교화(敎化), 치화(治化)의 삼수원리를 말한다. 하지만 여기서의 삼신은 우주를 통치하시는 삼신상제(三神上帝)를 말한다.

도록 환경을 조성해주기 때문이다. 태양과 관련해서는 태양의 전령으로 삼족오(三足烏)가 있다. 삼족오는 태양의 중심으로부터 나오게 되면서 상제의 전령으로 불린다.12)

이 밖에도 후직(后稷)의 감생신화에서도 알 수 있듯이 상제는 거인(巨人)의 모습이며, 하늘의 상징을 가지고 있으니 뇌성과 벼락을 담당하게 된다. 그러므로 상제신은 태양의 상징과 함께 거인의 모습을 가지고 있으며 뇌성과 벼락을 가지고 있는 신이라고 할 수 있다.

이번에는 최고신의 명칭에 대해서도 알아보면 동이족들은 최고신을 삼신상제, 삼신일체상제, 삼신하느님이라고 불러왔으나 유교에서는 호천상제, 또는 줄여서 상제라고도 불러왔다. 이 밖에 도교에서는 대표적으로 옥황상제(玉皇上帝)라고 하는데, 여기서는 선관(仙官)과 선녀(仙女)들이 즐비하게 옥황상제를 섬기는 모습으로 나타난다. 그러므로 도교에서는 천상세계에서의 옥황상제를 가장 실감나게 표현하고 있다고 할 수 있다.

이와는 다르게 위격은 낮지만 지하에는 저승세계의 염라대왕(閻羅大王)이 있고, 바다에는 용왕(龍王)이 있으며, 하천에는 하백(河伯)이 있다는 것이 동이족의 보편적인 신에 대한 이해이다.

이와 함께 사람도 위대한 업적을 남기고 죽거나 큰 역할을 하던 인물이 억울하게 죽었던지 할 때에는 신으로 추존되어 몇 백 년, 몇 천 년에 이르기까지 끊임없이 제사를 받아올 수가 있었다. 그 대표적인 인물들이 수인씨와 복희씨, 신농씨와 같은 인물들이고, 원한을 갖고 죽어서 그 원한을 달래주기 위하여 신으로 받들어지는 단주(丹朱)와 같은 인물도 있다.

이와 더불어 동이문화에서 빼놓을 수 없는 신도(神道)의 세계는 정령

---

12) 태양과 삼족오의 관계를 철학적 관점에서 보게 되면 본체인 하나(태양)가 셋(세 발 까마귀)으로 작용한다는 것을 보여주고 있다.

신앙(精靈信仰)이다. 정령신앙에서는 나무, 바위, 호수, 산봉우리 등에도 각기 저마다의 정령이 있다고 믿었다. 따라서 동아시아에서는 최고신인 상제(上帝)를 중심으로 지하에는 염라대왕, 바다에는 용왕, 하천에는 하백, 지상에는 몇 천 년에 이르기까지 제삿밥을 받아오고 있는 신령(神靈)들을 비롯하여 만물 속에 내재되어 있는 정령들의 세계가 있다고 믿고 있었다.

그렇다면 이제 다양한 신들의 세계와 인간이 어떻게 관련되어 신화(神話)를 만들어왔는지를 알아보고자 한다. 더불어 동북아시아에 뿌리를 두고 중원의 땅으로 건너가 문명을 열어준 동이족들을 통해서도 그들의 신화이야기를 알아보고, 그들이 어떻게 중원의 토착민들에게 천상의 신들로 불리게 되었는지도 알아보고자 한다.

2. 반고(盤固)의 천지창조

중원에서의 반고(盤固)에 대한 신화는 서정(徐整)의 《삼오력기(三五歷記)》와 《오운역년기(五運歷年記)》로부터 나타난다. 그러나 두 책은 소실되어 그 내용이 《태평어람》과 《역사(繹史)》에 나타나고 있다. 그 기록을 보면 천지가 형성되기 전에는 둥근 알(卵) 속과 같은 혼돈(混沌)의 상태였다. 그 혼돈의 알을 깨고 반고가 태어난 것이다.

천지는 달걀 속같이 어둡고 혼돈의 상태였다. 그런데 그 가운데서 반고란 자가 살고 있었다. 1만 8천 년이 지나 천지가 개벽하여 양기(陽氣)인 맑은 기운은 하늘이 되고 음기(陰氣)의 탁한 기운은 땅이 되었다. 이때 반고도 그 가운데에 있으면서 하루에 아홉 번 변하여 하늘보다 신령스러워졌고 땅보다 성스러워졌다. 이어 하늘은 날마다 일장(一丈)씩 높아지고 땅은 날마다 일장씩 두터워졌으며 반고는 날마다 일장씩 자랐다. 이렇게 하여 다시 1만 8천 년이 지나 하늘은 끝없이 높아졌고 땅은 끝없이 깊어졌으며 반고는 끝없이 성장하였다. 그런 후에 비로소 삼황이 있었다.13)

《삼오력기(三五歷記)》에서 말하는 '둥근 알'과 같은 상태는 혼돈의 우주알(Cosmie Egg)이다. 아직 음양이 나뉘기 직전의 뒤섞임의 상태이다. 여기서 우주알(無, 虛, 空, 道, 氣)이 갈라지면서 천지는 음양으로 분리되고, 반고 또한 그 속에서 깨어나자, 드디어 하늘은 높아지고 땅은 두터워졌으며 반고는 극한 상태로 커져만 갔다.

이때에 하늘이 높아지고 땅이 두터워졌듯이 반고도 커져만 갔다는 것은 반고가 하늘과 땅 사이에 존재하는 만물로 대변되고 있기 때문이다. 한마디로 하늘이 높아지고 땅이 두터워져 갔듯이 만물도 커져만 갔다는 것을 말한다. 다만 만물의 시작에 있어서 반고가 시초가 되었다는 것은 사람이 만물의 으뜸이라는 것을 나타내기 위함이다.

반고에 대한 거인화생설(巨人化生說)은 여러 신화에서도 나타나는데, 북유럽의 신화 오딘(Odin)에서도 이미르(Ymir)라는 거인이야기가 있고, 인도신화에서도 푸르샤라는 거인이야기가 있다. 이 밖에 중국 고대신화의 원형이라 할 수 있는 《산해경》에도 거인들의 이야기가 자주 나오는데, 여기서 거인들의 특징은 문명의 시원(始原)을 이루는 인물들을 말한다.

〈열자(列子)〉「탕문(湯問)」편을 보게 되면 문명의 시원과 관련하여 용백국(龍伯國)에 대해서 나오는데, 이들은 용(龍)과 백(伯)의 글자에서 알

---

13) 《태평어람 권2》에서 인용한 《삼오력기(三五歷記)》: "天地渾沌如鷄子, 盤古生其中, 萬八千歲, 天地開闢, 陽淸爲天, 陰濁爲地, 盤古在其中, 一日九變, 神於天, 聖於地, 天日高一丈, 地日厚一丈. 盤古日長一丈, 如此萬八千歲, 天數極高, 地數極深, 盤古極長, 後乃有三皇"

중국신화에 나오는 반고

수 있듯이 생명의 근원(水——龍)에 있어서 으뜸(伯)이 되는 민족을 말
한다. 그러므로 용백국은 문명의 시원을 가진 민족이라 할 수 있다.

　용백국에 대한 내용을 보면 그들은 키가 30장이나 되었다고 한다. 어
느 날 용백국 거인이 바다에서 산을 떠받들고 있는 커다란 자라를 낚시
를 통하여 건져내자 자라들이 떠받들고 있던 두 개의 산이 가라앉았다고
하였다. 이 이야기에서 볼 때에 우리는 거인의 몸집이 엄청나게 장대하였
음을 짐작하게 된다.

　발해(渤海)의 동쪽에 깊은 골짜기가 있는데, 이름 하여 귀허(歸墟)
　라고 한다. 그 가운데에는 대여(岱興), 원교(圓嶠), 방호(方壺), 영

주(瀛洲), 봉래(蓬萊)의 다섯 선산(仙山)이 있다. 이들 다섯 선산은
모두 바다에 떠 있으므로 항상 조수를 따라 오르락내리락하므로 상
제(上帝)가 사방으로 떠내려갈까 걱정스러워서 북극의 신 우강(禺
疆)에게 명하여 열다섯 마리의 자라로 하여금 머리를 들어 떠받치게
하고, 서로 3교대로 하여 6만 년마다 한 번 교대하게 하였다. 이에
다섯 선산이 비로소 움직이지 않게 되었다. 그런데 용백국(龍伯國)
의 거인이 한 번의 낚시질로 여섯 마리의 자라를 잡아서 이를 짊어
지고 그 나라로 돌아가자, 대여와 원교 두 산이 북극으로 흘러가서
큰 바다 아래로 가라앉게 되었다.

〈열자(列子)〉「탕문(湯問)」

위의 내용에서 용백국은 시원이 되는 민족일 뿐 아니라, 거인들로 구성
된 민족이다. 이와 같은 민족으로는 동북방에 자리를 잡고 있는 동이족도
마찬가지이다. 〈초사〉「초혼」을 보면 열 개의 태양이 번갈아 나오는 동방
에는 키가 천 길인 장인국(長人國) 사람들이 있다고 했다.

〈산해경〉「해내북경」에서는 "대인의 저자(大人之市)가 바다 가운데 있
다."고도 하였다. 여기서 대인의 저자가 바다 가운데 있다는 것은 대인의
나라가 바다에 둘러싸인 반도(半島)와 같다는 것을 말한다. 따라서 지금
의 한반도 땅을 《산해경》에서는 대인의 저자(市)로 여겼음을 짐작할 수
있다.

대인의 저자에 대해서는 〈산해경〉「대황동경」에서도 찾아볼 수 있는데,
그 내용에 의하면 그곳 대인의 저자를 대인당(大人堂)이라고 하며, 한 사
람의 대인(大人)이 그 당위에 쭈그리고 앉아 그 양팔을 벌리고 있다고
했다. 이 밖에도 〈산해경〉「해외동경」에서는 대인국(大人國) 사람들은 그
몸이 거대하여 앉아서 배를 만든다고까지 하였다.

이렇듯 반고로부터 시작하여 용백국, 대인국사람들은 그 몸집이 거인들로 여겨졌다. 그런데 이들은 북방이나 동북방에 뿌리를 두고 출현하여 문명의 시원을 열었던 인류의 시원종족으로 알려져 있다. 따라서 거인족의 의미는 문명의 시원을 열었던 것뿐만이 아니라, 인류의 시원종족을 나타낸다고도 할 수 있다.

이제 다시 반고에 대한 내용을 보게 되면 반고는 시간이 흘러 죽음을 맞이하게 된다. 그런데 그의 몸은 죽음의 과정에서 커다란 변화가 일어나는데, 이때의 변화를 《오운역년기》에서는 다음과 같이 전하고 있다.

> 최초로 반고가 태어났는데 그는 죽음에 이르러 몸이 변화되어 입김은 바람과 구름이 되고, 목소리는 천둥으로, 왼쪽 눈은 해로, 오른쪽 눈은 달로, 사지와 오체는 사극(四極)과 사악(四岳)으로, 혈액은 하천으로, 근골은 지형으로, 살은 전답으로, 머리털과 수염은 별로, 피부와 털은 초목으로, 치아와 뼈는 금옥(金玉)으로, 골수는 보석으로, 흘린 땀은 우택(雨澤)이 되었고, 몸에 있던 기생충은 풍화되어 백성이 되었다.[14]

반고의 신체에 대한 이야기는 그가 만물의 시초임을 말해주고 있다. 따라서 반고는 만물과 인류의 시원을 나타낸다고 할 수 있다. 이와 비슷한 천지개벽(天地開闢)의 신화를 인도신화에서도 만나볼 수 있는데, 《샤타파타 브라흐마나》에서는 태초에 우주는 물이었고, 물이 고행(苦行)하여 열기(熱氣)를 발하여 황금 알(Hiranyagarbha)이 생겼다고 하였다.

---

14) 《역사(繹史)》권1에서 인용한 《오운력년기(五運曆年記)》 "首生盤古, 垂死化身, 氣成風雲. 聲爲雷霆. 左眼爲日. 右眼爲月. 四肢五體四極五嶽. 血液爲江河. 筋脈爲地理. 肌肉爲田土. 髮髭爲星辰, 皮毛爲草木, 齒骨爲金玉, 精髓爲珠石, 汗流爲雨澤, 身之諸蟲, 因風所感, 化爲黎民."

이 뒤로 한 남자가 알을 깨고 태어났으니 그가 프라자파티였고, 그가 죽게 되었을 때 그의 신체는 땅이 되고, 공간이 되고, 하늘이 되었다고 한다. 이러한 신화를 우리는 핀란드[15]에서도 찾아 볼 수가 있다.

　하늘에서 한 여인이 바다에 내려와 거기에서 바람과 파도의 정(精)을 받아 수모(水母,Water mother)가 되나니 이때 한 마리의 오리가 그녀 무릎 위에 알을 낳았는데, 그만 떨어져 그 조각들이 대지(大地)와 하늘, 해, 달을 이룩했도다.

자신의 신체가 자연으로 되돌아가는 신화는 창세신화가 아니라도 찾아 볼 수 있다.《삼국유사》를 보면 신라 때에 혁거세가 어느 날 하늘로 올라갔는데 7일 뒤에 그 죽은 몸뚱이가 땅에 흩어져 떨어졌다고 했다.

　어느 날 왕은 하늘로 올라갔는데 7일 뒤에 그 죽은 몸뚱이가 땅에 흩어져 떨어졌다. 그런데 왕후도 곧이어 세상을 떠났으므로 합해서 장사를 지내려고 했다. 하지만 큰 뱀이 나타나더니 쫓아다니면서 이를 방해하였다. 그래서 사람들은 오체(五體)를 각각 장사지내어 오릉(五陵)을 만들고 그 능을 사릉(蛇陵)이라 했다.

당시 혁거세가 하늘로 올라갔다는 것은 운명을 다하였다는 것을 말한다. 7일 만에 그 몸뚱이가 하늘에서 떨어졌다는 것은 제왕은 죽은 후 7일 만에 장사를 지내는 관례상 육신과 영혼이 완전히 분리되었다는 것을 뜻한다.

특히 그 육신이 흩어져 땅으로 떨어졌다는 것은 자연으로 되돌아가기

---

15) W.Kirby: Kalevala the land of Heroes, Runo I, London 1936

위함인데, 이때에 뱀이 한 곳에 묻히는 것을 싫어하여 따라다니면서 방해를 했다는 것은 왕의 육신을 자연으로 골고루 돌아가게 했다는 것을 말한다. 이른바 땅의 신령인 뱀이 대지를 풍요롭게 하고자 했던 것이다. 그런데 여기서 왕의 육신이 자연으로 되돌아간다는 것은 반고의 신체에서도 알 수 있듯이 생명의 발생과 되돌림의 현상으로 자연의 순환법칙을 말해주고 있다.

이러한 법칙이 상징화되어 나타난 것이 우로보로스(Uroboros)의 모습인데, 그 모습은 뱀이 입으로 자기의 꼬리를 물고 있는 형상이다. 따라서 삼킴과 먹힘의 상징인 우로보로스는 성장과 소멸, 창조와 파괴의 연속된 모습을 우리에게 보여주고 있다.

우로보로스(Uroboros)
(10세기 그리스 필사본)

신지학 단체의 상징인
우로보로스

이와 같은 상징은 이집트의 꼬리 축제인 '헤브-세드 축제'에서도 찾아볼 수가 있다. 이 축제에서는 황소가 자신의 꼬리를 물고서 원(圓)을 그리듯이 죽음의 먹힘과 부활의 삼킴을 통하여 생(生)과 사(死)가 영원한 순환 속에 있음을 보여주고 있다. 그래서 파라오는 황소 꼬리가 매달린 의상을 입고 의식을 집행하는데, 이때에 5일 중에서 마지막 날에는 어두운 무덤에서 죽음의 의식을 통해 해돋이와 함께 부활을 하는 것으로 알려져 있다.

《술이기》에서도 보면 하늘, 땅, 귀신을 낳는 귀모(鬼母)가 있었는데, 한 번에 열 명의 귀신을 낳으며 아침에 낳아 저녁에 잡아먹는다. 이런 점에서 귀모는 시간의 모체(母體)로서 10을 낳고, 10은 다시 근원으로 되돌아오는 모습을 보여주고 있다.

《그리스 신화》에서도 시간(時)의 신(神)인 크로노스는 자기가 낳은 자식들을 잡아먹는데, 그는 하늘의 신 우라노스와 땅의 신 가이아 사이에 태어난 12명의 티탄족 신들 중에 막내 자식이었다. 그런데 이번에는 크로노스가 자신의 막내 자식인 제우스에게 축출당하고, 제우스는 올림푸스 신전의 우두머리로 등장한다.

이와 같은 원리는 꼬리로부터 만물이 시작하고, 마치게 되는 원리를 담고 있는데, 우리는 12명의 거인족을 나타내는 티탄족과 관련하여 십이지지(十二地支)와 연관 지어 볼 수 있다. 십이지지에서 보게 되면 크로노스에 해당하는 막내자식은 돼지(亥)이다. 이 돼지가 자신의 자식들을 낳고, 잡아먹는 것은 북방수(北方水)에 해당하는 돼지로부터 십이지지가 시작되고, 돼지에서 마치기 때문이다.

제우스의 경우도 아버지를 축출하고 신들의 우두머리가 되는 것은 막내자식인 돼지(제우스)가 이전의 십이지지를 마감하고, 다음 차례의 십이지지를 낳게 되는 것과 같다.

특히 여기서 12명의 거인족인 티탄들은 반고를 연상시킨다. 그 이유는 하늘과 땅의 사이에서 반고가 태어났듯이, 티탄들도 이와 같은 섭리 속에서 생겨났기 때문이다. 그렇다면 반고와 티탄들은 만물과 함께 시간의 속성을 나타낸다. 한마디로 반고와 티탄들은 시간 속에서 변화되어가는 만물의 상징이라 할 수 있다.

만물과 관련하여 이번에는 신화 속에서 나타나는 하늘과 땅의 상징에 대해서도 잠시 알아보면 하늘의 상징으로는 우주알(宇宙卵)과 땅의 상징으로는 뱀(蛇)으로 나타나게 된다. 이와 같은 상징을 대만의 파이완족 족조신화(族祖神話)에서 찾아보게 되면 땅의 상징인 뱀이 하늘의 상징인 우주알과 같은 '태양 알'을 부화(孵化)시키고 있다.

옛날에 태양이 알을 낳았는데, 브론이라는 뱀이 와서 그 알을 부화(孵化)시켰다. 이후 그 속에서 두 사람의 남녀가 출현하였다.
〈臺灣總督府심족조사회 刊〉

[우주 알] 또는 [태양 알]을 부화시키는 뱀은 땅의 상징이요 물의 상징으로서 음(陰)이다. 반면에 [태양 알]은 하늘의 상징이요 불의 상징으로서 양(陽)이다. 따라서 뱀이 태양 알을 감싸서 부화시키는 것은 음존재가 양존재를 둘러싸서 생명을 포태하는 것과 같다. 이른바 뱀이 하늘의 신령한 기운을 감싸는 물질이 되어 세계를 창조하는 모습이라 할 수 있다.

이와 관련하여 바닷속으로 사라져간 무우제국의 신화에도 뱀은 세계를 창조하고 있다. 이 신화에서 태초의 우주에는 오직 창조주이신 일곱 머리의 뱀(七頭蛇)만이 돌아다녔다고 한다.

우주는 태초에 영(靈) 그 자체였다. 생명도 없고 소리도 없고 다만 고요하기 그지없었다. 있는 것이라고는 공허와 암흑뿐이었다. 흑암은 깊었고, 지극히 높으신 영, 위대한 힘 그 자체, 창조신이신 일곱 머리의 뱀만이 돌아다니고 있었다. 신은 세계를 만들고자 하여 세계를 만들었다. 지구를 만들고 그 위에 생물을 지으셨다.

　무우제국의 신화에서 말하고 있는 뱀은 머리가 일곱인데, 여기서의 일곱은 오행(五行)으로 7화(七火)를 나타내므로 강력한 생명력과 동시에 강력한 열기를 나타낸다. 따라서 일곱은 태양과 더불어 하늘을 상징하고 있다.

　이와 함께 뱀은 현실적 입장에서 지하로부터 나오므로 대지의 자궁과 더불어 땅을 상징하고 있다. 그러므로 칠두사(七頭蛇)는 하늘(태양)인 양존재를 땅(뱀)인 음존재가 품고 있는 형태라 할 수 있다.

우주 알

칠두사(七頭蛇)

　이런 점에서 칠두사는 양존재와 음존재의 만남을 통해 이루어진 일기(一氣), 현빈(玄牝), 태극(太極)과 같다. 즉 우주알을 품고 있는 뱀의 모습과 같다고 할 수 있다. 그런데 칠두사가 처음 존재 했을 때는 오직 공허와 암흑만이 있었다고 하였다.

　이 말은 칠두사가 무한계(無限界)에 뿌리를 두고 시작되었다는 것을 알려준다. 이렇게 볼 때에 칠두사는 무한계에 뿌리를 두고, 유한계인 현현체의 모체에 역할을 하게 된다. 따라서 만물(반고, 티탄족)은 칠두사로부터 시작되고, 생명의 완성 또한 칠두사를 통해 매듭짓게 되는 것을 알 수가 있다.

3. 하늘에서 내려온 환웅(桓雄)

《삼국유사》에서 전하고 있는 환웅천왕(桓雄天王)의 기록을 보면 그는 환인(桓仁)의 여러 아들 중에 한 명으로 자주 천하를 제도할 뜻을 가지고 사람이 사는 세상에 내려가고자 하였다. 그래서 그는 환인의 허락을 받고 무리 3,000을 거느리고 태백산(太白山) 마루턱에 있는 신단수(神壇樹)의 밑에 내려왔다.

이때에 환웅천왕이 사람이 사는 세상에 내려가고자 하였다는 것은 그는 사람이 아니라 신(神)이라는 것을 말해준다. 태백산 마루턱에 있는 신단수의 밑에 내려왔다는 것도 더 높은 천상의 하늘에서 내려왔다는 것을 말한다. 그러므로 환웅(桓雄)16)은 천신의 아들이 되고, 그는 천상(天上)

---

16) 환웅(桓雄): 환웅이란 뜻은 밝음을 간직한 영웅, 또는 밝음을 세상에 전해주는 문화영웅을 뜻한다. 웅(雄)이란 개념을 《삼국유사》를 통해서 보게 되면 당시 신라의 2대 왕인 남해왕(南解王)을 차차웅(次次雄)이라고 했다. 이 말은 환웅천왕이 일웅(一雄)이 되고, 박혁거세가 차웅(次雄)이 되는 것을 말한다.
   차차웅에 대해서 김대문(金大問)은 《삼국유사》에서 다음과 같이 말하고 있다.

"차차웅(次次雄)이란 무당을 이르는 방언(方言)이다.
 세상 사람들은 무당이 귀신을 섬기고
 제사를 숭상하기 때문에 그들을 두려워하고 공경한다.
 그래서 드디어 존장(尊長)되는 이를 자충(慈充)이라 한다."

   여기서 말하고 있는 무당은 세속적인 무당이 아니다. 자충(慈充)에서 알 수 있듯이 "사랑으로 세상을 덮는 자들"이다. 그러므로 웅(雄)이란 세상을 문명화시킬 뿐 아니라 사람들에게 내적인 밝음을 주어 인간의 영혼을 깨어나게 하는 자들이다.

을 떠나 인간들의 세상에 내려온 신이었다고 말할 수 있다.

그러나 〈삼성기〉「하편」을 보게 되면 처음 환인께서 천산(天山)에 올라가 도(道)를 얻고 무병장수를 했다고 한다. 이 말은 환인께서 계신 곳이 천상이 아니라 천산임을 말해주고 있다. 이러한 천상(天上)의 상징으로 천산을 말하고 있는 것은 당시의 문화가 세계의 배꼽에 해당하는 산을 하늘과 가장 가까이 맞닿아 있다고 생각했기 때문이다.

이와 같은 문화는 수메르와 이집트문화에서도 찾아볼 수가 있다. 《수메르 왕명록》에 의하면 수메르의 왕권은 하늘로부터 내려왔고, 이집트 건국신화의 아버지 오시리스도 《이집트 死者의 書》에 의하면 그 부인인 이시스와 함께 천국에 있는 아알루왕국으로부터 지상에 내려온 것으로 되어있다.

왕권이 하늘에서 내려왔을 때 왕권은 에리두에 있었다.
〈수메르 왕명록〉「1단 1~7행」

하지만 수메르왕조의 왕권과 이집트 건국신화의 인물들도 그 근원으로 가면 하나님과 함께 하는 지극히 높은 산(山)으로부터 이 땅에 내려온 것으로 되어 있다. 이에 대해서는 이스라엘에서의 아담과 하와도 마찬가지이며 환웅천왕 또한 거룩한 천산으로부터 내려온 것으로 알려져 왔다.

나는 가장 높은 하늘로 올라가겠다. 하느님의 별들보다 더 높은 곳에 나의 보좌를 두고, **저 멀리 북쪽 끝에 있는 산, 신들이 모여 사는 산** 위에 자리 잡고 앉겠다. 내가 저 구름위에 올라가서 가장 높은 분과 같아지겠다.
〈구약성경〉「이사야서 14:4~15」[17]

3. 하늘에서 내려온 환웅(桓雄) 123

당시의 에덴동산이나 북쪽 끝에 있는 산, 그리고 북방민족이 시작된 천산은 인간세계에서의 또 다른 하늘이었다. 그래서 고대 그리스사람들은 지구의 중심에 그리스가 있고, 그리스의 중심에 올림푸스산과 함께 그 위에는 신들이 모여 있다고 믿었다. 그러므로 고대인들의 생각 속에 산은 신들과 위대한 조상들이 머무는 또 다른 하늘이었다고 말할 수 있다.

이러한 또 다른 하늘은 성지(聖地)가 되어, 고대인들이 삶의 터전을 세움에도 그대로 이어져 산으로부터 부족을 이루고 국가를 이루었다. 그래서 환웅천왕은 천산을 떠나 다시 태백산에 자리를 잡고, 반고가한(盤固可汗)도 삼위산에 자리를 잡았다.

> 옛날에 환인(桓仁)의 서자(庶子) 환웅(桓雄)이란 이가 있었는데 자주 천하를 차지할 뜻을 두어 사람이 사는 세상을 탐내고 있었다. 그 아버지가 아들의 뜻을 알고 삼위태백(太白三危)을 내려다보니 인간들을 널리 이롭게 할만 했다.
>
> 〈삼국유사〉「기이 제1」

처음 천산(天山)으로부터 지상에 내려온 환웅천왕은 환인의 뜻에 따라서 태백산 산정에 자리를 잡고 그곳을 일러 신시(神市)라고 하였다. 천산에서 내려온 반고(盤固)도 삼위산에 정착하여 나라를 열었다. 이로써 환인의 두 아들은 삼위와 태백의 산정(山頂)에 내려와 자리를 잡게 되면서 삼위는 반고에게 있어서 세계의 배꼽이 되고, 태백은 환웅에게 있어서 세계의 배꼽이 되었다.

그런데 이때에 천산으로부터 길을 떠나기 전에 환인께서는 두 아들에게 각기 비전(秘傳)의 방법으로 쓰이는 신물(神物)과 신장(神將)을 주었

---

17) 데이비드 롤 지음. 《문명의 창세기1》 182쪽 인용.

다. 그것이 환웅에게 건네준 천부인(天符印) 세 개(三種)[18]와 반고에게 건네준 십간십이지(十干十二支)의 신장들이다.

환인은 천부인(天符印) 세 개를 환웅에게 주어 인간의 세계를 다스리게 했다.

<삼국유사>「기이 제1」

때에 반고라는 자가 있었다. 그는 기이한 술법을 좋아하고 개척의 길을 나누어 가기를 청하매 이를 허락하였다. 마침내 그는 재물과 보물을 꾸리고 십간십이지(十干十二支)의 신장(神將)과 공공(共工), 유소(有巢), 유묘(有苗), 유수(有燧)[19]와 함께 삼위산(三危山)의 납림동굴(拉林洞窟)에 이르러 즉위하여 군주가 되니 이를 제견(諸畎)이라 하고 그를 반고가한(盤固可汗)이라 했다.

<삼성기전>「하편」

두 인물에게 전해진 비전(秘傳)의 방법에 있어서 먼저 환웅께서 받은 신물부터 살펴보면 그것은 천지인의 정신이 담긴 조화(造化), 교화(敎化), 치화(治化)의 영험한 상징물들이다. 그 첫 번째의 상징물로는 사람을 다스리기 위한 칼이라고 하는 신물이다. 여기서 칼이 사람을 다스릴

---

18) 천부인삼종(天符印三種)에서 인(印)은 인장만이 의미가 아니라 무엇인가를 찍는다고 할 때에 하늘의 뜻이 땅에서도 그대로 실현되는 것을 말한다. 그러므로 천부인 삼종이란 하늘의 뜻을 담은 세 가지의 신물(神物)로써 장차 세상을 다스리는 뜻을 담고 있다고 할 수 있다. 여기서 세 가지의 신물은 조화(造化)의 상징으로서 거울이며, 교화(敎化)의 상징으로서 방울(북)이며, 치화(治化)의 상징으로서 칼을 말하고 있다.

19) 공공(共工), 유소(有巢), 유묘(有苗), 유수(有燧): 공공은 그 명칭에서 알 수 있듯이 지형과 관련하여 도로와 홍수(洪水)를 다스리는 역할이다. 유소는 주거지를 다루는 역할이고, 유묘는 곡식을 주관하는 역할이다. 유수는 불을 담당하는 역할이다.

수 있는 것은 칼이 상대의 묵은 기운을 잘라내고 잡스러운 기운을 제압할 수 있기 때문이다. 그래서 칼은 샤먼에게 신의 위엄과 부정을 저지하는 상징물이 되었다.

두 번째의 상징물로는 사람을 가르치기 위한 방울(북)이라고 하는 신물이다. 여기서 방울이 사람을 가르칠 수 있는 것은 상대의 잠든 의식을 소리로서 깨어나게 할 수 있기 때문이다. 그래서 방울(북)은 샤먼에게 정신의 집중을 통한 깨어있는 상태에서 무아(無我)의 경지에 이르도록 하는 상징물이 되었다.

세 번째의 상징물로는 사람을 만들기 위한 거울이라고 하는 신물이다. 여기서 거울이 금수와 같은 사람을 사람다운 사람으로 만들 수 있는 것은 거울이 상대의 모습을 단장(丹粧)하게 하기 때문이다. 그래서 거울은 샤먼에게 이전의 자신을 버리고, 자신을 새롭게 하는 상징물이 되었다.

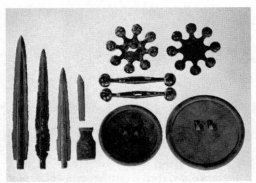
청동거울과 방울, 비파형동검

천부인삼종을 받고 태백산에 내려온 환웅께서는 이 뿐만이 아니라 구전(口傳)으로 전해오는 천부경(天符經)의 가르침까지 환국으로부터 전해받게 된다. 이로써 그는 천부경의 원리에 생명완성의 원리를 덧붙여서 삼일신고(三一神誥)를 만들고, 수련의 체계인 전계(佺戒)에 이르기까지 그 원리를 만들어 신시(神市)를 열었다.

이런 점에서 볼 때에 환웅께서는 천지인의 정신인 삼신사상(三神思想)의 실현을 위하여 천부인삼종을 가져왔고, 인간생명의 완성을 위하여 천부사상(天符思想)의 철학이 담긴 천부경을 환인으로부터 전해 받고 가져올 수가 있었다.

잠시 여기서 삼신사상과 천부사상을 알아보면 삼신사상의 경우는 그 원리가 무형의 세계인 천일(天一), 지일(地一), 태일(太一)을 바탕으로 유형과 무형이 뒤섞인 일기(一氣)를 만들어 현상세계를 열게 되는 것을 말한다. 그러므로 삼신사상은 생명창조의 사상이다.

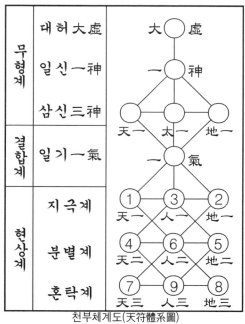

천부체계도(天符體系圖)

반면에 천부사상은 하늘의 증표인 천부경(天符經)이 말해주고 있듯이 현상세계에서 생명창조의 근원인 일기로 되돌아가는 것을 말한다. 그러므로 천부사상은 생명의 근원으로 되돌아가기 위한 사상이다. 이런 점에서 삼신사상은 생명창조에 그 목적이 있고, 천부사상은 생명완성에 그 목적이 있다고 할 수 있다.

반고(盤固)

　이제 반고에게 전해진 비전의 방법에 대해서도 살펴보게 되면 〈삼성기전〉「하편」에서 전하고 있는 십간십이지(十干十二支)의 신장(神將)들은 천간(天干)과 지지(地支)에서 나타나는 변화의 기운(氣運)이라 말할 수 있다. 따라서 반고가 십간십이지의 신장들과 함께 삼위산에 내려왔다는 것은 자연의 현묘한 변화현상을 만들어내는 기운(運氣法)을 얻어 가지고 왔다는 것을 말한다.

　여기서 하늘의 천간은 갑을병정무기경신임계(甲乙丙丁戊己庚辛壬癸)를 말함이요, 땅의 지지는 자축인묘진사오미신유술해(子丑寅卯辰巳午未申酉戌亥)를 말함이다. 천간과 지지의 변화작용을 보게 되면 천간(天干)인 10간은 갑(甲)에서 기(己)의 이전까지는 생장(生長)의 운동을 한다. 그러나 己에서 甲의 이전까지는 수장(收藏)의 운동을 하게 된다.

　지지(地支)인 12지에서도 축(丑)에서 미(未)의 이전까지는 창조운동을, 未에서 丑의 이전까지는 소멸운동을 한다. 그러므로 십간십이지는 뫼비우스의 띠처럼 안과 밖으로 이어지는 외향운동과 내향운동을 통하여 팽창과 수축, 성장과 노쇠, 시작과 끝남 등의 모습을 보여주고 있다.

그런데 이러한 모습은 반고의 신화에서도 잘 나타나고 있는데, 그것은 우주 알과 같은 혼돈의 상태에서 태어난 반고가 우주로부터 태어나서 다시 그 신체가 우주로 되돌아가는 것과 같다. 이런 점에서 볼 때에 반고가 태고의 도술(道術)인 십간십이지의 문화를 열었다는 것을 알 수가 있다.

그렇다면 태백산으로 길을 떠난 환웅에게는 무엇 때문에 천부경과 천부인 세 개를 주었냐는 의문이 생긴다. 반면에 삼위산으로 길을 떠난 반고에게는 무엇 때문에 십간십이지를 주었냐는 것이다.

먼저 홍익인간과 자신의 변화를 중시하던 환웅천왕에 대해서 알아보면 그에게는 문명을 열고, 사람들의 탈바꿈이 필요했기 때문에 천부경과 천부인 세 개가 주어졌다고 볼 수 있다. 반면에 기이한 술법을 즐기던 반고에게는 세상의 변화를 꿰뚫어 볼 수 있는 방법이 필요했기 때문에 십간십이지가 주어졌다고 볼 수 있다. 이로써 환웅은 천부경과 천부인 세 개를 가지고 태백산에 내려왔고, 반고는 십간십이지를 가지고 삼위산에 내려올 수가 있었다.

> 서자(庶子) 환웅이란 인물이 있는데 용맹함과 어진 지혜를 겸했고 일찍이 세상을 새롭게 하여 인간을 널리 이롭게 하고자 하는 뜻(弘益人間)을 가지고 있으니 그를 동방의 태백산으로 보내 다스리게 함이 좋겠나이다.
>
> 〈삼성기〉「하편」

> 이때에 반고(盤固)라는 자가 있어 기이한 술법을 즐기며 길을 나누어서 살기를 청하매 이를 허락하였다.
>
> 〈삼성기〉「하편」

이후 환웅과 반고는 각기 수행문화와 자연의 순환법칙을 통찰하는 역술(易術)을 통해 나라를 열었다. 하지만 이들도 각기 기본적인 역술과 수행문화는 공유하고 있었다고 볼 수 있다. 그러므로 천부경을 바탕으로 한 수행문화와 천간지지(天干地支)를 바탕으로 한 역술은 동이족의 문화인 동시에 반고로부터 비롯된 서이족(西夷族)의 문화이기도 했다.

어쨌든 이들은 각기 길을 떠나 태백산과 삼위산에 도착하게 된다. 이때에 환웅은 천부인삼종(天符印三種)을 가지고 3천 명의 무리와 풍백(風伯), 우사(雨師), 운사(雲師)를 거느리고 지금의 백두산(白頭山)에 자리를 잡고, 신시(神市)를 터전으로 삼아 배달국을 건국한다. 반면에 반고가한(盤固可汗)은 지금의 감숙성 돈황현에 있는 삼위산(三危山)을 중심으로 문명을 열었다.

두 인물을 중심으로 시작된 문명에 있어서 후대에 확연하게 눈에 드러나는 점은 황하문명을 개척한 삼황오제(三皇五帝)라는 인물들이 모두 동북아 지역을 중심으로 뻗어나간 환웅천왕의 맥(脈)이라는 점이다. 이에 대해서는 《환단고기》의 내용을 빌리지 않더라도 〈산해경〉「해외서경」에서도 그 내용을 찾아 볼 수 있다.

크게 거친 땅(만주) 가운데에 산이 있으니 이름을 불함산(不咸山)이라 한다. 숙신씨(肅愼氏)의 나라는 숙신지국(肅愼之國)인데 백민(白民)의 북쪽에 있다. 나무가 있는데 이름을 웅상(雄常)이라 한다. 팔대제(八代帝: 삼황오제 지칭)가 여기에서 이것(雄常: 환웅이 임재해계신 나무)을 취하였다.[20]

---

20) 大荒之中 有山 名曰不咸 肅愼氏國 肅愼之國 在白民之國北 有樹 名曰雄常 先八代帝 於此取之

당시에 불함산(不咸山)은 백두산의 또 다른 이름이다. 숙신은 일명 읍루(挹婁)라고도 하며, 환국(桓國)을 가리키고 숙신의 원음을 조선(朝鮮)이라고도 한다. 그런데 삼황오제(三皇五帝)가 모두 웅상(雄常)이라고 하는 나무를 취하여 중원(中原)에서의 전설적인 왕들이 되었다고 하였다. 그렇다면 전설적 왕들이 모두 환웅천왕에 뿌리를 두고 시작되었다는 것을 말한다.

특히 여기서의 웅상이란 나무(樹)는 신단수(神壇樹)와 같이 세계수(世界樹)의 상징이다. 따라서 환웅천왕은 세계의 배꼽인 우주축(宇宙軸)의 상징이 된다. 이런 점에서 환웅천왕은 중원에서 전설적인 왕들의 뿌리가 될 뿐 아니라 동북방에서도 문명의 중심이 되는 인물이 되었다.

때에 큰 나무를 모시어
환웅의 신상(神像)이라 하고 이에 경배한다.
신령스런 나무는 이를 웅상(雄常)이라 한다.

〈태백일사〉「삼신오제본기」

당시에 환웅의 신상(神像)인 웅상이 세계수와 같은 역할을 한 것은 그가 세상의 중심에 우뚝 솟아난 사다리로써 하늘과 지하를 교통시켜주는 인물이었음을 말해준다. 그래서 동방의 배달겨레는 환웅천왕을 세상의 중심으로 여겨 그 상징이 되는 웅상을 둘레로 수많은 박달나무를 심은 후 웅상의 나무 앞에서 제사를 지내기도 하였다.

경인 원년(B.C 1891년) 단제께서 오가(五加)에 명을 내려 열 두 명산의 가장 뛰어난 곳을 골라 국선(國仙)의 소도를 설치케 하셨다. 많은 박달나무를 둘러 심은 후 가장 큰 나무를 골라 환웅의 상(像)

으로 모시고 여기에 제사를 지내며 웅상(雄常)이라고 명칭을 하였다.

<단군세기> 「11세 단군 도해」

이때부터 소도가 세워지는 곳마다 신의 형상인 웅상을 보게 되었다.

<태백일사> 「삼한관경본기」

잠시 웅상(雄常)의 의미를 살펴보면 웅(雄)이 뜻하고 있듯이 그 의미는 문화영웅으로서의 환웅을 말한다. 반면에 상(常)은 항상 임재해계시다는 뜻이다. 그러므로 웅상이란 문화영웅인 환웅천왕이 항상 임재해 계신 나무이다. 이런 점에서 환웅천왕의 신상(神像)인 웅상은 북방민족에게 있어서 신성한 나무가 되었다.

웅상과 관련하여 그리스의 신화에서도 나무와 관련된 인물을 찾아볼 수 있는데, 그가 제우스[21]이며 그 상징으로는 떡갈나무이다. 그래서 그리스에서는 비가 오지 않을 때나 자신이 무엇인가를 원하고자 할 때는 제우스의 상징인 떡갈나무를 향하여 기원(祈願)하기도 했다.

제우스 신이여, 아테네 사람들의 밭에,
들에 비를 주소서, 비를 내려 주소서

<황금가지> 「떡갈나무 숭배 217쪽」

제우스는 그리스신화에서 비와 관련하여 번개를 쥐고 있는 신이기도

---

21) 제우스(Zeus): 제우스는 그리스의 최고신으로서 올림푸스의 산에서 산다. 그의 상징은 비와 뇌성과 번갯불의 신이다. 이와 함께 그는 하늘을 다스리고, 그의 동생들인 포세이돈(Poseidon)은 바다를 다스리며, 하데스(Hades)는 저승과 지하의 세계를 다스린다.

하다. 그래서 그리스인이나 로마인, 켈트족들은 제우스를 최고의 높은 신으로 받들었다. 그런데 〈삼국유사〉「기이 제1」을 보면 환웅이 풍백, 우사, 운사를 거느리고 있었다고 하였다.

이 말은 환웅도 신화적 이미지로 볼 때에 바람을 불러오고, 번개를 쳐서 비를 내리기도 하며, 먹구름을 움직여 천둥소리를 주관했다는 것을 말한다. 따라서 환웅도 신화적 이미지로 볼 때는 제우스와 같이 번개를 쥐고 있는 신이라 할 수 있다.

환웅천왕의 수행문화(修行文化)

환웅천왕이 웅상(雄常)을 통하여 이름을 떨칠 수 있었던 것은 그가 단순히 초대환웅이라는 의미에서만은 아니다. 그 이유는 환웅천왕으로부터 사람들이 영원히 잊을 수 없는 문화를 전수받았기 때문이다. 그것이 천왕으로부터 비롯된 수행문화(修行文化)로써 고대의 동이족은 수행문화로부터 문명이 시작된 것이다. 이를 잘 나타내는 기록이 단군신화이다.

당시에 한 곰(一熊)과 한 호랑이(一虎)가 같은 굴에서 살며 항상 신단수(神壇樹)에서 기도하며 또 환웅(桓雄)에게 빌되 **"원컨대 변화(化)하여 천계의 백성이 되게 하소서"**라고 하였다. 환웅은 이에 신령스러운 주문(呪文)을 외워 환골이신(換骨移神)하도록 하면서, 신(神)이 내리신 것으로 시험을 삼아 신령스러운 삶을 전하니, 바로 쑥 한 다발과 달래(蒜)22) 20개라.

---

22) 여기서 산(蒜)은 마늘(大蒜)이 아니라, 달래(小蒜)로 보아야 한다. 〈본초강목〉을 보면 "장건이 서역에 사신으로 갔다가 처음으로 마늘의 종자를 가지고 돌아왔다. 마늘 종자는 서쪽 변방에서 가져와 한나라 때부터 비로소 있게 되었다."라고 하여 마늘이 한무제 때(BCE 121년), 장건에 의해 서역에서 도입되었음을 밝히고 있다. 우리나라는 그 이후 중국을 통해 도입하였다. 따라서 당시의 웅족과 호족에게 전한 것은 마늘이 아니라, 달래라고 할 수 있다. 〈본초강목〉에

이에 경계하기를, "너희는 이를 먹고 **백일(百日) 동안 햇빛(日光)을**
보지 않으면 저절로 참된 평등(平等)을 이루어 만물을 구제하고 쉽
사리 사람까지 교화(敎化)하는 도리를 아는 대인(大人)이 될 수 있
을 것이다." 라고 하셨다.

곰과 호랑이의 양가는 모두 이를 얻어먹고 조심하며, **삼칠(3·7)일**
동안 스스로 수련에 힘쓰니 곰은 굶주림, 추위, 아픔, 고통에 견디어
경계함에 순종하고 환웅의 약속을 지켜 건강한 모습의 여자로 되었
지만 호랑이는 태만하고 조심하여 경계를 지키지 못하였으니, 끝내
천업(天業)에 함께 할 수 없었다.

〈태백일사〉「신시본기」

단군신화로 알려진 위의 내용은 우리에게 전형적인 수행문화를 알려주
는 귀한 자료이다. 그러나 많은 사람들이 이를 잘 알지 못한다. 다만 '곰
이 여자가 되었다', '단군에 나이는 1908세이다'라고 하는 짧막한 내용
만 가지고 거짓으로 엮어진 신화라고 여기고 만다. 이러한 인식은 어찌
보면 신화의 세계가 널리 보편화되지 않았기 때문일 것이다.

어쨌든 당시의 토템문화에서 곰과 호랑이는 그 부족의 성향을 상징하
는 명칭이었다. 이른바 그 명칭은 웅족(熊族)과 호족(虎族)의 토착세력들
이 각기 호랑이와 같은 용맹한 성향과 곰과 같은 재주 있는 성향을 중시
하였다는 것을 말한다.

단군의 나이가 1908세라는 것은 하나의 왕조(王朝)를 일컫는 숫자이
다. 우리는 고려(高麗)를 말할 때에 왕건의 고려가 400년 넘었다 하고,
이성계의 조선(朝鮮)이 500년이 넘었다고 말한다. 이와 같이 신화에서

서 달래는 "속을 편안히 하고, 사기(邪氣), 팔다리 저림, 독기(毒氣)를 제거한
다."고 하였다.

나타내고 있는 군왕의 나이는 왕조(王朝)의 연대를 말하는 것이 대부분이다. 그러므로 아담도 933세를 살았다고 하고, 노아도 향년 950세를 살았다고 하는 것은 모두 그 시대의 왕조를 일컫는다고 할 수 있다.

이제 〈태백일사〉「신시본기」에 기록된 단군신화를 보게 되면 그 기록에 웅족(熊族)과 호족(虎族)이 천계(天界)의 백성이 되기를 요청했다는 내용이 보인다. 여기서 이들의 요청은 그들 스스로가 땅의 물질적 습성에 젖어 살아오던 삶을 버리고 정신적 문명(文明)을 이룬 환웅천왕의 삶을 따르고자 했다는 것을 말한다.

이른바 선진문물을 가진 이주세력의 환웅천왕에게 신성(神性)을 중시하는 하늘의 백성, 즉 중국신화에 나오는 천국의 백성이 되기를 간청했다고 할 수 있다. 이에 환웅천왕은 뼈를 바꾸고 정신을 새롭게 하는 현묘(玄妙)한 방법을 알려주게 되는데, 그 방법이 신령스러운 힘을 가진 주문(呪文)을 읽는데 있었다.

당시 주문(呪文)을 통한 수행문화는 수행자로 하여금 골격을 바꾸고, 정신을 새롭게 하는 환골이신(換骨移神)의 비결이었다. 따라서 주문수행은 신체의 변화뿐 아니라, 나의 얼(魂)까지 새롭게 하는 힘을 가지고 있었다.

이 뿐만이 아니라 주문수행의 궁극은 신성(神性)을 드러내는 일이었다. 《인도의 격언》에 "우주는 신들에 따르고, 신들은 주문에 따르며, 주문은 브라만에 따른다."는 내용이 있다. 이 말은 우주의 근원이 되는 브라만과 가장 직결되어 있는 것이 주문이라는 것을 말해준다. 그러므로 주문을 읽게 될 때에 우리 자신은 우주의 근원과 연결된다고 할 수 있다.

다시 말해 수행자가 주문을 읽을 때에, 만물에 내재된 신성을 보게 하고, 신의 경지에 오르게 하여 천상의 신들을 거느리는 권능을 갖게 하는 것이 주문이다. 이에 주문수행은 영육(靈肉)을 새롭게 할뿐 아니라, 개인의 의식을 우주적 의식으로 확장시켜 만물의 내면과 소통하게 한다.

그런데 이러한 초의식적 능력을 갖게 하는 주문을 천왕께서는 웅족과 호족에게 읽게 하였다. 따라서 그들로 하여금 신(神)과의 교감을 이루게 하고, 영혼을 정화시켜 천계(天界)의 백성이 되도록 한 것이다.

호족과 웅족을 시험하기 위하여 내리신 쑥과 달래에 대해서는 〈태백일사〉「환국본기」를 보면 "쑥은 다려서 복용함으로써 냉(冷)을 치료하고, 달래는 불에 익혀 먹음으로써 마(魔)를 물리친다."고 하였다. 따라서 수행을 함에 있어서 쑥과 달래는 냉기를 치료하고 몸에 독기를 제거함으로써 몸과 마음을 신령스럽게 할 수 있는 약초였다.

이후 쑥과 달래는 수행(修行)을 위한 상징이 되었는데, 여기서의 쑥은 쓰고 달래는 매운 맛이 있다. 그러므로 쑥과 달래는 영적인 비상을 위한 고통을 상징한다. 이러한 상징이 있는 쑥과 달래를 가지고 호족과 웅족은 수행을 위하여 동굴로 들어가게 된다.

그런데 〈삼성기〉「하편」과 〈삼국유사〉「고조선」에서는 이때에 환웅천왕이 호족과 웅족에게 쑥과 달래와 더불어 100일 동안 햇빛을 보지 않으면 사람의 형체를 얻을 수 있다(便得人形)고 하였다.

이와 함께 〈태백일사〉「신시본기」에서는 환웅천왕이 호족과 웅족에게 100일 동안 햇빛을 보지 않고 기원하면 참된 평등을 이루어 사람을 교화하는 대인(大人)이 될 수 있다고도 하였다.

> 너희들이 이것을 먹으면서
> 햇빛을 보지 않고 100일을 쉽사리 기원하면
> 저절로 참된 평등을 이루어 만물을 구제하고
> 쉽사리 사람을 교화하는 대인(大人)이 될 것이다.

당시 곰이 사람의 형체를 얻는 것은 곧 짐승과 같은 의식에서 사람과 같은 어진 마음을 갖게 되는 것을 말한다. 이와 함께 웅족의 무리들이 개인적인 이기주의를 벗어나 참된 평등을 실천하는 대인이 되는 것을 말한다. 따라서 수행을 통하여 거듭나지 못한 자는 동물적인 의식에 머무르게 되나, 수행을 통하여 초월적 자아를 회복한 자는 어진 마음과 참된 평등을 실천하는 인간이 될 수 있음을 단군신화에서는 말해주고 있다.

특히 어두운 동굴 속에서 100일 동안 햇빛을 보지 않고 수행을 통해 인간의 참모습을 찾으라는 것은 어둠 속에 갇혀진 너의 본성으로부터 밝아오는 빛을 발견하라는 가르침이다. 이 말은 100일 동안 외부에서 떠오르는 태양을 보지 않는 대신에 너의 성품에 내재된 밝은 태양을 얻으라는 뜻이다. 따라서 여기서의 가르침에 핵심은 너의 성품 속에서 빛으로 뭉쳐진 초월적 자아, 즉 천상의 자아를 찾으라는 것이다.

BCE 3100년경 이집트 문명이 열린 이후 피라미드의 어두운 내부에서 사제들이 비전을 치르고 나온 것도 천상의 자아를 찾기 위한 체험이었다. 그런데 이집트 문명에서 느낄 수 있었던 어둠 속에서 천상의 자아를 찾는 구도의 과정이, 과정의 차이는 있으나 천년(千年)에 가까운 세월을 앞질러서 지금 환웅천왕의 이야기에서도 펼쳐지고 있다.

이런 점에서 이집트 문명과 환웅천왕으로부터 비롯된 동북방의 문명이 공통점을 가지고 있지만, 더욱 중요한 것은 고대문명의 중심에는 자아(自我)의 완성을 위한 수행문화가 전체적인 문명사의 바탕을 이루고 있었다는 점이다.

동물적인 삶에서 신성(神性)을 얻게 되는 삶에 대해서는 〈산해경〉에서도 언급되고 있는데, 여기서는 태양이 비추지 않는 어두운 동굴 속에서 나오는 자는 신인(神人)이 되어 나온다고 하였다.

동쪽으로 150 리를 가면 웅산(熊山)이라고 하는데 굴(窟)이 있다. 곰의 굴이라 하는데 항상 신인(神人)이 나오며 여름에는 열리고 겨울에는 닫힌다. 이 굴이 겨울에 열리면 반드시 전쟁이 있다.

〈산해경〉「중산경」

굴에서 항상 신인(神人)이 나오는데, 여름에는 열리고 겨울에는 닫힌다는 것은, 수행인들이 겨울에 조용한 곳에서 수행을 하기 위하여 동안거(冬安居)에 들어가는 모습을 연상시킨다. 특히 겨울에 동굴이 열린다는 것은 나라에 재앙과 전쟁 때를 제외하고는 항상 동굴에서 수행을 하는 문화가 있었다는 것을 말해준다.[23]

이처럼 광명(光明)을 체험하고 신성을 가진 인물이 되기 위한 수행문화가 환족(桓族)을 뿌리로 하는 동이족들에게는 있었다. 그런데 이때의 목적은 호족과 웅족이 천계(天界)의 백성이 되게 해달라고 했던 것처럼 인간이 광휘(光輝)를 얻어 신과 같은 밝음을 얻고, 동물과 같은 심성에서 대인군자(大人君子)가 되는 것이었다.

이로 보건대 수행문화를 열었던 동이족에게 수행의 목적은 우화등선(羽化登仙)을 하는 것이 아니었다. 먼저 내 자신이 빛의 존재가 되어 너와 내가 차별이 없는 것을 깨달아 평등함을 알고, 이 뒤로 동물적 습성에서 벗어나 세상을 교화하는 대인(大人)을 이루는데 있었다. 따라서 단군신화의 궁극적 목적은 초월적 자아의 발견을 통해 세상을 제도하는 인간이 되는데 있다고 할 수 있다.

---

23) 로마신화에서 야누스(Janus)전당의 대문도 전시(戰時)에는 항상 열려 있고 평화시에는 닫혀 있었다. 야누스의 특징은 앞뒤를 향한 두 개의 얼굴을 하고 있다.

3장. 중원에서의 성웅(聖雄) 시대

1. 동방의 신 태호복희(太昊伏羲)

태호 복희씨가 나타나기 이전의 중원(中原)에는 처음에 유소씨(有巢氏)와 수인씨(燧人氏)가 있었다. 이들도 천산족(天山族)[1]으로 유소씨는 나무를 얽어서 집을 짓는 것을 사람들에게 가르치고, 수인씨는 나무를 뚫어 비벼서 불을 일으키는 방법을 발명함과 함께 음식을 익혀서 먹는 법을 사람들에게 가르쳤다.

그러나 이때에 더 이상 자세한 기록은 나타나지 않는다. 그 이유는 너무나 오랜 옛날이라는 점도 있지만 문자도 없고, 구전으로 전해져 내려오기에는 특별한 것이 없었기 때문이다. 그러다가 불세출의 문화영웅인 복희씨와 신농씨가 출현한다.

이들로부터 중원의 실질적 문명은 시작되니 중원에서는 이들을 반신반인(半神半人)의 존재로 여겨 그 공덕에 따라 상징적인 모습을 만들어 냈다. 그런데 그 모습이 반수반인(半獸半人)의 인두사신(人頭蛇身)과 우두

---

1) 〈역대신선통감(歷代神仙通鑑)〉「권1」을 보면 유소씨는 동해(東海)에서 나왔으며, 수인씨는 천수(天水)에서 나온 것으로 기록되어 있다. 따라서 이들은 동해에 자리를 잡고 있던 배달국과 천수인 바이칼 호수가 있는 곳으로부터 출현하였다고 볼 수 있다. 이로 보건대 이들은 천산족의 후손들이라 말할 수 있다.

인신(牛頭人身)의 모습이었다.

이때에 뱀의 몸을 가지고 있는 인두사신은 뱀의 습성과 같이 지상과 지하를 오고가는 상징을 가지고 있다. 따라서 그는 지하에 해당하는 생명의 근원으로부터 지혜를 얻어 사람들에게 문화를 전달해주는 역할이었다. 이와 함께 소(牛)의 머리를 가지고 있는 우두인신은 소의 모습에서 알 수 있듯이 그가 농업의 발전에 기여했다는 것을 상징한다. 따라서 복희씨나 신농씨의 반수반인의 모습이란 문명에 기여한 일과 관련이 있다.

그러면 이제 하계(下界)에 머무는 중원의 사람들에게 인문시조(人文始祖)로 알려진 복희씨에 대해서 먼저 알아보면 그는 오제(五帝)의 첫 번째인 목덕(木德)의 왕으로서 하도(河圖)와 더불어 팔괘(八卦)를 긋고, 처음으로 문자를 만든 문화영웅이었다.

이 밖에도 그의 업적으로는 희생제(犧牲祭)를 가르치고 거문고와 그물까지 만들었다. 그러므로 그는 하계에서 역술(易術)의 신이며 문자(文字)의 신이고 제사와 음악의 신이기도 했다. 그렇다면 이제 《십팔사략(十八史略)》을 기반으로 복희씨에 대한 내용을 상세히 살펴보고자 한다.

태호복희씨는 성이 풍(風)이니 수인씨를 대신하여 왕이 되었다. 그의 몸은 뱀이요, 머리는 사람이었다. 처음으로 팔괘(八卦)를 만들고, 또 글자를 만들어서 이때까지 새끼를 매듭지어 약속을 정하는 방법 — 結繩之政 — 에 대신했다. 또 혼인법을 정하여 한 쌍의 가죽으로 납채하는 것을 예(禮)로 삼았다. 그리고 그물을 얽어서 새, 짐승이며 물고기 따위를 잡는 법을 가르쳤다.

복희씨는 또 얼룩이 있는 소·양·돼지를 희생으로 길러서 포주(庖廚)에서 요리하여 천신·지신·조상에게 제사를 지냈다. 그래서 복희씨를 포희씨(庖犧氏)라고도 불렀다.

복희씨가 다스릴 때 용마가 그림을 등에 짊어지고 강에서 나온 상서로운 징조가 있었다. 그래서 관직 이름에 용(龍)자를 붙였다. 곧 용사(龍師)라는 벼슬이 생겼다. 이리하여 복희씨는 태고의 천황씨와 같이 거룩한 덕과 슬기로운 지혜를 가진 천자였으므로, 오행의 첫째인 목덕(木德)의 왕이라고 했다. 서울을 진(陳: 河南省 陳州)에 정했다.2)

복희씨가 풍(風)씨라는 것은 지역적인 출신지를 나타낸다. 당시 동방의 이족(夷族)에는 구환(九桓)이나 구이(九夷)라는 명칭이 있었는데, 구이 중에 풍이(風夷)라는 것이 있었다. 《후한서》에 의하면 동이에는 구종(九種)이 있으니 맥이(畎夷), 간이(干夷), 방이(方夷), 황이(黃夷), 백이(白夷), 적이(赤夷), 현이(玄夷), 풍이(風夷), 양이(陽夷)라고 했다.

복희씨의 출신지에 대해 보다 자세히 알아보면 〈소도경전본훈〉에서는 발귀리(發貴理)와 대호(大皞)3)가 동문으로 학문을 배우고, 도(道)를 이미 통하여 바야흐로 저(渚)4)와 풍산(風山)5) 사이에서 노닐었다고 하였

2) [太昊伏羲氏] [風] 姓. 代[燧人氏] 而王. 蛇身人首, 始劃八卦, 造書契, 以代結繩之政. 制嫁娶, 以儷皮爲禮. 結網罟, 敎佃漁. 養犧牲, 以庖廚. 故曰 [庖犧]. 有龍瑞. 以龍紀官, 號[龍師]. 木德王. 都於[陳].

3) 태호의 명칭으로는 여러 가지로 쓰이고 있는데, 옛 한문책들을 보면 太皞, 太昊, 太皓, 大皞 등이 있으며, 복희에는, 伏犧, 伏義, 伏戲, 宓義, 虙犧, 包義, 包戲 등으로 나타난다.

4) 〈산해경〉「해외서경」을 보게 되면 저요야(渚夭野)라는 곳이 있다. 이곳에서는 난조(鸞鳥)가 절로 노래를 부르고, 봉새(鳳鳥)가 절로 춤을 추며, 봉황의 알을 백성들이 먹고, 감로(甘露)를 백성들이 마시며, 하고 싶은 것들은 스스로 이루어진다고 한다. 이를 볼 때에 저요야는 신선과 같은 백성들이 무위이화(無爲而化)를 이루는 세상이니 발귀리와 태호복희의 고향이라 할 수 있다.

5) 〈산해경〉「중산경」을 보면 풍우산(風雨山)이라는 곳이 있다. 그곳에서 동북쪽으로 가면 옥산(玉山)이 있고, 다시 동쪽으로 가면 웅산(雄山)이 있는 것으로 보아서 풍우산이 있는 곳은 동이족들의 영역이었음을 말해준다. 그런데 그 주변에는 모두 16산이 있는데, 그 신령의 모습이 전부 말(馬)의 몸에 용(龍)의 머리를 가졌다고 했다. 따라서 이곳으로부터 용마(龍馬)의 등을 보고 만들었다는 하

다. 이 밖에도 황제헌원이 동쪽으로 청구(靑邱)에 이르러 풍산을 지나 자부선생을 뵙고 삼황내문(三皇內文)을 받았다는 기록으로 봐서 복희씨가 처음으로 자리를 잡았던 곳이 배달국의 땅인 풍산이었음을 말해주고 있다.

뇌신(雷神)

복희씨의 탄생에 대해서는 그가 사람의 머리에 뱀의 몸을 가지고 태어났다고 했다. 그런데 여기서 인두사신(人頭蛇身)이란 그의 업적뿐 아니라 출생의 비밀과도 관련이 있다. 그렇다면 그의 출생의 비밀에 대해서 알아볼 필요가 있는데, 사마정(司馬貞)의 《보사기(補史記)》에 나오는 기록을 보면 복희의 어머니가 뇌택못(雷澤)에서 큰 사람의 발자국을 밟고 복희를 낳았다고 하였다.

이 기록에서 큰 사람이란 뇌택과 관련하여 뇌신(雷神)이라고 할 수 있다. 〈산해경〉「해내동경」을 보면 뇌택(雷澤) 가운데는 뇌신(雷神)이 있는데 그는 용의 몸에 사람의 머리를 하고 있다고 했다. 그렇다면 복희씨의 아버지는 인두용신(人頭龍身)의 모습을 가진 뇌신이라고 할 수 있다. 그래서일까? 뇌신은 인두사신(人頭蛇身)보다 한 차원 높은 인두용신의 모습을 하고 있다.

이 밖에도 〈역대신선통감(歷代神仙通鑑)〉을 보면 화서(華胥)의 땅에 뇌택못이 있고, 이곳을 다스리던 임금이 화서씨이며, 그의 딸이 복희씨의 어머니인 제영(諸英)이라 했다. 어느 날 제영이 들판에 나가 작은 못가에

도(河圖)가 나오게 되었음을 알 수가 있다.

서 큰 사람의 발자국을 보고, 그 발자국 속에 자신의 두 발을 넣고 이 뒤로 복희씨를 낳았다고 한다.

> 수정자(水精子)가 원시(元始)와 태박(太朴)의 두 노인과 이별하고, 넓은 북녘의 유주 땅에 이르러 남녘을 바라보니 한 줄기의 긴무지개가 화서(華胥)의 물가(渚)에 멈추었다.
> 그 물가는 뒤에 뇌택못(雷擇)이라고 하였는데, 이때에 한분의 임금이 있었으니 그를 화서씨(華胥氏)라 하고 북방의 땅을 맡아 다스렸다. 이 화서 임금의 딸 이름이 제영(諸英)인데, 그녀가 들판에 나가서 작은 못(澤)가에서 큰 사람의 발자국을 보았다.
> 이 발자국 속에 두 발을 넣고 머리를 숙이고 있었다. 그 무지개가 문득 달팽이 몸(蝸身)과 뱀 머리와 두 뿔을 가진 꼴로 변하여 제영의 몸속으로 들어갔다. 이로 말미암아 제영이 아기를 배고 감숙성 성기(成紀)지방에 가서 16달 만에 아기를 낳았다. 이 아기가 뱀 몸에 사람머리를 가졌는데, 이름을 복희라 하고, 성을 풍(風)이라 하였다.
>
> 〈역대신선통감(歷代神仙通鑑)〉「권1, 제6절」

위의 내용에서는 뇌택못이 화서의 땅에 있는 것으로 밝히고 있다. 그렇다면 뇌신은 화서의 땅에 있는 뇌택에 잠시 쉬러 왔다는 것이 된다. 그런데 제영이 뇌택을 찾았고, 거기서 큰 발자국을 보고 자신의 두 발을 넣었다는 것은 뇌신의 인품에 감화되었다는 것을 말한다. 이로 인해 제영은 복희를 임신하게 되었다는 이야기이다.

화서씨(華胥氏)의 나라에 대해서는 《열자(列子)》에 나와 있는데, 그곳은 지상의 신선세계와 같다고 하였다. 그 내용에 의하면 황제가 낮잠을 자면서 꿈을 꾸었는데, 꿈속에서 화서씨의 나라에 놀러가게 되었다. 그런데 그곳에서 황제는 욕망도 없고 삶에 대한 애착도 없으며 죽음을 두려워하지 않고 무위(無爲)로 살아가는 사람들의 모습을 꿈을 통하여 체험하게 된다.

> 화서씨(華胥氏)의 나라는 엄주의 서쪽, 태주의 북쪽에 있었다. 이 나라까지의 거리는 몇 천리나 되는지 헤아릴 수가 없었다. 너무 멀어서 배나 수레를 타고 갈 수도 없고 걸어갈 수도 없었다. 다만 사람의 정신이 가서 놀 수 있을 뿐이었다. 그 나라에는 사람을 다스리는 임금도 없고 자연 상태로 살아갈 뿐이었다. 백성들도 욕망이 없고, 자연히 나서 자연히 살다가 죽을 뿐이었다.
>
> 〈열자(列子)〉「황제편(黃帝篇)」

화서씨의 나라에 대하여 원가는 《중국의 고대신화》에서 사실 이곳에 사는 백성들은 사람과 신(神)의 중간쯤 되는 사람들로서 엄격히 말하면 지상의 신선(神仙)들이라 말하고 있다. 따라서 그곳은 신들이 살고 있는 북방과 하계의 중간쯤 된다고 할 수 있다.

뇌택(雷澤)에 대하여 《사기(史記)》를 보게 되면 순임금은 기주(冀州) 사람이며, 뇌택(雷澤)가에서 물고기를 잡았다고 하였다. 이로 보건대 뇌택이 있는 곳은 기주 땅인 지금의 산동성을 말한다. 그런데 당시에 북방의 땅은 산동성을 중심으로 위쪽에 있었으며, 그곳을 다스리던 임금은 복희씨의 아버지 태우의(太虞儀) 환웅이었다. 따라서 당시 북방을 다스리던 태우의 환웅과 과거의 기주 땅인 산동성을 다스렸던 화서씨와는 교통이 쉽게 이루어질 수 있는 곳에 서로 살고 있었다고 할 수 있다.

그렇다면 북방에 있던 태우의 환웅과 산동성에 있던 화서씨와는 많은 교류가 이루어졌을 것이고, 단합을 위한 혼사문제도 오고갔으리라는 것은 미루어 짐작할 수 있다. 이러한 과정 속에서 태우의 환웅과 화서씨의 딸인 제영이 만나게 되면서 불세출의 위대한 인물이 출현하게 되었으니, 복희씨는 북방에 뿌리를 두고 태어났다고 할 수 있다.

태호복희(太昊伏羲)

태우의 환웅과 화서씨의 딸인 제영과의 상서로운 만남으로 태어난 복희씨에 대하여 〈습유기(拾遺記)〉「권1」에서는 긴 머리에 긴 눈을 하고 있으며, 거북 이빨에 용 입술, 눈썹에는 흰 털이 있고, 머리털을 늘어뜨려 땅에 끌리기까지 한다고 표현하고 있다. 이와 함께 《효경위 원신계(孝經緯 援神契)》에서 복희는 큰 눈에, 산처럼 큰 코에, 일각이었으며, 눈두덩은 구슬을 꿴 것 같았다고 하였다.

그러나 무엇보다도 복희의 특징은 인두사신(人頭蛇身)에 대한 기록으로 대부분을 차지하고 있다. 이러한 이유는 인두사신의 모습이 뱀과 관련해서 볼 때에 유혹과 악의 상징이 아니라 성적욕망, 감추어진 지식, 숨겨진 지혜로 나타나기 때문이다.

여기서 성적욕망은 다산(多産)과 더불어 생산적인 욕구이며, 감추어진 지식은 문화 전달자이고, 숨겨진 지혜는 음양의 이중적 세계를 통한 자연의 속성을 들여다보는 지혜로움이다.

특히 풍요의 의미를 담고 있는 성적욕망은 땅이 가지고 있는 상징이기도 한데, 이러한 성적욕망은 생산의 상징으로써 그리스신화에서 상업의 신인 헤르메스(Hermes)[6]의 성격과도 유사성을 가지고 있다. 이와 더불

---

6) 헤르메스(Hermes): 헤르메스는 모자와 신발에 날개를 달고, 손에는 두 마리의

어 감추어진 지식은 자신들만이 알고 있는 선진문화를 말한다. 따라서 선진문화를 가진 자 중에서 어진 자는 다른 곳에도 그 지식을 전하고자 힘쓰게 된다. 우리는 이들을 일러 문화영웅이라고 한다.

이 밖에 숨겨진 지혜는 음양의 이중적 세계에서 근원으로 회귀하는 길을 나타내게 되는데, 신들의 전령인 헤르메스도 이와 같은 유사성으로 두 마리의 뱀에 감겨 있는 요술지팡이를 가지고 있었다. 여기서 두 마리의 뱀이 요술지팡이에 감겨 있는 것은 인두사신의 복희여와도(伏羲女媧圖)와도 비슷한데, 이러한 모습은 서로 반대되는 것을 조화(調和)시키는 힘을 나타낸다.

헤르메스 지팡이

이른바 음(陰)과 양(陽)이 뒤섞여 하나가 되는 상태에서 근원으로 회귀하게 되는 것을 말한다. 그러므로 헤르메스의 요술지팡이나 복희여와도가 의미하는 것은 복희씨가 세상을 풍요롭게 하는 문화전달자의 역할뿐 아니라, 생명의 근원으로 회귀하여 신성(神性)을 얻고자 했던 인물이었음

뱀이 감겨 있는 요술지팡이를 가지고 있는 신이다. 그 역할에 있어서는 신들의 심부름꾼을 하는 신으로 알려져 있다.

을 말해주고 있다.

생산과 재생의 두 가지 역할을 하는 뱀에 대해서는 〈성경〉「민수기 21:6~9」에도 나타나고 있는데, 여기서의 뱀은 사람을 죽이기도 하지만 사람을 살리기도 한다.

여호와께서 불뱀들을 백성 중에 보내어 백성을 물게 하시므로 이스라엘 백성 중에 죽은 자가 많은지라.……
여호와께서 모세에게 이르시되 불뱀을 만들어 장대 위에 달라. 물린 자마다 그것을 보면 살리라. 모세가 놋뱀을 만들어 장대 위에 다니 뱀에게 물린 자마다 놋뱀을 쳐다본즉 살더라.

지팡이나 장대위에 올라가는 뱀은 땅속에서 삶을 위하여 지상으로 나오는 뱀이 아니다. 용으로 탈바꿈하기 위하여 천상으로 올라가는 뱀이다. 그러므로 땅위를 기어 다니는 뱀은 죽음을 가져오나 장대위에 올라가는 뱀은 영생을 가져온다.

서양에서도 뱀은 혁신과 영원불멸의 뜻을 나타내고 있는데, 이러한 뜻은 뱀이 지상에서 지하세계를 거쳐서 천상으로도 자유롭게 오고갈 수 있는 상징 때문이다. 그러므로 뱀을 상징하는 문화영웅은 항상 자기혁신을 통해 근원으로 회귀하고자 하고, 그 근원에서는 불멸과 깨달음을 얻고자 한다.

이런 점에서 볼 때에 인두사신의 모습을 한 복희씨는 문화전달자의 역할뿐 아니라, 헤르메스의 지팡이가 말해주고 있듯이 지하세계와 천상세계와도 교감을 이루는 삶을 살았다고 할 수 있다. 그래서 〈산해경〉「해내경」에서는 그가 위로 아홉 갈래로 굽어져 있고, 지하세계인 아래로 아홉 번이나 뒤섞여 있는 건목(建木)을 통해 하늘에 오르내렸다고 하였다.

하도(河圖)와 팔괘(八卦)

이번에는 간단하게나마 복희씨의 업적 중에서 하도(河圖)와 팔괘(八卦)에 대해 알아볼까 한다. 복희씨가 하도를 얻게 된 기록에 대해서는 《상서중후 악하기(尙書中候 握河紀)》에 나온다.

> 복희씨가 천하를 다스릴 때에 황하에서 용마가 등에 그림(하도)을 가지고 나왔는데, 곧 이를 본받아 팔괘를 그렸다.
> 伏犧氏有天下, 龍馬負圖出于河, 遂法之以畵八卦.

위의 내용과 더불어 〈주역〉「계사상(系辭上)」에서도 황하에서 그림이 나오고, 낙수에서 책이 나왔으니 성인이 이를 본받았다(河出圖, 洛出書, 聖人則之.)고 하였다. 그런데 《삼황본기》를 보면 복희씨는 하남성 맹하(孟河)의 나룻가에서 용마(龍馬)를 보고나서 8괘 그리기를 완성했다고 했다.

이 뿐만이 아니라 동이족의 기록인 〈태백일사〉「신시본기」에서는 팔괘를 바이칼호수에 해당하는 천하(天河)에서 얻었다고 말하고 있다.

> 복희씨가 어느 날 삼신(三神)이 몸에 내리는 꿈을 꾸어 만 가지 이치를 통철하고 곧 삼신산으로 가서 제천(祭天)하고 괘도(卦圖)를 천하(天河)에서 얻으시었다.
>
> 〈태백일사〉「신시본기」

위의 내용에서 주목해 볼 것은 복희씨가 삼신이 몸에 내리는 꿈을 꾸고 만 가지 이치를 통철했다는 이야기이다. 이 내용은 복희씨가 삼신상제로부터 선택을 받았다는 것을 말한다. 그러므로 하늘의 상제는 복희씨를 통하여 문명을 내었다고 할 수 있다.

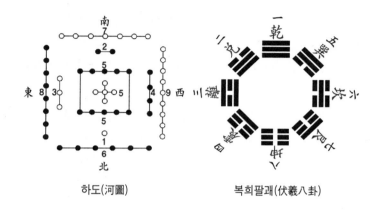

하도(河圖)   복희팔괘(伏羲八卦)

　하도(河圖)의 구성에 대해서도 알아보면 〈역대신선통감〉에서 말하기를
복희는 용마의 등에 55개의 점이 찍혀 있는 도상을 보고 하도를 얻었다
고 하였다. 이 뒤에 하수(河數)의 이치를 생각한 끝에 하늘의 숫자(天數)
가 25요, 땅의 숫자(地數)가 30으로서 모두 합쳐서 55라는 것을 깨달았
다고 한다. 그는 다시 기수(奇數)와 우수(偶數)를 통하여 팔괘를 만들었
다고 했다.

　　이제 1획을 그어 기수(奇數)로서 양(陽,—)을 형성하고, 2획을 그어
　　우수(偶數)로서 음(陰,--)을 형성하였다. 또 복희는 일건천(一乾天),
　　이태택(二兌澤), 삼이화(三離火), 사뢰진(四雷震), 오손풍(五巽風),
　　육감수(六坎水), 칠간산(七艮山), 팔곤지(八坤地) 등의 팔괘를 그었
　　다.7)

---

7) 於是 畵一爲奇以象陽 並二畵爲偶以象陰...
　　..乾一 兌二 離三 震四 巽五 坎六 艮七 坤八

　하도의 위대성은 처음으로 음양오행의 원리를 밝힌 것이다. 음양오행의
이전에는 십천간(十天干)과 십이지지(十二地支)가 있었다. 그러나 이를
응용하여 복희씨는 음양오행의 원리인 하도를 만들고 곧이어 팔괘를 그
렸다.

　이로써 태호복희씨는 음양오행과 팔괘를 통한 문화를 열게 되면서 하
계의 땅에서 인문시조(人文始祖)가 되었다. 그런데 그가 하도(河圖)를 얻
을 때에 상서로운 모습의 용마(龍馬)를 보았다고 했다. 이때의 용마는 용
마라는 글자에서 알 수 있듯이 용(龍)과 말(馬)의 형태를 가진 신수(神
獸)였다.

　그렇다면 용마는 용과 말의 형태가 뒤섞인 모습이다. 여기서 용마를 음
양으로 볼 때 용은 물(水)이 되고 말은 불(火)이 된다. 그러므로 용과 말
의 모습을 함께 가지고 있는 용마(龍馬)는 음양의 본체인 태극(太極)이
며 현빈(玄牝)이며 일기(一氣)와 같다. 이렇게 볼 때에 하도는 만물의 근
원인 태극을 바탕으로 그려졌다고 할 수 있다.

　태극을 바탕으로 그려진 하도를 이번에는 흰색과 검정색으로 나누어
구별해보게 되면 흰색점인 양수(陽數)의 경우는 그 위치가 중앙에 5토
(土)를 중심으로 북방에 1수(水), 동방에 3목(木), 남방에 7화(火), 서방
에 9금(金)이 자리를 잡고 있다.

　이와 마찬가지로 검정색점인 음수(陰數)의 경우는 그 위치가 중앙에
10토(土)를 중심으로 남방에 2화(火), 서방에 4금(金), 북방에 6수(水),
동방에 8목(木)이 자리를 잡고 있다.

　그런데 5토를 중심으로 흰색점인 양수(陽數)와 10토를 중심으로 검정
색점인 음수(陰數)를 서로 나누어 그림을 연결하게 되면 이 또한 태극의

모습을 가지게 된다. 그러므로 하도는 그 모습에 있어서도 태극의 상(象)을 가지고 있는 것을 알 수가 있다.

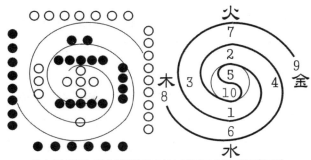

음수(陰數)와 양수(陽數)로 나뉜 태극모습의 하도(河圖)

다만 여기서 중요한 것은 5土가 있는 중궁(中宮)의 자리는 현상으로 나타나지 않는 감추어진 자리이다. 그 이유는 생명의 시원인 1水가 5土를 기반으로 하여 나오기 때문이다. 이로 보건대 중궁의 자리는 현상계 이전의 자리로서 일기(一氣)인 태극(太極)이 시작되는 자리이다.

반면에 10土는 근본으로 되돌아가기 위한 시초를 이루는 성정을 가지고 있다. 그런데 10土를 보면 하도의 중궁(中宮)에 자리를 잡고 있다. 이것은 10土가 감추어진 자리로 되돌아왔음을 보여준다. 그러므로 10土는 중궁의 자리에서 5土를 얻은 상태와 같다.

그렇다면 하도(河圖)는 근원으로 회귀하고자 하는 귀일의 마음인 10土가 5土인 절대적 자아를 얻은 상태와 같은 의미를 가진다. 그러므로 복희씨에 의해 만들어진 하도는 그 목적이 생명의 시작과 다시 근원으로 되돌아와서 생명을 완성시키는데 있다고 할 수 있다.

복희씨가 거문고와 그물을 만들고
희생제(犧牲祭)를 가르치다

복희씨는 하도와 팔괘에 이어서 천신, 지신, 조상신께 동물들을 잡아 바치는 희생제(犧牲祭)를 행하기도 하였다. 이로써 복희씨는 하계(下界)의 사람들에게 하늘과 땅에 있는 신들을 섬기는 일을 가르친 신교문화(神敎文化)의 전달자이기도 했다.

이와 더불어 그는 소와 말을 길들이기도 했는데, 그런 그에 대하여《노사후기(路史後記)》에서 말하길, 복희씨는 희생 가축을 길러 소를 길들이고 말을 탔다(豢育犧牲 伏牛乘馬)고 하였다. 이렇듯 복희씨는 희생물을 기르는 것과 가축을 길들이기까지 했는데, 여기서 그의 위대성은 희생물을 요리하여 상제(上帝)와 천지신명(天地神明)에게 제물(祭物)을 바칠 줄 알았다는 것이다. 그래서 사람들은 희생물을 요리하여 바치는 그의 모습을 보고 포희씨(庖犧氏)라고도 불렀다.

희생제에 대해서는 유대인들에게서도 잘 나타나는데《구약성경》에서 보면 여호와가 잘 익은 번제(燔祭)를 좋아하여 제사장들에게 제물(祭物)을 반드시 요리(구운 것)를 하여 바치게 했다. 이처럼 지역과 모시는 신은 다르지만 복희씨도 희생물을 요리를 하여 바칠 줄 알았다.

이를 통해서 볼 때에 복희씨는 군왕의 역할과 함께 하늘의 상제에게 제물을 바치는 제사장의 역할까지 했던 신정일치(神政一致)시대의 군왕이었다. 그런 그가 거문고를 만들기도 하였는데,《삼황본기(三皇本紀)》에서는 35현의 거문고를 만들었다고 했다. 이와 함께〈예기(禮記)〉「곡례(曲禮)」에서는 공영달이 주석에 주를 가하길, 복희가 거문고와 비파로 음악을 만들었다고도 하였다.

복희씨가 사람들에게 사냥법을 가르치는 것에 대해서는《시자(尸子)》

에서 이르길, 복희씨가 다스리던 때에는 천하에 짐승이 많아 백성에게 사냥을 가르쳤다(伏犧氏之世, 天下多獸, 故敎民以獵.)고 하였다. 이와 함께 〈한서(漢書)〉「율력지(律曆志)」에서는 복희씨가 그물을 만들어 사냥하고, 물고기를 잡아 희생물을 취하였다고 했다. 이로 보건대 복희씨는 하도와 팔괘뿐 아니라 악기를 만들고, 희생제와 사냥법까지 사람들에게 가르침으로써 사람들의 삶을 윤택하게 했던 인물이었다.

복희씨의 제위기간과 가족사에 대해서는 〈역대신선통감〉「권1」에서 말하길 복희씨의 나이는 128세요, 제위기간은 115년이었다고 했다. 부인은 세 명이 있었고, 아들이 다섯 명이요, 딸이 한 명이었다고 한다. 복희씨가 돌아가실 때 딸은 너무 슬퍼서 협서성 낙천(洛川)의 물에 빠져죽고, 다섯 아들은 협서성, 호북성, 면양일산(沔陽一山)에 숨어버렸다고 한다.

2. 여와(女媧)의 인류창조

역사의 기록상 최초의 여왕(女王)으로 알려진 여와씨는 복희씨의 여동생으로 알려져 왔다. 하지만 그녀는 단지 복희씨의 여동생으로만 알려진 것이 아니라 복희씨의 업적을 계승하여 뿌리 내릴 수 있도록 기반을 잡은 제2의 인문시조이기도 했다.

그녀의 이러한 업적 때문에 중국의 고대신화에서는 하계의 백성들을 재창조하는 여신(女神)으로까지 부르게 되었는데, 이때에 여와씨의 등장은 아담과 함께 등장하는 화와와 오시리스와 함께 등장하는 이시스의 역사기록보다도 오래되었다. 그렇다면 이제 만인의 어머니 화와와 이집트 건국의 어머니 이시스보다도 앞서 있는 여와씨에 대한 기록을 《십팔사략》을 통해서 보도록 한다.

복희씨가 죽고 여와(女媧)씨가 여왕(女王)이 되었다. 그 역시 성이 풍(風)으로 목덕(木德)의 왕이었다. 처음으로 생황(笙簧) — 피리의 일종 — 을 만들었다. 그 때 제후(諸侯) 중에 공공씨(共工氏)라는 사람이 있어, 축융씨(祝融氏)와 싸워서 패하고 노하여 머리로 부주산(不周山)을 들이받아 산이 무너져서 하늘을 받치고 있던 기둥이 부러져 자연의 법칙이 파괴되었다.

그래서 여와씨는 다섯 가지 빛깔의 돌을 반죽해서 하늘의 파손된 부분을 고치고, 큰 거북의 발을 잘라서 동서남북의 네 기둥을 세우고 갈대의 재를 모아서 제방을 쌓아 홍수를 막아서 천지는 전과 같이 되었다.

여와씨(女媧氏)가 죽은 다음 공공씨, 태정씨, 백황씨, 중앙씨, 역륙씨, 여련씨, 혁서씨, 존로씨, 혼돈씨, 호영씨, 주양씨, 갈천씨, 음강씨, 무희씨가 차례로 대를 이어, 목덕(木德)의 왕 풍(風)성이 15대를 계승하였다.8)

여와씨는 복희씨와 마찬가지로 태어날 때 인두사신(人頭蛇身)으로 태어났다. 이에 대해서는 〈초사〉 「천문」의 왕일(王逸)의 주석과 태평어람 권 78장에서 인용한 《제왕세기(帝王世紀)》에 씌어 있다. 《풍속통의》에서는 여와가 복희(伏羲)의 누이(妹)라고 하여 둘 사이는 남매간임을 밝히고 있다. 인두사신에 대한 그녀의 모습을 《역대신선통감》에서는 다음과 같이 말하고 있다.

---

8) 庖犧崩. 女媧氏立. 亦[風]姓, 木德王. 始作笙簧. 諸侯有共工氏. 與祝融戰, 不勝而怒. 乃頭觸[不周山]. 崩. 天柱折, 地維欠. 女媧乃鍊五色石以補天, 斷鰲足以立四極, 聚蘆灰以止滔水. 於是地平天成, 不改舊物.
女媧氏沒, 有共工氏, 太庭氏, 柏皇氏, 中央氏, 歷陸氏, 驪連氏 赫胥氏, 尊盧氏, 混沌氏, 昊英氏, 朱襄氏, 葛天氏, 陰康氏, 無懷氏. 風姓相承者十五世.

긴 머리에 살뿔이 돋치고 옥고리 같은 몸이 달팽이 같다하여 이름이
여와(女媧)라 했다.9)

여와씨의 괴상한 모습에 대하여 굴원(屈原)의 《초사》에서는 "남다른
여와(女媧)의 그 형체를 누가 그렇게 만들어 냈을까."라고 묻고 있는 내
용이 나온다. 그렇다면 누가 무엇 때문에 여와씨의 머리에 뿔이 돋치고,
달팽이 같은 모습으로 묘사를 한 것일까?

복희씨와 더불어 여와씨에게 나타나는 뿔은 강인함을 나타내기도 하지
만 처음, 최초의, 또는 생명력과 지혜의 발산된 힘으로 나타나기도 한다.
그러므로 뿔은 곧 창업과 지혜의 상징이다. 이와 함께 달팽이의 소용돌이
상징은 원형(圓形)을 그리며 일정한 주기로 연속적 순환을 하므로 여와
씨가 자연에 순응하는 삶을 살았음을 보여주고 있다.

이러한 그녀의 모습에 대하여 《하도정좌보(河圖挺佐輔)》에서는 다음과
같이 말하였다.

여와 우수(牛首)·사신(蛇身)·선발(宣髮)·현중(玄中)

여와씨가 우수(牛首)의 모습이었다는 것은 그녀가 하늘에 제사(祭祀)
를 모시는 여사제(女司祭)였다는 것을 말한다. 이른바 소머리(牛頭)10)는
천상의 상제(上帝)에게 바치는 최고의 제물이었기 때문에 소머리의 상징
은 최고의 제사장을 나타낸다고 말할 수 있다.

여와씨가 뱀의 몸을 가졌다는 것은 복희씨의 내용에서도 알아보았듯이

---

9) 長頭肉角 環身如蝸乃名女媧
10) 소머리는 하늘의 상제(上帝)에게 제사를 드릴 때에 바치는 제물로 알려져 있
   다. 그래서 천제를 모시던 산에는 '머리'가 붙게 되면서 강화도의 마리산이나
   백두산에는 머리를 뜻하는 '마리'와 '두(頭)'의 명칭이 붙게 된 것이다.

문화영웅의 상징이다. 특히 선발(宣髮)은 흰 머리카락을 말하는 것이니 이것은 백두산이 흰머리 산이라고도 일컬어진 것으로 볼 때에 그녀가 최고의 지위에 올랐다는 것을 말한다.

〈삼국유사〉「기이 제2」에서도 원성대왕(元聖大王)이 꿈속에서 머리에 흰 갓을 쓴 이야기가 있다. 그 꿈을 원성대왕이 임금이 되기 직전에 꾸었는데, 그 꿈의 이야기를 전해들은 아찬(阿湌)이 해몽으로 그 꿈은 면류관을 쓸 징조라고 말해준다. 이로부터 원성대왕이 임금이 된 것을 볼 때에 흰 머리카락은 최상의 지위에 오르게 되는 상징을 가졌다고 할 수 있다.

현중(玄中)은 가운데가 검다는 것을 말한다. 그런데 이 말은 검정색을 뜻하는 북방수(北方水)로부터 만물이 생겨났고, 다시 북방수로 되돌아간다는 것을 뜻한다. 그러므로 현중은 여와씨가 문명의 근원을 이루었던 인물이었음을 말해주고 있다.

여와씨의 이러한 상징들(牛首, 蛇身, 宣髮, 玄中)은 후대에 이르러서 인류에게 끼친 업적 때문에 만들어졌을 것이다. 우리는 이를 통해서 여와씨가 여사제(女司祭), 문화영웅, 여왕, 북극수로 상징이 되는 인물이었음을 알게 된다.

여와보천(女媧補天)

여와씨의 업적을 뽑으라면 처음으로 피리의 일종인 생황(笙簧)을 만들고, 복희씨를 도와 지속적으로 문명을 여는 일에 기여한 것이다. 그러나 여와씨의 대표적 업적은 무너진 하늘을 보수한 일이다. 그렇다면 〈회남자〉「남명훈」에서 전하고 있는 여와보천에 대하여 잠시 내용을 알아보고자 한다.

먼 옛날의 일이다. 사방(四方)의 모퉁이 기둥이 허물어지고 구주(九

州)의 땅은 조각조각 찢어지며, 하늘은 모두 덮지 못하고, 땅은 다 싣지 못하며, 불은 무시무시하게 타면서 퍼지고 꺼지지 않으며, 홍수는 끝없이 퍼져나가면서 멎지를 않고, 맹수는 양민을 마구 잡아먹으며 맹금은 노인과 아이들에게 덤벼들었다.

그래서 여와는 오색 돌을 다듬어 창천(蒼天)을 보수하고 큰 거북의 다리를 잘라서 사방의 모퉁이 기둥을 세우고 흑룡(黑龍)을 죽이어 기주(冀州) 땅을 수재에서 구해냈고 갈대를 태워 그 연기로 홍수를 멎게 했다.

당시 제위(帝位)에 오른 여와씨에게는 두 가지 큰 업무가 기다리고 있었다. 하나는 축융(祝融)씨와 공공(共工)씨의 싸움에서 무너져 내린 하늘 기둥을 보수하는 일이었다. 다른 하나는 대홍수로 인하여 넘치는 물을 막기 위하여 제방을 쌓는 일이었다.

여황(女皇)의 시절에 화신(火神) 축융과 수신(水神) 공공의 싸움은 부족들 간의 기반을 뒤흔드는 전쟁이었다. 이때에 축융에 의하여 공공은 전쟁에서 패하여 부주산을 들이받았다고 했는데, 이 말은 전쟁에 의하여 사회의 질서가 무너질 수 있는 극한 상황에 치달았다는 것을 말한다.

당시 공공은 그 뿌리가 삼위산의 계열인 반고를 따라서 이주한 공공계열의 후손이라 볼 수 있다. 공공에 대해서는 그 명칭에서 알 수 있듯이 지형과 관련하여 도로와 치수(治水)를 담당하는 인물이었다.[11] 그런데 그 인물의 모습은 사람의 얼굴에 뱀의 몸을 하고 있었다.

---

11) 공공(共工)에 대해서는 《단군세기》를 보면 20대 단군 고홀 때에 공공인 공홀(工忽)이 구한의 지도를 제작하여 바쳤다는 기록이 있다. 이를 볼 때에 공공의 직책은 여러 지방의 도로와 수로(水路)를 정비하는 직책이었음을 짐작할 수 있다.

공공은 천신으로 사람 얼굴에 뱀의 몸뚱이를 하였다.12)

〈회남자〉「지형훈(地形訓)」

공공은 사람 얼굴에 뱀의 몸뚱이를 하고 붉은 머리를 하였다.13)

〈산해경〉「대황서경」곽박의 주.

공공이 천신(天神)에다가 뱀의 몸뚱이를 하고 있었다는 것은 그가 문화영웅이었다는 것을 말한다. 특히 그의 머리가 붉다는 것은 붉은색이 분열의 극점을 나타내고 있듯이 그가 강한 세력이나 능력이 있고 열정적인 인물이었다는 것을 말해주고 있다.

이번에는 축융에 대해서도 알아보면 〈좌전〉「소공 29년」가규(賈逵)의 주석에서 축(祝)은 심하다는 뜻이요, 융(融)은 밝다는 뜻이라고 했다.14) 〈사기〉「초세가」의 《집해》에서 인용한 오번(吳斄)의 주석에서도 축(祝)은 크다는 뜻이요, 융(融)은 밝다는 뜻이라고 했다.15)

이 밖에 〈국어〉「정어」위소(韋昭)의 주에서도 축(祝)은 처음이란 뜻이요, 융(融)은 밝다는 뜻이라고 하였다.16) 그러므로 축융은 매우 밝고, 크게 밝으며, 최초의 밝음이란 뜻을 가진 인물로서 계절마다 태양의 이동을 관찰하던 일관(日官)이었음을 알려주고 있다.

이러한 축융에 대한 추측은 사마정의 《보사기(補史記)》에서 그의 자손으로 소전(少典)과 그 아들인 신농(神農)이 있었다는 것으로 보아 축융은 농사를 짓기 위하여 태양의 변화를 관찰했던 인물로 보인다.

---

12) 회남자 지형훈(地形訓): 共工, 天神, 人面蛇身.
13) 산해경 대황서경의 곽박의 주. : 共工, 人面蛇身, 朱髮
14) 〈좌전〉「소공 29년」가규(賈逵)의 주. : 祝甚也, 融明也.
15) 오번(吳斄)의 주. : 祝大, 融明也.
16) 〈국어〉「정어」위소(韋昭)의 주. : 祝始也, 融明也.

이 뒤로 축융이란 명칭은 태양의 관찰과 관련하여 소전과 신농에게도 붙게 되고, 점차 관직명으로도 사용되었다. 그래서 소전과 신농을 축융이라고도 불렸으며, 염제 신농의 후손과 전욱의 자손에서도 장차 축융의 관직명을 받은 자가 나오게 된다.

  염제(炎帝)의 아내요, 적수(赤水)의 딸인 청요(聽訞)가 염거(炎居)
  를 낳고, 염거가 절병(節竝)을 낳고, 절병이 희기(戱器)를 낳고, 희
  기가 축융(祝融)을 낳았는데 축융이 내려와 강수(江水)에 거처하면
  서 공공(共工)을 낳고 공공이 술기(術器)를 낳았다.
  〈산해경〉「해내경」

위의 내용을 보면 축융과 더불어 공공도 후대에 이르러서는 그 명칭이 관직명이 되어 축융과 공공이란 명칭을 얻게 되는 새로운 인물들이 나오게 됨을 알 수 있다. 특히 신농의 후손인 축융에 대해서 알아보면 그는 염제 신농의 보좌가 된다. 그러므로 《백호통의》에서는 "염제는 태양이요, 그 담당의 신(神)은 축융이다."[17]라고 하였으며, 〈예기〉「월령」에서도 마찬가지로 축융이 그의 신관이라고 하였다.

  중하 5월에는 태양의 위치가 동정의 별자리에 있다. 황혼의 항성,
  새벽의 위성이 남쪽 하늘 가운데 나타난다. 해가 병정의 화행에 속
  한다. 염제가 그 주재자이며 축융이 그의 신관(神官)이다.[18]

축융(祝融)이 그 조상인 신농의 보좌역할을 한다는 것은 집안의 대를

---

17) 《백호통의》: 炎帝者, 太陽也. 其神祝融.
18) 仲夏之月, 日在東井. 昏亢中, 旦危中. 其日丙丁. 其帝炎帝, 其神祝融.

이어서 축융이란 역할이 계속하여 전해져왔다는 것을 말한다. 그런데 〈산
해경〉「해외남경」을 보면 축융은 인면수신(人面獸身)의 모습을 하고 있
다고 전하고 있다. 이 뿐만이 아니라 그는 하늘의 조화를 상징하는 두 마
리의 용(龍)을 타고 다닌다고 했다.

축융(祝融)

그렇다면 축융의 역할이란 인면수신의 모습이 나타내고 있듯이 문화영
웅의 상징이다. 여기에 두 마리의 용을 타고 다닌다는 것은 그가 천상으
로부터 문명을 받아 내리는 역할을 하였다는 것을 의미한다. 그러므로 축
융의 명칭을 얻은 인물들은 모두가 복희씨와 마찬가지로 신성족(神性族)
으로서 문화영웅의 역할을 하였다는 것을 말해주고 있다.

그러면 이제 지금까지의 내용으로 보아 공공이 인면사신이라는 점과
축융이 인면수신이라는 점은 이들이 같은 천산족(天山族)으로서 하계인
중원에 문화를 전해준 인물들이었다는 것을 말해준다.

그런데 여와씨가 살던 시대에 이러한 문화영웅들인 축융과 공공 간에
한판의 싸움이 붙었다는 것은 천산족인 삼위산계열과 백두산계열 간에
권력투쟁이 일어난 것을 말한다. 특히 공공(共工)에 대해서는 《신이경(神

異經)》에서 말하길 그는 그 성격이 완고하고 어리석었다고 한다.

　서북의 황야에 사람이 있는데 사람 얼굴에 붉은 머리를 하고 뱀의
　몸에 사람의 손발을 하였으며 오곡과 금수를 먹고 완고하고 어리석
　었는데 이름을 공공이라 한다.19)

　공공에 대해서는 〈산해경〉「대황북경」에도 나온다. 그 기록을 보면 대
황(大荒)가운데에 산이 있는데 이름 하여 불구(不句)라 하고, 그곳 계곤
산(係昆山)이라는 곳에 공공대(共工臺)가 있는데 활을 쏘는 자는 감히
북쪽을 향하지 못한다고 한다. 그러므로 당시의 공공은 완고하고 어리숙
한면도 있지만 동북에 있던 축융과 더불어 서북에서 황야의 맹주(盟主)
였음을 말해주고 있다.
　이런 점에서 볼 때에 축융과 공공의 싸움은 서로의 막강한 세력이 접
전을 벌였다고 볼 수 있다. 그래서 두 인물의 싸움으로 인하여 당시 하늘
을 받치고 있던 사방의 기둥인 사극(四極)이 허물어질 수밖에 없었다. 이
후 이 싸움에서 공공은 축융에 의하여 죽고 전쟁은 마감을 하였다.
　그런데 창천(蒼天)을 받치고 있던 네 개의 기둥이 무너져 내리면서 하
계의 땅은 무질서 하게 되었다. 그래서 여와는 이를 손질 하지 않을 수가
없었다. 이에 여와는 네 개의 기둥을 다시 보수하고자 큰 거북의 발을 잘
라서 각기 네 모퉁이에 네 개의 기둥을 세우게 된다. 그리고 곧이어 흙을
날라서 하늘에 구멍이 난 것을 메우기 시작했다.
　이를 〈열자〉「탕문편」에서는 옛날의 여와씨는 오색의 돌을 달구어서
그것으로 모자라는 것을 보충하였고, 큰 자라의 다리를 잘라 세워서 그것
으로 동서남북의 사극(四極)을 버티었다고 하였다.

---

19) 西北荒有人焉, 人面朱髥, 蛇身人手足, 而食五穀禽獸, 頑愚, 名曰共工.

당시 거북의 발을 잘라서 네 개의 기둥을 세웠다는 것은 거북이 장수와 함께 생명의 가장 기초가 되기 때문에 거북의 발을 이용한 것으로 보인다. 이른바 여와씨가 축융과 공공의 싸움으로 무너졌던 질서를 기초부터 튼튼히 하여 오래갈 수 있도록 했다는 것을 말한다.

여와보천(女媧補天) 상상도

이번에는 여와씨께서 홍수를 막는 일이 남았다. 그런데 홍수는 본래 신의 노여움으로 일어난다는 말이 있다. 이를《성서》에서는 여호와의 뜻에 따라 지상이 행하여짐이 없이 죄악으로 물들어갔기 때문에 세상은 홍수를 맞이하게 되었다고 하였다.

수메르(Sumer)의 홍수신화에서도 평화롭던 시대에 점차 사람들이 많아지면서 소음(전쟁과 다툼)때문에 잠을 이루지 못하던 최고신 엔릴

(Enlil)이 대홍수를 일으켰다고 하였다.

> 땅은 넓어지고, 사람들이 너무 많아져서, 온 땅이 사나운 소 떼처럼
> 으르렁거렸다. 그들의 소란이 신 [엔릴]을 불편하게 했다.…… 엔릴
> 은 신들의 회의를 소집하여, 아들-신들에게 말했다. " [……] 저들
> 을 구해주려고 애쓰지 마라.…… 저들의 소란 때문에 잠을 이룰 수
> 가 없다."
>
> 〈아트라하시스 서사시〉

이스라엘인과 수메르인들에게서 전해지는 홍수에 대한 이야기는 결론
적으로 인간의 죄악 때문이다. 이와 마찬가지로 복희씨와 여와씨가 새로
운 문명을 열었던 당시에도 죄악은 있었다. 이때에도 축융과 공공의 싸움
으로 지상은 피폐해지고 이로부터 다툼은 끊임없이 일어났기 때문이다.

이후 홍수를 막기 위하여 여와씨께서 흑룡(黑龍)을 죽였다는 것은 흑
룡이 물의 시원을 상징하고 있듯이 홍수가 일어나는 원인을 찾아 해결하
였다는 것을 말한다. 이로써 여와씨는 축융과 공공의 싸움으로 무너졌던
질서를 바로잡고, 홍수의 원인을 찾아 해결함으로써 복희씨의 대업을 이
어갈 수 있도록 나라를 안정시킨 위대한 업적을 남기게 되었다.

진흙으로 사람을 만들다

여와씨의 가장 큰 공덕이 여와보천이었다면 두 번째로 큰 공덕은 진흙
으로 사람들을 만들어 낸 것이다. 당시 축융과 공공의 싸움으로 부주산이
무너지고, 하늘을 떠받치던 기둥이 무너지면서 자연의 질서가 파괴되었기
때문에 여와씨는 다시 무너진 질서를 재건해야 했다.

그런데 이때에 그녀가 생각하던 제도에 따를 사람들이 없었다. 그래서

여와씨는 자신이 추진하던 제도에 따를 사람들을 구하게 되는데, 당시에는 이를 뒷받침할 사람들이 없자 여와씨는 직접 진흙으로 사람들을 만들 수밖에 없었다.

> 하늘과 땅이 처음 생겼을 때 아직 사람은 없었다. 이때 女神 여와
> (女媧)가 황토를 뭉쳐 사람을 만들었다. 그런데 하나하나 만들다 보
> 니 나중에는 힘들어 많이 만들어 낼 수가 없게 되었다. 그래서 그녀
> 는 노끈을 진흙탕 속에 담갔다가 꺼내 사방으로 흩뿌렸다. 그랬더니
> 흩어진 진흙이 모두 사람으로 변하였다.
>
> 〈풍속통의(風俗通義)〉

당시에 하늘과 땅이 처음으로 생겼다는 것은 축융과 공공의 싸움으로 피폐해진 사회와 홍수로 인해 폐허가 된 땅이 다시 질서를 찾게 되었다는 뜻이다. 이러한 상황에서 여와씨가 사람들을 만들었다는 것은 단순히 사람을 만들었다는 것이 아니라, 사회를 재정비 할 수 있는 능력이 있는 사람들을 만들었다는 것을 말한다.

그런데 여기서 능력이 있는 사람들을 만드는 방법으로 여와씨는 진흙을 주물러서 사람을 만들게 된다. 이러한 행위는 자신의 뜻에 맞게 사람들을 가르쳐서 육성했다는 것을 말한다. 이와 같은 내용을 우리는 《성경》에서도 만나볼 수 있다.

> 여호와 하나님이 흙으로 사람을 지으시고 생기를 그 코에 불어 넣으
> 시니 사람이 생령(生靈)이 된지라.
>
> 〈창세기〉「2장 7절」

이스라엘인들의 창세기에 나오는 찰흙인간에 대해서는 메소포타미아의 기록에서도 찾아볼 수 있는데, 《아트라하시스 서사시》를 보게 되면 여기서도 엔키의 어머니인 남무가 아들에게 神의 모습을 본떠서 인간을 창조하라고 말하고 있다.

오오, 아들아. 잠자리에서 일어나 …… 너희 지혜를 발휘하려무나!
신들의 형상을 본떠서, 神들의 종을 지으려무나.

그러자 엔키는 어머니에게 대답한다. 그리고 도공들에게 지시한다.

오오, 어머니. 어머니가 말씀하신 생물은 [이제 곧] 존재하게 될 것
입니다. [도공들에게 내리는 지시] 그 생물에게 神들의 형상을 부여
하라. 심연 위에 있는 찰흙으로 심장을 만들어라. 솜씨 좋고 훌륭한
[너희] 장인(匠人)들은 찰흙으로 형태를 만들라.

여기서 신의 형상을 본떠서 찰흙으로 형태를 만들라는 내용은 《성서》에서도 나온다. 그 기록을 보게 되면 야훼(Yahweh)는 자신들의 형상을 본떠서 사람들을 만들자고 말하고 있다.

하느님이 말씀하셨다. **"우리가 우리의 형상을 본떠서, 우리의 모양
대로 사람을 만들자.** 그리고 그가 바다의 고기와 공중의 새와 땅 위
에 사는 온갖 들짐승과 땅 위를 기어 다니는 모든 길짐승을 다스리
게 하자." 그리고는 하느님이 자신의 형상대로 사람을 창조 하셨다.
〈창세기〉「1:26~27」

지금까지의 내용으로 보아 여와씨와 함께 이스라엘의 여호와도 흙으로 사람을 만들고, 수메르의 신 엔키도 여러 신(도공)들로 하여금 흙으로 사람을 만들게 하였다.

그런데 이러한 창조의 작업은 수메르문화에서 신들의 종을 지으라는 것과 이스라엘문화에서 모든 길짐승을 다스리게 하자는 내용을 통해서 볼 때, 이들 문화권도 여와신화와 마찬가지로 자신들의 일에 순종하고 따를 수 있는 능력이 있는 사람들이 필요했음을 말해주고 있다. 따라서 신화에서 흙으로 자신과 닮은 사람을 만들었다는 것은 자신의 뜻에 따라 움직여 줄 능력이 있는 사람들이 필요했기 때문이라 할 수 있다.

당시 하늘의 신들에게만 의지하고 살아가던 사람들에게 복희씨의 팔괘도(八卦圖)와 하도(河圖)의 원리, 그리고 태음력과 글자의 발명 등은 시대가 바뀔 수 있는 혁명이었다. 그러므로 이러한 혁명은 복희씨 당대에 이루어지기 어려웠을 것이다. 이런 점에서 복희씨가 문명의 씨를 뿌렸다면 여와씨는 그것을 잉태하여 출산을 해야 하는 사명을 가지고 있었다.

그 사명에서 여와씨의 정치제도는 선진문화를 가지고 들어온 복희씨의 정치제도를 정착화 시키고, 미흡한 것을 보완하는 임무였다. 그러므로 복희씨가 처음으로 인문(人文)의 시대를 열었다면 여와씨는 복희씨에 의하여 만들어진 모든 제도와 문화를 정착화 시키는 데에 목적이 있었다.

그래서 여와씨는 흙으로 사람을 자유롭게 빚어 만들게 되듯이 사람들을 자신의 뜻에 맞게 가르쳐서 역량 있는 인물들을 길러 내고자 했고, 그들을 통해 뛰어난 문화를 정착시키고자 하였다. 이런 점에서 사람들은 능력이 있는 인물들로 길러질 수밖에 없었고, 신화에서는 이를 흙으로 사람을 만들었다고 하였다.

다음에는 이에 대한 이야기를 뒷받침할 수 있는 내용이 〈산해경〉「대황서경」에서 나온다.

서북해 밖에 대황(大荒)의 모퉁이에 열 명의 신인(神人)이 살고 있는데, 이름 하여 여와(女媧)의 장(腸)이라고 한다. 율광(栗廣)의 들에서 사는데, 길을 횡단하며 산다.

여기서 신인(神人) 열 명과 여와(女媧)의 창자가 뜻하는 것은 여와씨가 소화의 기관인 창자를 통하여 열 명의 신인을 소화하여 냈다는 것을 말한다. 한마디로 음식물을 먹고 소화를 하게 되듯이 나의 뱃속에서 상대의 부정적인 것을 정리하여 나를 따를 수 있는 긍정적인 사람을 낳았다는 의미이다. 이른바 여와씨가 사람들을 가르쳐서 자신을 뒷받침할 뛰어난 인물들을 배출해냈다는 것을 말한다.

인두사신의 여와

그런데 여와씨가 한 명도 아니고 열 명의 신인(神人)을 소화시켰다는 것은 천부경의 10수(十數)를 생각하게 한다. 즉 10수부터는 밖을 향한 물질적인 삶이 아니라, 안을 향한 신성(神性)적인 삶을 말하기 때문이다. 바로 뫼비우스의 띠처럼, 안과 밖이 바뀌는 고리의 지점에서 성장을 위한 삶이 아니라, 성숙을 위한 내면의 삶으로 전환이 되기 때문이다. 그렇다면 여와씨는 복희씨가 씨 뿌려 내놓은 문화를 열 명의 신인과 함께 성숙될 수 있도록 다듬었다는 것이 된다.

이와 함께 여와의 창자를 통하여 나온 열 명의 신인(神人)이 율광(栗廣)의 들에 사는데 길을 횡단하며 산다고 했다. 이 말의 뜻은 '결실을 이루는 수목(西+木)'의 들판에서 열 명의 신인들이 똑바로 걷지 않고, 뱀과 같이 횡단을 하며 살고 있다는 것을 말한다. 한마디로 이러한 모습은 인두사신인 여와씨를 흉내 낸 것이다. 그러므로 그들은 문화영웅인 여와씨로부터 가르침을 받고 그 가르침을 실천하며 살았다고 할 수 있다.

특히 〈산해경〉「대황서경」의 주석(註釋)을 보면 여와씨는 사람의 얼굴에 뱀의 몸을 하고, 하루에 70번이나 둔갑을 하며 그 배(腹:창자)가 변화하여 신령[20]이 되었다고 하였다. 여기서 70을 7화(七火)의 의미로 볼 때에 여와씨는 복희씨의 업적만을 제도화시킨 것이 아니라, 더욱 극대화하여 발전시킨 것을 말한다. 그렇기 때문에 여와씨는 복희씨에 의해 만들어진 혼인(婚姻)제도를 더욱 발전시켰을 뿐 아니라, 생황(笙簧)의 음악기구를 만들기까지 하였다.

여와는.... 부녀자들을 위해 혼인제도를 세웠고, 중매를 안배하였다.
혼인제도와 중매는 여와 때부터 비로소 시작되었다.[21]

《풍속통의》

여와가 생황을 만들었다.(女媧作笙簧)

《세본(世本)》

위의 내용에서 여와씨의 업적을 볼 때에 그녀는 단순히 복희의 대(代)를 이어 임금이 된 것이 아니라, 복희씨와 더불어 제2의 창업시조의 역

---

20) 창자가 변하여 신령이 되었다는 것은 여와씨에게 가르침을 받고, 뛰어난 능력을 발휘했던 신하들이 그 공덕으로 인하여 신령(神靈)이 되었다는 뜻이다. 즉 여와씨의 신하들이 사후(死後)에 사람들에게 희생물(犧牲物)을 받는 신령이 되었다는 뜻이다.
21) 女媧 .... 爲女婚姻, 置行媒, 自此始.《풍속통의》

할을 하였다. 그러므로 중국 최초의 자전(字典)에서는 그녀를 고대의 성신녀(聖神女)로서 만물을 만들어낸 사람이라고도 했다.

《사기(史記)》에서는 주(周)나라 때에 특별히 여와의 높은 공덕을 생각하여 삼황(三皇) 가운데 한 분으로 인정했다는 기록도 있다. 이와 함께 《풍속통의》에서도 "복희, 여와, 신농이 바로 삼황이다."라고 적고 있다. 이를 통해 볼 때 여와씨는 태고시절 처음으로 하계인 중원의 땅에서 지혜를 발휘하여 제2의 문명을 도약시킨 성신녀였다고 할 수 있다.

여와와 복희의 결혼

중국의 고대신화에서 여와씨는 복희씨와 남매지간일 뿐 아니라, 혼인을 한 부부의 관계로 되어 있다. 하지만 남매지간인 복희와 여와가 결혼하였다는 설화는 당나라 때에 이용(李冗)의 《독이지(獨異志)》에서만 전할 뿐이다.

다만 두 남매가 결혼하였다는 인식을 심어주는 또 다른 원인은 여러 곳에서 출토되는 복희여와도(伏羲女媧圖) 때문인데, 이 그림에서 복희와 여와의 하체가 뱀으로 되어 있고, 또 서로 엉켜있는 모습에서 사람들은 두 남매가 교미하는 것으로 보았던 것 같다.

그래서 《중국의 고대신화》를 쓴 위앤커(袁珂)는 묘족(苗族)과 요족(猺族)의 설화를 통하여 복희 여와의 공동신화를 만들어내고 있다. 여기서 그는 두 남매인 복희씨와 여와씨가 홍수 때에 호리병박 속에 숨어서 생명을 유지하고, 둘만 살아나서 아무도 없는 세상에서 둘이 결혼하게 되었다고 전하고 있다.

이 같은 내용은 노아의 홍수 이야기에서도 찾아볼 수 있는데, 당시의 노아와 가족이 탄 배는 여와의 호리병박을 상징한다. 이와 함께 노아의 가족만이 살아서 지금의 인구가 되었다고 말하고 있듯이 복희와 여와의 신화에서도 두 인물을 통하여 다시 세상이 만들어졌다고 전하고 있다.

복희여와도(伏羲女媧圖)

그런데 이때에 두 인물을 통한 세상의 시작은 단순히 인류가 멸하였기 때문이 아니라, 두 인물을 통하여 문명이 열렸기 때문이다. 한마디로 동물적인 하계의 땅에서 인간적인 세상이 처음으로 열렸기 때문에 이로부터 만들어진 이야기가 복희와 여와의 재창조 신화이다. 그러므로 〈회남자〉「원도훈(原道訓)」에서는 태고시대 이황(二皇, 복희·여와)이 도(道)의 줄기를 잡아 이를 중앙(中央)에 세웠다고 하였다. 〈회남자〉「남명훈(覽冥訓)」에서도 복희와 여와는 법령을 정하지 않았건만 지덕자(至德者)로서 후세에 그 이름을 남겼다고 했다.

이와 같이 태고시대 복희와 여와의 공적(功積)은 문명의 시조와 같은 역할이었다. 그런 복희와 여와가 배달국의 혈통을 가지고 중원대륙에 들어가 선진문화를 전한 것은 하계(下界)에 해당하는 중원의 사람들에게 자신들과 다른 무엇인가를 보여준 것이다. 그렇기 때문에 복희씨와 여와씨는 중국의 고대신화에서 신으로까지 일컬어졌으며, 신들이 살고 있는 천국에서까지 왔다고 전해질 수 있었다.

복희와 여와의 신화와 유사한 기록은 이집트와 이스라엘에서도 찾아볼 수가 있다. 《성경》을 보게 되면 아담과 하와가 천국과 동일시되는 에덴동산에서 쫓겨나면서부터 세상의 역사는 시작된다. 《이집트 사자의 서》에서도 남매인 동시에 부부로 일컬어지는 오시리스와 이시스가 천국으로부터 내려오게 되면서 이집트의 창세역사가 열렸다. 따라서 아담과 하와, 그리고 오시리스와 이시스도 복희여와와 마찬가지로 천국으로부터 내려와 문명을 열었으며, 이들도 같은 혈통끼리 결혼한 인물이었다.

특히 이들 중에 하와, 이시스, 여와에게는 공통된 표현이 따라 붙고 있는데 그것은 이들이 뱀의 이미지를 가지고 있다는 사실이다. 먼저 하와라는 이름을 보게 되면 그 명칭은 '생명을 만드는 여인'이라는 뜻이다. 그런데 당시에 '생명을 만드는 여인'이란, 생명을 뜻하는 뱀과 같은 의미로도 나타난다. 이런 점에서 하와는 뱀의 상징성도 가지고 있었다.22)

이와 함께 이집트에서도 벽화에 그려진 이시스의 모습을 보면 두 개의 암소 뿔 사이에 태양과 함께 코브라가 놓여 있다. 그러므로 여와, 하와, 이시스는 같은 뱀의 상징을 가지고 있었고, 그녀들은 모두 이주를 통하여 자신의 지역에서 창세역사를 열었다.

그녀들이 모두 이주를 하였다는 사실은 여와가 복희의 여동생이기 때문이고, 하와가 아담과 함께 에덴동산에서 쫓겨났기 때문이다. 이시스의 경우도 오시리스의 동생으로서 둘이 처음으로 이집트 땅을 밟았다는 것이 이를 말해주고 있다.

당시 복희와 여와에 대한 이주의 역사를 《산해경》이나 중국신화의 기록에서는 그 때는 하늘과 땅의 사이가 그다지 멀지 않을 뿐만 아니라 언제나 하늘문(天門)이 열려 있었기 때문에 오고감이 자유로웠다고 말하고 있다. 그래서 두 오누이는 언제나 하늘에 오르내리는 사다리(天梯)를

---

22) 앤드류 콜린스의 《금지된 신의 문명》을 보면 히브리어의 화와, 즉 이브는 생명을 만드는 여인을 뜻한다고 한다. 또한 뱀은 아라비아어로 하야(hayya)이며, 생명을 뜻하는 하얏(hayat)과 같은 어언이라고 하였다. 따라서 이브라는 이름은 생명과 뱀이라는 단어들과 동의어임을 알 수가 있다.

타고 천국을 자주 오르내렸다고 한다.

이때의 복희와 여와의 아버지는 뇌신(雷神)으로서 천신으로 알려져 있고, 어머니는 극락세계인 화서씨의 나라에서 왔기 때문에 《중국의 고대신화》에서는 이들 남매에게 천국에 오르는 것은 그리 어렵지 않았다고 하였다. 당시 하늘로 올라가는 사다리로는 두 가지가 있었는데, 그 중 하나는 산(山)이고, 다른 하나는 세계수(世界樹)였다.

복희씨는 산보다는 세계수를 통하여 하늘에 오르내렸고, 이 세계수는 도광(都廣)의 들판에 있는 건목(建木)이었다. 여기서 도광의 들판은 하늘과 땅의 정중앙에 있는 곳으로, 이곳에는 난조(鸞鳥)라는 새가 노래하고 봉황이 춤을 추었다고 한다.

건목에 대해서 〈산해경〉「해내경」에서는 이 나무의 높이가 100길이나 되고, 가지가 없으며 위로 아홉 갈래로 굽어져 있다고 했다. 이와 더불어 지하의 아래로도 아홉 번이나 뒤섞여 있다고 하였다.

태호(太皞)가 이 나무로 지나다녔고 황제(黃帝)가 관리하고 키웠던 것이다.

〈산해경〉「해내경」

〈여씨춘추〉「유시림」에서는 건목에 대하여 천지지중(天地之中)이라 하였고, 〈회남자〉「지형훈」에서는 다음과 같이 말하고 있다.

그곳(都廣)에서는 해(日)가 중천에 있어도 그림자가 생기지 아니하고 목소리를 내도 울리지 아니한다. 아마도 천지(天地)의 중앙(中央)일 것이다.

도광(都廣)의 들판과 건목은 천지의 중앙에 있다고 했다. 그렇다면 그곳은 세계의 배꼽이 되고, 천국과 지하로 갈 수 있는 성지가 된다. 한마디로 그곳은 천국으로 들어가는 문(門)이 있고, 지하세계로 들어가는 문이 있는 곳이다.

먼저 천국의 문을 통해 들어가면 그곳에는 환웅천왕과 축융이 있으며 장차 중원의 땅에도 들어오게 되는 치우(蚩尤)와 그를 도와준 풍백과 우사가 탄생하게 되는 곳이기도 하다. 반면에 지하의 문을 통해 들어가면 그곳에는 반고와 공공이 있으며 장차 후토(后土)와 과보족이 나오게 되는 곳이다.

당시 천국과 지하의 유명세계(幽冥世界)를 자유롭게 오갈 수 있는 반신반인의 문화영웅들은 그 특징이 불멸을 중시하고, 해탈을 중시하는 신성족들이었다. 이들은 세계의 배꼽을 거점으로 하여 하계의 땅에 선진문화를 전해주는 것이 이들의 임무였다.

그런데 하계의 사람들에게는 지상에서의 삶도 바쁜데 신들과 교통을 하고, 불멸과 해탈을 이루는 일은 그리 쉬운 문제가 아니었다. 그래서 그들에게는 천국과 저승의 문이 있는 도광의 들판에 가까이 가는 것이 쉽지 않았다. 하지만 천국과 지하세계를 자유롭게 오고갔던 문화영웅들은 하계의 사람들과는 달랐다. 그들은 고급자아를 성취하는 것을 즐거움으로 삼았다. 이런 점에서 하계의 사람들은 신성족들을 자신들과는 다른 존재로 인식하였으며 더 나아가 신으로까지 인식하였다.

더구나 복희와 여와는 처음으로 건목을 타고 도광의 들판에 내려옴으로써 하계의 사람들에게 가장 위대한 인문시조(人文始祖)로 받들어졌고, 나중에는 신으로까지 받들어졌다. 그래서 두 인물에게는 문명의 시원을 연 문화영웅의 상징으로 사람의 얼굴에 뱀의 몸을 가진 인두사신(人頭蛇身)의 모습을 가질 수가 있었다.

복희여와의 인두사신에 모습은 후대에 여러 곳에서 그림으로 그려졌는데, 복희여와도에서 특이한 점은 두 남매가 뱀으로 된 하체를 서로 교차하고 있는 모습이다. 이와 더불어 복희는 네모를 그릴 수 있는 곱자(矩)를 들고 있고, 여와는 원형을 그릴 수 있는 컴퍼스(規)를 들고 있는 모습이 특이하다고 할 수 있다.

두 남매가 뱀으로 된 하체를 교차하고 있는 모습은 두 남매가 부부라는 것을 인식시키기에 충분하다. 하지만 두 남매의 오래된 복희여와도를 보게 되면 하늘과 남성의 상징인 컴퍼스를 여와가 들고 있고, 땅과 여성의 상징인 곱자를 복희가 들고 있다. 이러한 점으로 보아 이들의 모습은 음존재와 양존재의 합일을 나타내기 위함이다.23)

한마디로 두 남매가 부부가 되었다는 것이 아니라 음존재와 양존재가 합일을 이루게 될 때는 뜻하는 일을 이루게 되고, 내면적 세계에 있어서는 궁극적인 완성, 즉 해탈을 이루게 되는 것을 말한다. 이러한 모습을 우리는 그리스의 신화에서도 발견할 수가 있는데, 아폴론이 에로스의 화살을 맞고 다프네에게 사랑을 느끼는 내용에서 아폴론이 다프네를 쫓아가 그녀를 붙잡는 순간 월계수로 변화했다는 내용이다.

우리는 여기서 남성원리인 아폴론과 여성원리인 다프네가 합일이 되었을 때 다프네가 승리의 상징인 월계수가 되었다는 것에 초점을 맞추어 볼 수 있다. 요컨대 아폴론의 입장에서 여성원리와 합일을 이룰 때에는 단순히 부부로서가 아니라 승리의 상징으로서 해탈과 불멸의 세계로 들어간다는 의미이다.

그러나 일반적으로 음존재와 양존재의 법칙은 끝없는 분화를 통하여

---

23) 컴퍼스와 곱자는 천원지방(天圓地方)의 원리에 따라 만들어졌다. 그래서 원형을 그릴 수 있는 컴퍼스는 하늘과 남성을 상징하고, 네모를 그릴 수 있는 곱자는 땅과 여성을 상징한다.

생산, 소비, 타락, 죽음의 길을 걷게 된다. 그래서 구도(求道)의 길을 가고자 했던 고대인들은 음양(陰陽)의 합일을 통해 회귀, 부활, 불사, 해탈의 길을 걷는데 목적을 두는 삶을 살고자 하였다.

연금술서의 삽화

연금술에서의 남녀추니(중성)

곱자와 컴퍼스를 들고 있는 남녀추니

1달러 뒷면 피라미드 그림   프리메이슨단의 상징물인
회귀를 통해 얻게 되는 제3의 눈(目)   컴퍼스와 곱자.

복희여와도의 의미가 그리스의 신화에도 있듯이 이 뒤로 양존재와 음존재의 법칙은 연금술에서의 남녀추니(중성)로도 나타난다. 그리고 여기서도 남성원리와 여성원리가 합일되어 중성을 이루게 될 때는 부활과 불사와 해탈이 있게 됨을 말하고 있다. 이른바 연금술사들은 내 안에 있는 음존재와 양존재가 합일되어 형성되는 원초물질을 만들어 자신을 변화시키고자 하였다.

이후 이러한 인식은 서구의 엘리트들에게도 전해져 프리메이슨단이 창설되고, 그들은 컴퍼스와 곱자를 그 단체의 심벌로까지 내세웠다. 특히 연금술에서 납을 가지고 금으로 바꾼다든가 유황과 수은으로 금을 만든다는 말이 있다. 이 말은 도교에서 납과 수은을 통하여 원정(元精)을 만드는 것을 말한다.

이를 쉽게 말하면 도교에서 납은 명(命)을, 수은은 성(性)을 뜻한다. 따라서 납과 수은의 의미는 성명쌍수(性命雙修)를 통해서 원정을 만드는데 목적이 있다. 이런 점에서 볼 때에 연금술에서 말하고 있는 음양합일의 남녀추니는 그 목적이 원정을 얻어 생명의 근원인 일기(一氣)를 이루는데 있다. 한마디로 남녀추니는 수행자가 광휘(光輝)를 얻어 해탈을 하는데 그 목적이 있다고 하겠다.

3. 남방의 신 염제신농(炎帝神農)

염제신농은 복희씨에 이어 문명을 열게 되면서 남방의 적제(赤帝)가 되었다. 그의 공적으로는 의학(醫學)과 농업(農業)에 시원을 열게 되면서 하계에서의 의학의 신, 농업의 신이 되었다. 이로써 그는 실생활에 필요한 가장 크나큰 공덕을 베풀게 되어, 태양신(太陽神)이라고도 일컬어지고 있다. 그렇다면 이제《십팔사략》을 바탕으로 신농씨에 대해서 살펴보고자 한다.

염제신농씨는 성이 강(姜)인데, 몸뚱이는 사람이요. 머리는 소(牛)였다. 풍(風)성의 뒤를 이어 천자가 된 화덕(火德)의 왕이다. 염제는 처음으로 나무를 깎아 쟁기를 만들고 나무를 구부려서 자루를 만들어 농사짓는 법을 가르쳤다.

그리고 사제(蜡祭) — 12월에 여러 가지 동식물을 모아 天神에게 바치고, 농경의 보고를 하는 제사 — 를 행했다.

또 붉은 채찍으로 풀과 나무를 쳐서 온갖 풀을 맛보아 처음으로 의약을 만들었다. 또 한낮을 기해, 물건을 가지고 모여 시장을 열어서, 제각기 필요한 물건을 바꾸어 가는 것도 가르쳤다.

염제는 처음에 진(陳)에 도읍하고 있었는데, 후에 곡부(曲阜:山東省)로 옮겼다. 그 후에 제승·제림·제측·제백·제래·제양·제유가 차례로 자리를 이어 받아 姜성의 천자가 8대 520년 동안 계승되었다.24)

신농씨의 출생에 대하여 《강감금단(綱鑑金丹)》에서 말하길, 염제(炎帝) 신농(神農)의 아버지는 소전(少典)이요, 어머니는 유와(有媧)씨의 딸인 안등(安登)이라고 하였다. 그리고 안등은 신룡(神龍)의 감응으로 석년(石年)을 낳았고, 그는 지금의 협서성 기산현 강수(姜水)가에서 자란 까닭에 강(姜)씨 성이 되었다고 했다.

석년이 자라면서 복희씨의 대(代)를 이어서 천하를 다스리게 된 고로, 그를 화덕(火德)의 임금인 염제(炎帝)라 하였다. 이와 같은 기록을 〈회남자〉「시칙훈」고유의 주(註)에서도 찾아볼 수 있다.

---

24) [炎帝神農氏] [姜]姓. 人身牛首, 繼[風]姓而立. 火德王. 斲木爲耟, 揉木爲耒, 始
   敎畊, 作蜡祭. 以赭鞭鞭草木, 嘗百草始有醫藥. 敎人日中爲市, 交易而退. 都於
   [陳], 徙[曲阜]. 傳[帝承, 帝臨, 帝則, 帝百, 帝來, 帝襄, 帝楡]. [姜]姓凡八世,
   五百二十年.

염제 신농

적제(赤帝)는 염제로 소전(少典)의 아들이고 호가 신농이며 남방 화
덕(火德)의 천제이다.25)

염제의 아버지 소전(少典)의 경우는 그 이름이 막배(莫坏)이다. 그는
웅씨(熊氏)에서 갈라져 나온 자로써 여와씨의 진나라를 도와서 정치를
하던 인물이었으며, 배달국 안부련(安夫連)의 말기에 사람이다.26) 그가
안부련환웅의 명을 받고 강수(姜水)에서 병사들을 감독하게 됨에 따라서
그곳에서 염제가 태어나게 되었다.

---

25) 赤帝, 炎帝, 少典之子, 號爲神農, 南方火德之帝也.
26) 〈태백일사〉「신시본기」에서는 막배인 소전(少典)이 소호(少皥)와 함께 고시씨
(高矢氏)의 방계라고 하였다.

당시 염제는 괴상한 모습을 가지고 태어났는데, 사마정(司馬貞)의 《보사기(補史記)》에는 소전의 부인이 신룡의 감응으로 염제를 낳으니 사람의 몸에 소머리(人身牛首)로 태어났다고 했다. 그가 자라나서는 불덕(火德)으로 임금이 된 까닭에 불(火)로써 관직(官)의 이름을 정했다고도 하였다.

그런데 이때에 염제가 인신우수의 모습을 하였다는 것은 농업의 발전에 기여했다는 것을 말한다. 그래서 중국의 고대신화에서는 염제를 불덕과 함께 사람들에게 위대한 공덕을 끼쳤다고 하여 태양신이라고도 하였다.

태양신(太陽神)에 대한 신화는 이란에서도 찾아볼 수 있는데 그가 미트라(Mitra)이다. 미트라는 이후 불교의 미륵불에 뿌리가 되기도 하고 메시아(Messiah) 사상의 뿌리가 되기도 한다. 이러한 미트라를 이란에서는 우주의 질서인 낮과 밤, 그리고 계절을 주관하는 신이라고 불렀다. 더불어 그를 정의(正義)와 신의(信義)의 신이며, 세상의 모든 소리를 듣고 세상의 모든 것을 보는 항상 깨어있는 신이라고도 하였다.

> 미트라는 일천 개의 귀와 일만 개의 눈을 가졌다. 그는 강인하고 조금의 방심도 허용하지 않으며 항상 깨어있는 광활한 목초지의 지배자이다.
>
> 〈미르 야시트〉「야시트 10, 7」

미트라가 일천 개의 귀와 일만 개의 눈을 가지고 있고, 항상 깨어있다는 것은 계절을 주관하는 신이기 때문이다. 이와 같이 염제도 미트라와 마찬가지로 태양신으로서 사계절의 주관자이기도 하고, 그 계절 속에서 모든 것을 일구어내기 위한 깨어있는 신이기도 했다. 그래서 염제는 때에 맞게 씨 뿌리고 거두어들이는 법을 백성들에게 가르치기도 하였다.

이러한 이유로 태양신인 염제는 농사를 담당하는 신으로도 일컬어졌는데, 그는 농사법과 함께 다양한 농기구를 발명했다고도 알려져 있다. 그래서《역사(繹史)》에서는 신농씨가 쟁기나 보습, 호미 등의 농기구를 만들어 밭 갈고, 밭 매는 일을 만인(萬人)에게 가르쳤다고 하였다.

이때부터 염제에게는 신농(神農)이란 이름도 붙게 되는데, 신농은 그 명칭에서 알 수 있듯이「하늘농사」,「신의 농사」라는 뜻이다. 그런데 그 명칭의 의미를 자세히 들여다보면 하늘농사와 신의 농사라는 뜻은 제후국(諸侯國)의 입장에서 볼 때에 천자국(天子國)의 농사법이라는 뜻이기도 했다. 한마디로 당시에 천자국은 천국과 동일시되었기 때문이다. 이런 점에서 볼 때 신농은 천자국의 농사법을 하계의 땅에 내려와서 가르쳤던 문화영웅이었다.

신농씨에 대한 이와 같은 기록은〈태백일사〉「신시본기」를 보면 알 수 있듯이, 그의 아버지 소전(少典)은 천자국의 신하인 고시씨(高矢氏)의 방계(傍系)였다. 따라서 신농과 소전도 그 뿌리를 천자국에 두고 있었다.

> 신농(神農)은 열산(列山)에서 일어났는데, 열산은 열수(列水)가 흘러나오는 곳이다. 신농은 소전(少典)의 아들이다. 소전은 소호(少皞)와 함께 모두 고시(高矢)씨의 방계이다.

당시 배달국에서 농사를 담당하던 고시씨는 초대 거발환 환웅 때부터 농사를 담당하던 인물이다. 그러므로 신농씨는 집안 대대로 농사를 가업으로 이어오던 씨족이었다. 그런 그가 하계(下界)의 사람들에게 농사의 방법을 전한 것이다. 이로부터 그가 하계의 사람들에 의하여 농업의 신(神)으로 받들어지면서 그에게는 농사의 원초적 기능을 상징하는 인신우수(人身牛首)의 모습을 가지게 되었다고 볼 수 있다.

사람의 몸에 한 소의 머리를 한 인신우수(人身牛首)에 대해서 잠시 살펴보면 그 모습은 사람이 소의 역할을 하였다는 것을 나타낸다. 한마디로 신농씨가 농사에 절대적으로 필요했던 소의 역할을 하였다는 것을 말한다. 이런 점에서 볼 때 인신우수의 모습은 농사의 발전에 크나큰 기여를 한 공헌자의 상징이라 할 수 있다.

인신우수는 이 밖에도 소머리(牛首)라는 특징을 갖게 되면서 희생제에서 최고의 제물로도 상징되고 있다. 〈규원사화〉「단군기」에서 보면 배달의 풍습에는 하늘에 제사를 지내려면 먼저 상서로운 날을 잡고 흰머리(白牛)의 소를 잡아서 그 머리를 명산대천에 바쳤다고 한다. 이런 점에서 볼 때에 인신우수의 모습을 가진 문화영웅들은 농사에 기여한 상징일 뿐아니라, 하늘에 바쳐지는 희생물의 상징이 되기도 했다.

이와 같은 문화는 그리스 신화에서도 찾아볼 수 있는데, 당시 농업의 신이었던 디오니소스가 하루는 황소의 모습으로 변신해 있었다. 그런데 이 기회를 놓치지 않고 있었던 티탄들에 의하여 디오니소스는 사지가 토막 났던 것이다. 이 이야기는 디오니소스가 농업의 신이었지만 신들에게 바쳐지는 희생물이 되었다는 것을 말한다.

한마디로 이 이야기는 디오니소스가 지하의 신령들인 티탄들에게 자신을 희생물로 바쳐 대지를 풍요롭게 했다는 것을 말한다. 따라서 소머리는 농사와 더불어 신들에게 바쳐지는 희생물과 자신의 신체를 자연에 되돌려주는 상징도 가진다고 하겠다.

이 밖에도 소(牛)의 의미가 땅을 개간함에 있어서 강인함과 개척의 정신으로 받아들이게 되면서 신과 군왕들의 상징이 되기도 했다. 그래서 농업의 신 디오니소스의 경우는 수소로 태어난 자, 수소의 얼굴을 가진 자, 두 개의 뿔을 가진 자로 불린다. 수메르신화에서 공기의 신 엔릴(Enlil)

의 경우도 하늘과 땅의 용감한 황소이다. 가나안에서 바알 신은 수소의
뿔을 달고 걸터앉은 모습으로 표현된다.

이 밖에도 길가메시는 성난 황소이며, 이집트의 태양신 라(Ra)도 하늘
의 황소로 불리고, 오시리스의 아내인 이시스도 황금의 태양을 뿔 사이에
붙인 암소이다. 미트라교에서의 황소 또한 태양신의 상징이며, 황소를 제
물로 바치는 것은 미트라교 신앙의 중심적 의식이다.

유대교에서도 황소는 이스라엘의 황소로 불리며 여호와의 위대한 힘을
상징하기도 한다. 페르시아에서 황소의 영은 세계령(世界靈)으로 세상에
서 가장 먼저 창조된 동물이 황소로 여겨지며, 황소의 영을 통하여 모든
창조가 시작된다고 여긴다.

힌두교에서도 최고의 신상(神像)으로 소가 대표되는데, 아그니(Agni)
신은 강력한 황소이며, 황소는 인드라(Indra) 신의 풍요의 상징이기도
하다. 리그 베다(Rig-Veda)에서는 거룩한 소에게 머리와 목과 가슴의
[세] 군데에 [일곱] 개의 성스러운 이름을 붙이기도 하였다. 이렇게 볼
때에 세계의 문화 속에서 나타나는 소(牛)에 대한 상징의 공통점은 강인
한 인간상, 농업, 최고의 희생물 등으로 나타난다고 할 수 있다.

염제 신농씨의 또 다른 위대성은 동양에서 의학(醫學)의 아버지라는
점이다. 그가 온갖 풀을 맛보아 처음으로 의약을 만들었다는 것은, 인류
에 대한 위대한 공덕이라고 할 수 있다. 더구나 신농씨(神農氏)가 백가지
의 약초를 맛보면서 독(毒)과 마주했다는 것은 그의 희생정신에 의하여
인류가 질병을 극복할 길을 얻게 되었다는 것을 말한다.

모든 초목의 맛과 수질(水質)의 좋고 나쁨을 자신의 혀로 시험하여
백성들에게 이용할 수 있는지 여부를 알려 주었다. 이때 그가 하루
에 70종이나 되는 독(毒)과 접했었다.

〈회남자〉「수무훈」

신농씨와 약초에 대해서는 흥미로운 전설도 전해오고 있는데, 진(晉)나
라 때에 지은 수신기(搜神記)에 의하면 신농씨에게는 신비한 붉은 채찍
이 있어서 이 채찍으로 풀을 한 번 후려치면 그 풀의 독성의 유무와 맛,
특징 등을 전부 알 수가 있었다고 한다. 이런 점에서 볼 때 신농씨는 인
류에게 처음으로 약초의 특성을 알려주었다고 할 수 있다.

신농씨의 위대성은 이 뿐만이 아니라 시장을 열어서 물건을 바꾸는 교
역의 시간을 정하기도 했다. 이에 대하여 《주역》에서는 일중위시교역퇴
(日中爲市交易退)라고 하여 하루의 낮 가운데 해 뜨고 지는 것을 기준으
로 하여 시장에서 물건을 교역하고 파장하는 시간을 그가 처음으로 정했
다고 하였다.

> 신농(神農)은 백가지 약초들을 혀로 맛보아 약을 만들었다. 뒤에 열
> 산으로 이사하였는데 낮에는 교역하게 하여 사람들로 하여금 편리하
> 게 하였다.
>
> 〈태백일사〉「삼한관경본기」

당시에 신농씨가 시계도 없고 그렇다고 기록할 만한 어떤 방법도 없던
때에 해가 뜨고 지는 것을 기준으로 시간의 원리를 처음으로 도입한 것
은 사람들에게 시간의 개념을 알려준 위대한 일이었다. 이런 점에서 그는
하계의 땅에서 '시간의 신(神)'으로 명칭 될 만한 업적을 세웠다고 할
수 있다.

이 밖에도 〈보사기(補史記)〉「삼황본기(三皇本紀)」에 의하면 염제 신
농씨가 다섯줄의 비파를 만들고, 8패(卦)를 곱하여 64효(爻)를 만들었다

3. 남방의 신 염제신농 183

고 하였다. 또 다른 기록인 《태평어람(太平御覽)》에서는 신농이 밭 갈고
도자기를 만들었다고 했고, 《광운(廣韻)》에서는 신농이 와기(瓦器)를 만
들었으며, 《물원(物原)》에서는 신농이 옹기(甕器)를 만들었다고 하였다.

　그러므로 그는 농업과 의약, 시장에서의 시간을 정하는 일뿐만 아니라
실생활에 필요한 역학(易學)과 다양한 생활도구 등을 만들어 인류에게
혜택을 주었다고 할 수 있다. 그러나 정작 그 자신의 집안에 대해서는 돌
보지 않아서일까? 그의 자식들에 대하여 전해오는 내용에는 불우한 삶의
이야기가 있다.

　신농씨에게는 세 명의 딸이 있었는데 이 중에서 둘은 요절해서 죽고,
한 명은 평범한 삶을 살지 못하고 여신선(女神仙)의 험난한 길을 걸었다.
그러므로 신농씨의 가족농사에 있어서는 즐거움보다는 슬픔이 많았음을
알 수 있다.

정위(精衛)　　　　　　　요희(瑤姬)

　먼저 바다 한 가운데서 거센 풍랑을 만나 바다 속에 빠져 익사한 여와
(女蛙)가 있다. 그녀는 사람들에게 정위(精衛)라는 작은 새로 불렸는데
그 이유는 그녀의 혼령이 작은 새로 변하였다고 사람들이 믿었기 때문이

다.

전설에 의하면 그녀는 자신의 생명을 앗아간 동해의 거대한 바다가 밉고 원망스러워 흙으로 그 넓은 곳을 메우려고 했다고 한다. 그래서 정위라는 작은 새로 변한 그녀는 계속하여 쉬지 않고 나뭇가지와 돌을 날라 바다에 뿌렸다고 하였다.

> 새가 있는데 그 생김새가 까마귀 같고 머리에 무늬가 있고 흰 부리에 붉은 발을 가졌다. 이름을 정위(精衛)라고 하는데 그 울음이 스스로를 부른다. 이것은 염제(炎帝)의 어린 딸로 이름을 여와(女蛙)라고 한다. 여와는 동해(東海)에서 노닐다 물에 빠져 돌아오지 못하여 정위가 되었다. 그러므로 항상 서산(西山)의 나무와 돌을 물어다 동해를 메우는 것이다.
>
> 〈산해경〉「북산경」

염제에게는 또 다른 요희(瑤姬)라는 딸이 있었다. 그녀도 결혼정년기가 되었을 때 갑자기 요절해 죽었다. 전설에 의하면 그녀는 죽어서 그 혼령이 고요산(姑嬌山)의 요초(瑤草)가 되었다. 이 요초에는 토구(兎邱)와 같은 열매가 열리는데 누구든지 그 열매를 따먹으면 사랑에 빠진다고 한다. 이러한 이유는 그녀가 사랑의 결실을 이루지 못하고 꽃다운 나이에 죽었기 때문이다.

> 동쪽으로 200리를 가면 고요산(姑嬌山)이라고 한다. 염제의 딸이 이 산에서 죽었는데 그 이름을 여시(女尸)라고 하였으며 변화하여 요초(瑤草)가 되었다. 요초는 그 잎이 서로 겹치고 그 꽃이 노랗고 그 열매가 토구(兎邱)와 같다. 먹으면 남에게 귀여움을 받는다.

그녀의 이러한 슬픈 사연에 가슴아파했던 염제는 그녀를 무산(巫山)에서 운우(雲雨)의 신으로 봉했다. 이 뒤로 그녀는 낮에는 구름이 되어 산과 골짜기 속에서 활보하며 마음을 달래다가 저녁이 되면 비(雨)로 변하여 자신의 슬픔을 알린다고 한다.

전국말년(戰國末年)에 와서 초나라의 회왕(懷王)이 운몽(雲夢)을 여행할 때에 고당(高唐)이라는 대관(臺館)에 투숙하게 되었다. 그런데 그녀가 회왕에게 나타나 사랑을 고백한 것이다. 이후 잠에서 깨어난 회왕은 슬프기도 하고 신기하기도 하여 고당부근에 그녀의 사당을 짓고 조운(朝雲)이란 이름을 붙여주었다.

그 뒤 회왕의 아들인 양왕(襄王)도 아버지의 이야기를 듣고 측은하면서도 사랑하는 감정을 가지고 이곳으로 여행을 오게 되었는데 이때에도 요희는 꿈에 나타나서 사랑을 고백했다. 이렇듯 그녀는 사랑을 이루지 못한 한(恨)을 길손들에게 풀고 있었던 것이다.

이 밖에도 염제에게는 선인(仙人) 적송자(赤松子)를 따라서 여신선(女神仙)이 된 딸이 있다. 당시 적송자는 염제의 밑에서 우사(雨師)의 관리로 있으면서 항상 신기한 약을 먹으면서 자신의 몸을 단련하고 있었다. 그래서 그는 불에 뛰어들어 자신의 몸을 불사를 수 있는 능력을 가지게 되었다.

이후 적송자는 신선이 되었는데 이때의 방법은 그가 단전(丹田)을 마법적인 열기로 뜨겁게 하여 금단(金丹)을 이룸으로써 신선이 되었다고 볼 수 있다. 이러한 적송자를 부러워하고 신선이 되고 싶었던 염제의 딸은 적송자를 따라나섰고 그녀도 자신의 몸을 닦아 신선이 되었다고 한다. 그 뒤로 이 둘은 어디론가 멀리 떠나버렸다고 전해지고 있다.

4. 중앙의 신 황제헌원(黃帝軒轅)

황제헌원은 염제 다음으로 문명을 열게 되면서 중앙의 황제(黃帝)가 되었다. 그의 공적으로는 특별한 것은 없으나 광성자와 자부선생으로부터 가르침을 받고 구도자의 삶을 살았다. 그래서 그는 하계의 땅에 선술(仙術)을 널리 알리게 되는 계기를 만들었다. 그렇다면 이제《십팔사략》을 바탕으로 헌원씨에 대해 자세히 알아보고자 한다.

황제의 성은 공손(公孫)인데 희(姬)라고도 했으며 이름은 헌원이었다. 유웅씨(有熊氏)의 제후(諸侯) 소전(少典)의 아들이다. 그의 어머니가 북두칠성의 첫째 별 둘레를 커다란 번갯불이 돌아가고 있는 것을 보고, 이에 감응하여 임신해서 낳은 것이 황제였다고 한다.

염제신농씨의 자손이 덕이 점점 쇠퇴해서 제후들이 서로 침략하고 공격하게 되었으므로, 황제는 창과 방패를 쓰는 방법을 익히어 조공하지 않는 제후를 정복했다. 그래서 제후는 모두 복종하게 되었다. 염제 유씨와 판천의 들에서 싸워 이겼다. 그런데 치우(蚩尤)란 자가 반란을 일으켰다. 치우는 구리쇠의 이마를 가진 사람으로서, 곧잘 큰 안개를 일으켰다. 헌원씨는 이에 맞서 지남거(指南車)를 만들어 대항하여 치우와 탁록(涿鹿)의 들에서 싸워 그를 사로잡았다.

헌원씨는 마침내 염제를 대신하여 천자가 되어 토덕(土德)의 왕이 되었다. (中略)

어느 날 황제가 낮잠을 자다가 화서(華胥) ― 신선이 사는 극락정토 같은 곳 ― 라고 하는 이상향(理想鄕)에서 즐겁게 노는 꿈을 꾸었다. 이로부터 황제는 크게 깨달은 바가 있었다. 그 후 천하는 잘 다스려져서 그 세상이 마치 꿈에서 본 화서와 같았다.

전설에 의하면 황제는 일찍이 구리를 캐서 솥을 만들었다. 솥이 다

되자 하늘에서 한 마리의 용(龍)이 긴 수염을 늘어뜨리고 황제를 맞이하러 왔다. 황제는 그 용을 타고 하늘로 올라갔다. 신하들과 후궁 등 70여 명이 뒤따랐다.

그러나 신분이 낮은 신하들은 용을 탈 수가 없어서 모두 수염에 매달렸다. 용은 하늘로 올라가고 수염은 빠졌다. 이때 황제는 가지고 있던 활을 떨어뜨려 모두 그 활을 끌어안고 울었다. 후세에 그곳을 정호(鼎湖)라고 하고, 그 활을 오호(烏號)라고 했다. 황제에게는 25명의 아들이 있었는데 그 중에서 제후가 되어 성(姓)을 지킨 자가 14명이었다.[27]

복희씨와 신농씨에 이어 삼황(三皇)으로 일컬어지는 황제에 대하여 〈사기〉「오제본기」에서는 공손 헌원에게는 토덕(土德)의 상서로운 기운이 있다하여 황제(黃帝)라는 명칭이 붙었다고 하였다.

당시에는 오방위(五方位)를 중심으로 제왕의 덕을 나타내었는데, 이때에 중앙을 맡은 인물을 황제라 하였고, 동방을 맡은 인물을 태호(太昊), 서방을 소호(少昊), 남방을 염제(炎帝), 북방을 전욱(顓頊)이라 하였다.

그런데 이때에 황제는 중앙에 위치해 있으면서 그 모습이 중앙에서 동서남북의 사방을 둘러본다고 하여 은나라 때의 청동제기(青銅祭器)에서는 그를 네 얼굴을 가진 인물로 만들어놓기도 하였다.

---

27) [黃帝] [公孫] 姓, 又曰, [姬] 姓. 名 [軒轅]. [有熊國] 君 [少典] 子也. 母見大電繞北斗樞星, 感而生帝. [炎帝] 世衰, 諸侯相侵伐. [軒轅] 乃習用干戈, 以征不享. 諸侯咸歸之. 與 [炎帝] 戰于 [阪泉之野] 克之. [蚩尤] 作亂. 其人銅鐵額, 能作大霧. 軒轅作指南車, 與 [蚩尤] 戰於 [涿鹿之野] 禽之. 遂代炎帝爲天子. 土德王. 以雲紀官, 爲 [雲師]. 作舟車以濟不通. 得 [風后] 爲相, [力牧] 爲將. 受河圖. 見日月星辰之象, 始有 [星官之書]. 師 [大撓] 占斗建作甲子.
尝書寝. 夢遊 [華胥之國], 怡然自得. 其後天下大治. 幾若 [華胥]. 世傳, 黃帝采銅鑄鼎. 鼎成. 有龍, 垂胡髥下迎. 帝騎龍上天. 群臣後宮, 從者七十余人. 小臣不得上, 悉持龍髥. 髥拔. 墮弓. 抱其弓而號. 後世名其處曰 [鼎湖]. 其弓曰 [烏號号]. 黃帝二十五子, 其得姓者十四.

특히 신화에서는 중앙과 사방의 신들을 중앙상제, 동방상제, 서방상제, 남방상제, 북방상제라고 칭하고 있으나 전국시대 말년까지는 제(帝)라는 명칭을 쓰지 않았다. 그것은 [帝]가 하나님, 옥황상제, 황천상제의 명칭이었기 때문이다.

商代 大禾人面方鼎

그러나 진시황제(秦始皇帝) 때부터 상제(上帝)에 대한 위격(位格)을 인식하지 못하게 되면서 진시황은 자신에게 제(帝)를 붙여 황제(皇帝)라는 명칭으로 부르게 하였다. 따라서 이때부터는 신도(神道)의 권위가 무너지는 때였다고 할 수 있다.

하여간 중앙상제에 해당하는 황제의 혈통을 보게 되면 그는 소전(少典)으로부터 이어지는 동방족이었다. 〈십팔사략〉에서는 그를 유웅씨의 제후 소전의 아들이라고 하였는데, 이 내용은 가계(家系)를 짧게 줄이고자 한 것일 뿐, 소전은 황제로부터 먼 뿌리가 되는 조상이다.

〈역대신선통감〉에서는 염제 신농씨의 아우인 늑임금이 소전국(少典國)을 계승하다가 9대째의 자손인 계곤(啓昆)에 이르러 도읍을 북쪽 땅으로 옮겨가서 나라이름을 유웅(有熊: 하남성)이라고 했다고 한다.

계곤은 어느 날 자신의 부인 부보(附寶)와 함께 남녘에 있는 형산(衡山)에 가서 염제 신농의 능(陵)에 참배하고, 옛 성왕(聖王)의 유적지를 회복하고자 방문하였으며, 복희씨의 능(陵)이 있는 번총에도 참배하였다고 한다.

부보(附寶)가 하루는 저녁에 중천(中天)의 하늘에서 금빛(金色)의 뇌광(雷光)이 한 줄로 펼쳐지며 북두칠성의 곁을 둘러싼 것을 보았는데, 이 뒤로 자식을 배어 24개월 만에 유웅국(有熊國) 남녘 헌원(軒轅. 하남성)의 언덕에서 아이를 낳았다고 하였다. 이후 아버지 계곤이 죽고 헌원이 12세에 임금의 자리를 이어 받았다는 것이 《역대신선통감》에서의 기록이다.

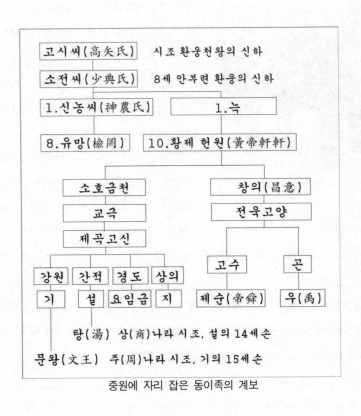

중원에 자리 잡은 동이족의 계보

황제 헌원에 대해서는 이 밖에도 여러 기록이 있는데, 먼저 〈신시본기〉에 의하면 유웅(有熊)은 탁록에 있는 땅이름이라고 하였으며 〈태백일사(太白逸史)〉「삼한관경본기」에서는 소전의 별고(別孤)에 공손(公孫)이라는 자가 있고, 황제(黃帝) 헌원은 바로 공손의 후손이라고 했다.

이와 함께 황제의 후손에 대해서도 알아보면 대표적으로 소호금천씨 (少昊金天氏)를 통하여 제곡고신(帝嚳高辛)과 당요(唐堯), 성탕(成湯), 문왕(文王)이 있고, 창의(昌意)를 통해서는 전욱고양(顓頊高陽), 우순(虞舜), 하우(夏禹) 등이 있다.

그런데 〈산해경〉「대황서경」을 보게 되면 황제는 북방 이민족(異民族) 을 뜻하는 북적(北狄)을 후손으로도 두었다. 이 말은 황제 헌원이 단순히 북적을 후손으로 두었다는 뜻만이 아니라, 황제도 본래부터 하계의 사람 들에게 북방 이민족으로 불렸다는 뜻이기도 하다. 그래서 중국의 고대신 화에서는 황제를 치우와 싸우는 천국의 신으로 표현하기도 하였다.

북적국(北狄國)이 있다. 황제(黃帝)의 손자를 시균(始均)이라고 하
는데 시균이 북적(北狄)을 낳았다.

황제가 북방과 관련이 있다는 것은 우강(禺彊)을 통해서도 알 수 있다. 〈산해경〉「해외북경」에 있는 북방의 우강에 대한 주석을 보게 되면 그 는 황제의 손자로서 사람의 얼굴에 새의 몸을 하고 있다고 하였다. 이로 보건대 황제도 신화에서 북방인 천국에 뿌리를 두고 남방인 하계로 내려 온 신이였다고 할 수 있다.

이 밖에도 황제 헌원의 나라에 대해서 기록된 것을 보면 그 나라 백성 들은 사람의 얼굴에 뱀의 몸을 하고 있다고 하였다.

헌원국(軒轅國)은 궁산(窮山)의 끝에 있다. 그 나라에는 오래 살지
못하는 자가 800[28)살이다. 여자국(女子國)의 북쪽에 있다. 그 나라

---

28) 800살에 대한 의미는 전욱의 현손(玄孫)인 팽조(彭祖)를 말하는 듯하다. 그는

사람들은 사람의 얼굴에 뱀의 몸을 하고 꼬리가 머리 위에 감겨 있
다.

<산해경>「해외서경」

헌원국이 뱀의 모습을 하고 있다는 것은 그 뿌리가 복희씨와 같은 동
이족으로서 문명의 종주국으로부터 나온 무리들임을 말해주고 있다. 이런
점에서 볼 때에 황제도 동이족과 마찬가지로 인면사신(人面蛇身)의 모습
을 가진 동이족의 혈통을 가졌다고 말할 수 있다.

헌원국

당시 황제가 역사에 드러나기 시작하던 때는 염
제 신농의 자손들이 다스리던 나라가 쇠퇴하기 시
작하면서부터이다. 이 시기에 여러 제후들의 반란
으로 하계에서는 대혼란이 일어났으므로 이를 진압
한다는 명분하에 황제는 스스로 염제의 후손들이
다스리던 유망(楡罔)의 나라를 대신하여 전쟁에 참
여하게 된다. 그리고 강한 군대를 앞세워 주변의
무리들을 복속시켜 나가기 시작하면서 그 이름을 천
하에 떨칠 수가 있었다.

그러던 중에 하계에서의 천자국을 꿈꾸었던 황제의 군대에 제동을 거
는 인물이 출현한다. 사마천의 《사기》나 증선지의 《십팔사략》에서는 이
때에 대하여 "치우(蚩尤)란 자가 반란을 일으켰다."고 전하고 있다.

치우(蚩尤)의 작난(作亂)

아시아의 역사에서 치우천왕과 황제 헌원과의 대립과 전쟁은 그 규모
의 문제보다도 문명사적인 역사성이 크다. 당시 탁록의 전쟁은 역사의 한

800세까지 장수한 신선도인으로 알려져 있다.

획을 긋는 전쟁이었다. 문명사(文明史)의 성격을 띤 탁록전쟁에서 한족(漢族)의 사가(史家)들은 그 때의 역사를 중원을 중심으로 놓고, 제후국의 우두머리인 치우라는 자가 반란을 일으켰다고 기록하고 있다.

그러나 당시의 전쟁은 염제의 후손들이 주변의 제후국들과 분란을 일으키면서 시작된 전쟁이었다. 다만 이 와중에 중원의 혼란기를 바로잡고자 했던 치우천왕과 염제 유망의 나라를 대신하여 난(亂)을 바로 잡겠다던 황제 헌원이 부딪치게 되면서 전쟁의 양상은 켜져만 갔다. 그러므로 이 전쟁은 신교문화의 이주세력인 동이족과 신교문화의 종주국인 동이족 간에 시작된 한판의 승부이기도 했다.

다시 말해 당시는 북방을 중심으로 펼쳐진 신교문화를 바탕으로 주변의 제후국들이 질서를 유지하고 있었다. 그런데 신농의 후손인 유망(楡罔)에 이르러서 정치가 쇠퇴해지자 그 혼란을 틈타 황제 헌원이 중원의 토착세력을 등에 업고, 천하의 중심임을 주장하기에 이르렀다. 이로써 천하의 주인이 머물고 있다는 천자문명권(天子文明權)과 토착세력의 우두머리로 앞장선 황제 헌원과 천자(天子)의 자리를 두고 일대 격전이 시작될 수밖에 없었다.

이때에 역사의 기록은 두 명의 영웅(英雄)이 나와서 전쟁을 하는데, 그 기간이 무려 10여 년 동안 73회 이상을 마주쳐 싸운 장기적인 전쟁이었다고 하였다. 이러한 치열한 전쟁은 결국 동북아시아의 주인과 중원의 패자(覇者)가 주인을 가리는 전쟁이었는데, 이때에 전쟁의 승부를 중원에서는 황제가 이겼다고 했고, 반면에 배달국의 기록에는 치우천왕이 승리하였다고 하였다.

그렇다면 과연 누가 문명의 종주국을 결정짓는 문명전쟁에서 승리를 하였단 말인가? 이를 우리는 민심에서 흘러나온 신화(神話)를 통하여 누가 승리를 하고, 누가 패망을 통하여 임금의 자리를 내놓고 떠났는지 그 진실을 알아볼 필요가 있다.

동방의 천자(天子) 치우천왕(蚩尤天王)

탁록전쟁에서 만나게 되는 두 영웅을 알아보기 위해서는 황제뿐만 아니라 치우(蚩尤)라는 인물에 대해서도 알아보아야 한다. 먼저 저들의 기록인 〈태평어람〉「권79」에서 보면 "치우의 형제 81명은 모두 짐승의 몸에 사람의 말을 하고 구리머리에 쇠이마(銅頭鐵額)를 하였을 뿐만 아니라 모래와 돌을 먹으며 칼, 창, 큰활 등의 병장기를 만들어 천하를 제압하였다"고 했다.

〈술이기(述異記)〉에서는 "치우는 쇠와 돌을 먹고, 사람의 몸에 소의 발굽을 가졌으며, 네 개의 눈과 여섯 개의 손, 그리고 귀에서부터 내려온 수염은 검과 창과 같고, 머리에는 뿔이 있다."고 하였다. 이와 함께 〈사기〉「권1」 오제본기 응소 주(註)에서는 "구려(九黎)의 군주가 치우(蚩尤)이고, 치우는 옛 천자(古天子)이다."라고 하였다.

만주족들에 의하여 기록된 〈역대신선통감〉「권2」에서도 치우천왕의 특징에 대하여 기록한 것을 보면 여기서는 형제가 81명이라는 것을 친형제가 8인이요, 일가형제가 73인으로써 모두 81인이라 말하고 있다. 그런데 81이라는 숫자가 천부경의 전체 글자 숫자와 동일하다는 것은 천부경과 관련하여 의미심장하지 않을 수 없다.

당시 전쟁에 배치된 81명에 대하여 〈태백일사〉「신시본기」에서는 "형제와 가문에서 장수가 될 만 한 자를 81명을 골라 여러 부대의 대장으로 삼았다."고 하였다. 이와 함께 치우천왕의 '구리머리 쇠이마'에 대한 내용에 대해서 〈태백일사〉「신시본기」의 기록에는 천왕께서 갈로산(葛盧山)의 쇠(金)를 제조하여 도개(刀鎧), 모극(矛戟), 대궁(大弓), 호시(楛矢)를 많이 만들어 한결같이 잘 다루었다고 하였다.

이로 보건대 천왕께서는 무리들과 함께 쇠를 잘 다듬어서 투구와 어깨에 외날칼 등이 달린 갑옷 등을 만들었다고 볼 수 있다. 그런데 이러한 모습의 치우천왕을 중원의 무리들이 전쟁터에서 보았을 때는 무시무시한 구리머리에 쇠이마와 날카로운 칼과 창으로 무장한 모습으로 보았을 가능성이 크다.

치우천황의 화상석　　　　허난성 분묘벽화의 치우

　더구나 네 개의 눈과 여섯 개의 손을 가진 모습으로까지 나타나고 있으니, 치우천왕의 모습은 당시 하계에서 볼 때에 괴물과 같았다고 할 수 있다. 그런데 여기서 남들보다 두 개의 눈이 더 달린 것은 치우천왕이 남이 보지 않는 것까지 볼 수 있는 혜안이 있었다는 것을 말한다. 그러므로 〈관자(管子)〉「도행」에서 "치우는 천도에 밝았다"고 하였다. 이로 보건대 여섯 개의 손을 가지고 있다는 것도 손놀림이 빨라 싸움을 잘하였다는 것으로 볼 수 있다.

　〈태백일사〉「신시본기」에서 나타나는 치우천왕의 특징에 대해서도 살펴보면 그는 법력(法力)이 높고 강력했을 뿐만 아니라 만신(萬神)을 부르고, 큰 안개를 일으킬 줄 알았다고 했다. 이 말은 치우천왕이 자연과 하나 되어 도술(道術)을 부릴 줄 아는 인물이었음을 말해주고 있다.

> 천주(天主)로서 삼신에게 제사하고, 병주(兵主)로서 치우에게 제사
> 지내니, 삼신은 천지만물의 조상이시며, 치우는 만고의 무신(武神)
> 으로서 용강(勇強)의 조상이시다. 큰 안개를 일으키고, 물과 불을
> 마음대로 부리신다. 또 만세 도술(道術)의 종장이 되어 풍우(風雨)
> 를 부르고, 만신(萬神)을 부르셨다. 이 때문에 상고 시대에 항상 천
> 하 전쟁의 주(主)가 되셨다.
>
> 〈태백일사〉「신시본기/진역유기」

이와 같이 치우천왕은 남다른 데가 있었는데, 특히 그는 군(軍)을 움직
여 주석과 쇠를 캐어 무기를 만들었을 뿐 아니라 돌을 날려 보내는 투석
기(投石機)를 만들기도 하였다. 이로 보건대 치우천왕의 군대는 중원에서
일어난 난을 진압하는데 있어서 무서울 정도로 막강한 세력을 유지하고
있었다.

그런데 당시에 천왕께서 전쟁에 임한 것은 염제의 뒤를 이은 마지막
임금 유망(楡罔)의 정치가 쇠약해지고, 하계가 혼란에 빠져들었기 때문이
다. 이 뿐만이 아니라 당시에는 신정일치의 군사부문화가 위와 아래로 반
듯하게 서 있었기 때문이었다. 이러한 까닭에 치우천왕은 유망에게 반기
를 들은 주변국들을 통제하고, 나아가 유망정권을 바로잡기 위해 출병을
하지 않을 수가 없었다.

〈태백일사〉「신시본기」에서는 당시의 1차 출병으로 치우천왕이 아홉
개의 제후국을 정복했다고 하였다. 이후 군사를 정돈하여 몸소 군대를 이
끌고 유망이 도읍했던 공상(空桑)에 이르러서 그 해에 12제후의 나라를
점령하니 쓰러진 시체가 들판을 가득 메웠다고 했다.

곧이어 유망(楡罔)과의 전쟁에서 유망이 그 신하인 소호(少昊)[29]로 하여금 싸우게 하니, 치우천왕은 예과(芮戈)와 옹호(雍狐)의 창을 휘두르고 큰 안개를 일으키며 싸웠다고 하였다. 그러자 소호는 혼란에 빠져들면서 대패하여 유망과 함께 도망쳐 버렸다고 한다.

이때 공손헌원(空孫軒轅)이라는 자가 토착 백성들의 우두머리로서 치우천왕이 공상에 입성하여 크게 정치를 편다는 말을 듣고 자신도 즉위하여 천자가 될 뜻을 갖게 된다. 그래서 그는 크게 병마를 일으켜 치우천왕과 싸우고자 공격을 해왔다. 이로부터 헌원과 치우와의 장장 10년간의 탁록전쟁이 시작되었다.

탁록전쟁(涿鹿戰爭)

중국신화에서 치우천왕과 공손헌원의 전쟁은 도정(道政)이 무너져 내리는 과정에서 벌어진 전쟁이었다. 당시 유망정권은 천자국(天子國)의 제후국으로서 중원에서 중심이 되는 국가였으나 주변의 작은 제후국들을 통제하지 못하고 방치하게 되면서 이로부터 세상을 뒤흔들 전쟁을 끌어들이고 말았다.

이러한 과정에서 치우천왕은 군사를 이끌고 출정하여 많은 제후국들을 정복하고 유망정권을 바로세우고자 무너트리게 된다. 그런데 이때에 한편으로는 공손헌원이란 인물이 출현하여 토착세력들의 우두머리로 떠오르면서 도정(道政)을 바로잡기 위한 전쟁의 양상은 공손헌원과 치우천왕이라고 하는 두 영웅이 누가 진정한 하늘의 뜻을 받드는 천자(天子)인지를 가리는 전쟁으로 바뀌어 갔다. 이로써 천자국의 천왕과 토착세력의 무질서 속에서 영웅처럼 떠오른 황제 헌원은 탁록의 전쟁에서 드디어 결전을

---

29) 소호(少昊): 당시의 소호는 황제 헌원의 아들인 소호금천씨가 아니다. 염제의 후손인 유망의 장수(將帥)로 있던 자이다.

앞두게 되었다.

　　탁록결전은 실로 엄청난 규모였다. 우선 치우의 군대를 보자. 구리의
　　이마에 쇠의 이마를 한 7, 80명의 형제들이 있는 데다 묘족과 온갖
　　도깨비까지 합세했다. 한편 황제의 군대에는 사방의 귀신 외에도 각
　　종 맹수들과 인간 세상의 몇몇 민족도 있었다.

〈중국의 고대신화〉「袁珂」

　〈중국의 고대신화〉에서의 가장 큰 특징은 치우에게는 온갖 도깨비들이
합세한 것이다. 이에 대하여 〈통전악전(通典樂典)〉에서도 치우씨는 매
(魅:도깨비)30)를 거느리고 황제와 탁록에서 전쟁을 했다고 기록하고 있
다.
　이와는 반대로 황제에게는 사방의 귀신과 각종 맹수들이 합세하였다고
한다. 〈사기〉「오제본기」와 〈열자〉「제2편 황제」에서는 황제가 전쟁에서

---

30) 도깨비에 대해서는 《좌전(左傳)》에 그 기록이 보이는데, 흔히 이매망량(魑魅
　　魍魎)이라는 것은 산수목석(山水木石)의 정기(精氣)에서 생겨나고, 그 모습에
　　대해서는 인면수신(人面獸身)으로서 네 발을 가지고 있고 사람을 잘 홀린다고
　　하였다. 이 밖에 여러 문헌에서는 도깨비를 독각귀(獨脚鬼), 망량(魍魎), 이매
　　(魑魅), 허주(虛主) 등으로 불렀다.
　　　도깨비의 특징은 심술궂게 장난을 일삼고, 때로는 변화무쌍한 조화를 부리기
　　도 하고, 그에게는 무엇이든지 만들어 내는 방망이를 가지고도 있다고 알려져
　　있다. 도깨비가 거처하고 있는 곳은 어둡고 습기가 많은 곳으로 오래된 집, 동
　　굴, 큰 나무 밑, 계곡, 큰 바위 밑과 같은 곳에 숨어 산다고 한다.
　　　도깨비의 본체는 재주를 부리는 정령인데, 인간의 체취가 묻어있는 빗자루,
　　헌 절구, 부지깽이 등에 붙어서 사람과 비슷한 모습으로 변신도 하고, 어여쁜
　　젊은 남녀나 노인 등의 모습으로도 변신을 한다고 알려져 있다.
　　　도깨비에 대한 이야기는 각 나라마다 전해오고 있는데, 특히 한국에서의 도깨
　　비는 요술방망이를 가지고 사람의 소원을 들어주는 모습으로도 나타난다. 이 밖
　　에 중동지역에서의 도깨비(지니)는 주인의 소원을 들어주기 위하여 마술램프
　　속에서 나오기도 한다. 이처럼 정령, 요정 등으로 일컬어지는 도깨비는 자연의
　　정령으로서 사람들의 삶 속에 깊이 관여되어 있다.

주로 곰, 큰곰, 승냥이, 표범, 호랑이로 전위부대를 삼고, 수리, 독수리, 매와 솔개 떼로 기치를 삼았다고 했다.

이때에 두 부족 간에 가장 큰 특징은 온갖 도깨비와 각종 맹수들이다. 그런데 여기서 치우에게 협조했다는 〈도깨비〉는 초자연적 현상을 일으키는 만물에 내재된 정령(精靈)들이다. 반면에 헌원의 무리들에게 협조했다는 각종 〈맹수〉들은 토템신앙과 관련이 있다. 이러한 관계는 배달국의 초기 천산족(天山族)인 환웅천왕과 토착세력인 웅족이나 호족의 관계와도 같다.

그러므로 도깨비들이 협조했던 치우천왕은 신성(神性)을 중시했으며, 맹수들이 돕고 있는 황제 헌원은 물질적 삶을 중시했음을 알 수 있다. 그렇다면 황제와 치우와의 전쟁은 신성을 중시하는 세력들과 물질적 삶을 중시했던 세력들 간에 싸움이 붙은 것이다.

그러면 잠시 전쟁의 상황으로 들어가기 전에 먼저 도깨비들의 특징에 대하여 알아보면 그들 도깨비들은 자연의 변화현상을 일으키는 조화(造化)의 상징이다. 이러한 도깨비의 종류에 있어서는 산수목석(山水木石)에서 생기는 산도깨비와 함께 바람, 벼락, 구름 등의 자연현상을 배후에서 주관하는 천상깨비로 나눌 수 있다.

도깨비인 정령들에 대한 이야기는 특히 수목신앙(樹木信仰)을 했던 아리안계의 모든 유럽인들과 북아시아와 인디언들에게서 많이 전해오고 있다. 이들은 수목에 정령이 있다고 하여 나뭇가지 하나 함부로 부러트리지 않았다. 혹 나무를 자르게 될 때에는 나무에게 미안한 감정을 충분히 전달한 후에 나무를 베었다. 이렇듯 이들은 만물에 깃든 정령을 중시하였다.

암석(巖石)의 경우는 아더왕(King Arthur)의 신화에서도 나오듯이 엑스칼리버(Excalibur)인 명검을 암석의 정령이 보관하였다가 그 적임자가 나타나자 명검을 내어주었다는 이야기와 같이 암석도 하나의 생명으로 보았던 것이다.

이 같은 이야기는 동이족의 후예인 한국에서도 전해오고 있는데, 그 특징은 명검이나 투구, 갑옷 등을 바위가 보관하고 있다가 명검을 정의롭게 쓸 수 있는 인물이 나올 때에 그 주인공에게 바위의 정령이 내어준다는 내용들이다.

이와 함께 호수의 정령도 있다. 아더왕의 신화에 대하여 조금 더 알아보면 엑스칼리버를 처음 마술사에게 내어준 것은 호수의 요정(妖精)이었다. 이후 아더왕이 엑스칼리버를 사용하고 나서 그의 신하로 하여금 호수에 반납했을 때에 요정의 두 손이 호수 밖으로 나와서 엑스칼리버인 명검을 받아 물속으로 사라져버렸다고 한다. 이런 점에서 고대인들은 호수나 작은 연못, 또는 우물 등에는 그 장소에 적합한 정령이 머문다고 여기고 있었다.

이번에는 천상깨비에 해당하는 바람의 정령에 대해서도 살펴보면 그 내용이 프레이저의 〈황금가지〉「제5장」에 기록되어 있다. 여기서 차코의 렝구아 인디언은 회오리바람의 내습이 어떤 정령의 통과라고 생각하여 그것을 위협하기 위하여 회초리를 휘둘렀다고 하였다.

신라의 김유신장군의 일화에서도 장군의 혼령(魂靈)이 회오리바람과 함께 나타나고 있는데, 그 내용이 〈삼국유사〉「권1」에 나오고 있다.

제 37대 혜공왕(惠恭王) 대력(大曆) 14년 기미(己未: 779) 4월에 갑자기 회오리바람이 유신공(庾信公)의 무덤에서 일어나며, 그 가운데 한 사람이 준마(駿馬)를 탔는데 그 모양이 장군(將軍)과 같았다. 또 갑옷을 입고 무기(武器)를 든 40명가량의 군사가 그 뒤를 따라 죽현능(竹現陵)으로 들어간다.

〈삼국유사〉「미추왕과 죽엽군(竹葉軍)」

회오리바람은 돌개바람이라고도 하는데, 핀란드에서는 십자가바람이라고 한다. 〈황금가지〉「제5장」에서 핀란드 요술사(요술사의 혼령)는 세 자루에 바람을 담아가지고 있는데, 첫 번째 자루를 열면 적당한 바람, 두 번째 것을 풀면 강풍, 세 번째 것을 풀면 폭풍이 불어온다고 한다. 특히 십자가의 날이라고 하는 봄의 사흘 동안은 사람들이 두려워하여 외출을 하지 않는다고 전해진다.

십자가의 바람은 재빠르고 강하다!
네 날개바람은 무섭다!
불행과 눈물의 무정한 바람,
핀란드의 마술사가 타고 온다.

마술사의 혼령이 타고 오는 십자가 바람은 회오리바람과 마찬가지로 혼령의 이동수단임을 알 수 있다. 이에 대하여 〈성경〉「열왕기하 2장 11절」에서는 홀연히 불 수레와 불 말들이 두 사람을 격(隔)하고, 엘리야가 회리바람을 타고 승천했다고도 하였다.

다만 여기서 회오리바람은 혼령들의 이동수단이기도 하지만 그 본질은 생명을 가지고 있는 정령을 말한다. 그러므로 혼령들은 정령의 힘을 이용하여 이동수단을 삼았다고 할 수 있다.

이런 점에서 신화 속의 영웅들은 산수목석의 정령으로부터 힘을 얻고, 천상깨비인 정령들로부터 도움을 받아 자신의 뜻을 이룰 수가 있었다. 이에 태고로부터 영웅들은 산천의 깊은 골짜기에서 심신을 수련하고, 그곳에서 정령들의 힘을 얻어 세상을 구제하고자 하였다.

그렇다면 도깨비인 정령들은 산천에 내재된 자연력(自然力)을 상징하기도 한다. 이른바 지기(地氣)가 뭉쳐진 장소로부터 자연력은 발생하며, 그곳은 사방을 지배하는 힘으로 나타난다. 그래서 풍수(風水)에서는 명당혈(明堂穴)을 찾아 그곳으로부터 지기(地氣)를 받기 위하여 자신의 조상을 묻기도 하는 것이다.

　이런 점에서 볼 때 고구려의 벽화에서 청룡, 주작, 백호, 현무를 움직이는 힘은 황룡(黃龍)이 아니라 본래는 자연력을 나타내는 도깨비임을 알 수가 있다. 다만 여기서 도깨비나 황룡은 만물에 변화를 일으키는 조화(造化)를 상징한다는 점에서 같기 때문에 황룡으로 대용했을 뿐이다.

　어쨌든 도깨비가 무(無)에서 유(有)를 창조하고, 황룡이 한 방울의 물을 얻어 비를 내리는 것과 같이 이들은 변화를 일으키는 주체이다. 따라서 이들 정령들로부터 자연력을 얻을 때에 영웅은 자신이 뜻하는 일을 이룰 수가 있었다.

　이번에는 황제와 합세하였다는 사방의 귀신과 각종 맹수들에 대해 알아보면 자연보다는 인간적인 냄새가 난다. 이른바 신성함보다는 속화된 느낌이다. 다시 말해 정령을 통해서는 만물의 내면과 대화를 하게 되지만 사방의 귀신과 맹수들을 통해서는 현실과 만나게 되기 때문이다.

　다만 곰(熊)이 수련을 해서 사람이 된 신화가 있듯이 나중에는 동양에서의 토템신앙이 탈바꿈의 상징으로 긍정적으로 받아들여지게 되지만 정령신앙과 비교할 때는 정령신앙은 신성적인 면에 가깝다면 토템신앙은 물질적인 면에 가깝다. 그러므로 치우에게는 영적인 신성과 관련된 정령들이 돕고 있다면 황제에게는 물질과 관련하여 각종 귀신과 힘으로만 밀어붙일 수 있는 각종 맹수와 맹금류들만이 가세하였다고 할 수 있다.

　〈중국의 고대신화〉를 보게 되면 황제와 치우와의 전쟁에서 처음에는 도깨비들이 황제의 병사들을 유혹하여 희생시킴에 따라서 전쟁의 양상은 치우 쪽으로 연전연승을 가져오게 되었다고 했다. 그러므로 처음에는 치우의 군대가 황제의 군대를 패전으로 몰고 갔다고 할 수 있다. 그런데 여기까지만 해도 괜찮은데, 치우란 자가 안개까지 피워 가지고 무섭게 공격해 오니 황제의 군대는 여지없이 무너지기 시작했다는 것이 여러 기록들의 이야기이다.

> 황제와 치우는 탁록의 들에서 싸웠다. 치우가 3일 동안이나 큰 안개를 피워내자, 황제의 군사들은 불안감을 감추지 못했다.
>
> 〈태평어람〉「15권」

지남거(指南車)

치우천왕이 피워내는 큰 안개에 대해서 〈술이기〉「잡서(雜敍)」에서는 치우가 능히 구름과 안개를 만들었다고 하였다. 이와 함께 〈태백일사〉「신시본기」의 기록에 의하면 치우천왕은 "큰 안개를 일으켜 지척을 분간치 못하게 하면서 싸움을 독려하니 적군은 마침내 마음에 두려움을 일으켜 달아나니 백 리 안에 병사와 말의 그림자도 보이지 않았다"고 하였다.

이와 같이 치우천왕은 법력(法力)으로 안개를 피어내며 황제의 군대를 포위하니, 그들로서는 갑작스러운 안개 속에서 두려움과 함께 당황하였을 것이다. 그러나 황제의 군대는 방향을 알려주는 지남거(指南車)[31]를 만들어 대항하며 군대를 인솔하여 그 위기를 뚫고 나올 수 있었다.

---

31) 지남거(指南車): 바늘이 항상 남쪽을 가리키는 수레를 말한다.

응룡(應龍)과 한발(旱魃)

황제는 치우의 알 수 없는 조화로 큰 안개를 일으키는 것에 대항하기 위하여 응룡(應龍)이라고 하는 신룡(神龍)과 한발(旱魃)이라고 하는 자신의 딸을 전쟁에 불러들인다. 그런데 황제의 딸 발(魃)은 천녀(天女)이며 일설에 의하면 그녀는 대머리였다고 한다.

황제는 이제 안개를 몰아내기 위하여 구름을 모아 비를 내리게 할 수 있는 응룡을 투입시킨다.

응룡은 전장에 도착하자마자 곧장 치우의 군대를 공격해 들어갔다. 그는 거대한 날개로 하늘을 마음대로 날아다녔는데 구름을 모아 비를 내리게 하기 위해서였다. 그러나 미처 일을 끝내기도 전에 그만 치우의 꾀에 걸려들고 말았다. 교활한 치우가 미리 풍백(風伯)과 우사(雨師)를 모셔 놓았던 것이다.

선수를 친 치우는 그들을 시켜 엄청난 폭풍우를 몰아와 응룡이 무색할 정도였다. 이제 그도 아무런 쓸모가 없게 되고 말았던 것이다. 그 폭풍우는 황제의 군대 쪽으로 불어 닥쳤는데, 이것 때문에 황제의 군대가 괴멸되었음은 물론이다.

〈중국의 고대신화〉「袁珂」

응룡(應龍)을 통해 치우의 안개를 막고자 했던 황제는 또다시 치우가 불러들인 풍백과 우사에 의하여 패하게 된다. 이에 대하여 〈산해경〉「대황북경」에서는 "치우가 병기를 만들어 황제를 공격할 때 황제는 응룡에게 명령하여 기주야(冀州野)에서 공격하게 했다"고 한다. 또한 응룡이 구름을 모아 비를 내리고자 할 때 "치우가 풍백, 우사에게 청하여 폭풍우를 쏟아지게 했다"고 하였다.

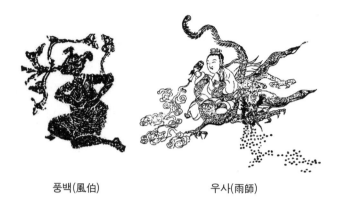

풍백(風伯)   우사(雨師)

  당시에 풍백(風伯), 우사(雨師), 운사(雲師) 등의 삼사(三師)는 동이족인 신시(神市)에서 국가 경영 최고의 보필자들이다. 이들은 만백성들의 존경을 받으며 덕을 갖춘 인물들로서 삼정승에 해당하는 지도자들이었다.

  그렇다면 풍백과 우사, 그리고 운사에 대하여 한번 알아볼 필요가 있는데, 풍백의 경우는 삼사 중에서는 최고의 우두머리로서 그는 신의 가르침을 받아내려 법을 세우는 입법관의 역할이다. 그런 그가 바람을 일으킨다는 것은 새로운 전술을 세우는 것이다.

  우사의 경우는 메마른 땅에 골고루 비를 내려주듯이 정무를 바로잡는 행정관의 역할이다. 그러므로 그는 새로운 전략이 위에서 아래에까지 잘 이루어지는지를 살피는 역할을 한다. 끝으로 운사는 먹구름을 불러와 번개를 만들어내듯이 불 칼에 해당하는 칼을 들고 형벌을 주관하는 사법관의 역할이다. 이에 운사는 전쟁에서 군령을 바로세우는 것이 그의 임무이다.

  그러나 여기서 삼사는 태고시절로 올라갈수록 바람, 비, 구름도 불러올 수 있는 능력의 소유자들이었다. 당시의 그들을 태고의 샤면, 화이트 샤먼이라고 하였는데, 그들은 자연과 하나가 되어 의식하고 공유하면서 자연의 힘을 끌어올 수 있는 능력의 소유자들이었다.

하여튼 이러한 능력을 발휘했던 풍백과 우사가 응룡이 비를 내리고자 했던 비구름을 쏟아지게 했다고 《산해경》에서는 말하였다. 이에 황제는 다시 대책을 강구하지 않으면 안 되었는데, 마침 황제에게는 발(魃)이라는 딸이 하나 있었다. 그녀는 비록 외모는 못 생겼지만 그녀의 몸속에는 용광로보다도 더 뜨거운 열기가 있었다.

그래서 황제는 자신의 딸인 발에게 도움을 받아 폭풍우를 뜨거운 열기로 몰아내니 이틈에 응룡이 날아와 치우의 몇 형제와 묘족의 일부를 죽일 수가 있었다. 그러나 그녀는 불행하게도 천녀(天女)였던 자신이 이번의 전쟁을 치르고 나자 더 이상 천국(天國)에 오를 수 없게 되고 말았다. 그 이유는 그녀가 신성(神性)과는 거리가 먼 아버지를 도왔을 뿐 아니라, 천국의 사람으로서 천국에 대항했기 때문이다.

이 뒤로 천녀(天女)인 발(魃)은 지상에 머무르며 뜨거운 열기를 뿜어내는 바람에 그녀가 있는 곳에는 비가 한 방울도 내리지 않았다고 한다. 그래서 그녀는 사람들에게 미움을 받게 되면서 여기저기 쫓겨 다니는 신세로 전락하고 말았다.

> 그녀가 가는 곳이면 어디든지 비가 한 방울도 내리지 않았다. 사람
> 들의 피해는 이만저만이 아니었다. 따라서 인간은 누구나 그녀를 미
> 워하게 되었고 아이들은 〈한발(旱魃)〉이라는 이름을 붙여 주었다.
> 이제 그녀는 인간의 적이 되고 말았다.
>
> 〈중국의 고대신화〉「袁珂」

발이 천국으로 오를 수 없게 되자 그녀가 가는 곳에 비가 오지 않았다

는 내용은 〈산해경〉「대황북경」에 나온다. 그런데 나중에 응룡도 황제를 도와서 치우를 무찔렀다고 하여, 그도 다시는 천상에 오르지 못하였다고 〈산해경〉「대황동경」에서는 말하고 있다.

> 응룡(應龍)이 남쪽 끝에서 사는데 치우(蚩尤)와 과보(夸父)를 죽이
> 고 다시 위로 오르지 못하였다. 그리하여 하계(下界)가 자주 가물었
> 다.

응룡과 한발의 상징은 자연에 변화를 준다는 입장에서 볼 때 신성(神性)적인 면이 있다. 하지만 오랜 세월 천국과 하계를 자주 오르내리는 과정에서 이들은 신성을 잃어버리기 시작하였다. 그래서 이들은 대의(大義)에 앞서지 않고 황제를 도왔다. 그러므로 이들은 다시 천국으로 갈 수 없게 되었다.

응룡(應龍)

그런데 이 뿐만이 아니라 이들이 천국의 인물로서 천국에 오르지 못하고 하계에만 머무르게 되면서 지상은 자주 가물게 되었다. 한마디로 지상에 머무르며 열기를 뿜어내는 발(魃)과 천국에서 비를 내려줘야 하는 응룡이 자신의 역할을 하지 못했기 때문이다. 그래서 사람들은 이들을 미워하게 되었고, 이후 이들은 어디에도 편히 몸 붙일 곳이 없이 떠돌아다닐 수밖에 없었다.

그동안 응룡과 한발이 도와준 이번 전쟁으로 황제에게 도움은 되었으나 아직 미흡하였다. 따라서 전쟁은 아

직 끝날 징조가 보이지 않았다. 이에 장기전의 양상으로 돌입함에 군의 사기는 점점 떨어져만 갔다.

그러나 황제는 여기서 절망하지 않고 치우를 죽이기 위해 다시 유파산에 사는 기(夔)라고 하는 야수와 뇌택(雷澤)에 사는 뇌신(雷神)을 잡아오도록 명한다. 그리고 기와 뇌신을 죽여서 그 가죽과 뼈로 북과 북채를 만들게 된다.

유파산(流波山)의 기(夔)

동해(東海) 가운데에 유파산(流波山)이 있는데, 바다로 7천리나 들어간다. 그 위에는 짐승이 있는데 생김새가 소와 같고 푸른 몸에 뿔이 없으며 다리는 하나뿐이지만 이놈이 바다에 드나들 때에는 늘 폭풍우를 수반하며 그 빛은 해와 달과 같으며 그 소리는 우레와 같다. 그 이름을 기(夔)라고 한다.

〈산해경〉「대황동경」

유파산의 기(夔)

위의 기록에서 기(夔)의 형상은 소와 비슷하고 다리는 하나이다. 그가 바다에 드나들 때에는 늘 폭풍우를 수반하고 일월의 섬광 같은 빛을 가졌으며, 우레 같은 소리를 냈다고 하니 기라고 하는 인물은 우주력(宇宙力)과 신성(神性)을 가졌다고 할 수 있다.

특히 소는 신농씨에서 살펴본 것처럼 신성의 상징이며, 다리가 하나라는 것은 뛰어남과 조화(調和)된 상태를 상징한다. 〈한비자〉「외저설 좌하」에서 보면 기(夔)라는 자가 다리가 하나뿐이라는 말을 들은 공자(孔子)는 그가 심술 사나운 사람이기는 하나 다른 사람들에게 해를 받지 않는 것은 신의(信義)가 있기 때문이라고 말한다.

또한 다른 사람의 질문에서도 그는 완전한 사람으로서 다른 재주는 없으나 소리만은 귀신같이 구별하는 장점이 있어 하나만 있으면 족하다는 것이지 다리가 하나라는 뜻은 아니라고 대답하는 내용이 나온다. 그러므로 기(夔)에게서 상징되는 하나의 다리는 그가 남들보다 뛰어난 무엇인가를 가지고 있었다는 것을 말한다.

그런데 황제는 이러한 인물을 잡아다가 가죽을 벗겨 커다란 북을 만드는 재료로서 사용하였다. 이제 북을 만들었으니 다음은 북채가 필요했다. 그래서 황제는 뇌택(雷澤)에 살고 있는 뇌신(雷神)을 잡아오게 한다.

뇌신(雷神)

뇌택(雷澤) 가운데에는 뇌신(雷神)이 있는데 용의 몸에 사람의 머리
를 하고 자신의 배를 두드린다.

〈산해경〉「해내동경」

뇌신의 상징은 〈회남자〉「지형훈」에서도 나타나는데, 그가 용의 몸에 사람의 얼굴, 우레 같은 소리를 냈다는 것은 신성을 상징하며 우주력을 상징한다. 그가 배를 두드리는 것은 여와씨의 창자와 같이 부정적인 것을 긍정적으로 소화시키는 능력을 말한다. 그런데 뇌택에 살고 있는 뇌신을 황제는 잡아오게 하였다.

여기서의 뇌신은 복희를 낳아준 동방의 천자가 아니다. 동방의 천자가 살고 있는 지역에서 제후국의 국왕정도로 볼 수 있다. 그러므로 그는 최고의 힘을 가진 천신(天神)은 아니나, 천신과 같은 상징을 갖게 된다. 그런데 황제는 이러한 신성을 가진 천신을 전쟁도구로 사용하기 위하여 병사를 보내서 잡아들였다. 이후 가차 없이 죽여 그의 몸속에 있던 제일 큰 뼈를 사용하여 북채를 만들었다.32)

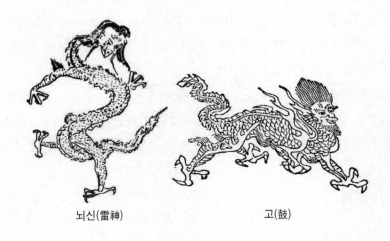

뇌신(雷神)   고(鼓)

다급해진 황제는 물불을 가릴 때가 아니었던 것 같다. 그래서 그는 자신과 같은 천신에게 조차 희생을 강요하였다고 볼 수 있다. 이와 같은 황제의 정책은 이전부터도 자신의 뜻과 다른 천신들을 죽였던 경험이 있었기 때문이다. 〈산해경〉「서산경」을 보면 황제는 종산(鍾山)의 신령인 촉음(燭陰)의 아들 고(鼓)33)가 흠비34)와 함께 협력하여 보강(葆江)을 곤

---

32) 엘리아데의 《샤마니즘》을 보면 뼈로 만든 북채가 바렌츠 해(海)에서 발견되었다고 한다. 그 시기는 기원전 500년 것으로 추정하고 있다. 뼈로 북채가 만들어진 것은 샤먼들에 의하여 만들어졌음을 짐작할 수 있다.
33) 고(鼓): 그는 사람의 얼굴에 용의 몸을 하였다. 황제에 의하여 죽어서는 금계(錦鷄)가 되었다고 한다.

륜산의 남쪽에서 죽였다는 이유로 두 신령을 죽이기도 하였다. 그러므로 황제는 자신의 뜻과 다를 때는 천산족인 신령이라 할지라도 가차 없이 죽였던 천신이었다.

이러한 황제가 지금 전쟁에서 밀리고 있으니, 같은 뿌리인 신령이라 할지라도 죽여서 그 힘을 이용하고자 했음은 당연한 결과였다. 그렇다면 무엇 때문에 황제는 자신과 같은 천신들마저 죽이면서까지 전쟁에서 이기려 했단 말인가?

그 이유는 그가 북방에 있는 천자국(天子國)과의 대립을 통해 천자국의 권위를 무너트리고, 어떻게든지 치우라는 인물을 이기려고 했기 때문이다. 그래서 북과 북채를 만든 황제는 북에서 나오는 우레와 같은 소리를 이용하여 산과 천지를 진동시켜 치우의 군대를 물리치고자 하였다.

> 황제가 기(虁)를 잡은 가죽으로 북을 만들고 뇌수(雷獸)의 뼈로 두
> 드리니 그 소리가 500리 밖까지 들려 천하를 놀라게 하였다.
>
> 〈산해경〉「대황동경」

하지만 이때의 북과 북채는 천지만을 진동시키는 효험이 있었던 것이 아니었다. 공교롭게도 모든 정령을 깨어나게 하는 효험도 가지고 있었다. 이러한 효험은 북채가 만물의 본질에 해당하는 뼈로 만들어졌기 때문이었다.

이때 북채를 통하여 온갖 정령이 깨어난다는 것은 판도라의 상자를 여는 것과 같다. 왜냐하면 자연에는 순수한 정령들만 있는 것이 아니기 때문이다. 여기에는 사람들을 죽음으로 몰고 가는 악독한 정령들도 있다.

---

34) 흠비: 그는 황제에 의해 죽은 후 큰 수리가 되었다고 한다. 고와 흠비가 죽은 후 금계와 큰 수리가 되었다는 것은 그들의 후손이 새(鳥)를 토템으로 하는 부족이 되었음을 말하고 있다.

이런 점에서 황제는 북소리를 통해 초목토석(草木土石)에 깃들어 있는 온갖 도깨비들을 깨어나게 하여 큰 혼란을 가져왔다고 볼 수 있다.

결국 이러한 혼란으로 치우의 군대는 자신들을 따르던 정령들의 도움을 받지 못하자 치명적인 상처를 받으면서 사기가 급격하게 무너져 갔다. 이에 전략에 차질을 가져오자 전쟁에 불리해진 치우는 북방에 있는 유도(幽都)세계의 거인족인 과보족(夸父族)에게 도움을 요청하게 된다.

후토(后土)의 후손 과보족(夸父族)

과보족이 사는 곳은 유명세계인 유도(幽都)이다. 〈초사(楚辭)〉「초혼(招魂)」에서 왕일(王逸)의 주석을 보게 되면 유도는 지하세계로 후토가 통치하는 곳이며, 지하는 어두운 명계이므로 유도라고 하였다.35)

유도에 대한 내용이 〈산해경〉「해내경」에도 나오는데, 여기서는 북해의 해내에 유도산이 있고, 흑수(黑水)가 여기서 흘러나온다고 했다. 이와 함께 그 산 위에는 검은 새, 검은 뱀, 검은 표범, 검은 호랑이, 꼬리털이 부숭숭한 검은 여우가 있다고 하였다.

〈회남자〉「지형훈(地形訓)」에서도 서북방에 부주산이 있고, 그곳에 유도의 문이 있다고 했다.36) 그렇다면 과보족이 살고 있는 지하의 세계는 서북방에 자리를 잡은 부주산을 통해 들어갈 수 있는 곳이었다.

당시 이러한 유도의 땅을 공공(共工)37)의 아들인 후토(后土)가 다스

---

35) 幽都, 地下, 后土所治也. 地下幽冥, 故曰幽都. 〈초사(楚辭)〉「초혼(招魂)」 왕일(王逸)의 주석.
36) 西北方曰不周之山, 曰幽都之門. 〈회남자〉「지형훈(地形訓)」
37) 공공(共工): 염제의 후손이다. 〈산해경〉「해내경」을 보면 염제의 아들로 염거(炎居)가 있고, 염거는 절병(節竝)을 낳고, 절병은 희기(戲器)를 낳고, 희기는 축융(祝融)을 낳고, 축융이 강수(江水)에 거처하면서 공공을 낳고, 공공이 술기(術器)를 낳았다고 한다. 또한 공공은 후토(后土)를 낳고, 후토가 열명(噎鳴)을 낳았으며, 열명이 일 년 열두 달을 낳았다고 한다.

렸는데, 후토는 능히 구토(九土)를 평정했다고 한다. 이런 요인으로 해서 그는 토지신으로 받들어졌고, 나중에는 서북방의 땅인 유명세계(幽冥世界)를 통솔하는 지하세계의 주인이 될 수가 있었다.

> 공공씨는 구유(九有)의 수장으로 후토라는 아들이 있었는데, 능히 구토(九土)를 평정하였기 때문에 사신(社神:토지신)으로 제사하였다.38)
>
> 〈국어〉「노어(魯語)」

지하세계에 대한 〈초사〉「초혼」의 왕일의 주석을 보면 후토 이외로 토백(土伯)은 후토의 제후라고 했다.39) 그래서 《중국의 고대신화》를 보면 지하세계의 문은 거인 토백이 지키고, 그 지하세계의 왕으로는 후토가 있다고 하였다. 이후 후토의 후손으로 과보(夸父)가 나오게 되는데, 그가 후토의 후손이라는 것을 〈산해경〉「대황북경」에서 찾아볼 수 있다.

> 후토(后土)가 신(信)을 낳고, 신이 과보(夸父)를 낳았다.

〈산해경〉「대황북경」에서는 이 밖에도 과보라는 인물이 두 마리의 누런 뱀을 귀에 걸고, 두 마리의 누런 뱀을 손에 잡고 있다고 하였다. 여기서 과보가 뱀과 관련이 있는 것은 그가 문명을 열었다는 것을 말한다. 더구나 누런 뱀과 관련이 있는 것은 그가 지하에서 천상으로부터 지혜를 얻어 지상의 후손들에게 문명을 열 수 있도록 알음귀를 열어주었다는 것을 말한다. 따라서 과보는 문명신(文明神)의 역할을 한 인물이었다.

---

38) 共工氏之伯九有也, 其子曰后土, 能平九土, 故祀以爲社.
39) 〈초사〉「초혼」 왕일의 주석: 土伯, 后土之侯伯也.

대황(大荒) 가운데에 산이 있는데 이름을 성도재천(成都載天)이라고
한다. 사람이 있는데 두 마리의 누런 뱀으로 귀고리를 하고 두 마리
의 누런 뱀을 손에 잡고 있다. 이름을 과보라고 한다.

〈산해경〉「해외북경」에서도 보게 되면 박보국(博父國) 사람들도 몸집
이 크고, 오른 손에는 푸른 뱀을 잡고 왼손에는 누런 뱀을 잡고 있다고
한다. 이와 함께 등림은 그 동쪽에 있는데 두 그루의 나무로 되어 있다고
하였다. 여기서 박보국에 대한 주석을 보면 과보국(夸父國)과 같다고 했
다.

그렇다면 이들의 공통점은 거대한 몸집에 손에는 누런 뱀을 잡고 있는
모습이다. 다만 차이가 있다면 박보국은 누런 뱀뿐만 아니라, 다른 한 손
으로는 푸른 뱀을 잡고 있다. 이러한 차이는 지하세계(누런 뱀)로부터
'시원적 문명(푸른 뱀)'[40]이 열리는 것을 나타낸다. 그렇기 때문에 과
보족은 지하세계와 시원적인 문명에서 나타나는 거인족의 모습을 동시에
보여주고 있다.

이 밖에도 〈산해경〉「대황북경」에서 나타나는 과보의 행적을 보게 되
면 그는 자신의 힘을 헤아리지 않고 햇빛을 쫓아가고자 했으며, 어느덧
우곡(禺谷)에 이르렀다고 하였다. 그러자 그는 목이 말라 황하수를 마셨
으나 부족하여 대택(大澤)으로 달려가는 중에 그곳에 이르지 못하고 죽
었다고 한다.[41]

과보에 대한 이야기는 〈산해경〉「해외북경」에도 나온다. 여기서도 과보
는 태양과 더불어 달리기를 하다가 해가 넘어가려 하자 목이 말라 마실

---

40) 푸른색의 뱀은 오행(五行)으로 볼 때에 동방의 목(木)에 해당하므로 시원적인
   문명이 열림을 나타내고 있다.
41) 后土生信 信生夸父 夸父不量力 欲追日景 逮之于禺谷 將飮河而不足也 將走大澤
   未至 死于此 〈산해경〉「대황북경」

것을 얻고자 하수(河水)와 위수(渭水)의 물을 마셨다고 한다. 그러나 그는 하수와 위수의 물을 다 마셔도 부족하여 북쪽으로 대택(大澤)의 물을 마시러 가다가 도착하지 못하고 길에서 목이 말라 죽었다고 했다. 이때 그가 가지고 있던 지팡이를 버렸는데 그 지팡이가 변하여 등림(鄧林)이 되었다고 전해진다.

등림에 대해서는 박보국의 이야기에서도 나오고 있듯이 이 나무는 하나의 뿌리에 두 그루의 나무로 되어 있다. 여기서 하나의 뿌리는 생명의 근원을 나타내므로 지하세계를 상징한다. 반면에 두 그루의 나무는 음양(陰陽)을 나타내므로 현실세계를 상징한다. 따라서 등림은 과보족이 지하세계로부터 출현하여 시원적인 문명을 열었던 민족임을 말해주고 있다.

과보추일(夸父追日)

그런데 이런 과보족이 치우의 요청으로 그를 돕고자 전쟁에 참여하게 된다. 이로써 치우에게는 도깨비, 풍백, 우사, 과보족 등 하나같이 신교문화(神敎文化)에 속한 영적인 힘들이 합세하여 도와주었다. 그러나 치우는 과보족의 도움으로 다시 승전을 하기는 하였으나 황제의 끊임없는 도전으로 인하여 전쟁은 사실 언제 끝날지 모르는 상황으로 전개되어 갔다.

황제와 치우는 아홉 번 다투어 아홉 번 모두 승부가 나지 않았
다.42)

〈태평어람〉「권15(卷十五)」

치우의 죽음과 현녀(玄女)의 등장

치우는 처음에 과보족의 도움을 얻어 황제의 군대를 괴멸시키는 줄 알
았다. 하지만 황제는 뒤로 물러서기는 했으나 여전히 부분적으로 공격을
하며 군대를 이끌고 있었다. 그 와중에 황제는 치우와의 결전을 완전히
매듭짓고자 천상의 현녀(玄女)라고 하는 선녀(仙女)로부터 병법(兵法)을
전수 받게 된다.

> 황제가 치우와 아홉 번 싸웠으나 아홉 번 모두 이기지 못하였다. 황
> 제가 태산으로 돌아갔는데, 삼일밤낮으로 안개가 자욱하여 어두웠다.
> 그때 사람의 머리에 새(鳥)의 몸을 한 부인이 나타났다. 황제가 머
> 리를 조아리고 두 번 절하고 엎드려 감히 일어나지 못했다. 그 부인
> 이 말했다. "나는 현녀라 하오 무엇을 바라오?" 황제가 말했다 "소
> 자 만 번 싸워 만 번 이기기를 원하나이다." 마침내 그녀로부터 전
> 법(戰法)을 얻게 되었다.

《태평어람》「권15」의〈황제현녀전법〉

현녀의 도움을 받은 황제는 응룡(應龍)과 더불어 과보족을 섬멸하게
되는데《강감금단(綱鑑金丹)》에서는 이때에 날짐승인 치우를 사로잡아
탁록에서 죽여 버렸다(禽殺蚩尤於涿鹿)고 전하고 있다.

---

42) 帝與蚩尤九戰九不勝

그런데 현녀는 이때에 전법(戰法)만을 전해주었지 발(魃)과 응룡처럼 자신이 직접 전쟁에 참여하지는 않았다. 그것도 황제의 앞에 홀연히 나타난 그녀에게 황제는 머리를 조아리며, 감히 일어나지 못했다고 하였으니, 현녀는 황제로서도 근접하기 어려운 인물이었던 것으로 보여 진다. 다만 그런 그녀가 부정적 인물이었던 황제를 무엇 때문에 도와주었냐는 것이다.

새의 모습을 한 현녀(玄女)는 황제가 이끄는 지상의 각종 맹수와 맹금류들과는 다르다. 그녀는 인면조신(人面鳥身)으로서 영적으로 승화된 문화영웅과 같다. 그런데 그런 그녀가 황제에게 전법을 전해주었다는 것은 황제의 뜻에 따랐다기보다는 치우의 재주에 맞서 싸울 수 있도록 공평하게 기회를 한번 주었다고 볼 수 있다.

이 뒤로 현녀에게 전법을 얻은 황제는 전쟁에서 치우를 사로잡았을 뿐만 아니라 그 목숨까지 끊었다고 전해지고 있는데 〈산해경〉「대황동경」에서는 응룡이 치우를 죽이고 과보족을 죽였다고 했다. 이 말은 황제가 현녀의 전법을 이용하여 응룡으로 하여금 과보족을 물리치고 치우를 죽게 했다는 것을 말한다.

치우의 죽음에 대해서는 다른 기록들에서도 전해오고 있는데 〈서경〉「주서(周書)」에서는 황제가 중기(中冀)에서 치우를 잡아 죽이고, 그가 죽은 그곳을 절비(絶轡)의 들이라고 하였다. 〈사기〉「오제본기」에서도 보게 되면 황제가 군사와 제후를 징발하여 치우와 탁록의 들에서 전쟁하여 드디어 치우를 사로잡아 죽였다고 했다.

이 밖에도 〈사기〉「오제본기」색은(索隱)에서도 황제가 응룡을 시켜 치우를 흉려(凶黎)의 골짜기에서 죽였다고 했다. 이와 함께 〈태평어람〉「15권」에서 지림(진나라 우희 찬)에 의하면 황제는 풍후(豊后)에게 영(令)을 내려 두기(斗機)를 만들게 하여 사방을 분별하고는 치우를 사로

잡았다고 하였다.

특히 〈산해경〉 「대황남경」에서는 치우가 사로잡혀 죽은 그 자리에 형틀의 하나인 차꼬와 수갑이 변하여 붉은 단풍나무가 되었다고까지 씌어 있다.

　송산이라는 곳이 있는데…… 어떤 나무가 산위에서 자라는데 이름을
　풍목(楓木)이라 한다. 풍목은 치우가 버린 차꼬와 수갑 이런 것들이
　풍목으로 된 것이다.

당시의 붉은 단풍나무는 치우의 세력이 강했음을 상징한다. 이른바 붉은 색은 치우의 힘을 내포하고 있기 때문이다. 《한서》 지리지에서는 치우의 능이 산동성 동평군(東平郡) 수장현(壽張縣)에 있다고 한다. 이에 대하여 《중국 고대신화》의 위앤커는 치우의 머리와 몸뚱이는 그의 법력을 무서워한 사람들에 의하여 수장현과 거야현(鉅野縣)의 두 곳에 각각 묻혔다고 하였다.

특히 수장현에는 그의 머리가 묻혀 졌는데 분묘의 높이가 7척으로 진(秦)나라와 한(漢)나라 때 주민들은 10월이면 늘 여기서 제사를 지냈다고 한다. 그 때가 되면 붉은 기운이 있어 마치 필강(疋絳)43)같은 것이 뻗는데 이를 치우의 깃발이라고도 했다.

그렇다면 정말 치우천왕이 전장(戰場)에서 황제에게 사로잡혀 목이 잘려나가는 죽음을 당했단 말인가? 이에 대해서 배달국 신시의 기록인 〈태백일사〉 「신시본기」에서는 당시의 전쟁에서 우리 쪽 장수 가운데 치우비(蚩尤飛)라는 자가 있어서 불행이도 공을 서둘다가 진중에서 죽었다고 하였다. 이와 함께 전쟁의 결과는 지금까지 보아온 황제 측의 기록과는

―――――――――――――――――――
43) 필강: 한 줄기 붉은 띠 모양의 연기. 붉은 깃발 모양의 연기.

다르게 치우천왕이 황제를 사로잡았다고 했다. 그것도 황제를 죽이기보다
는 항복을 받고, 잃어버린 신성을 되찾는 길로 이끌어주었다는 것이 〈태
백일사〉「신시본기」의 기록이다.

또한 위의 기록을 보게 되면 치우천왕은 병마도적(兵馬盜賊)을 관장하
는 부족들의 대표일 뿐만 아니라 배달국의 천자(天子)로서 일명 자오지
(慈烏支) 환웅(桓雄)이라 부르던 분이었다. 자오지 환웅께서는 배달국
14대 천왕(天王)으로서 재위기간이 무려 109년이며, 신시(神市)에서 청
구(靑邱)로 도읍지를 옮겨 배달국을 다스렸던 천왕이기도 하였다.

〈사기〉「오제본기」응소 주(註)에 의하면 "구려(九黎)의 임금은 치우
이다.(九黎君號蚩尤是也)"라고 하였으며, "치우는 옛 천자이다.(蚩尤古天
子)"라고도 하였다. 여기서 구려는 동이(東夷)의 구족(九族)을 말하며,
치우는 만세 도술의 조종(祖宗)인 치우천왕을 말한다.

《관자(管子)》에서는 치우천왕의 위엄을 나타내고자 "천하의 임금이 전
장에서 화를 내자 쓰러진 시체가 들판에 넘쳐났다."고까지 하였다. 이러
한 위엄 때문인지는 모르나 한고조 유방도 그가 병사를 풍패(豊沛)에서
일으켰을 때 치우천왕에게 제(祭)를 올리기도 했다고 전해진다. 이와 같
이 다른 한쪽의 기록에서는 치우천왕이 황제를 사로잡고, 그 위엄이 전쟁
에서의 무신(武神)으로까지 받들어졌다고 하였다.

황제 헌원(軒轅)의 구도(求道)에 길

황제와 치우 둘 중에 누가 이겼냐는 것은 《십팔사략》의 내용에서 그
승패를 알아볼 수 있다. 먼저 그 내용에 앞서 하나의 구절을 살펴보면 어
느 날 황제는 낮잠을 자다가 화서(華胥)라고 하는 이상향에서 즐겁게 노
는 꿈을 꾸고서 이로부터 크게 깨달은 바가 있었다고 한다. 이때부터 그
는 신선(神仙)들의 세계에 발을 들여놓게 되는데, 여기서 그가 크게 깨달

은 바가 있었다는 것은 삶의 방향이 바뀌고 있음을 말한다.

그렇다면 어떻게 황제의 삶이 바뀌게 되는지를 다시 한 번 《십팔사략》의 원문을 보면서 알아볼 필요가 있다.

전설에 의하면 황제는 일찍이 구리를 캐서 솥을 만들었다. 솥이 다 되자 하늘에서 한 마리의 용(龍)이 긴 수염을 늘어뜨리고 황제를 맞이하러 왔다. 황제는 그 용을 타고 하늘로 올라갔다. 신하들과 후궁 등 70여 명이 뒤따랐다. 그러나 신분이 낮은 신하들은 용을 탈 수가 없어서 모두 수염에 매달렸다. 용은 하늘로 올라가고 수염은 빠졌다. 이때 황제는 가지고 있던 활을 떨어뜨려 모두 그 활을 끌어안고 울었다.

《십팔사략》의 내용에서 황제가 구리를 캐서 솥(鼎)을 만들었다는 것은 하늘에 천제(天祭)를 드리는 제기(祭器)의 의미가 있는바, 그 상징은 천자(天子)가 되는 것을 뜻한다. 그런데 천자가 되기 전에 하늘에서 한 마리의 용이 긴 수염을 늘어뜨리고 황제를 맞이하러 왔다. 여기서 용은 이미 천자의 옥좌에 앉아 있는 인물을 상징한다. 그러므로 본래의 천자께서 황제 헌원이 가지고 있는 천자의 꿈을 거두게 하고, 영적인 구도의 삶으로 인도하고자 왔다고 볼 수 있다.

그런데 당시에 천자께서 황제를 인도하고자 왔다는 것은 황제가 치우와의 전쟁에서 패전을 하였다는 것을 말한다. 이와 함께 천자인 치우천왕께서 황제에게 가르침을 주기 위하여 왔다고 볼 수 있다. 그렇기 때문에 황제는 용을 타고 하늘에 올랐으며, 그동안 자신이 싸움을 하였던 활을 땅에 떨어트리는 운명을 맞이하게 된다.

그렇다면 치우천왕께서는 어떤 가르침을 통해 황제를 인도하고자 했단 말인가? 이에 대하여 우리는 황제가 화서(華胥)의 꿈으로부터 크게 깨달은 바에 비추어볼 때 천왕께서는 구도자가 갖추어야할 가르침을 황제에게 전했다고 볼 수 있다. 이러한 가르침에 대해 전쟁에 앞서 만들어진 격문을 통해 보게 되면 그 내용에서도 치우천왕이 황제에게 신선세계에 발걸음을 들여놓을 수 있도록 자성(自性)의 씨(子)를 구하라는 내용이 나온다.

> 그대 헌구야! 짐의 고함을 밝히 들으렷다. **태양의 아들(日之有子)이라 함은 오직 짐 한 사람 뿐으로 만세(萬世)를 위하여 공동생활의 옳음을 위해 인간의 마음을 닦는 맹세를 짓노라.** 그대 헌구여! 우리 삼신일체(三神一體)의 원리를 모독하고 삼윤구서(三倫九誓)의 행을 게을리 하였으니, 삼신은 오래도록 그 더러운 것을 싫어하고 짐 한 사람에게 명하여 삼신(三神)께서 토벌을 행하도록 하였으니, 그대 일찌감치 마음을 깨끗이 하여 행동을 고칠 것이다. **자성(自性)의 씨(子)를 구하라. 그대의 머리 속에 내려와 있음이로다.** 만약 명령에 순응치 않는다면 하늘과 사람이 함께 진노하여 그 목숨이 제 목숨이 아닐 것이다. 네 어찌 두렵지 않은가!
>
> 〈태백일사〉「삼한관경본기」

위의 격문에서 치우천왕은 "태양의 아들은 오직 짐 한 사람 뿐"이라고 하였다. 이 말은 천왕이 동방문명에서 태양의 아들로 불리는 자는 오직 천자(天子) 한 사람 뿐이라는 천자문화, 즉 신정일치(神政一致)문화의 엄중한 제도에 대해 황제에게 경고하는 내용이다. 이런 점에서 볼 때 제후들의 반란은 천자국(天子國)을 부정하고 문명을 전해준 부모의 나라를 저버리는 패륜의 행위였다는 것이 당시 치우천왕의 입장이었다.

치우천왕은 다시 황제에게 삼신일체의 원리를 모독했다고 했는데, 이 말은 근원에서 시작하여 다시 근원으로 되돌아가는 원리를 황제가 부정했다는 이야기이다. 한마디로 근원이 되는 천자국은 한 번 정해지면 바뀔 수 없다는 것이 천왕의 생각이었다.

하지만 이에 대해 황제는 자신도 천자국을 열 수 있다는 뜻을 굽히지 않게 되면서 장장 10년간의 전쟁은 시작되었다. 이후 전쟁에서 승리를 했던 치우천왕께서는 황제의 이러한 뜻에는 근본을 바르게 보는 눈이 부족하다 생각하여 자성(自性)의 씨(子)를 구하라고 가르침을 주게 된다. 이로써 황제는 드디어 마음에 눈이 뜨이기 시작하면서 신선의 세계에 발걸음을 들여놓기 시작했다.

특히 여기에서 자성으로부터 씨를 구하라는 것은 너의 본성에 씨앗이 되는 절대적 자아(自我)를 찾아서 이를 통하여 참된 인간이 되라는 가르침이다. 치우천왕의 이러한 가르침에 전쟁에 패한 황제는 따르게 되고, 이후에는 도(道)를 이루기까지 한다. 그러므로 황제는 격문의 내용에서와 같이 천왕의 요구에 따라 무기를 버리고 권좌에서 물러나 신선세계의 인물이 되는 길을 걸었다.

이때에 대하여 〈태백일사〉「신시본기」의 기록을 보게 되면 황제로 알려져 있는 공손헌원(公孫軒轅)을 치우천왕이 사로잡아 신하로 삼고, 고신(高辛)씨44)를 공격하게 하여 공(功)을 세우게 하였다는 기록도 있다.

헌원황제가 즉위함에 이르자 즉시 탁록의 벌판에 나아가 헌원을 사로잡았다. 그리하여 그를 신하로 삼은 다음에 오(吳)나라에 장군으로 보내 서쪽으로 고신(高辛)씨를 공격하여 공(功)을 세우게 하였다.

---

44) 고신(高辛)씨: 소호금천의 손자인 제곡고신이 아니다.

황제헌원은 치우천왕의 신하로 들어간 이후 전쟁이 끝나자 배달국의 천부사상을 배우고자 구도(求道)의 길을 걷게 되는데,《포박자》와《역대신선통감》에 그 기록이 나온다.

옛날 황제 헌원이 동녘으로 배달나라의 청구(靑丘)에 이르러, 풍산(風山)45)을 지나다가 자부선생(紫府先生)을 만났다. 이때에 황제는 자부선생으로부터 삼황내문(三皇內文)46)이란 책을 받고 난 뒤, 모든 신선들을 부를 수 있었다.47)

　　　　　　　　　〈포박자(包朴子)〉「내편(內篇) 地眞 卷十八」 48)

황제가 동북에 있는 장백산(長白山) 밑에서 도를 닦았는데, 날이 오래되어 공을 이룩하게 되었다.

　　　　　　　　　〈역대신선통감〉「권2, 仙眞衍派, 제7절」

포박자에 쓰여 있는 위의 구절은 황제 헌원이 동이족의 땅인 청구에 이르러 풍산인 백두산을 지나가는 길에 자부선생으로부터 삼황내문을 받았다는 것을 말한다. 이로부터 황제가 자부선생으로부터 삼황내문을 받고 모든 신선을 부를 수가 있었다는 것은 모든 신선들과 벗을 할 정도로 신선공부에 심취하였다는 것을 말해준다.

당시 삼황내문에 대해서는 대략적으로 그 의미를 〈포박자〉「내편(內

---

45) 풍산(風山): 풍산을 흔히 방장산, 밝산, 백산, 태백산, 백두산이라고 한다.
46) 〈태백일사〉「소도경전본훈」에 나와 있는 삼황내문(三皇內文)에 대해서 보게 되면 자부선생이 삼황내문을 헌원에게 주어 그로 하여금 마음을 씻고 의로움으로 돌아오게 했다고 한다. 또 「소도경전본훈」의 내용을 보면 선생은 일찍이 삼청궁에 사셨는데, 헌원이 몸소 치우를 배알하는 길에 명화(名華)를 거치게 되어 소문을 듣고 찾아가 뵙게 되었다고 하였다.
47) 昔有黃帝東到靑邱 過風山 見紫府先生 受三皇內文以劾召萬神
48) 포박자(包朴子): 진나라 도사 갈홍(葛洪)이 지었다.

篇)」에서 말하고 있는데, 그 내용에서 선약(仙藥)으로 제일 으뜸가는 것은 금단(金丹)이고, 신선도서에서 제일 중한 것은 삼황내문이라 설명하고 있다.

이 밖에도 집안에 삼황내문이 있으면 요사한 기운, 악귀, 염병, 화액 등을 피할 수 있고, 죽을병에 걸린 사람도 이 삼황내문을 갖고 신선술을 지극히 닦으면 반드시 죽지않는다고 하였다.

이러한 삼황내문을 가지고 황제는 신선공부를 하였음을 알 수 있는데, 당시 중원의 토착세력들이 주장하고 있듯이 치우천왕과의 전쟁에서 황제가 만약 이겼다면 천자에 오른 황제가 제왕의 자리를 놔두고 어찌 한가하게 신선공부를 할 수 있었겠는가하는 의문이 생긴다. 아마도 중원의 넓은 땅을 다스리기에 바빠서 청구의 땅 자체도 밟기가 어려웠을 것이다.

황제는 영적 탐구의 길에서 자부선생(紫府先生)뿐 아니라 백두산으로 가고 오는 길에서 광성자(廣成子)라는 신선을 만나기도 한다. 《장자》를 보면 황제가 광성자에게 도(道)를 묻는 대목이 나와 있다.

> 광성자(廣成子)가 도(道)를 공동산(崆峒山)에서 배웠는데, 황제가
> 도를 광성자에게 물었다.
>
> 〈장자〉「외편 / 在宥」

황제헌원이 광성자에게 도를 물었다는 공동산에 대한 기록은 이수광의 지봉유설(芝峰類說)에 있다. 여기서 이수광이 진자앙(陣子昻)의 시(詩)를 상고하면서 그것이 계구(薊丘)에 있다고 전하고 있는데, 이에 동조하여 이능화(李能和)는 "공동산이 계구에 있을 것 같으면 그것은 청구지역에 있으니 요동에 가깝다. 요동은 옛날부터 신선의 자취가 많다."고 하였다.

당시의 청구(靑丘)지역은 치우천왕이 신시(神市)로부터 옮겨온 치우천

왕의 도읍지였다. 그러므로 헌원은 청구에서 광성자를 비롯하여 많은 스승들을 만났을 것이다. 더구나 자부선생께서 세웠다는 삼청궁이 백두산을 오고가는 길에 있었다고 하니 황제를 비롯하여 많은 인물들이 이곳에 와서 가르침을 받았다고 할 수 있다.

> 자부선생(紫府先生)께서 칠회제신(七回祭神)의 책력(曆)을 만드시고 삼황내문(三皇內門)을 천폐(天陛)에 진상하니, 천왕께서 이를 칭찬하였다. 삼청궁(三淸宮)을 세우고 그곳에 거하시니 공공(共工), 헌원(軒轅), 창힐(倉頡), 대요(大撓)의 무리가 모두 와서 여기서 배웠다.
>
> 〈태백일사 / 삼한관경본기〉「馬韓世家 上」

자부선생은 중원 쪽으로는 잘 알려진 인물은 아니나, 배달의 신시에서는 위대한 업적을 이룩하신 분이시다. 선생은 오행(木神, 火神, 土神, 金神, 水神)의 원리에다가 태양신(日)을 나타내는 천신(天神)과 달의 신을 나타내는 월신(月神)의 명칭을 덧붙여서 오늘 날 우리가 사용하고 있는 책력의 모태인 칠회제신력(七回祭神曆)을 만들기도 하였다.

그러나 무엇보다도 자부선생의 공적은 황제에게 삼황내문을 전해주게 되면서 하계인 중원에서 신선도(神仙道)가 크게 부흥할 수 있는 계기를 만들었다. 그러므로 자부선생은 중원에서 도교(道敎)가 나올 수 있는 발판을 만든 분이었다.

4장. 제왕(帝王) 신화

1. 서방의 신 소호(少昊)

소호는 소호금천(少昊金天)이라고도 하며, 황제 다음으로 군왕(君王)에 오르게 되면서 서방의 백제(白帝)가 되었다. 그의 공적으로는 〈산해경〉 「대황동경」에서 거문고와 비파를 버렸다는 것으로 보아 조카인 전욱에게 전해준 것으로 보인다. 이런 점에서 소호는 악기의 제작에 공헌을 했던 인물이었다.

특히 소호는 태호복희씨의 가르침을 따르고자 했던 인물로도 알려져 있다. 그래서 그에게는 태호(太昊)의 다음가는 사람이란 의미에서 소호(少昊)라는 명칭이 붙게 되었다.[1] 그렇다면 이제 《십팔사략》을 바탕으로 하여 소호금천에 대해서 알아보고자 한다.

소호금천씨는 이름이 현효(玄囂)인데 황제의 아들이다. 일명 청양(青陽)이라고도 했다. 임금의 위에 오르자마자 봉황이 춤을 추며 날

---

1) 〈중국고금인명대사전(中國古今人名大辭典)〉「소호(少昊)」에 의하면 소호(少昊)는 태호복희의 도법(道法)을 배우고 닦았으며, 태호(太昊)에 다음가는 사람이라는 뜻에서 소호(少昊)라는 명칭이 붙게 되었다고 하였다. 이 밖에도 그가 금덕(金德)으로 임금이 된 까닭에 금천씨가 되었다고도 했다.

아왔다. 그래서 관직이름에 새 이름을 붙였다.2)

소호금천씨에 대하여 〈강감금단〉「오제소호기(五帝少昊紀)」를 보면 그는 황제의 아들로서 이름은 현효(玄囂)이며 어머니는 누조(嫘祖)라고 하였다. 그런데 하루는 누조가 큰 별이 무지개와 같이 화저(華渚)의 물가에 내려오는 것을 보고 감응되어 소호(少昊)를 낳았다고 한다.

또 다른 기록인 《습유기(拾遺記)》에 의하면 소호의 어머니는 황아(皇娥)이며 그녀를 궁상씨(窮桑氏) 혹은 상구씨(桑丘氏)라고도 하였다. 이와 함께 소호에 대해서는 서방의 주인으로 일명 금천씨(金天氏)라고도 하고 금궁씨(金窮氏)라고도 했다. 당시 그가 임금에 오르자 봉황 다섯 마리가 각 방위에 따라 색깔을 맞추어 궁궐에 모였기 때문에 봉조씨(鳳鳥氏)라고도 하였다.

《습유기(拾遺記)》에서 황아의 일화를 보게 되면 그녀는 선궁(璇宮)에 살았으며 밤에는 베를 짜고 낮에는 작은 뗏목을 타고 물가를 노닐었다고 했다. 그러던 어느 날 그녀는 백제의 아들인 헌원씨를 만나게 되었다고 한다.

당시 그녀는 뽕밭(窮桑) 옆 넓고 아득한 나루터를 지나는 중이었다. 그 때에 신동이 있었는데, 용모가 아주 뛰어났다. 그는 백제(白帝)의 아들이라 칭하는데, 태백(太白)의 정(精)으로 물가로 내려와 황아(皇娥)와 즐거운 시간을 갖곤 하였다. 아름다운 음악소리에 흥이 나서 그는 돌아가는 것도 잊어버렸다. 궁상(窮桑)이라는 곳은 서해(西海)안에 있는데, 외로운 뽕나무는 높이가 천심(千尋)이나 되고

---

2) [少昊金天氏] 名[玄囂], [黃帝]之子也. 亦曰[靑陽]. 其立也, 鳳鳥適至. 以鳥紀官.

잎은 붉으며 오디는 자주색이다. 만 년에 한 번 열매를 맺는데 그것
을 먹으면 하늘만큼 산다.

누조인 황아가 선궁(璇宮)에 살았다는 것은 궁궐에 살았다는 것을 말
한다. 태백의 정(精)이란 백제의 대표되는 아들을 지칭하는 것이다. 당시
백제는 염제 신농씨의 아우인 늑임금의 9대 자손인 계곤(啓昆)을 말한
다. 그러므로 그는 황제 헌원의 아버지로서 그 뿌리를 소전씨(少典氏)에
두고 있다.

다만 위의 내용에서 특징은 만 년에 한 번 열매를 맺는 뽕나무이다. 이
뽕나무는 가문을 나타내는 생명나무이며, 그 열매는 만 년에 한 번 나오
는 자손을 말한다. 그러므로 그 자손은 집안을 빛낼 영웅을 상징한다.

특히 그 열매를 먹으면 하늘만큼 산다고 하였는데, 이 말은 만 년에 한
번 나오는 영웅을 남편으로 얻는 아내가 그 이름을 영원히 빛내게 되는
것을 말한다. 이렇게 볼 때에 뽕나무의 열매는 그 집안에 불세출의 영웅
이 나와서 가문을 빛내게 되는 것뿐만이 아니라 그 부인의 이름을 또한
영원히 빛나게 하는 상징을 가지고 있다.

이렇듯 태어나기 전부터 큰 별이 무지개와 같이 내려오는 태몽(胎夢)
과 그 높이가 천심(千尋)이나 되는 뽕나무의 전설이 전해오는 소호의 탄
생담은 그가 가문을 빛낼 영웅의 기질을 가지고 태어났음을 나타내고 있
다. 그런 그가 임금의 자리에 오르자 마침 봉황이 춤을 추며 날아왔다는
것은 소호가 태평성대를 여는 군왕이 된다는 뜻이기도 하다. 그런데 소호
가 봉황과 관련이 있다는 것은 그가 중원의 천자(天子)로서 광명을 숭배
하는 인물이었음을 말해주고 있다.

다시 말해 봉황은 태평성대를 여는 성천자(聖天子)를 나타내고, 태양으
로부터 오는 태양조를 나타낸다. 따라서 소호는 인품이 고결하고 덕으로

세상을 다스릴 줄 아는 인물일 뿐 아니라, 태양신의 전령이라고도 말할 수 있다.

이러한 소호금천에 의하여 소호국이 열리게 되면서 모든 관직의 이름에 새의 명칭을 붙이기도 하였다. 이때에 붙여진 이름을 《춘추 좌씨전》을 보게 되면 봉조씨(鳳鳥氏), 현조씨(玄鳥氏), 백조씨(佰鳥氏)3), 청조씨(靑鳥氏), 단조씨(丹鳥氏), 축구씨(祝鳩氏) 등 다양한 명칭을 붙여놓고 있는데, 이것으로 보아 소호국이 새(鳥)의 왕국이라는 것을 알려주고 있다.

우리가 여기서 관심 갖고 보아야 할 것은 당시의 소호국은 대문구문화(大汶口文化)를 열었던 산동성지역인데, 그 위쪽인 청구(靑丘)에는 요하문명인 홍산문화가 그 시대의 배경과 같이 하고 있었다. 그래서인지는 모르나 두 문화권에서는 같은 시기에 새를 중시하는 문화가 이어오면서 홍산문화에서도 봉황토기, 매, 올빼미 등의 유물이 발견되었다.

다만 유물에 있어서는 홍산문화가 먼저이지만 소호국에서도 봉황과 더불어 새의 문화를 중시하게 되면서 두 곳으로부터 태양조(太陽鳥)에 해당하는 봉황의 의미가 세상에 알려질 수 있었다. 그렇다면 당시 소호금천씨가 정확히 어디서 나라를 열었는가를 〈후한서〉「권 三十」에서 찾아보게 되면 처음에는 동해(東海)쪽 곡부(曲阜:산동성)의 땅 북녘에 있는 궁상(窮桑)에서 자리를 잡은 것으로 나온다. 그러다가 다시 곡부로 옮겨서 기반을 잡은 것으로 알려져 있다.

　

동해(東海)의 밖에는 큰 골짜기가 있는데 소호국(少昊國)이다.

〈산해경〉「대황동경」

---

3) 백조씨에서는 조(鳥)가 아니라 조(趙)로 되어있는데 오역(誤譯)이라고 생각되어 고쳐서 썼다.

소호씨에 대하여 이번에는 그의 성향과 자손들에 대해 알아보면 〈강감금단〉「오제소호기(五帝少昊紀)」에서는 소호가 금덕(金德)으로 임금이 되고, 흰빛을 숭상했기 때문에 그가 금천씨(金天氏)라 불리게 되었다고 했다. 그런데 여기서 흰빛을 숭상했다는 것은 소호씨가 광명숭배와 관련하여 태양 새의 역할을 했다는 것을 말한다. 따라서 소호씨의 성향은 신의 전령이 되어 천상으로부터 지혜를 얻어 문명을 여는 것이었음을 알수가 있다.

이 뒤로 그의 아들인 목신(木神) 구망(勾芒)도 아버지의 영향을 받아 신의 전령을 나타내는 인면조신(人面鳥身)의 모습을 하고 있다. 이 뿐만이 아니라 구망은 천국으로부터 지혜를 얻어 세상에 가르침을 열기위하여 두 마리의 용을 타고 다니는 모습으로 나타나기도 한다.

동방의 신령인 구망(勾芒)은 새의 몸체에 사람의 얼굴을 하고 두 마리의 용을 타고 다닌다.

〈산해경〉「해외동경」

소호씨에게는 욕수(蓐收)라는 아들도 있는데, 그는 왼쪽 귀에 뱀이 있고, 두 마리의 용을 타고 다니는 것으로 알려져 있다. 이것으로 보아 그도 천국으로부터 지혜를 얻어 문명을 열고자 했던 인물이었음을 알 수가 있다.

서방의 욕수(蓐收)는 왼쪽 귀에는 뱀이 있고 두 마리의 용을 타고 다닌다.

〈산해경〉「해외서경」

〈회남자〉「시칙훈」을 보면 구망은 태호와 함께 부목(榑木)의 땅 동방의 청구(青丘)에서 1만 2천의 땅을 주관했다고 한다. 이 말은 구망이 태호가 있던 청구의 땅에 자리를 잡고 그의 뜻을 계승했다는 것을 말한다. 욕수의 경우도 소호와 더불어 불사(不死)의 들이 있는 서방 삼위국(三危國)인 1만 2천 리의 땅을 다스렸다고 한다. 그러므로 욕수도 아버지를 따라 서북방의 삼위산 쪽에 터전을 잡았다고 할 수 있다.

  이 밖에도 〈산해경〉「서산경」을 보면 소호가 저녁노을을 주관하고 있듯이 욕수도 서산으로 해가 지는 '태양의 빛'을 감독하고, 천상의 형벌을 감독했다고 한다. 그런데 여기서 욕수가 천상의 형벌을 감독하였다는 것은 그가 서방의 금(金)기운에 따른 정의로운 심판관의 모습을 가진 인물이었음을 말해주고 있다.[4]

구망(勾芒)   일목국(一目國)

---

4) 오행(五行)에서 木은 인(仁), 火는 예(禮), 土는 신(信), 金은 의(義), 水는 지(智)를 말한다. 특히 木의 경우는 살릴 생(生)이라는 의미가 강하고, 金의 경우는 죽일 살(殺)의 의미가 강하다. 따라서 서방의 욕수가 천상의 형벌을 주관한다는 것은 가을하늘의 심판관이 되어 의로움에 벗어나는 자를 죽이는 사명(司命)을 맡고 있었다고 할 수 있다.

소호의 자식들 중에는 구망과 욕수 외에도 〈산해경〉「해내경」에서 말하고 있듯이 활과 화살을 처음으로 만들었다는 반(般)이라는 아들도 있다. 이 반이란 아들 때문에 나중에 소호의 손자 제준에 의하여 활과 화살이 장차 명사수가 되는 후예(后羿)에게 전해지기도 한다.

이번에는 소호의 아들이 아닌 후손들에 대해서도 살펴보면 그에게는 특별한 모습을 가진 후손을 두었는데, 그가 얼굴의 중앙에 눈이 하나밖에 없는 일목국(一目國)이다.

사람이 있는데 외눈이다. 일설에는 성이 위씨(威氏)이고 소호(少昊)
의 후손이며 기장을 먹고 산다고 했다.

〈산해경〉「대황북경」

일목국(一目國)은 그 동쪽에 있다. 그 나라 사람들은 하나의 눈이
그 얼굴의 중앙에 있다.

〈산해경〉「해외북경」

위의 기록에서 일목국사람들이 얼굴의 중앙에 눈이 있다는 것은 인당(印堂)에 하나의 눈이 있는 것을 말한다. 이 말은 그들이 현실적인 시야보다는 내적인 시야, 즉 영안(靈眼)이 열린 것으로 볼 수 있다. 그러므로 소호의 후손 중에는 사제(司祭)의 역할을 하는 제관들이 많이 있었던 것으로 생각이 된다.

그들 사제의 역할을 하던 인물들을 우리는 신라왕국[5]과 가야왕국에서도 찾아볼 수가 있다. 〈삼국유사〉「가락국기」를 보면 소호금천씨의 후손

---

5) 〈삼국사기〉「제41열전 제1 김유신전」을 보면 신라 사람들은 스스로를 소호금천씨의 후예라 하며 김씨성을 가졌다(羅人 自謂少昊金天氏之後. 故姓金)고 하였다.

으로 알려진 수로왕(首露王)6)이 석탈해와의 싸움에서 샤머니즘의 상징을 가지고 있는 독수리와 매로 둔갑하는 내용이 나온다.

이 밖에도 김씨(金氏) 성(姓)으로 소호씨의 후손으로 알려진 신라의 김알지에 대해서도 알아보면 그는 탄생신화에서 나뭇가지에 매달린 상자 안에서 발견됨으로써 그가 샤머니즘과 관련하여 세계수로부터 나온 자식이라는 것을 알게 한다. 따라서 가야의 시조 김수로왕과 신라 김씨의 시조인 김알지를 볼 때에 소호씨에게는 신의 가르침을 받는 후손들이 많이 있었다고 할 수 있다.

2. 북방의 신 전욱(顓頊)

전욱은 전욱고양(顓頊高陽)이라고도 하며, 소호금천인 백제에 이어 군왕에 오르게 되면서 북방의 흑제(黑帝)가 되었다. 그의 혈통으로는 아버지 한류(韓流)가 황제의 손자이다. 그러므로 전욱은 황제의 증손자이다. 전욱의 공적에 대해서는 〈여씨춘추〉「고락편(古樂篇)」을 보면 그가 음악을 장려하고 악곡을 만들었다고 하였다.

그런데 그는 신과 인간이 섞여 사는 것을 매우 싫어하여 신이 지상에 내려오는 사다리를 없앴다고 한다. 이를 볼 때에 그는 신성(神性)문화를 귀찮게 여겼던 것으로 보인다. 그렇다면 이제 《십팔사략》을 바탕으로 흑제인 전욱에 대하여 자세히 알아보고자 한다.

전욱고양씨(顓頊高陽氏)는 창의(昌意)의 아들7)이며 황제의 손자였

---

6) 신라의 명장 김유신의 비(碑)를 보면 "헌원(軒轅)의 후예이며, 소호씨의 자손으로 남가야의 시조 수로왕은 신라와 더불어 동성이다.(庾信碑亦云: 軒轅之裔. 少昊之胤. 則南加耶始祖首露 與新羅同姓也)"라고 했다.

다. 소호씨의 뒤를 이어 즉위했는데, 소호의 정치가 쇠퇴하면서부터 려씨(黎氏)로 일컫는 아홉 사람의 제후(諸侯)도 덕을 잃고 도를 어지럽혔으므로, 백성과 신(神)이 섞여 살아서 쉽사리 이것을 구별할 수가 없었다.

전욱씨는 이와 같은 난세를 이어받았으므로, 남정(南正)의 관직에 있는 중(重)이라는 사람에게 명하여 하늘에 관한 일을 관리케 하여, 그에게 모든 종교행사를 맡겼다. 또 화정(火正)의 관직에 있는 려(黎)라는 사람에게 지상에 관한 일을 관리시켜 그에게 모든 민정을 맡겼다. 그래서 백성과 신이 서로 범하는 일이 없고 욕되게 하는 일이 없게 되었다. 또 역서(曆書)를 만들어 맹춘(孟春: 봄의 첫 달)으로 원(元: 해의 첫 달이라는 뜻으로 정월을 말함)을 삼았다.[8]

전욱은 신화(神話)에서 북방천제로 알려져 있는 자로써 복희(伏羲)와 여와(女媧), 그리고 치우(蚩尤)가 오르던 하늘 사다리를 끊어버린 인물로 유명하다. 그의 모습에 대해서는 아버지가 되는 한류(韓流)에게서 찾을 수 있는데, 〈산해경〉「해내경」에서는 한류가 기다란 목에 작은 귀를 하고, 사람의 얼굴에 돼지의 주둥이를 했으며, 기린의 몸에 틀로 된 다리와 돼지의 발을 가졌다고 했다. 그러므로 아마 전욱도 이와 비슷한 모습이었을 것이다.

우리는 여기서 돼지의 주둥이에 돼지와 같은 발은 한류가 속해 있는 문화권이 천제에게 돼지를 희생물로 바치는 문화였다는 것을 알게 한다.

---

7) 창의(昌意)의 아들은 전욱이 아니라 한류이다. 창의는 전욱의 할아버지이다. 따라서 전욱에게 아버지는 한류이며, 조부는 창의이고, 증조부는 황제 헌원이다. 다만 여기서는 전욱의 가계(家系)를 줄여서 말했다고 볼 수 있다.

8) [顓頊高陽氏] [昌意]之子, 黃帝孫也. 代[少昊]而立. 少昊之衰, 九[黎]亂德, 民神雜糅, 不可方物. [顓頊]受之, 乃命[南正重]司天, 以屬神, [火正黎]司地, 以屬民, 使無相侵瀆, 始作曆, 以[孟春]爲元.

그리고 한류의 기다란 목은 그가 세상을 널리 살폈다는 것이고, 작은 귀는 남의 이야기를 잘 듣지 않으려고 했다는 것을 나타낸다.

이를 볼 때에 전욱은 자신의 관심분야에 대해서는 널리 알고자 했던 것으로 보인다. 그러나 자신에게 관심이 없는 소리에는 듣기 싫어했던 것 같다. 그래서 그는 천계(天界)와 하계(下界)에서 섞여서 들려오는 소리를 시끄럽다 생각하여 듣지 않으려고 하였다.

전욱은 여기에 더하여 소호의 정치가 쇠하고, 구려(九黎)9)의 아홉 제후(諸侯)가 덕을 잃게 된 것은 모두 신(神)과 인간이 뒤섞여 살았기 때문이라고 단정한 후, 하늘에 관한 일과 땅에 관한 일을 분리시키고자 했다.

그런데 이것은 대단히 중대한 사건으로, 첫째로 동방의 구려 즉 구이(九夷)족10)들의 제후를 무찔러서 타지방으로 쫓아낸 것을 말한다. 둘째로는 구이족들의 문화인 신정일치(神政一致)의 사회를 무너트림으로써 신정(神政)분리의 사회를 꾀하였다는 것을 말해주고 있다.

당시의 사건을 〈회남자〉「천문훈」에서 보게 되면 물가에 사는 신농의 후손 공공씨(共工氏)와 전욱이 싸웠다고 하였다. 그런데 이때에 두 인물에 의하여 천주(天柱)가 부러지고 지유(地維)11)는 끊어지게 되면서 하늘은 서쪽으로 기울고 일월성신도 그 방향으로 옮겨졌다고 했다.

이때에 천주가 부러지고 지유가 끊어졌다는 것은 하늘과 땅이 분리되었다는 것을 말한다. 다시 말해 공공과 전욱의 싸움으로 천국(天國)을 대

---

9) 구려(九黎)는 동이(東夷)의 아홉 부족을 말한다. 려(黎)는 여명(黎明)의 뜻에서 알 수 있듯이 '동틀 려' 자요, 어둠 속에서 밝아오는 '밝음'의 뜻을 가진 글자이다.
10) 예기(禮記) 왕제편에서는 동이의 구족을 견이(畎夷), 우이(嵎夷), 방이(方夷), 황이(黃夷), 백이(白夷), 적이(赤夷), 현이(玄夷), 풍이(風夷), 양이(陽夷)라고 하였다.
11) 지유(地維): 하늘과 땅 사이에 있으면서 땅을 매달고 있는 그물.

표하는 동이족과 하계(下界)를 대표하는 지나족들 간에 거리가 더욱 멀
어졌고, 하계는 신정분리(神政分離)의 사회가 되었다는 것을 말한다.

당시에 이러한 전쟁의 결과를 역사를 통하여 보게 되면 전욱은 공공과
의 싸움에서 이기고, 구려(九黎)의 묘민(苗民)마저 물리쳐서 서예지방인
지금의 감숙성으로 쫓아버렸다고 한다.

> 전욱 고양이 구려를 쳐 물리치고, 그 자손들을 갈라서 서예(西裔: 감
> 숙성, 영하성, 청해성)의 지방으로 옮겨서 살게 하니 이들을 삼묘
> (三苗)라 하였다.12)
>
> 〈예기〉「注疏, 卷 五十五.」

묘족(苗族)이 동이족이라는 것은 여러 기록에서 나타나는데 〈삼국유
사〉「제1권」에서는 신구당서(新舊唐書)를 인용하여 말하기를 변한(卞韓)
은 묘(苗)의 후예(後裔)라고 말하였다. 이와 함께 《신·구당서》에서도
신라와 변한은 묘족의 후예라고 하였고, 〈회남자〉「권11 제속편」에서는
삼묘는 머리채를 삼끈으로 묶는 상투쟁이라고 말하고 있다.

이와 같이 묘족이 동이족과 같은 겨레임을 알 수 있는데, 공공이 전욱
에게 밀리게 되는 이때부터 묘족들은 지나족과 분리되기 시작하였다. 이
로써 전욱이 다스린 중원에서는 신의 가르침을 따르던 동이족들을 쫓아
냄으로써 신정분리의 사회를 맞이하게 되었는데, 이러한 사회의 제도를
만든 것은 전욱이 영육(靈肉)이 함께 성숙해가야 하는 신정일치(神政一
致)의 제도를 귀찮게 생각하여 싫어했기 때문이다. 그러므로 전욱이 황제
의 자리에 앉자마자 착수한 대사업이 신정(神政)분리였다.

이 작업은 전욱의 자손에까지 이어지게 되면서 결국 그의 손자인 중

---

12) 九黎言苗民者 有苗九黎之後 顓頊代少昊 誅九黎 分流其子孫 爲居於 西裔者三苗

(重)과 여(黎)에 의하여 천지간에 놓여있는 통로가 끊어지게 된다.13) 이 뒤로 동이족과 하계의 사람들은 만나기 어려워졌는데, 이 일은 하계의 사람들이 하늘에 관한 신교문화에 치우쳐서 현실생활을 도외시할 것을 걱정한 전욱의 생각 때문이었다.

> 중(重)과 여(黎)에게 명하여 땅과 하늘의 통로를 끊으시니 神들이
> 내려오는 일이 없게 되었소.
>
> 〈서경〉「여형(呂刑)」

당시 전욱의 생각은 하늘 사다리가 빈번해지면 천상에 있는 신들이 자주 지상으로 내려오기 때문에 중원의 땅은 신들에 의하여 복잡해질 것이라 생각 했던 것 같다. 그래서 〈중국의 고대신화〉에서 위앤커는 하늘 사다리가 연결되어 있을 경우에는 제2의 치우(蚩尤)라고 하는 신이 다시 내려와서 세상에 난리를 피울 것이라고까지 표현도 하고 있다.

어쨌든 전욱은 천국의 가르침이 하계로 내려와 복잡해지면 이러한 것이 번거롭고 불편하다는 이유로 신정(神政)을 베풀던 천국(天國)의 무리들을 배척하기 시작한다. 그래서 시작된 것이 과거에 복희, 여와, 치우 등이 오르고 내렸다는 하늘 사다리를 절단하는 일이었다.

그런데 이 일은 전욱의 정신이 어둡고, 신성을 멀리했다는 것을 말한

---

13) 당시에 신하들로 알려진 중(重)과 여(黎)는 전욱의 손자들이다. 중은 제곡 때에 축융의 벼슬을 하던 인물이고, 이후 정책의 실정으로 인하여 죽게 된다. 그러다가 그 동생인 여가 다시 축융의 벼슬을 이어받게 되는데 그가 바로 노동(老童)의 아들 오회(吳回)이다. 축융인 오회에 대해서는 〈회남자〉「시칙훈」고유의 주(註)에서 축융은 전욱의 손자로 노동(老童)의 아들 오회(吳回)라고 하였으며, 그 이름을 여(黎)라 하고 고신(高辛)씨의 화정(火正)을 맡았기에 축융이라 하며 죽어서 화신(火神)이 되었다고 하였다.(祝融, 顓頊之孫, 老童之子吳回也. 名黎. 高辛氏火正, 號爲祝融, 死爲火神也.)

다. 한마디로 전욱의 입장에서는 하늘 사다리가 불필요했음을 말해주고 있다. 하지만 지혜로운 자들의 입장에서는 당시의 천국과 하계를 이어주던 하늘 사다리는 신(神)들과 만날 수 있는 천상에 통로였다. 이른바 하늘 사다리가 영적인 교류를 가능케 하는 사다리였기 때문이다. 그렇지만 전욱은 현실주의적이고 실리주의적 삶만을 고집한 자였다.

그래서 그는 신들이 지상의 일에 간섭하는 것을 싫어하여 신하들을 시켜 천지간에 놓여 있던 하늘 사다리를 절단하도록 하였다. 특히 그가 자신의 손자들로 알려진 중(重)과 여(黎)를 시켜 하늘 사다리를 절단시킨 일은 그의 망령(亡靈)이 자손들에까지 이어지며 하늘을 숭상하던 신성족과 하계에 살고 있는 사람들의 관계를 단절시켰다는 것을 말한다.

이로 보건대 소전, 신농, 황제로 이어졌던 동이족의 신정일치(神政一致) 제도가 전욱에 의하여 결과적으로 탄압을 받게 되었다고 볼 수 있다. 그러므로 결국 도덕적 예법에 따른 실리주의에, 하늘의 증표에 따르고자 하는 천부사상이 밀리게 되면서 하계의 땅에서는 차츰 천부사상이 멀어지는 사태를 가져왔다.

이 뒤로 천국과 하계가 서로 뒤섞이지 않게 되면서 인간 세상에는 평화가 찾아오는 듯 했다. 그러나 이때부터 하계의 백성들은 눈에만 보이는 물질중심, 예법중심의 편향된 가치관으로만 생활을 하게 되면서 세상살이는 점점 고통스러워져만 갔다. 그리고 이로 인하여 인간세상은 물질세계가 주도하는 세상이 되었다. 이른바 진리의 세계가 물질의 세계에 눌리는 세상이 된 것이다.

그러자 사람들에게는 영적인 가치가 멀어지게 되면서 점차 인간과 인간들 사이에도 날이 갈수록 거리가 생기면서 권력자가 생기고, 노예로 전락한 인간들이 많아지면서 각종 불행한 사건들이 끊임없이 생겨났다.

그 중에서 남녀의 규범과 도덕적 법도만을 중시했던 전욱에 의하여 만들어진 남존여비(男尊女卑)의 사상은 더욱더 사회를 폐쇄시키는 결과를 가져왔다. 그래서 이때부터 사람들은 여성을 박대하고, 점잖고 품격만 따지는 고질적 양반사회의 병폐만을 좇아가기 시작했다.

> 제(帝) 전욱의 법으로는 부인이 길거리에서 남자를 만나면 얼른 길을 양보해야 했다. 만일 그렇게 하지 않으면 그녀를 사거리인 대로에서 추방처분 했었다.14)
>
> 〈회남자〉「제속훈」

이로부터 물질이 주도하는 인간세계는 점차로 먹구름이 끼어만 갔다. 그러자 사람들은 처음에는 번거로움이 없고, 편안한 날만 올 줄 알다가 점차 고통과 불행만이 찾아오게 된 것을 알고 이전의 세상을 그리워했다. 하지만 한번 끊어진 사다리는 다시 연결되기 보다는 더욱 천국과 하계의 사람들을 갈라놓기 시작하였다.

전욱(顓頊)의 자손

전욱의 부정적인 이미지는 여기서 그치지 않고 자식들에까지 이어져 다른 천제(天帝)들에 비하여 부정적 이미지의 자식이 많았다. 〈수신기(搜神記)〉「卷 十六」에 의하면 그들 중에서 세 명의 자식이 모두 죽었는데, 그들 모두가 학질(瘧疾)귀신을 비롯하여 망량귀(魍魎鬼)와 어린아이를 잘 놀라게 하는 소아귀(小兒鬼)가 되어 모두 사람들에게 질병을 안겨주는 잡귀로 변했다고 한다.

이후 사람들에게서는 궁중이나 민가에서 잡귀를 쫓아내는 의식이 생겼

---

14) 帝顓頊之法 婦人不辟男子於路者 拂之於四達之衢

다고 하니 전욱의 행위가 인간들에게 얼마나 미움을 샀는지 그 자식들을 통해 알 수 있다. 그런데 전욱에게는 도올(檮杌)이라고 하는 특별한 불초자식이 있었다. 그 아들은 다른 아들과는 달리 천국에 오르고 내리는 것을 좋아하였다. 따라서 전욱의 뜻에 따르지 않고, 반대되는 길을 걸었던 불초자식이었다.

하지만 어찌 보면 전욱에게 바른 길을 제시한 자식이기도 했다. 그 이유는 전욱이 잘못된 길을 가고 있었기 때문이다. 여기서 도올(檮杌)이란 이름을 보게 되면 도(檮)는 기도할 도이다. 올(杌)은 나무 그루터기 올이다. 그러므로 도올의 뜻은 기초와 기반이 되는 기도, 즉 반석 같은 신앙심을 말한다. 이런 점에서 전욱의 아들인 도올은 반석 같은 신앙심이 말해주고 있듯이 하늘 사다리의 의미를 중시했던 인물이었다.

〈신이경〉「서황경」을 보면 도올은 서쪽의 변경 가운데에 살고 있으며 사람의 얼굴에 호랑이 몸집과 돼지의 입모양을 하고 있다고 한다. 싸움에 능해서 물러서는 일이 없으며 서쪽 변방을 소란스럽게 하고, 이 짐승은 사람을 잡아먹는다고 하였다.

여기서 인면호신(人面虎身)은 도올이 용맹하다는 뜻이고, 돼지의 입은 제사문화와 관련이 있다. 싸움에서 물러서지 않는다는 것은 자신의 주장을 굽히지 않았으며, 사람을 잡아먹는다는 것은 사람들을 자신의 편으로 설득하는 재주가 있었음을 말한다.

서쪽 변방을 시끄럽게 했다는 것은 임금의 자식이지만 전욱의 미움을 받아 서쪽 변방으로 쫓겨났고, 그곳에서도 전욱을 골치 아프게 했다는 것으로 짐작할 수 있다. 필자의 이러한 생각으로 볼 때에 도올은 다른 자식들과는 달리 불초자식이었지만 올곧은 길을 가고자 했던 자식이었다고 말할 수 있다.

전욱의 후손에 이르러서는 〈산해경〉「대황서경」에서 말하고 있듯이 풍곡(風曲)이라는 음악을 만든 태자(太子) 장금이란 인물도 있고, 나라를 세우는 여러 자손들도 나오게 되는데 그 시작은 전욱의 손자인 오회(吳回)의 자식으로부터 비롯된다.

여(黎)로 잘 알려져 있는 오회에게는 육종(陸終)이란 아들이 있었는데 그가 선덕(善德)을 쌓아서인지는 모르나 귀방(鬼方)씨의 누이동생인 여귀와 결혼한 이후에 나라를 여는 다섯 명의 시조(始祖)를 낳게 된다.

그 중에서 첫째가 곤오(昆吾)인데 그가 곤오의 땅에 봉하여 졌다가 뒷날 그곳에서 위(衛)나라가 세워진다. 둘째는 삼호(參胡)인데 그가 삼호의 땅에 봉하여졌다가 뒷날 그곳에서 한(韓)나라가 세워진다. 셋째는 팽조(彭祖)인데 그는 팽조의 땅에 봉해졌으며 무병장수하였다고 알려져 있다.

넷째는 회인(會人)인데 그가 봉해진 땅은 회(鄶)나라가 된다. 다섯째는 조(曹)인데 그가 봉해진 땅이 뒷날 산동성에 있는 주나라(邾國)가 되었다. 여섯째는 계련(季連)인데 그 후손이 장차 초(楚)나라를 열었다.

그런데 이들 모두는 어머니의 배를 가르고 나오는 제왕절개(帝王切開)로 태어났다고 전해진다. 이른바 하우씨가 그 아버지인 곤의 배를 쪼개고 나오는 탄생신화와 같이 어머니의 배를 쪼개고 나온 것이다. 여기서 어머니의 배를 가르고 나오는 의미는 배꼽과 관련하여 생명의 중심, 세계의 중심으로부터 나왔다는 뜻이다. 그러므로 여기서는 단순한 절개가 아니라 제왕이 나오기 위한 절개였다.

제왕절개에 대해서는 이란에서 가장 유명한 전설적인 영웅인 루스탐에 대한 이야기에도 있다. 그 내용을 보면 "거대한 아이가 산모의 옆구리에서 나왔다"고 하였다. 그는 태어나면서 "바 라스탐"이라고 하여 "나는 구원을 받았다"고 소리를 질렀다고 한다.

옆구리에서 태어난 이야기는 고타마 싯다르타의 탄생설화에서도 나타난다. 어머니 마야부인이, 천상의 보살이 흰 코끼리를 타고 오른 쪽 옆구

리로 들어오는 꿈을 꾸게 되면서 석가를 낳게 되는데, 그는 마야부인의
옆구리에서 태어난다.

> 보살, 정념으로 도솔천에서 내려오시어 정반왕의 첫째 왕비 마야 부인의
> 우협(右脇)에 의탁(依託) 수태하시다. 이때 왕비 꿈을 꾸되 여섯 개의
> 상아(白牙)를 가진 흰 코끼리를 보았다. 그 머리는 붉고 일곱 개 다리로
> 땅을 딛고 상아는 금으로 장엄하고 하늘을 뚫고 내려와 오른쪽 겨드랑
> 이로 들었다.
>
> 〈붓다 그 생애와 사상〉「위대한 성인의 탄생 23쪽」

오래된 불전(佛傳)에 대한 이야기에서 해몽에 대한 이야기를 간추려보
면 혹 한 어미가 오른쪽 옆구리로 일천(日天)이 들어오는 꿈을 꾸면 그
어미가 낳은 아들은 반드시 전륜성왕(轉輪聖王)이 되고, 혹 한 어미가 오
른쪽 옆구리로 월천(月天)이 들어오는 꿈을 꾸면 그녀가 낳은 아들은 많
은 왕 가운데 가장 수승하게 된다고 한다.

특히 석가와 관련해서는 혹 한 어미가 오른쪽 옆구리로 흰 코끼리가
들어오는 꿈을 꾸면, 그녀가 낳는 아들은 삼계에 비길 데 없이 존귀하여
능히 모든 중생을 이익 되게 하며, 원적(怨敵)이 없이 모두 평등하게 천
만의 무리를 깊은 고뇌의 바다에서 구제(救濟)하게 된다고 한다.[15] 이와
같이 옆구리로 자식을 낳게 될 때는 성왕(聖王)이나 성인(聖人)을 낳게
됨을 오래된 불전에서는 전하고 있다.

다만 여기서 눈여겨 볼 대목은 오른 쪽 옆구리로 자식을 낳을 때는 아
들을 낳게 되나, 왼쪽 옆구리로 자식을 낳게 될 때는 딸을 낳게 된다는
사실이다. 이러한 내용에 대해서는 알령정(閼英井)에 대한 이야기에서 전

---

15) 〈붓다 그 생애와 사상〉「위대한 성인의 탄생 24쪽」

해지고 있는데, 여기서 그녀는 계룡(鷄龍)의 왼쪽 갈비에서 탄생을 했다고 알려져 있다. 〈삼국유사〉「기이 제1」

특히 알영정이 태어났을 때 그 입술이 마치 새의 부리와 같았다고 했다. 이 말은 갈비뼈가 있는 곳으로부터 새가 나왔다는 것을 상징한다. 이러한 상징은 갈비뼈가 있는 옆구리로부터 새의 날개가 돋아나듯이 옆구리로 자식을 낳게 될 때는 비상(飛上)하는 영혼의 소유자를 낳게 된다는 뜻이다. 그러므로 배를 쪼개고 자식이 나온 것은 세계의 중심과 관련이 있다면 옆구리로 자식을 낳는 것은 신의 전령인 태양조(太陽鳥)를 낳게 되는 상징을 가졌다고 할 수 있다.

이번에는 자손들의 행적으로 인하여 전욱의 모습이 바뀌게 되는 것을 알 수 있는데, 〈산해경〉「대황서경」을 보면 전욱이 뱀의 모습에서 물고기 모습으로 바뀌고 있는 것을 볼 수 있다.

물고기가 있는데 반인반어(半人半魚)이다. 이름은 어부(魚婦)라 하며, 이는 전욱이 죽어 소생한 것이다. 바람이 북쪽에서 불어오면 하늘은 샘물을 넘치게 하고, 뱀이 변화하여 물고기가 되는데 이것을 어부(魚婦)라 한다.

위의 내용은 뱀의 상징성을 가지고 있던 전욱이 물고기의 모습을 갖게 되는 것을 말한다. 이른바 전욱이 뱀의 부족으로 상징되던 황제헌원의 증손자였으나, 치수를 담당하는 곤(鯀)과 하우씨(夏禹氏)를 후손으로 두게 되면서 점차 어족(魚族)으로 바뀌게 되는 것을 말하고 있다. 그러므로 전욱은 처음 황제의 모습을 닮아 인면사신(人面蛇身)이었으나 장차 반인반어(半人半魚)의 모습으로 바뀌게 되는 것을 알 수 있다.

특히 위의 문장에서 어부(魚婦)라는 낱말이 보이는데, 여기서의 부인

(婦)이란 자신의 반쪽 부분을 지칭한다. 따라서 어부라는 뜻은 자신의 반쪽부분이 물고기 모습을 하고 있다는 것을 말한다. 그런데 여기서의 물고기는 전욱의 후손인 곤과 하우씨의 업적을 나타내고 있다.

이렇게 볼 때에 전욱이 인면사신에서 반인반어(半人半魚)가 되었다는 것은 선조의 업적에 의해 자신의 반쪽이 뱀이었으나 다시 후손의 업적에 의해 자신의 반쪽이 물고기로 변하게 되는 것을 말한다. 따라서 전욱의 인면사신에 모습이, 문화영웅이었던 선조들의 업적을 나타내었다면 전욱의 반인반어의 모습은 홍수를 다스린 훌륭한 후손을 두었다는 상징이라 할 수 있다.

이후 전욱에게는 곤과 하우씨뿐만 아니라 세 개의 얼굴(三面人)을 가진 후손까지 두게 된다. 이에 대하여 〈산해경〉「대황서경」에서는 다음과 같이 말하고 있다.

사람이 있는데 얼굴이 각각 세 쪽으로 있으며 이들은 전욱의 자손들
로 세 얼굴에 외팔이다. 세 개의 얼굴을 가진 사람은 죽지 않는다.
이곳을 대황야(大荒野)라 한다.

당시에 중원에서 거리가 먼 거친 땅을 대황야(大荒野)라고 하였다. 그런데 그곳에 세 개의 얼굴에 외팔을 가진 전욱의 자손들이 살고 있었다고 한다. 여기서 외팔은 음양이 조화(調和)된 힘, 즉 뛰어난 손재주를 나타낸다. 이와 함께 세 개의 얼굴을 가지고 죽지 않는 전욱의 자손들이 있었다는 것은 그들이 살고 있는 땅이 불멸의 삶을 추구하는 샤머니즘의 문화권이었음을 말해주고 있다.

이 밖에도 샤머니즘의 문화권에서는 삼면인(三面人)인 외에도 삼수국(三首國)이나 삼신국(三身國) 사람들도 있다. 이들도 삼면인과 마찬가지

로 세 개의 머리나 세 개의 몸뚱이로 이루어져 있었다.

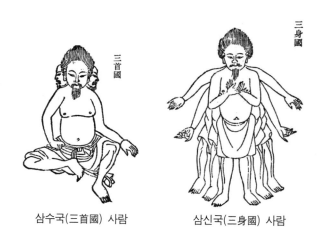

삼수국(三首國) 사람   삼신국(三身國) 사람

삼수국(三首國)은 그 동쪽에 있다. 그 나라 사람들은 한 몸에 머리
가 셋이다.

〈산해경〉「해외남경」

삼신국(三身國)은 하후계(夏后啓)의 북쪽에 있다. 그 나라 사람들은
머리가 하나에 몸뚱이가 셋이다.

〈산해경〉「해외서경」

전욱의 자손들로 알려진 삼면인(三面人)이나 이 밖에 삼수국, 삼신국에
대한 상징은 전욱의 뿌리가 본래부터 동이족의 삼신사상에 근원을 두고
있었다는 것을 말한다. 따라서 전욱의 가문도 본래는 하나에서 셋으로 갈
라졌다가 셋이 다시 하나로 되돌아가는 원리인 삼신사상을 가지고 있던

동이족이었음을 말해주고 있다.

특히 세 개의 얼굴을 가진 자가 죽지 않는다는 것은 생명의 분화에서 생명의 통일을 이루었다는 것을 말한다. 이른바 삼신국은 얼굴이 하나에 몸뚱이가 셋이므로 생명의 분화와 함께 죽음을 나타낸다. 하지만 삼수국은 하나의 몸에 세 개의 얼굴을 가지고 있으므로 생명의 통일을 이룬 상태이다. 따라서 삼수국의 의미는 동이족들이 불사(不死)의 삶을 추구했다는 것을 말해준다.

하여간 전욱의 후손이 세 개의 얼굴을 하고 있다는 것은 전욱이 삼신사상이나 천부사상과 깊은 관련이 있었다는 것을 말해주고 있다.

3. 십일(十日)의 아버지 제곡(帝嚳)

제곡은 제곡고신(帝嚳高辛)이라고도 하며, 전욱의 뒤를 이어 군왕이 된 인물이다. 그의 업적으로는 알려진 것은 없으나 주(周)나라의 시조 후직(后稷), 은(殷)나라의 시조 설(契)과 함께 요임금을 아들로 두었다. 그러므로 그는 자신의 업적은 없었으나 자손들에 의하여 이름을 빛낸 인물이었다.

제곡의 성향에 있어서는 할아버지인 소호씨의 업적을 이어 받아 태양조인 봉황과 관련성을 가지고 있었고, 검정까마귀와도 관련성을 가지고 있는 인물이었다. 그렇기 때문에 《십팔사략》에서는 제곡에 대하여 신성(神性)을 갖춘 인물이라 말하고 있다.

제곡고신씨(帝嚳高辛氏)는 나면서부터 신성(神性)을 갖추고 있어, 갓난아이 때부터 자기의 이름을 스스로 말할 수 있었다. 전욱의 뒤를 이어 즉위하고 박(亳)에 도읍 했다.[16]

제곡에 대하여 〈강감금단(綱鑑金丹)〉에서는 이름은 준(俊)이요, 성은 희(姬)씨라 하였다. 그의 할아버지는 소호금천이요 아버지는 교극(嬌極)인데, 하남성의 박(亳, 뒷날 은나라의 서울)이란 땅에 도읍을 정하였다고 하였다. 그는 나무의 덕으로 임금(木德王)을 하고, 검은 빛(色尙黑)을 숭상하였다고 한다.

다음은 그의 가계(家系)에 대한 내용이다.

제곡 고신의 부인은 4명이고, 그들의 이름으로는 첫째가 강원(姜源)인데, 후직(后稷)을 낳았다. 그가 뒷날 주나라의 시조가 되었다. 둘째가 간적(簡狄)인데, 설(卨, 薛, 契)을 낳았다. 그가 뒷날 은나라의 시조가 되었다. 셋째가 경도(慶都)인데, 방훈(放勳, 勛)을 낳았다. 그가 요임금이 되었다. 넷째가 취자씨의 딸로서 상의(常儀)인데, 지(摯)를 낳았다. 그가 9년 만에 임금자리에서 쫓겨났다.

〈강감금단(綱鑑金丹)〉「卷二. 五帝帝嚳紀」

제곡의 가계도를 보면 자식 줄이 화려하다. 그 유명한 요임금과 주나라의 시조인 후직(后稷)과 은나라의 시조인 설(卨)까지도 그의 자식들이다. 이와 더불어 〈산해경〉「해내경」에서는 그가 아들을 여덟을 두었는데 이들이 처음으로 가무(歌舞)를 만들었다고 했고, 안룡(晏龍)이란 자식은 거문고와 비파를 만들었다고 하였다.

특히 〈산해경〉「대황서경」을 보게 되면 제곡의 아들이며 문왕(文王)의 선조가 되는 후직(后稷)은 온갖 곡식을 가지고 하계로 내려왔다고 전해진다. 후직의 아우인 태새(台璽)의 경우는 숙균(叔均)이란 아들을 두었는

---

16) [帝嚳高辛氏] 玄囂之子, 黃帝曾孫也. 生而神靈, 自言其名. 代[顓頊]而立. 居於
[亳].

데 숙균은 그 아버지 및 후직을 대신하여 온갖 곡식을 파종하고 처음으로 경작을 시작하였다고 한다. 이를 볼 때에 제곡은 하계의 사람들에게 공덕을 베푸는 자손들을 많이 둠으로써 그 이름을 영원히 빛낼 수가 있었다.

제곡은 역사의 기록에서 신성을 갖춘 인물로도 나타나고 있는데, 중국의 고대신화에서 그는 덕성이 고매한 성군(聖君)의 모습으로 묘사되고 있다. 그의 모습에 대해서는 준(俊)이라는 갑골문의 이름에서 잘 나타나고 있듯이 새의 머리에 그 위로는 깃털이 있는 모습을 하고 있다. 이와 함께 사람의 몸을 가지고 있으며, 다리는 하나에 큰 발을 가지고 있는 괴물 같은 형상으로 나타난다.

여기서 새의 머리에 깃털이 있고, 사람의 몸을 가진 모습은 봉황의 머리에 사람의 몸을 가진 천신(天神)을 연상시킨다. 제곡이 봉황과 관련이 있는 내용으로는 〈대대례(大戴禮)〉「오제덕(五帝德)」에도 있는데, 그는 음악을 좋아하여 봉황과 천적(天翟)을 불러와 춤을 추게도 하였다고 한다.

그렇다면 봉황(鳳凰)은 어떤 새인가?《설문》에 의하면 봉(鳳)은 신조(神鳥)이며 동방군자의 나라에서 나왔다고 하였다.《초학기(初學記)》에서는《공연도(孔演圖)》를 인용하여 말하길, 봉(鳳)은 화정(火精)이라고 했으며,《할관자》에서는 봉황을 양정(陽精)이라고도 했다. 그러므로 봉황은 화조(火鳥)이며 불의 에센스(본질, 본체, 실체)이다.

화조는 이집트에서 불사조(不死鳥)로 나타나고, 동이족에서는 삼족오(三足鳥)로도 나타난다. 이 중에서 불사조는 아라비아 사막에 살며 500년 마다 스스로 몸을 불태워 죽고 그 재 속에서 재생한다는 전설상의 새이다. 그러므로 불사조는 영원불멸의 생명을 상징하기도 한다.

제준과 오색조(五色鳥)

이와 함께 삼족오는 태양신의 전령으로서 사람들에게 천상의 가르침을
전해주는 임무를 부여받은 새이다. 이로 보건대 제곡은 불사조와 관련하
여 불멸의 삶을 추구하는 신선(神仙)의 맥(脈)을 이어 받았으며, 삼족오
와 관련해서는 신의 가르침을 받아 내리는 샤머니즘의 문화권에 속해 있
던 인물이라고도 할 수 있다.

화조인 봉황(鳳凰)의 또 다른 특징은 다섯 색깔의 무늬를 하고 있는데,
이 오색조(五色鳥)에는 황조(皇鳥), 난조(鸞鳥), 봉조(鳳鳥)가 있다. 이
중에서 봉조의 경우는 동쪽으로 단혈산(丹穴山)과 발해(渤海)주변에서
살고 있는데 그 무늬에는 인의예지신(仁義禮智信)의 명칭을 붙여놓고 있
다.

새가 있는데 그 생김새가 닭과 같고, 오색의 채색된 무늬가 있으며, 봉황(鳳凰)이라고 한다. 머리의 무늬를 덕(德)이라 하고, 날개의 무늬를 의(義)라 하고, 등의 무늬를 예(禮)라 하고, 가슴의 무늬를 인(仁)이라 하고, 배의 무늬를 신(信)이라고 한다. 이 새는 먹는 것이 자연과 같으며, 스스로 노래하고 스스로 춤을 추며, 사람의 눈에 뜨이면 천하가 태평스럽다.

〈산해경〉「남산경」

위의 내용에서 봉황의 오색무늬에 인의예지신의 명칭을 붙인 것은 성군(聖君)에게는 인의예지신의 덕이 있음을 말한다. 한마디로 이 말은 봉황의 모습을 가지고 있는 제곡이 성스러운 덕을 가진 인물이었음을 말해주고 있다.

봉황은 이 밖에도 바람(風)과 동일시되고 있는데, 그 이유는 갑골문에서 풍(風)이 봉황과 같은 새의 형상을 하고 있기 때문이다.[17] 그래서 봉황과 바람은 같은 뜻을 가지고 있는 것으로 사람들에게 인식되어 왔다. 그런데 바람의 경우는 신의 오고감을 나타낼 뿐 아니라, 신령함의 상징도 가지고 있다. 이 말은 봉황도 신의 오고감을 알리는 신의 전령과 함께 신성한 인물의 상징이었음을 말해준다.

봉황과 바람에 대한 내용을 〈산해경〉「대황동경」에서도 보게 되면 바람이 오는 것을 준(俊)[18]이라고 했는데, 이 말은 제곡이 바람과 관련하여 신의 전령임을 나타낸다. 그런데 이때에 신의 전령이라 하면 태양신으로부터 날아오는 봉황을 말한다. 그렇다면 제곡은 그 이름을 통해서 볼 때에 신의 전령인 봉황의 상징을 가졌다고 할 수 있다.

---

17) 印順法師, 〈중국고대민족신화와 문화의 연구〉
18) 준(俊): 제곡의 이름을 말한다.

이 밖에도 제곡은 갑골문에서 큰 발을 가지고 있는 형상으로 나타나고 있는데, 그 의미는 그가 거인으로서 문명의 시원을 이루었던 북방계통의 인물이라는 것을 말해주고 있다. 이와 같은 입장은 반고(盤固), 과보족(誇父族), 대인국(大人國) 등에서 찾아볼 수 있고, 복희씨의 어머니가 뇌신(雷神)의 큰 발자국을 밟고서 복희씨를 낳은 탄생신화에서도 찾아 볼 수가 있다.

이 외에도 갑골문에서 나타난 제곡의 하나의 다리는 황제가 치우와의 싸움에서 북을 만들기 위하여 잡아온 유파신의 기(夔)를 생각나게 한다. 이렇게 볼 때에 하나의 다리는 제곡의 조화(調和)된 힘이나 강한 의지력을 나타낸다. 따라서 지금까지의 모습을 통해 제곡을 보게 되면 그는 신의 전령과 함께 거인족의 특징을 가지고 있으며, 조화된 힘과 의지력이 강한 인물이었음을 말해주고 있다.

제준(帝俊)의 아내들

제곡의 신화에서 특별한 것은 정사(正史)와는 달리 제곡에게는 아황(蛾黃), 희화(羲和), 상희(常羲)라고 하는 세 명의 부인이 있다. 이들 중 아황은 삼신국(三身國)이라는 나라를 낳았다. 삼신국은 머리가 하나에 세 개의 몸뚱이를 가진 사람들이 사는 나라로서 그 의미는 아황이 삼신(三神)의 가르침을 펼치는 나라와 관련이 있는 것을 말한다.

준(俊)임금은 아황(娥皇)을 아내로 맞아 이 삼신국(三身國)을 낳았는데 성씨는 요(姚)이며 이들은 기장을 먹고 네 종류의 짐승을 부린다.

〈산해경〉「대황남경」

제곡의 이름은 준(俊)이다. 그래서 신화에서는 제곡을 제준(帝俊)이라고 한다. 제준이 아내로 맞이하였다는 아황은 제준의 아들인 요(堯)임금의 딸하고 이름이 같다. 그렇다면 제준은 자신의 손녀딸을 부인으로 맞이한 것이 된다.

그런데 여기서 자신의 손녀딸을 부인이라고 하는 것은 아황이 자신의 명예에 해당하는 반쪽 면을 나타내고 있기 때문이다. 그렇다면 어떻게 아황이 제준의 명예에 해당하는 반쪽 면이 될 수 있단 말인가? 그것은 아황이 집안의 자랑거리가 될 만한 공적을 쌓았기 때문이다. 한마디로 아황의 공적이 집안에 자랑거리가 될 만한 공적이었기에 아황은 제준에게 있어서 명예에 해당하는 반쪽 면이 될 수가 있었다.

아황이 가문에 자랑거리가 될 만한 공적을 쌓은 것은 그녀가 삼신국을 대표하는 순임금(姓은 요姚)을 신랑으로 맞이하였기 때문이다. 한마디로 공적이 많은 순임금을 아황이 신랑으로 맞이하였기 때문에 순임금으로 상징되는 아황을 제준은 가문의 공적으로 삼을 수가 있었다. 그래서 제준은 순임금으로 상징되는 아황을 자신의 명예에 해당하는 부인으로 삼게 되었다.

당시 삼신국을 상징하는 순임금이 어떠한 업적을 쌓았는지 잠시 알아보면 그는 삼신사상을 바탕으로 중원에서 유교(儒敎)가 나올 수 있는 토대를 만든 장본인이다. 여기서 그 핵심사상은 중용사상(中庸思想)으로서 그것은 치우침이 없는 상태에서 그 중(中)을 잡으라는 것이다.

人心惟危 道心惟微 惟精惟一 允執厥中
인심유위 도심유미 유정유일 윤집궐중

인심은 위태롭고 도심은 은미하니,

정밀하게 하고 한결같이 하여야 진실로 그 중을 잡으리라.

삼신사상에서의 근본원리는 하나에서 셋으로 분열하고, 셋에서 하나로 귀일하는데 있다. 그런데 그 핵심은 셋에서 하나로 귀일을 할 때에 그 셋 중에 하나인 양존재와 하나인 음존재가 합일을 이루어 그 하나인 중일(中一)을 만드는데 있다. 그러면 여기서의 중일은 양존재인 하나(一)와 음존재인 둘(二)에 의해 만들어진 통일된 셋(三)이 되어 분화를 하게 되지만 이때에 이를 되돌리게 되면 다시 근원으로 귀일을 하게 된다.

그러므로 진실로 그 중(中)을 잡으라는 순임금의 가르침은 음양의 합일을 이루어 궁극적으로는 근원으로 귀일하기 위함이다. 그렇다면 순임금의 중용사상은 음양의 합일을 통해 근원으로 귀일하는 삼신사상을 바탕으로 나왔으며, 그 궁극은 근원으로 귀일하여 광휘(光輝)를 얻고자 하는 천부사상에 기반을 두었다고 할 수 있다.

그런데 이 뿐만이 아니라 순임금의 아들 상균(商均 — 의균)19)에 의하여 동방의 삼신문화(三神文化)가 더욱 폭넓게 하계의 사람들에게 전해지기도 하였다. 그렇다면 제준의 가문에서는 삼신국으로 대표되는 순임금과 그 아들을 얻어 문명을 낳는 공적을 세우게 되었다고 볼 수 있다.

준(俊)임금이 삼신(三身)을 낳고 삼신이 의균(義均)을 낳았는데 의균이 처음으로 교수(巧倕)가 되어 처음으로 하계의 백성에게 온갖 기술을 전해주었다.

〈산해경〉「해내경」

---

19) 상균(商均): 이름은 의균(義均)인데 후에 상(商)에 봉해졌다고 하여 상균이라고 했다.

사비시(奢比尸)

제준도 본래는 삼신국인 천국으로부터 온 자였다. 〈산해경〉「대황동경」을 보면 사비시(奢比尸)[20]는 오직 제준의 하계에 있는 벗이라고 되어 있다. 이 말은 제준도 천국(天國)에서 하계로 내려왔던 인물이었음을 말해주고 있다.[21]

하지만 시간이 많이 지나면서 천국과의 관계가 멀어질 때에 천국으로부터 다시 뛰어난 인물이 내려오게 되는데, 그가 바로 제준의 손녀사위가 되는 순임금이다. 이로써 제준의 가문에서는 다시금 천국으로부터의 문화를 전달받는 행운을 얻을 수가 있었다.

제준과 관련하여 이번에는 희화와 상희에 대해 알아보면 〈산해경〉「대황동경」에서 희화는 열 개의 태양을 낳고, 그는 제준의 아내라고 하였다.

> 동남해의 밖에 희화국(羲和國)이 있다. 여자가 있는데 이름을 희화(羲和)라고 한다. 방금 해(日)를 감연(甘淵)에서 목욕시키고 있다. 희화라는 자는 준(俊)임금의 아내이며 열 개의 해를 낳았다.

상희에 관해서도 〈산해경〉「대황서경」을 보게 되면 열두 개의 달을 낳

---

20) 〈산해경〉「해외동경」을 보면 사비시(奢比尸)는 짐승의 몸에 사람의 얼굴을 하고 있으며, 귀가 크고 두 마리의 푸른 뱀으로 귀고리를 하고 있다고 한다. 여기서 귀가 크다는 것은 남의 이야기를 귀담아 잘 듣는다는 뜻이다. 두 마리의 푸른 뱀은 새로운 문화에 관심이 있었다는 것을 말한다. 따라서 사비시는 남의 이야기를 잘 들어줌으로써 하계의 땅에서 문명의 시원을 여는 일에 기여했던 것으로 보인다.
21) 제준은 그 뿌리가 황제와 소호금천으로부터 왔다. 제준의 아버지는 교극(蟜極)이고, 교극은 소호금천의 아들이다.

고, 그도 제준의 아내라고 하였다.

준(俊)임금이 상희(常羲)를 아내로 삼아 달(月) 열두 개를 낳고 처
음으로 목욕시켰다.

위의 내용에서 희화가 열 개의 해를 낳고, 상희가 열두 개의 달을 낳았
다는 것은 그들에 의하여 십천간(十天干)과 십이지지(十二地支)의 문화
가 나왔다는 것을 말한다. 하지만 이때의 십천간과 십이지지는 반고씨로
부터 비롯되었다. 그러므로 이때의 십간십이지(十干十二支)는《여씨춘
추》에서 말하였듯이 희화와 상희(상의)에 의하여 점(占)을 치기 위한 용
도로 쓰인 것으로 보인다.

희화는 태양을 통하여 점을 치는 법을 만들었고, 상의는 달을 통하여
점치는 법을 만들었다.[22]

〈여씨춘추〉「물궁」

그렇다면 제준의 두 아내로 인하여 십간십이지의 문화는 더욱 발전되
었다고 볼 수 있다. 그런데 여기서의 두 아내는 그 명칭에서 알 수 있듯
이 자신의 선조인 황제(黃帝)와 관련이 있다.
당시 황제에게는 희화와 상의(상희)라는 신하가 있었다. 사마정(司馬
貞)의《사기력서색은(史記曆書索隱)》을 보게 되면 황제는 희화(羲和)에
게 해(日)를 살피는 것을 맡기고, 상의(尙儀)에게는 달(月)을 살피는 것
을 맡겼다는 기록이 있다.[23]

---

22) 〈여씨춘추〉「물궁」義和作占日, 尙儀作占月,
23) 사마정의 〈사기력서색은〉: 黃帝使 羲和占日 尙儀占月.

희화와 상희

다만 여기서 상희(常羲)를 상의(尙儀)라고 하는 것만 다를 뿐 제준의 두 아내인 희화[24]와 상희는 황제의 두 신하를 말한다. 그렇다면 어떻게 황제의 두 신하가 제준의 두 부인이 될 수 있었단 말인가? 그 이유는 황제의 두 신하가 황제 자신에게도 공적의 상징이 될 뿐 아니라, 제준에게도 공적의 상징이기 때문이다. 이런 점에서 황제의 두 신하는 제준에게 있어 가문에 자랑거리가 될 만한 공적이었다. 그렇기 때문에 황제의 두 신하인 희화와 상희는 제준의 명예에 해당하는 부인이 될 수가 있었다.

우리는 지금까지 신화에 나오는 세 명의 부인에 대해서 살펴보았다. 그런데 여기서 느낄 수 있었던 것은 고대인들의 사유(思惟) 속에 조상이나 후손의 공적은 자신에게도 가문의 입장에서 공적이 된다는 사실이다. 그리고 그 공적은 자신의 자랑거리이며 명예가 될 수가 있었다. 그렇기 때문에 그 공적과 관련된 인물들을 자신의 일부분인 것처럼 여겨 또 다른 의미에서의 부인이라고 하였다. 이로써 제준의 공적과 관련된 인물들은 제준의 부인이 될 수가 있었다.

4. 문명의 중심을 꿈꾼 당요(唐堯)

당요는 제요도당(帝堯陶唐)이라고도 하며 제곡에 이어 군왕이 된 인물

---

24) 제준의 후손인 요임금 때에도 희화(羲和)라는 명칭이 나오는데, 이때의 희화는 희중(羲仲), 희숙(羲叔), 화중(和仲), 화숙(和叔)의 복합적인 명칭으로 나타난다.

이다. 그에 대한 역사의 기록은 위대한 업적과 함께 피비린내 나는 기록으로 되어 있다. 그의 업적으로는 역법(曆法)을 밝히는 일을 하였으며, 그의 피비린내 나는 기록은 당시에 9년 홍수가 일어난 일과 무관하지 않다. 그렇다면 '역법의 신'으로서 요임금이 어떠한 인물인가를 《십팔사략》을 통해 살펴보고자 한다.

제요도당씨(帝堯陶唐氏)는 성(姓)은 이기(伊祁), 일설에는 이름을 방훈(放勳)이라고도 한다. 제곡의 아들이다. 그는 어질기가 하늘과 같고 지혜가 신(神)과 같아, 사람들이 가까이 접해 보면 그의 성품이 인자하기가 마치 태양을 우러러 봄과 같았다.

또 사람들이 그를 멀리서 우러러 바라볼 때는 크고 넓어 모든 사람을 덮기를 마치 구름과 같았다. 그는 평양부(平陽府—山西省)에 도읍했다. 궁전의 지붕은 띠로 덮었고, 그 끝은 가지런히 자르지도 않았으며, 궁전의 층계는 흙으로 만들었는데 모두 세 층이었다. 그 궁전 뜰에 한 포기 이상한 풀이 났다. 보름까지는 날마다 잎이 하나씩 나고 보름 후부터는 잎이 하나씩 떨어지는데, 작은 달(29일의 달)에는 떨어지지 않고 그대로 말라 버렸다. 그래서 이 풀을 명협(莫莢)이라 이름 짓고, 이것을 보고 순(旬)과 삭(朔)을 알았다.

요임금이 천하를 다스리기를 50년이 이르렀는데, 이 동안 실제로 천하가 잘 다스려지고 있는지 그렇지 않은지, 모든 백성이 자기를 천자로 모시는 것을 기뻐하고 있는지 기뻐하지 않는지를 몰랐다. 그래서 측근에게 물어보았지만 모두 모른다고 했다. 다시 조정의 여러 신하들에게 물었으나 역시 잘 모른다고 했다.

그래서 요임금은 평복을 입고 번화한 거리로 나가서 동요(童謠)를 들었다. 아이들은 다음과 같이 노래하고 있었다.

"우리 만민이 나아감은 임의 지극하심 아님이 없어, 아는 듯 모르는 듯 임의 길을 따르네." 또 한 늙은이가 무엇인가 씹으면서 배를 두드리고 땅을 굴러 박자를 맞추어 노래하고 있었다.

"해 뜨면 일하고 해지면 잠자네. 우물 파서 물 마시고 밭 갈아 밥 먹는다. 임금의 힘 따위 무슨 소용 있으리."

어느 날 요임금이 화산(華山)에서 놀 때의 일이다. 화의 국경을 지키는 관원이 말했다.

"우리 성천자(聖天子)께 축복을 드립니다. 원컨대 우리 임금 만수무강하시고, 부귀영화를 누리시고, 아드님도 많이 두십시오." 요임금이 관원에게 말했다.

"그건 원치 않는다. 아들이 많으면 걱정이 많고, 부귀하면 귀찮은 일이 많고, 오래 살면 욕되는 것이 많다."

"하늘은 만민을 낳고, 반드시 각기 일을 줍니다. 그러므로 아드님을 많이 낳으셔도 각각 일을 주면 무엇이 걱정이겠습니까? 또 재물이 쌓일 때에는 여러 사람에게 나누어 주시면 무슨 귀찮은 일이 있겠습니까? 천하에 도가 고루 퍼져 행해지고 있으면 만물과 함께 번영하고, 도가 행해지지 않으면 혼자 덕을 닦아 편안히 있어 천 년을 사시다가 이 세상이 싫어지면 버리고 하늘로 올라가시어 저 흰구름을 타고 한울님께로 가신다면 무슨 욕되는 일이 있겠습니까?"

요임금이 천자의 위에 오르고서 70년 동안에 9년을 계속하여 큰 홍수가 있었다. 그래서 곤(鯀)이라는 사람에게 명하여 물을 다스리게 했는데, 곤은 9년이나 되어도 아무런 성과를 거두지 못했다.

요임금은 이미 늙어서 정치에 싫증이 났다. 이때 사악(四嶽: 사방에 있는 큰 산의 제사를 맡아 그 지방을 다스리는 관원)이 순(舜)을 추천했다. 그래서 요임금은 舜에게 천하의 정사를 맡겼다.

요임금의 아들 단주(丹朱)는 못난 아이였다. 그래서 요임금은 하늘

에 순을 제위에 오르게 할 것을 고하고 순을 추천했다. 요임금이 죽고 순이 즉위했다.25)

중원의 역사에서 요임금은 태평성대(太平聖代)를 이룩한 성천자(聖天子)로 알려져 있다. 이를 당시의 동요에서 알 수 있듯이 "모든 백성이 살아감은 임의 지극하심 아님이 없다"고 말한 것과 같다.

그러나 한 늙은이는 농사를 지어 밥을 먹고 살아가는데 임금의 힘 따위가 무슨 소용이 있느냐는 식의 노래를 하고 있다. 이 이야기는 요임금의 시절에 상반된 내용의 민심이 있었다는 것을 말한다. 이때에 동요의 성격은 어린아이들이 부르는 것이지만 정치적인 색깔이 있는 노래를 어린아이들이 불렀다는 것은 정치적 개입이 있었다는 증거이다.

반면에 한 늙은이의 노래는 삶의 과정을 통달한 사람의 심정이 담겨 있다. 임금의 힘 따위는 소용없다는 늙은이의 노래는 정치라는 것이 결국

---

25) [帝堯陶唐氏]伊祁姓. 或曰, 名[放勛]. [帝嚳]子也. 其仁如天, 其知如神. 就之如日, 望之如雲. 都[平陽]. 茅茨不剪, 土階三等. 有草生庭. 十五日以前, 日生一葉. 以後日落一葉. 月小盡, 則一葉厭而不落. 名曰[蓂莢]. 觀之以知旬朔.

治天下五十年
治天下五十年, 不知天下治歟, 不治歟, 億兆願戴己歟, 不願戴己歟. 問左右不知. 問外朝不知. 問在野不知. 乃微服游於康衢, 聞童謠. 曰, 立我烝民, 莫匪爾極. 不識不知, 順帝之則. 有老人, 含哺鼓腹, 擊壤而歌曰,「日出而作, 日入而息, 鑿井而飮, 畊田而食. 帝力何有於我哉.」

帝鄉
觀于[華]. 華封人曰,「嘻, 請祝聖人. 使聖人壽富多男子.」[堯]曰,「辭辭. 多男子則多懼. 富則多事, 壽則多辱.」封人曰,「天生万民, 必授之職. 多男子而授之職, 何懼之有. 富而使人分之, 何事之有. 天下有道, 與物皆昌, 天下無道, 修德就閒, 千歲厭世, 去而上僊, 乘彼白雲, 至于帝鄉, 何辱之有.」堯立七十年, 有九年之水. 使[鯀]治之. 九載弗績. 堯老倦于勤. 四岳擧[舜]. 攝行天下事. 堯子[丹朱]不肖. 乃薦[舜]於天. 堯崩. 舜即位.

자신들의 욕망을 채우는 일이지 밭 갈고 농사짓는 백성들에게는 정치적인 힘이 긍정적이기 보다는 오히려 부정적인 것이 많다는 이야기이다.

이번에는 국경을 지키는 관원이 요임금에게 덕담을 하는데, 요임금은 근심 속에서 모든 것이 허망하다는 모습을 보이고 있다. 이에 관원은 모든 것을 초월한 것과 같은 답변을 해주고 있다. 하지만 당시의 요임금은 힘들었던 정치에 한계를 느끼고 삶의 의욕을 놓고 있었던 것으로 보여진다. 이런 점에서 요임금은 태평성대를 열었던 임금이라기보다는 정치에 지친 것과 같은 모습을 보이고 있다.

요임금이 처음 임금으로 등극하여 신하들을 뽑는 과정에서 일어난 하나의 일화가 있다. 그것은 하남성 기산(箕山)에 은둔해 살았던 허유(許由)와 소부(巢父)에 대한 이야기로써 어느 날 소부가 소를 몰고 영수(潁水)라는 냇가에 가서 소에게 물을 먹이려 하는데, 냇물에 귀를 씻는 허유를 보았다.

"아니, 왜 귀를 씻고 계시오?"라고 하자 허유는 "요임금이 나에게 재상 자리를 맡아달라는 청을 듣고, 그 구질구질한 소리를 들은 내 귀가 더러워졌을까 봐 씻는 중이오."라고 했다.

그 말을 들은 소부는 "에이, 그 더러운 귀를 씻은 물을 내 소에게 먹일수가 없소"하고 상류로 올라가버렸다고 한다. 이 이야기에서 두 선비의 절개와 지조를 느낄 수 있는 바이지만 당시에 정치의 권력다툼이 얼마나 더럽기에 이러한 일화가 나오게 되었는가 생각하게 된다.

그러나 이 이야기는 단순히 정치의 더러움과 그것을 벗어나고자 산천에 숨어서 살고자 했던 은자의 이야기가 아니다. 여기에는 서로 간에 정치적인 노선이 달랐다는 이야기이다. 이에 대하여 〈부도지(符都誌)〉「제17장」에서는 제요(帝堯)가 오행(五行)의 법을 만들어 제왕(帝王)의 도를 주창하므로 소부와 허유 등이 꾸짖고 그것을 거절하였다고 했다.

이런 관점에서 볼 때에 요임금과 두 인물 간에는 기존의 천자문화를 따라야 한다는 주장과 그렇지 않고 오행에 의한 천자문화를 달리 봐야 한다는 주장 때문에 서로의 의견을 달리했다고 볼 수 있다. 이른바 요임금이나 두 인물이 천자문화 속에 살고 있었으나 요임금이 오행법(五行法)을 임의대로 해석하여 자신이 천자임을 주장하자 이를 소부와 허유가 반대했다는 것을 말한다.

당시 천자문화는 북방에 있는 천자를 중심으로 세상이 하나가 되는 문화였다. 그러나 요임금은 하늘의 중심은 북두칠성이요, 땅의 중심은 북극이라는 천지중심의 법칙을 따르지 않았다. 대신 오행의 중심과 사방의 중앙(中央)에 해당하는 중원의 땅에 있는 자신이, 문명의 중심에 있는 천자(天子)라고 주장하며 외치고 있었다.

> 요(堯)가 구주(九州)의 땅을 그어 나라를 만들고, 스스로 오중(五中)에 사는 제왕이라 칭하여 당도(唐都)를 세워 부도(符都)26)와 대립하였다.
>
> <부도지>「제 17장」

다시 말해 당시에는 북방을 중심으로 출현한 천자(天子)를 바탕으로 문명의 중심을 말하던 시대였다. 그런데 문명의 중심은 북방이 아니라 중원의 땅이라고 주장한 인물이 나온 것이다. 그가 바로 요임금이며, 이에 대해 <부도지>에서는 요임금이 천부의 이치를 폐하고 부도의 역(曆)을 버리니 인세(人世)의 두 번째 변고였다고 하였다.

그렇다면 당시에 문명의 중심이 북방이냐, 아니면 중원이냐 하는 첨예한 대립구도에서 요임금은 대지의 배꼽인 북방을 무시하고 중원의 땅이

---

26) 부도(符都)는 하늘의 도시, 천부의 도시를 말한다.

세계의 중심임을 주장했다고 볼 수 있다. 이른바 요임금은 하도(河圖)에서 사방의 중앙에 5·10土가 있듯이, 중원의 땅을 천하의 주인이 있는 곳이라고 주장한 것이다.

그러나 중앙의 5·10土가 있는 자리는 현실적으로 눈에 드러나는 자리가 아닌 황천(黃泉)의 세계이며 지하의 세계이다. 한마디로 5·10土가 있는 자리는 깨달음과 진리가 나오는 자리이지, 천자가 머물 수 있는 땅이 아니다. 그렇기 때문에 문명은 북방에서 나오게 되고, 북방에서 천하를 통치하는 천자가 나올 수밖에 없다.

이러한 세계관은 당시 북방민족만의 생각은 아니었던 것으로 보인다. 〈예기〉「단궁下」를 보게 되면 죽은 사람을 북쪽에 장사지내고 북쪽으로 머리를 두게 하는 것은 하나라, 은나라, 주나라의 삼대에 걸친 공통된 예법이라고 하였다. 그러므로 모든 민족들이 생명의 시작과 마침을 북쪽으로부터 시작되어 북쪽에서 끝난다고 생각들 하고 있었다.

그러나 요임금은 북방이 문명의 중심이라는 이치를 폐하였다. 이로부터 두 세력의 대립은 시작될 수밖에 없었고, 차츰 북방의 동이족과 중원에서 권력을 키운 요임금 간에 천자국(天子國)의 주도권을 갖고자 싸움이 벌어질 수밖에 없었다. 그래서 《부도지》에서는 이때에 요임금이 관문 밖으로 나가 무리를 모아 묘예(苗裔)를 동, 서, 북의 삼방(三方)으로 쫓아내고 부도와 대립하였다고 했다. 〈태백일사〉「삼한관경본기」에도 이 같은 기록이 보이는데, 요임금의 덕이 날로 쇠퇴하자 서로 땅을 다투는 일이 쉬지 않았다고 하였다.

이와 같이 요임금은 자신의 뜻을 펼치고자 밖으로는 부도와 대립하고 내부적으로는 묘족을 탄압함과 동시에 반대 세력들을 무찌르며 피에 역사를 만들어갔다. 그러나 요임금의 뜻이 너무나 완고했던 탓일까! 너무나 많은 희생자를 만들게 되면서 우연인지 필연인지는 알 수 없으나 하늘의 노여움 속에 대홍수가 일어나고 말았다.

> 콸콸 밀어닥치는 홍수가 사방으로 넘쳐흘러 산들을 둘러싸고 뚝들을
> 무너트려 멀리 하늘에 닿으므로 백성들은 걱정하고 원망하였다.
>
> 〈서경(書經)〉「요전(堯典)」

옛날에는 홍수와 가뭄 등의 천재지변은 바른 정치를 못하고 실정(失政)을 했기 때문에 벌어질 수밖에 없었던 하늘의 경고였다. 한마디로 백성들의 한숨소리와 피눈물로 인하여 홍수는 일어날 수가 있었다. 그러므로 태평성대로 일컬어지는 요(堯)임금시대에 홍수가 겹친 것은 요임금이 실덕(失德)을 했기 때문이었다.

요임금의 9년 홍수와 곤(鯀)

요임금의 시절, 9년간의 대홍수가 일어나자 요임금은 곤(鯀)이라고 하는 자를 등용하고 홍수를 막는 치수(治水)사업에 임무를 맡긴다. 그러나 치수사업에 실패한 곤은 요임금과 순(舜)에 의하여 비참한 최후를 맞이하게 되는데, 당시의 역사는 그 때의 상황을 이렇게 기록하고 있다.

> "아아! 사방의 제후들이여! 넘실대는 홍수가 널리 해를 끼치고, 질펀
> 한 물이 산을 잠그고 언덕을 잠기게 하여, 장마는 하늘을 찌를 듯하
> 오. 백성들은 이를 탄식하고 있으니 이를 다스릴 자는 없겠오?" 여
> 럿이 이르되 "오호! 곤(鯀)이 있습니다."[27]
>
> 〈서경〉「요전」

---

27) 帝曰咨四岳 湯湯洪水方割 蕩蕩懷山襄陵 浩浩滔天 下民其咨 有能俾乂. 僉曰於鯀哉.

홍수를 다스릴 적격자로서 신하들은 이구동성으로 곤을 추천한다. 이러한 상황은 당시에 곤이 인품과 능력을 가진 적격자였음을 추정할 수 있다. 반면에 요임금을 따르는 신하들이 곤을 미워하여 치수에는 아무 능력 없는 그를 함정에 빠트려 제거하려고 했는지도 모른다.

이를 뒷받침하듯이 〈초사〉「천문」에서는 "홍수도 못 막을 곤(鯀)을 어쩌자고 뽑아 썼을까."라고 반문하고 있다. 또 신하들이 곤을 추천하였지만 요임금은 그가 사람됨이 고집스러워 명령을 듣지 않으며 좋은 사람을 해친다고 말하면서도 홍수를 맡기는 내용이 〈서경〉「요전」에 나온다.

> 요임금이 말하기를 '그렇지 않은지라! 그는 사람됨이 고집스러워 명령을 듣지 않으며 좋은 사람을 해치오.' 사악(四岳)이 말하기를 '우리가 그를 추천하오니 시험해 보시고 쓸 만하면 쓰십시오.' 요임금이 '가보아라! 열심히 신중하게 처리하여라.' 9년 동안이나 일을 하였건만 아무런 성공을 거두지 못하였다.28)

관료들의 추천과 요임금 허락에 의하여 홍수를 맡게 된 곤(鯀)은 홍수를 막으려고 오행법으로 알려진 식양(息壤: 스스로 늘어나는 흙)을 가지고 최선을 다하게 된다. 그러나 예정된 결과라고 할까, 그는 치수의 진행 과정에서 결국 실패하였다고 하여 우산(羽山)에서 최후를 맞이한다. 그런데 〈산해경〉「해내경」을 보게 되면 홍수는 막았으나 상제의 명을 기다리지 않았다고 하여 우교(羽郊)에서 죽인 것으로 나온다.

> 홍수가 하늘까지 넘치자 곤(鯀)이 상제(上帝)의 스스로 불어나는 흙을 도둑질하여 홍수를 막았다. 그러나 상제의 명을 기다리지 않았다

---

28) 帝曰吁咈哉 方命圮族. 岳曰异哉 試可乃已. 帝曰往欽哉 九載 績用弗成

고 하여 상제께서 축융(祝融)에게 명하여 곤을 우교(羽郊)에서 죽였
다.

　위의 내용에서 볼 때 곤은 홍수를 막는 일에 실패해서 죽었다기보다는
정치적인 입장에서 죽었다고 볼 수 있다. 왜냐하면 상제(上帝)의 명을 기
다리지 않고 독단적으로 일을 처리했기 때문이다. 위의 글귀에서 상제는
요임금을 지칭한다. 그 이유는 제요(帝堯)가 곤을 죽였듯이 상제가 곤을
죽였기 때문이다. 그러므로 식양은 제요의 것을 말한다.
　그런데 여기서 식양(息壤)의 의미를 살펴보면 '숨을 쉬는 흙', '스스
로 불어나는 흙'이라 하였으니, 그것은 오행의 상생관계 속에서 서로 부
족한 점을 채워주는 원리라 할 수 있다.
　그렇다면 결국 식양은 오행법이 되고, 그 오행법은 요임금의 것이 된
다. 그러나 오행법이 요임금의 것이라기보다는 본래는 복희씨로부터 비롯
되었다. 그 이유는 오행법의 시초라고 하는 하도(河圖)를 복희씨가 만들
었기 때문이다. 이런 점에서 볼 때에 오행법은 천국에 뿌리를 두고 있는
동이족이라면 같은 종족의 입장에서 누구나 자신의 것이 될 수가 있었다.
따라서 오행법이 요임금만의 소유라는 것은 타당하지 않다.
　그런데 여기서 오행법을 요임금이 자신의 것이라 주장하는 것은 오행
법을 제대로 해석할 수 있는 인물이 자신 밖에는 없다고 생각했기 때문
이다. 그래서 오행법을 오직 자신만의 것이라 주장한 것 같다. 따라서 오
행법을 가지고 제멋대로 해석하여 홍수를 막고자 했던 곤의 행동을 요임
금은 도둑질하는 것으로 보았던 것이다.
　결국 곤은 북방에 자리 잡고 있는 동이(東夷)의 해석법인 오행법을 사
용했기 때문에 죽게 된 것인데, 당시에 곤은 여러 기록에서 동이로부터
문화를 배웠다고 전해지고 있다. 그 중에서 하나의 기록인 〈초사〉「천

문」의 내용을 보면 올빼미와 거북이가 서로 끌고 끌리는데 곤은 왜 그들을 따랐는가(鴟龜曳銜 鯀何聽焉)라는 내용이 나온다.

여기서 올빼미와 거북이가 상징하는 것은 영적인 하늘의 세계와 생명을 낳는 바다의 세계이다. 그런데 당시에 올빼미와 거북이를 토템으로 하는 문화는 동이족의 홍산문화(紅山文化)가 있었다.[29] 그러므로 곤은 천국에 있는 동이족으로부터 홍수에 대한 지혜를 얻고자 그들을 따랐다고 할 수 있다.

천국문명(천자국)을 따랐다는 것에 대해서는 세발 자라(三足鱉)의 이야기에서도 찾아볼 수 있다. 누런 곰을 뜻하는 웅(熊)은 중국문화에서 세발 자라를 뜻하기도 하는데, 여기서 그 유래는 곤이 누런 곰[30]으로 변했을 때 삼족별(三足鱉)로도 불렸기 때문이다.

그렇다면 누런 곰과 삼족별은 무엇을 뜻하는가? 이 중에서 누런 곰은 〈산해경〉「중산경」에서 신인(神人)이 되어 나온다는 곰의 굴과 관련해서 볼 때 탈바꿈과 부활의 상징이다. 반면에 삼족별의 경우는 삼신사상을 가지고 있는 북방민족을 상징한다. 이로 보건대 곤은 누런 곰과 관련하여 수행문화와 삼족별과 관련해서는 삼신사상을 따랐다는 것을 말한다.

그런데 여기서 곤은 왜 요임금을 따르지 않고, 요임금은 왜 식양을 훔쳤다는 이유만으로 곤을 죽였느냐는 의문이 생긴다. 그 이유는 당시에 요임금이 천하의 주인이 되고자 자신만의 오행법(식양)을 주장하고 폭정을 일으켰기 때문이다. 그래서 북방의 동이족에게 의지했던 곤은 요임금과의 뜻을 달리하게 되면서 죽을 수밖에 없었다.

---

29) 홍산문화에서 발굴된 옥(玉)에는 올빼미와 거북이가 있었다. 당시 올빼미와 거북이는 천상세계와 수궁(水宮)을 나타내는 상징으로 이 모든 것은 북방 샤머니즘의 세계와 상통하는 것이다.

30) 곤이 누런 곰으로 변하였다는 이야기는 〈국어〉「진어 제8」과 〈좌전〉「소공 7년 조」에 나와 있다.

당시 요임금의 폭정은 홍수가 일어나기 전부터 있어왔는데 〈맹자〉「등문공상(藤文公上)」을 보면 홍수의 원인이 요임금의 폭정 때문이었음을 암시하고 있다.

요임금 때 천하가 아직 평안하지 못하여 홍수가 일어 천하에 범람하였다. 초목은 무성하고 금수(禽獸)는 수가 엄청나게 불었으며, 오곡이 제대로 익지 못하고 금수가 사람에게 달려들었다. 들짐승과 날짐승의 발자국으로 생긴 길이 중국에 교차하였다.31)

유가에서 일컬어지는 요순의 태평성대와는 사뭇 다른 입장에서 기록되어 있는 〈맹자〉의 구절은 천하가 아직 평안하지 못하였다고 전하고 있다. 이 말은 요임금이 제위에 오를 때부터 시작하여 국정을 혼란에 빠트리고 주변의 땅들을 무력으로 침탈하였다는 것을 말해준다.

처음 요임금이 제위에 오르기 전에는 그의 이복형인 지(摯)가 있었다. 그런데 〈사기〉「오제본기」에서는 요임금이 형으로부터 제위를 선양받았다고 하였다. 그러나 각자의 어머니가 다를 때는 서로의 권력이 형성되는 것인데, 어떻게 친형도 아닌 배다른 형으로부터 제위를 선양받을 수 있단 말인가?

이 말은 이치에 합당하지 않은 말이다. 여기에는 어두운 술수가 숨겨져 있는 것이다. 한마디로 요임금은 형과 그의 추종세력들을 억압하고, 위협을 통해 제위를 찬탈했다고 밖에 볼 수 없다.

이후에는 주변의 부족들을 정벌하여 수많은 피를 쏟게 함으로 하늘의 노여움으로 9년의 대홍수는 일어났다고 볼 수 있다. 그 와중에 금수가

---

31) 唐堯之時, 天何猶未平 洪水橫流汜濫於天下. 草木暢茂,
　　禽獸繁殖, 五穀不登, 禽獸偪人. 獸蹄鳥跡之道, 交於中國.

사람에게 달려들었다는 것은 금수와 같은 사람들이 혼란기를 이용하여 배고픔을 채우고자 백성들을 괴롭혔다는 것을 말한다. 그래서 이때에 천자국인 단군시대의 기록에서 요임금의 실정(失政)에 대하여 군사적 파견이 준비되는 상황까지 나오고 있다.

> 단군왕검은 제요도당(帝堯陶唐)과 나란히 군림했다. 요임금의 덕이 날로 쇠퇴하자 서로 땅을 다투는 일을 쉬지 않았다. 천왕은 마침내 우순(虞舜)에게 명하여 땅을 나누어 다스리도록 병력을 파견하여 주둔시키게 하고, 함께 요임금의 당나라를 치도록 약속한다. 그러자 요임금이 마침내 힘이 딸려 순임금에게 의지해 생명을 보전하고 나라를 양보하였다.
>
> <태백일사>「삼한관경본기」

위의 내용을 보게 되면 요(堯)의 세력이 커지면서 천자국인 조선을 침범하고 그 문화를 억압하는 것이 날로 심해졌던 것으로 보여 진다. 이에 천자국(天子國)의 군왕인 단군왕검이 요임금의 난(亂)을 진압하기 위하여 또 다른 제후국의 우두머리로 있던 순(舜)에게 명하여 요임금의 난을 함께 협조하여 막도록 협약을 한다.

그러나 순(舜)은 단군성조와 행동을 같이 하는 척하더니, 요임금의 꼬임에 빠져 임금의 자리를 선양하겠다는 약속을 받고 단군성조와의 협약을 파기한다. 이 뒤로 요임금의 두 딸과 혼인함과 동시에 요임금으로부터 자의 반, 타의 반으로 임금 자리를 물려받게 된다. 그런데 역사에서는 이때의 일을 가지고 요임금이 순의 덕행에 감복하여 임금 자리를 선양(禪讓)하였다고 했다.

이때의 상황을 자세히 알려주는 내용이 《죽서기년(竹書紀年)》32)에서 나오는데, 그 내용을 보면 순(舜)이 요임금을 가두고 맏아들 단주와 서로 만나지 못하게 하였다(舜囚堯, 復偃塞丹朱, 使不與父相見也)고 했다.

이와 함께《급총죽서(汲冢竹書)》에서는 순이 평양에서 요를 구금하고 제위를 찬탈하였다(舜囚堯於平陽, 取之帝位)고 기록하고 있다. 그러므로 요임금은 순의 핍박과 서로의 밀약(密約)에 의하여 순에게 두 딸을 주고, 자신을 대신하여 정치를 하게 했다고 볼 수 있다.

당시의 이러한 복잡한 상황을 정리하면 순은 요임금과의 밀약을 통하여 천자국의 천왕과 자신의 아버지까지 배반을 하고, 요임금의 나라인 당(唐)을 넘겨받게 된다. 이후 요임금의 두 딸인 아황과 여영까지 아내로 삼게 되면서 순은 자신의 정치적 야욕을 채울 수가 있었다.

〈초사〉「천문」에서는 당시의 상황에 대하여 전하고 있는데, 제순(帝舜)의 아버지에게 요임금이 말도 않고서 어떻게 두 딸과 혼인을 시켰냐는 것이다. 이것은 순과 요임금이 서로의 대립 속에서 밀약이 없고서는 있을 수 없다는 것이 전국(戰國)시대 말, 굴원(屈原)의 생각이었다.

요(姚: 순의 姓)한테 요(堯)임금이 말도 않고서
어떻게 두 딸과 혼인시켰을까.
흥망의 싹이 처음부터 있다지만
무엇으로 헤아려 미리 알 수 있었나,
우뚝 높이 솟은 열 층 옥대(玉臺)를 보고
주(紂)가 망할 줄을 뉘 알았으리.

당시 두 인물의 밀약 속에서 제순이 요임금의 꼬임에 넘어간 이유는

---

32)《죽서기년》은 사기(史記)의 결오(缺誤)를 보정(補正)한 것이라고 하는 중국 상대(上代)의 사료

무엇인가? 그것도 자신의 아버지에 뜻까지 저버리면서 말이다. 결론적으로 말하면 두 인물이 북방의 땅을 벗어나 중원의 땅에서도 하늘과 땅의 아들이라는 천자문화(天子文化)를 세워보겠다는 뜻이 서로 간에 일치했기 때문이다.

그래서 요는 스스로 오중(五中)에 사는 제왕이라고 명칭하기도 했다. 이를 볼 때에 당시에 대부분의 사람들이 믿고 따르던 천자국인 북방계통을 요임금이 부정하게 되면서 북방계통을 따르던 무리들을 사방으로 내쫓는 동시에 척살하기 시작한 것이다.

이러한 복잡한 정치구도에서 곤(鯀)은 처형을 당하게 되는데, 이때는 요임금이 순(舜)과의 협약 속에서 국정을 살피던 때였으므로 정치적 상황이 민감한 시기였다. 이러한 때에 곤이 벌(罰)을 받게 되는 상황으로 전개되었던 것은, 치수의 방법은 죄를 덮어씌우기 위한 빌미에 지나지 않고, 그의 다른 정치노선과 직언을 서슴지 않았던 성격 때문이라 할 수 있다.

이로써 공공(共工), 삼묘(三苗), 환두(驩兜), 단주(丹朱)가 요순의 정치에 반대하여 처벌을 받게 되었듯이 곤(鯀) 또한 이들과 같은 대열에 합류했기 때문에 처벌받게 되었다고 볼 수 있다.

곤은 얼마나 말을 잘 들었던가.
순응하며(치수에) 성공하길 바랐는데
임금은 왜 그를 처형했나.[33]

〈초사〉「천문」

위앤커의 《중국 고대신화》를 보게 되면 곤의 심정을 잘 나타내주는 굴

___
33) 何廳焉鯀 順欲成功 帝何刑焉

원(屈原)의 시(詩)가 있는데, 여기서도 곤이 정치적 상황에서 충정을 고하였으나 결국은 죽게 되었다고 전하고 있다.

> 인류에 대한 충정 때문에 죽게 된 곤
> 결국 우산(羽山)의 황야에서 죽었다네.
> 자신의 충정을 위해 굴하지 않았건만
> 그의 치수는 헛되고 말았다네.

충정을 위해 굴하지 않았던 곤에 대하여 〈초사〉「이소경」에서는 "곤이 직(直)으로 화를 입더니 끝내 우산(羽山)에서 쉬 죽게 되었다"고 하였다. 이를 볼 때 곤(鯀)은 기존의 정치질서와 같이 천국(천자국)의 문명을 따르는 것이 충직이라 생각하여 직언을 아끼지 않았던 것으로 보인다. 그러나 그 직언이 요순의 마음을 거슬리게 되면서 곤은 죽게 되었다고 볼 수 있다. 따라서 곤은 충직하고 바른 말을 잘하는 신성을 갖춘 인물이었다고 단언할 수 있다.

〈산해경〉「해내경」을 보면 황제(黃帝)가 낙명(駱明)을 낳고, 낙명이 백마(白馬)를 낳았으며 백마가 곤(鯀)이 되었다는 내용이 있다.[34] 여기서 곤이 백마로 불렸다는 것은 한마디로 그가 순수함, 죄가 없는 사람, 광명의 빛을 가진 순수한 영혼이었다는 것을 말한다.

페르시아 신화에서도 백마에 대하여 말하고 있는데, 백마는 선신(善神)이 타고, 흑마는 악신(惡神)이 탄다고 한다. 〈성경〉「요한계시록」에서도 백마의 상징은 충직과 믿음과 진실이다.

---

34) 곤(鯀): 《세본世本》에서는 황제(黃帝)가 창의(昌意)를 낳고 창의가 전욱(顓頊)을 낳고 전욱이 곤을 낳았다고 했다.

또 내가 하늘이 열린 것을 보니 보라. 백마(白馬)를 탄 자가 있으니,
그 이름은 충신(忠信)과 진실(眞實)이라. 그가 공의(公義)로 심판하
며 싸우더라.

백마의 상징이 공의와 심판을 나타내고 있듯이 백마는 하늘의 현현이
기도 하다. 그러므로 백마는 태양과 관련된 불말(火馬)의 상징성도 가지
고 있는데 〈성경〉「열왕기하 2장 11절」에서는 불말들이 엘리야를 태우
고 회리바람과 함께 승천했다는 내용이 나온다.

홀연히 불수레와 불말들이 두 사람을 격(隔)하고 엘리야가 회리바람
을 타고 승천하더라.

불말들이 엘리야를 태우고 승천하였다는 것은 불말이 또한 천상을 오
고가는 천마(天馬)임을 말해주고 있다. 천마는 신라의 고분인 천마도(天
馬圖)에서 찾아볼 수 있는데, 이때의 천마는 무속적 기능의 준마(駿馬)이
기도 하다.

준마는 아주 괄목할 만한 무속적 동물이다. 준마의 질주와 그 눈부
신 속도는 비행, 즉 접신 이미지의 전통적인 표현인 것이다.
〈샤마니즘〉「제5장」

무속적 기능의 준마는 샤먼이 타고 다니는 영마(靈馬)를 말한다. 이른
바 영마는 곧이 순수, 충직, 진실할 뿐 아니라 신령함을 갖춘 인물이었음
을 말해주고 있다. 그래서 그는 자신의 신성함으로 인하여 위대한 아들을
낳게 되는데, 그가 장차 커서 하우씨가 된다.

〈오월춘추(吳越春秋)〉「월왕무여외전(越王無余外傳)」을 보게 되면 곤이 물속으로 뛰어들어 황룡으로 변하였으며 이로 인해 우연(羽淵)의 신이 되었다는 내용이 나온다.[35] 여기서 곤이 물속으로 뛰어들었다는 것은 죽음과 동시에 새로 태어난 것을 말한다. 이른바 물(水)이 곧 생명의 근원이기 때문에 우연에서 곤은 죽고 그 부활로서 황룡이 된 하우씨가 태어난 것을 말하고 있다.

이와 함께 곤이 우연의 신이 되었다는 것은 하늘로 승천할 수 있는 용(龍)을 낳음으로써 그 아들로부터 신으로 추존되었다는 것을 말한다. 그러므로 곤은 치수의 실패라고 하는 빌미를 제공하고 요임금에게 죽음을 당하지만 결국 아들에 의하여 명예가 회복됨을 〈오월춘추〉에서는 말하고 있다.

곤에 대한 기록인 〈좌전〉「소공(昭公) 7년」과 〈국어(國語)〉「진어(晉語)」에서도 보게 되면 옛날 곤이 요(堯)의 명을 어겨 그를 우산에서 주살하자, 황능(黃能—누런 곰)으로 변하여 우연(羽淵)으로 들어갔다고 하였다. 여기서 곤이 누런 곰으로 변하였다는 것은 그가 북방민족의 수행문화와 관련이 있다는 의미도 있지만 여기서는 새로운 변신을 시도하였다는 뜻이다. 그렇다면 곤이 새로운 변신과 동시에 우연으로 들어갔다는 것은 그가 하우씨를 낳고나서 우연으로 들어가 죽었다는 것을 말한다.

〈초사〉「천문」편에서도 "곤이 죽어서 누런 곰(黃熊)이 되었는데, 무사(巫師)가 왜 부활 시켰을까."라고 의문을 던지는 내용이 나온다. 여기서도 누런 곰은 새로운 변신을 상징한다. 따라서 곤이 죽어서 곰이 된 것은 곤에 의하여 하우씨가 태어난 것을 말한다.

곤에 대한 이야기는 《장자》의 대붕(大鵬)에서도 만나볼 수 있다. 김용옥교수에 의하면 곤(鯤)은 곤(鯤)과 통하는 글자라고 말하고 있다. 그런

---

35) 鯤投於水 化爲黃龍 因爲羽淵之神.

데 여기서의 곤(鯤)은 거대한 물고기의 상징에서 다시 대붕으로 변하고
있다.

> 북쪽 연못에 물고기가 살고 있었다. 그 이름을 곤(鯤)이라 하였는데,
> 곤의 크기가 몇 천리나 되는지 알 수 없다. 그것이 화(化)하여 새가
> 되었는데, 그 이름을 붕(鵬)이라 하였다. 붕의 등길이가 몇 천리나
> 되는지 알 수 없다.[36]

〈장자〉「소요유」

위의 내용에서 의미하는 것은 하우씨의 아버지 곤(鯀)이 대붕으로 탈
바꿈을 하게 되는 것을 말한다. 그렇다면 북쪽의 연못에서 물고기가 사는
것은 무엇을 말하는 것인가? 그것은 생명의 근원이 되는 곳에 곤의 시신
이 있었다는 것을 말해준다.

그 물고기가 대붕이 되었다는 것은 뱀이 여의주를 얻으면 용이 되듯이
곤이 곧은 성격으로 인하여 대붕(大鵬)이 되었다는 것을 말한다. 그런데
이때에 탈바꿈을 통해 대붕이 되었다는 것은 신의 전령인 하우씨를 낳은
것을 나타내고 있다.

특히 대붕이 날아오를 때는 구만리장천(九萬里長天)까지 이동하는 큰
바람(大風)을 일으키는데, 여기서 바람(風)은 신령스러움(靈)을 나타낸
다. 따라서 대붕은 대풍이 의미하고 있듯이 신의 위대한 전령이 된다. 그
런데 이때에 대붕이 오르고 내리는 천국은 영적세계만을 말하는 것이 아
니라, 천자국인 천국을 말하기도 한다. 이런 입장에서 볼 때에 하우씨는
천자국과 중원을 연결해주는 신의 전령에 역할을 했던 인물이었다.

---

36) 北冥有魚, 其名爲鯤, 鯤之大, 不知其幾千里也? 化而爲鳥, 其名爲鵬, 鵬之背, 不
　　知其幾千里也.

단주(丹朱)의 원한(寃恨)

요임금의 아들 단주는 역사상 처음으로 바둑을 둔 인물로 유명하다. 그러나 불초의 자식으로 역사에 낙인찍힌 인물로도 유명하다. 이 밖에도 단주는 놀기 좋아하고 오만하며 포악하기까지 한 인물로 알려져 있다. 반면에 역사와는 달리 신화에서는 그를 위대한 현인으로까지 상징하고 있다. 그렇다면 단주의 진실성은 과연 무엇이란 말인가?

단주에 대해서 〈서경〉「요전」을 보게 되면 그는 신하들로부터 계명(啓明)한 인물로 알려져 있다.

> 임금께서 말씀하시기를 "누가 때를 따라 등용할 만 할꼬?" 방제가
> 이르되 "맏아들 주(朱)가 계명(啓明)합니다." 임금께서 이르시기를
> "그 애는 말에 충성과 믿음이 없고 말다툼하고 시끄러우니 되겠
> 소?"
>
> 〈서경〉「요전」

〈서경〉에서 방제의 말처럼 주(朱)는 계명(啓明)하다고 하였다. 계명하다는 것은 사물에 대한 이해가 밝다는 것을 말한다. 하지만 요임금은 단주의 말에 대해 충성과 믿음이 없고 말다툼을 하고 시끄럽다고 하였다.

우리는 여기서 단주가 시끄러움과 말다툼을 했다는 것을 요순(堯舜)의 정치와 그 뜻을 달리 했다는 것으로 볼 수 있다. 한마디로 서로의 정치관이 달랐기 때문에 억압정치와는 다르게 많은 의견충돌이 일어날 수가 있었다. 하지만 요임금은 이를 시끄럽고 말다툼하는 것으로 보았다. 그래서 이 뒤로 요임금은 아들을 미워하게 되었고, 곧이어 단주에 대한 나쁜 소문들이 세상에서 들려오기 시작한다.

당시의 소문을 〈서경〉「익직(益稷)」에서 보게 되면 단주는 백성들의

고통과 신음소리에는 아랑곳하지 않았다고 했다. 그래서 그는 날마다 배 위에 올라 놀러만 다녔으며, 떼를 지어 다니며 음탕하게 놀기만을 좋아했다고 한다.

> 아무것도 하지 않고 놀기만 좋아했으며, 밤낮없이 오만하고 포악한
> 짓만을 했다. 이 밖에도 물이 없는 곳에다 배를 띄우며, 떼를 지어
> 집에서 음탕하게 놀아 그의 후손들도 끊기고 말았다.

당시에는 9년 홍수로 백성의 삶이 힘들어지던 시절이었으며, 요순의 선양설이 오고가던 시절이었다. 그러므로 다음의 보위에 오를 수 있었던 단주에 대한 소문은 많아질 수밖에 없던 시대였다. 이러한 시대적 상황으로 인하여 그는 정치적으로 폄하되어 지탄을 받는 처지가 될 수밖에 없었다.

그 시기에 단주의 아버지인 요(堯)는 아들을 멀리하고, 두 딸을 순에게 시집보냄으로써 군왕의 자리는 유지하되 정치는 순에게 넘겨주었던 것으로 보인다. 이후 요임금은 임금의 자리에서 물러나고, 순을 중심으로 역사가 쓰여 지게 되는 과정에서 단주는 온갖 오욕(汚辱)을 뒤집어쓰게 되었다고 볼 수 있다.

그렇다면 단주가 물이 없는 육지에까지 배를 타고 다니며 놀기만을 좋아하였다는 말은 무엇인가? 이 말은 그가 배를 타고 놀기만을 했다는 것이 아니라 9년 홍수에 핍박해진 백성들의 삶을 돌보기 위하여 낮은 곳까지 배를 몰고 가서 백성을 돌보았다는 것으로 이해할 수 있다. 이 밖에도 많은 친구를 거느리며 밤낮없이 놀기만을 좋아하였다는 것은 그가 방탕해서가 아니라 세상을 건질 뜻을 가진 많은 친구들과 격이 없이 지냈기 때문이라 할 수 있다.[37]

당시에 단주의 이러한 행동은 아버지인 요임금과는 그 뜻이 달랐다는 것을 보여준다. 그래서 단주는 아버지로부터 미움을 받게 된다. 더구나 이런 상황에서 단주는 요순에 의해 탄압받게 되는 삼묘(三苗)족과도 친분이 있었다고 알려져 있었다. 그것도 치우천왕을 따르던 삼묘족과 단주가 친했다는 것은 단주가 천자국인 부도(符都)의 가르침을 중심으로 모두가 평등해지는 것을 원했던 것으로 보인다.

하지만 단주의 이러한 갈망과는 달리 〈하서(夏書)〉「우공(禹貢)」을 보면 알 수 있듯이 당시 요순 때의 정치는 중앙에 있는 군왕을 중심으로 모든 것을 차별적으로 구별해 놓았다. 따라서 단주의 정치관하고는 그 뜻이 애초부터 달랐다고 볼 수 있다.

그렇다면 당시의 차별적 상황을 주나라의 정치에서 보게 되면 도성(都城)을 중심으로 첫 번째로 둘러싸여 있는 지역을 제도(帝都)나 왕기(王畿)라고 했고, 두 번째는 전복(甸服), 세 번째는 후복(侯服), 네 번째는 수복(綏服)이라 지정해 놓고 다스렸다.

이 밖에 다섯 번째, 여섯 번째인 요복(要服)과 황복(荒服)부터는 오랑캐들이 머무는 곳이라 지정해놓았다. 이를 볼 때에 요순의 덕은 단주의 포용력 있는 정치에 비하여 차별적으로 나누어 다스렸다. 하지만 큰 정치를 생각했던 단주의 뜻은 요순에 의하여 실현되지 못하고 좌절되고 말았다. 그리고 그 진실이 왜곡되어 원통한 한(恨)을 품고 죽어갈 수밖에 없었다.

---

37) 〈증산도의 도전〉「4편 30장」에서는 단주에 대하여 다음과 같이 말하였다. "단주가 밤낮없이 쉬지 않았다는 것은 쉬지 않고 무엇인가를 하며 부지런하였다는 것이요, 강마다 배를 띄웠다는 것은 대동세계를 만들자는 것이며, 벗들과 떼를 이루어 안에서 마셨다함은 사람들과 더불어 즐거움을 함께 하였다는 말이요, 세상을 없애려 하였다는 것은 서로 주장하는 도(道)가 같지 아니하였다는 말이니라."

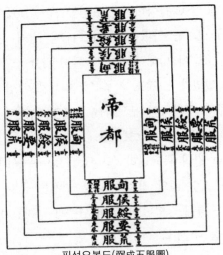

필성오복도(弼成五服圖)

　이로써 단주는 아버지와 순에 의하여 결국은 천하를 태평하게 하려던 꿈을 접고 죽게 된다.38) 그런데 이때에는 단주뿐만이 아니라 여러 세력들도 요순에 의하여 탄압을 받고 죽어갔다. 이에 대하여 〈부도지〉「제19장」의 기록을 보면 요임금과 결탁한 순에 의하여 현자(賢者)들은 죽음을 맞이했다고 하였다.

　이때 유호씨가 수시로 경계하였으나, 순은 '예 예' 하고 대답만 하
　고 고치지 않았다. 그는 끝내 요의 촉탁을 받아들여 현자(賢者)를
　찾아 죽이며 묘족(苗族)을 정벌하였다.

〈부도지(符都誌)〉「제19장」

---

38) 〈장자(莊子)〉「도척(盜跖)」편을 보게 되면 만구득(滿苟得)이라는 사람이 요
　가 맏아들(長子)을 죽였다고 말하고 있다. 〈여씨춘추〉「거사(去私)」편의 주석
　에서도 그 아버지가 단주를 죽였다고 말하였다.

당시에 요순에 의하여 처벌을 받게 되는 현자들 중에는 공공과 환두와 곤이 있었다. 그리고 이때에 네 가지 형벌에 의하여 천하가 복종하게 되었다고 한다.

> 공공(共工)을 유주로 귀양 보내고, 환두(驩兜)를 숭산(崇山)에 가두고, 삼묘(三苗)를 삼위(三危)로 쫓아내시며, 곤을 우산(羽山)에서 죽을 때까지 있게 하였다. 이 네 가지 형벌에 천하가 모두 복종하였다.
>
> 〈서경〉「우서 / 舜典」

공공(共工)이란 직책을 가진 인물은 여와씨가 있던 시대만이 아니라 전욱이 있던 시대에도 공공이란 인물이 수해를 일으켜 전욱이 주살하였다고 〈회남자〉「병략훈」에서 말하였다. 이로 보건대 공공이란 직책의 인물과 역대 중원의 제왕들과는 다툼이 많았던 것으로 보인다.

> 전욱이 수관(水官)인 공공의 군대에 대응하였기에 수해를 평정하였다.[39]
>
> 〈사기〉「율서(律書)」

공공과 요순과의 대립은 나중에 우임금과 공공의 신하인 상류씨에게까지 이어지는데, 그도 나중에는 우임금에 의하여 죽음을 당하게 된다. 〈산해경〉「해외북경」을 보게 되면 우임금이 상류씨를 죽였는데 그 피가 비려 오곡(五穀)의 종자를 심지 못했다고 한다. 따라서 그의 죽음에 파장이 매우 오래갔던 것으로 보인다.

---

39) 顓頊有共工之陳, 以平水害.

상류(相柳)

상류씨(相柳氏)에 대해서는 〈산해경〉「해외북경」에서도 기록이 보이는데, 그 내용을 보면 상류는 "머리가 아홉 개이며 아홉 개의 산에서 나는 것을 먹는다."고 했다. 이 밖에도 〈산해경〉「대황북경」을 보게 되면 우(禹)가 홍수를 막을 때에 상류를 죽였는데 상류라고 하는 사람은 "머리가 아홉이고 뱀의 몸체에 스스로 휘감고 있으며 아홉 땅에서 나는 것을 먹는다."고 하였다.

그렇다면 공공과 그 신하인 상류의 공통점은 뱀의 몸을 가지고 사람의 얼굴을 하고 있는 인면사신(人面蛇身)의 모습이다. 다만 상류의 경우는 아홉 개의 사람에 얼굴을 가지고 있다. 이것은 동이족인 아홉 부족으로부터 상류가 나온 것을 말한다.

아홉 개의 머리를 가진 수뱀은 홀연히 왔다 갔다 하는데 어디가 그의 소굴일까?

〈초사〉「천문」

〈초사〉「초혼」에서는 상류가 홀연히 이리 갔다 저리 갔다하면서 기분풀이로 사람을 집어삼킨다고 한다.40) 여기서 사람을 집어삼킨다는 것은 사람들을 설득하여 자기의 사람으로 만드는 능력이 상류에게 있었다는 것을 말한다. 그러므로 상류는 뛰어난 인물이었음을 짐작할 수 있다. 그러나 요순의 합작으로 공공과 환두와 삼묘는 처벌을 받게 되고, 나중에는

---

40) 〈초사〉「초혼」: 雄虺九首, 往來儵忽 吞人以益其心些

하우씨에 의하여 상류까지 처벌을 받게 되는 상황으로 역사는 전개되어 갔다.

당시에는 요순의 태평성대라고 일컬어지던 시대였다. 하지만 〈서경(書經)〉에 의하면 요순은 여러 부족들에게 네 가지의 형벌을 써서 천하를 복종시켰다고 한다. 한마디로 이러한 정책은 요순의 덕망이 작았다는 증거이다. 이에 대하여 〈죽서기년〉에도 나와 있듯이 옛날에 요가 덕이 쇠하여 순에게 구금을 당했다(堯德衰, 爲舜所囚)고 하였다.

이 같은 내용에 대해서는 〈한비자〉「충효(忠孝)」에서도 순이 어짊과 의로움이 없었다고 말하고 있다.

> 고수는 순의 아버지이나 순이 그를 추방하였고, 상은 순의 동생이나 순이 그를 죽였다. 아버지를 추방하고 동생을 죽였으니 어질다(仁)고 말할 수 없다. 요의 두 딸을 아내로 삼고 요의 천하를 탈취하였으니 의롭다(義)고 말할 수 없다. 어짊과 의로움이 없었으니 밝다(明)고 말할 수 없다.41)

당시의 이와 같은 정치상황에서 단주는 아버지와 순의 억압에 의하여 자신의 뜻을 세상에 펼쳐보지도 못한 채 깊은 한(恨)을 품고 죽어갔다. 그래서 〈산해경〉「남차이경」을 보게 되면 그는 죽어서 세상에 잘 드러나지 않는 어두운 밤에만 활동하는 올빼미와 같은 모습으로 나타나고 있다.

> 거산(柜山)에 새가 살았는데 그 모습이 올빼미와 같고, 발톱은 사람의 손처럼 생겼다. 그 소리가 마상고(馬上鼓) 소리와 같다. 그 이름

---

41) 瞽瞍爲舜父而舜放之, 象爲舜弟而殺之. 放父殺弟, 不可謂仁. 妻帝二女而取天下, 不可謂義, 仁義無有, 不可謂明.

을 주(鴸)라고 하였으며, 자신의 이름을 부르며 운다. 이것이 사람
의 눈에 뜨이면 그 고을에는 숨은 선비들이 많아진다.

인면조신(人面鳥身)의 단주에 모습

단주(丹朱)의 본래 이름은 주(朱)이다. 그러나 〈산해경〉「해내남경」의 주석을 보게 되면 그가 단수(丹水)로 쫓겨나면서 단주(丹朱)라는 이름이 붙게 되었다고 한다. 그런데 주(鴸)라고 하는 것은 단주가 죽은 후 그의 영혼이 새로 변하였다는 것을 말한다. 여기서 그가 새의 모습을 가졌다는 것은 신성(神性)을 지닌 인물이었음을 말해주고 있다. 이른바 새는 태양의 전령이며 하늘을 향해 비상하기 때문이다.

단주와 새의 관계는 단주의 후손에게서도 나타난다. 〈산해경〉「해외남경」을 보면 단주의 후손으로 알려져 있는 환두국(讙頭國) 사람들이 있는데, 그들은 사람의 얼굴에 새의 부리를 가졌다고 하였다.

그 나라 사람들은 사람의 얼굴에 날개가 있고, 새의 부리를 가졌으며 사방에서 물고기를 잡는다. 일설에는 필방(畢方)의 동쪽에 있다고 하고 혹은 환주국(讙朱國)이라고도 한다.

환두국 또는 환주국사람들이 날개가 있고 새의 부리를 가졌다는 것은 전형적인 신성(神性)의 상징이다. 그런데 〈산해경〉「대황남경」을 보게 되

면 단주의 후손으로 여겨지는 또 다른 환두국(驩頭國)이 나오는데, 이들은 날개가 있으나 날지는 못하고 다만 길을 걷는 지팡이로만 삼았다고 한다. 그렇다면 단주의 후손들이 날개가 있으나 날지 못하는 모습을 하고 있었다는 것을 말한다.

이로 보건대 날개는 있으나 날지 못하는 날개는 단주와 마찬가지로 그 후손들의 좌절된 이상향을 나타낸다고 할 수 있다.

환두국 사람

다시 〈산해경〉 「남이차경」의 이야기를 보게 되면 단주의 발톱이 사람의 손과 같다고 하였는데, 이 말은 그의 재주가 뛰어남을 상징한다. 그 모습이 올빼미와 같다는 것은 역사의 전면에 드러나지 못하고 그의 재주가 가리어진 것을 말한다. 숨겨진 선비라는 말도 이와 같은데, 그 상징성도 세상 속에서 자신의 뜻을 펼칠 수 없는 선비임을 나타내고 있다.

그가 소리를 낼 때에 말(馬) 위에 붙어 있는 북과 같다는 내용은 널리 자신의 가리어진 뜻을 세상에 알리고자 함이고, 자신의 이름을 부르는 것은 자신의 뜻이 좌절됨으로 인하여 자신을 위로하기 위함이라고 할 수 있다.

우리는 여기서 재주는 있었으나 자신의 뜻을 세상에 펼쳐보지도 못한 채 죽음에 이른 단주가 그 원통함에 못 이겨, 주(鴸)라고 하는 새로 변하였다는 것을 볼 때에 승자에 의해 가리어진 패자(敗者)의 아픔을 느끼게 한다. 이를 볼 때에 자신의 뜻이 좌절되고, 그 뜻이 왜곡될 때에는 얼마나 깊은 한(恨)을 맺게 되는지를 우리는 단주를 통해서 느낄 수가 있다.

그런데 유가(儒家)의 기록에서 보듯이 불초자식이며 방탕한 삶을 살았던 단주에 대하여 〈산해경〉「해내남경」에서는 순과 단주에 대한 무덤의 기록에서 단주를 제순(帝舜)과 함께 제단주(帝丹朱)[42]라는 명칭을 붙여 넣고 있다. 여기서 단주에게 제왕의 명칭을 붙여놓고 있는 것은 그가 유가의 기록상에는 불초자식으로 기록되어 있지만 백성들에게는 제왕의 자질로서 흠잡을 데가 없는 인물이었기 때문이다.

5. 우순(虞舜)과 대효(大孝)의 비밀

우순은 제순유우(帝舜有虞)라고도 하며, 요임금의 뒤를 이어 군왕이 된 자이다. 그에 대한 역사의 기록도 요임금과 특별히 다를 것은 없으나 그에게는 천자국인 부루태자를 초빙하여 하우씨와 만나게 함으로써 홍범구주를 유입하는데 크나 큰 공적을 세운 인물이다.

이 뒤로 윤집궐중(允執厥中)[43]이라는 중용사상(中庸思想)을 퍼트림으로써 실질적으로 유교사상의 시원을 중원의 땅에 뿌리를 내린 인물이기도 했다. 이 밖에도 그는 요임금과 정치의 뜻을 함께 하게 되면서 형벌(刑罰)을 처음으로 제도화하기도 했다. 그렇다면 중원의 땅에서 유교의

---

42) 제단주(帝丹朱)에 대하여 〈산해경〉「해내북경」을 보게 되면 제단주대(帝丹朱臺)라는 내용이 나온다. 각주에 의하면 중국의 천자들이 순수(巡狩)를 할 때에 지나가는 곳이라 한다. 또 오랑캐들에게 성인(聖人)의 은덕을 추모시키기 위하여 축조하여 그 유적을 나타낸 것이라 한다. 이를 볼 때에 역대임금들의 기억 속에 단주는 위대한 인물로 살아있는 것이다.

43) 〈상서〉「대우모(大禹謨)」를 보면 인심(人心)은 유위(惟危)하고 도심(道心)은 유미(惟微)하니 유정유일(惟精惟一)하여 윤집궐중(允執厥中)하라는 말이 있다. 이 말은 사람의 마음이란 위태롭고 도의 마음이란 미세하니 오직 정밀한 그 하나를 진실로 잡으면 그 중정(中正)을 얻게 된다는 뜻이다. 여기서 그 하나(一)는 세상의 중심, 만물의 본체, 도(道)를 잡으라는 것과 같다. 그러면 절대적 고요의 세계 속에서 만물을 통찰할 수 있다는 것을 말한다.

중심에 있고, 형벌을 제도화시킨 순임금에 대하여《십팔사략》을 통해 살펴보고자 한다.

제순유우씨(帝舜有虞氏)의 성은 요(姚)라 하고 또 다른 이름을 중화(重華)라고 했다. 고수(瞽瞍)의 아들인 전욱의 6대 손이다.

아버지 고수는 후처에게 빠져서 그에게서 낳은 아들 상(象)을 사랑하여 순을 죽이려고 했다. 그런데 순은 부모에게는 효도하고 아우를 사랑하여 화목하기를 힘썼으므로, 부모와 아우는 차차 선도되어 잔악한 길에 빠지지 않았다.

순이 역산(歷山) ― 산서성(山西省) ― 에서 농사짓고 있으니까, 그 지방의 백성은 다 순의 높은 덕에 감화되어 서로 밭두둑을 양보할 만큼 겸양해졌다. 또 뇌택(雷澤) ― 산동성(山東省) ― 에서 고기잡이를 하고 있을 때는 그 지방 사람들은 낚시터를 서로 사양하여, 한 사람이 좋은 자리를 독차지하는 일이 없게 되었다. 또 황하부근에서 그릇을 굽고 있을 때에도 순에게 감화되어 나쁜 물건을 만들어 내지 않게 되었다.

이리하여 순이 살고 있는 곳에는 그의 덕을 사모하여 사람들이 모여들어, 일 년이 되면 마을을 이루고, 이 년이 지나면 읍이 되고, 삼 년이 지나면 도시가 되었다.

요임금은 이와 같은 순의 훌륭한 덕망을 듣고, 그를 밭고랑에서 뽑아 올려 크게 쓰고, 자기의 두 딸을 순에게 시집을 보냈다. 딸의 이름은 아황(娥黃)과 여영(女英)이라고 했는데, 순이 살고 있는 위수의 강가에서 결혼식을 올리게 했다.

순은 이렇게 해서 마침내 요임금의 재상이 되고 섭정을 하게 되었다. 그리하여 간신 환두(驩兜)를 쫓아 버리고 공공(共工:물을 다스

리는 벼슬)을 귀향 보내고 곤(鯀)을 가두고 삼묘(三苗: 지금의 호남
성糊南省 일대에 있는 묘족의 나라)의 제후를 멀리 추방했다.

그리하여 재주와 지혜가 뛰어난 팔원팔개(八元八愷: 여덟 사람의 선
량한 신하)를 등용하고, 아홉 사람(禹, 契, 後稷, 伯夷, 龍 등의 구관
九官의 관리)에게 중요한 임무를 맡기고, 12목(十二牧: 인민을 기르
는 관원, 고을의 장관)을 자문기관으로 삼아서 정사를 의논했다. 그
래서 천하는 잘 다스려지고, 모두 순임금의 공덕을 기뻐했다.

순임금은 오현의 거문고를 타서 남풍(南風)의 시(詩)를 노래하였다.
그 시는 이러하다.

"훈훈한 남풍, 백성의 성냄을 풀고,
때 맞게 부는 남풍, 만물을 기르니
우리백성 재물 넉넉하네."

이때 왕의 덕을 치하하는 경성(景星)이 나타나고, 왕의 따뜻함이 산
위에까지 이름을 표시한 경운(卿雲)이 피어올랐다. 백관은 이것을
보고 순임금의 남풍시에 화답해서 노래를 불렀다.

"찬란한 경운이여, 조정의 의식이 아름답다.
해와 달이 빛나고 영원히 빛나리."

순임금의 아들 상균(商均)은 못나서, 순은 우(禹)에게 천자의 지위
를 잇게 하려고 하늘에 고했다. 순임금은 그 후 남쪽나라를 순행하
고, 창오(蒼悟)의 들에서 병들어 죽었다. 그리고 禹가 즉위했다.[44]

---

44) [帝舜有虞氏]姚姓. 或曰, 名[重華]. [瞽瞍]之子, [顓頊]六世孫也. 父惑於後妻,
愛少子[象], 常欲殺[舜]. 舜盡孝悌之道, 烝烝父不格姦. 畊[歷山]民皆讓畔, 漁[雷

순임금에 대하여 〈맹자〉「이루장구하(離婁章句下)」에서 말하기를 순임금은 저풍(諸馮)에서 나시고, 부하(負夏)에 옮기시어 명조(鳴條)에서 돌아가시니 동이(東夷)의 사람이라고 하였다.

〈산해경〉「대황남경」에서는 순임금이 무음(無淫)을 낳았는데 그가 질(葖)에 내려와 살게 되면서 그 후손이 무질민(巫葖民)이 되었다고 하였다. 그런데 그 후손의 명칭에서 무(巫)가 들어가는 것으로 보아 그들 무질민들은 샤먼이나 제사장의 문화를 가지고 있었던 것으로 보인다.

〈상서〉「순전」을 보게 되면 순임금이 상제(上帝)께 제사를 지내고 천지사시와 산천과 여러 신들에게도 제사를 지내는 내용이 나온다. 이를 볼 때에 순임금도 자신의 후손들과 마찬가지로 샤먼이나 제사장과 같은 역할을 하였다는 것을 말해주고 있다.

순의 자식으로는 아들 상균(商均)이 있고 두 딸이 있는데 여기서 두 딸은 나름대로 세상을 밝게 비추는 능력이 있었다. 이에 대하여 〈산해경〉「해내북경」에서는 순(舜)임금의 부인 등비씨(登比氏)가 소명(宵明)과 촉광(燭光)을 낳았는데, 그녀들은 신통력으로 사방 100리를 비추고 있다고 하였다.

빛으로 세상을 밝게 비추는 인물로는 〈산해경〉「대황북경」을 보면 소명과 촉광 이외에도 촉음(燭陰)이라고도 불리는 촉룡(燭龍)45)도 있다.

澤] 人皆讓居, 陶[河浜] 器不苦窳. 所居成聚, 二年成邑, 三年成都. [堯] 聞之聰明, 擧於畎畝, 妻以二女. 曰[娥黃] [女英]. 釐降于[嬀汭]. 遂相堯攝政. 放[驩兜], 流[共工], 殛[鯀], 竄[三苗]. 擧才子八元八愷, 命九官, 咨十二牧. 四海之內, 咸戴舜功.

南風之詩

彈五絃之琴, 歌[南風之詩], 而天下治. 詩曰,「南風之薰兮, 可以解吾民之慍兮, 南風之時兮, 可以阜吾民之財兮.」時[景星] 出, [卿雲] 興. 百工相和而歌曰,「卿雲爛兮, 糺縵縵兮, 日月光華, 旦復旦兮.」舜子[商均] 不肖, 乃薦[禹] 於天. 舜南巡狩, 崩於[蒼梧之野]. 禹即位.

45) 〈회남자〉「지형훈」에서 촉룡은 사람의 얼굴을 하고 있고, 몸은 용의 모습을

그 내용을 보면 촉룡이라는 신령이 하나 있는데 사람의 얼굴에 뱀의 몸을 하고 있으며, 그가 눈을 감으면 세상이 어두워지고 그가 보면 밝아진다고 한다.

촉룡(燭龍)

그는 또 먹지도 않고 잠자지도 않고 숨도 쉬지 않으며 바람과 비를 불러올 수가 있다고 했다. 이것으로 보아 촉룡은 자연과 하나 된 인물이며, 그 재주는 자연력(自然力)을 나타낸다. 그러나 여기서 순임금의 두 딸이나 촉룡의 초자연적 능력은 그들이 신통력을 부렸다기보다는 인간적인 인품과 세상에 공덕을 펼침이 밝은 빛과 같았다는 것으로 해석할 수 있다.

이로 보건대 소명과 촉광의 경우는 그녀들이 인품과 세상에 끼치는 공덕이 사방 100리에까지 이르렀다고 볼 수 있다. 촉룡의 경우도 그가 인면사신으로서 문화영웅임을 말해주고 있으며, 그의 행위에 있어서는 광대한 천지(天地)와 한 몸이 되고 일월(日月)과 같이 변화무상한 인물이었음을 말해주고 있다.

순임금의 아들 상균에 대해서는 제준의 내용에서 살펴보았듯이 그는 교수(巧倕)가 되어 하계의 백성들에게 온갖 기술을 전해주었다고 한다. 이로 보건대 순의 아들과 두 딸은 하계의 사람들에게 선진문화를 전해준 문화영웅들이었다고 말할 수 있다.

이와 같이 순임금은 자신의 자식들까지 하계의 사람들에게 선진문화와

하고 있으며 다리가 없다고 하였다.

온갖 가르침을 전해주게 되면서 중원에서 그 공적이 헤아릴 수가 없었다. 이 밖에도 순임금에 의하여 중용사상이 전해지게 되면서 오히려 요임금 보다도 더욱 위대한 인물로 알려져 있다.

그래서 유가(儒家)의 기록에서는 간악한 길에 빠져서 자신을 죽이려고 했던 부모와 아우를 잘 타일러 선도했다고 하였다. 이 뿐만이 아니라 지방백성들로부터 덕을 칭송 받게 되면서부터 사람들이 모이고, 이로 인해 사람들이 마을을 이루고, 읍을 이루며, 도시가 되었다는 일화를 만들어내 기도 했다.

그러나 그에게는 문화영웅으로서의 행적은 위대하나 유가(儒家)를 대표하는 성인(聖人)의 표상이 되기에는 보이지 않는 의문의 문제들을 내포하고 있었다. 그 첫 번째가 왜 아버지 고수(瞽瞍)와 아우인 유상(有象)이 무엇 때문에 그토록 위대한 성인으로 알려진 순을 미워했는가 하는 점이다. 두 번째는 순이 정권을 잡았을 때에 왜 많은 형벌이 실행되었느냐는 것이다.

여기서 그 첫 번째 이유는 순이 본국인 단군조선과 그의 아버지 고수에게 반기를 들고, 요임금과 결탁하여 중원을 독차지 하고자 하는 마음 때문이었다. 두 번째 이유는 순이 요와의 밀약을 통하여 정권을 잡고 기존의 하늘이었던 동북방의 문화를 뛰어넘어 독자적인 하늘을 열고자 할 때에, 반기를 들었던 무리들에 대한 억압이 필요했기 때문이었다.46)

이런 점에서 순은 동북방에 있는 본국의 정치질서를 배신하였을 뿐 아니라 아버지의 뜻을 어겼으며, 자신의 정치적 포부를 위하여 반기를 들었던 무리들을 억압하고자 했던 인물이었다. 이런 인물이었기에 순은 자신

---

46) 〈맹자〉「만장 上」에서는 순은 공공을 유주에 유배하고, 환도를 숭산으로 쫓아내고, 삼묘를 삼위에 몰아내고, 곤을 우산에 축출하였다고 했다. 이에 이 넷을 처벌하여서 온 천하가 다 복종하게 되었다고 했다.

의 신하인 고요를 시켜 형벌제도를 처음으로 제도화시키기도 하였다.

고요여! 지금 신하들과 백성들이 아무도 자신의 바름을 범하는 이가
없는 것은 그대가 사(士)로서 다섯 가지 형벌을 밝히고 다섯 가지
가르침을 보필하여 나의 다스림을 맡아 잘 처리했기 때문이요.

〈상서〉「대우모」

고요(皐陶)를 통하여 실행된 순임금의 형벌제도는 여러 시대를 거쳐
있어왔다. 하지만 요순태평성대라고 하는 시대에 처음으로 형벌제도가 시
작되고, 여러 무리들을 억압하기 위하여 형벌이 실행되었다는 것은 요순
의 태평성대를 의심케 하는 일이다.

이러한 과정에서 역사의 기록이 승자와 자국을 중심으로 기록되게 되
면서, 아들의 뜻을 따르지 않았던 순의 아버지는 어리석은 장님이라는 뜻
의 고수(瞽瞍)라는 이름으로 불리게 되었다. 이와 함께 환두, 공공, 곤,
그리고 삼묘의 제후도 태평성대를 어지럽게 한 불명예의 이름을 얻어 지
금까지 그 이름이 전해지고 있다.

당시에 요임금의 뜻을 따르고자 했던 순의 선택이 옳고, 순의 아버지에
뜻이 장님과 같이 어리석었다는 것은 결국, 그의 아들은 올바른 선택으로
인하여 성인(聖人)이요, 현자로 불리게 되는 계기를 만들었다.

대신에 그 아버지는 아들의 뜻을 이해하지 못한 어리석은 장님이란 뜻
의 고수라는 이름으로 수천 년 동안 불리게 되는 계기를 만들어 놓았다.
이것은 불효자가 효자가 되고, 지혜로운 아버지가 어리석은 장님이 되는
왜곡된 역사를 만들어 놓은 것이다.

증선지의 〈십팔사략〉에 있는 기록을 보게 되면 순은 일개 농부에서 요
의 사위가 되면서 출세를 하였고, 순의 가족들은 이것을 오히려 질투하고

시기하여 순을 괴롭혔다고 하였다. 하지만 천자국의 역사기록은 순임금이 제후국의 수장(首長)으로 있었으며, 정치적 욕망에 젖어서 자신의 아버지인 유호씨(有戶氏: 고수)의 뜻까지 저버렸다고 했다.

그래서 순의 아버지 유호씨는 〈부도지〉「제19장」에서 부도의 법을 아는 자가 알고도 그 법을 저버리는 자는 비록 지친(至親)이라도 용서할 수 없다고 하여 그의 둘째 아들인 유상(有象)에게 명하여 요와 순을 응징하도록 했다.

> 둘째 아들 유상(有象)에게 명하여 권사(權士)를 이끌고 무리를 모아
> 죄를 알리고 그를 치게 하니 수년 동안 싸워서 마침내 당도(唐都)를
> 혁파하였다. 요는 유폐 중에서 죽고 순은 창오(蒼梧)의 들에 도망하
> 여 무리가 사방으로 흩어졌다.
>
> 〈부도지〉「제 19장」

부도(符都)의 기록에서 요순(堯舜)은 부도의 법을 어리석게도 어기고 바꾸는 일을 서슴지 않은 인물들로 알려져 있다. 이 뿐만이 아니라 요는 넓은 땅을 차지하고자 주변의 부족들과 끊임없는 싸움을 하였으며, 순은 형벌로서 주변의 부족들을 다스리고자 했던 것으로 알려져 있다. 그래서 순의 아버지 유호씨와 순의 이복동생인 유상은 당도(唐都)를 혁파하기에 이르렀다.

이때 유상의 공격으로 요는 감금되어 유폐 중에 죽고, 순은 창오의 들판으로 도망하였다. 이때에 대하여 〈초사〉「천문」에서는 "순(舜)은 아우의 뜻을 어기지 않았는데 그래도 끝내는 해(害)치려 하므로 개, 돼지같이 날치는 틈을 순은 어떻게 몸을 피했을까."라고 질문을 던지고 있다.

아황과 여영을 모신 사당 안에 있는 그림

당시의 상황에 대하여 《부도지》의 기록을 보면 정작 순이 죽게 되는
것은 치수공사를 맡았던 우사공(禹司空)에 의하여 죽음을 맞이하게 된다.
이때의 상황을 《부도지》에서는 우사공이 순임금의 형제간에 싸우는 틈을
이용하여 순을 죽이게 되니, 순은 비참한 최후를 맞이했다고 하였다.

  요의 무리인 우(禹)가 순에게 아버지가 죽은 원한이 있으므로 이에
  이르러 그를 추격하여 죽여 버렸다. 순의 두 아내도 역시 강물에 투
  신하여 자결하였다.

                                        〈부도지〉「제 19장」

  순의 죽음에 대해서는 《부도지》와 더불어 《급총쇄어》에서도 순이 우
(禹)에게 창오로 쫓겨나서 죽었다고 기록하고 있다. 이렇듯 아버지 곤
(鯀)에 대한 복수심으로 우에 의하여 순은 비참한 죽음을 맞이하고 말았
다. 그런데 순과 함께 쫓기다가 동정호 안에 있는 군산(君山)에 머무르고
있던 두 부인인 아황(娥黃)과 여영(女英)마저 순이 죽었다는 소식에 그
만 서로 부둥켜안고 통곡하며 소상강의 강물에 투신자살하고 말았다.
  이때 그녀들이 슬픔에 겨워 눈물을 흘리며 빠져죽기 직전 이야기가 유

명한데, 그것은 그녀들이 흘린 눈물이 그곳 대나무 숲에 떨어지게 되면서 반점무늬의 눈물자국이 생긴 대나무가 자라났다는 이야기이다. 그래서 사람들은 소상강 주변에서 반점이 있는 대나무를 소상반죽(瀟湘斑竹)이라 부르게 되었고, 그녀들은 소상강의 신이 되었다고 한다.

이후 정권은 우(禹)에게로 넘어가게 되는데, 그도 또한 혈통으로는 순임금과 더불어 전욱고양(顓頊高陽)을 뿌리로 두고 있는 인물이었다.

6. 우보(禹步)의 명칭을 얻은 하우씨(夏禹氏)

하우씨는 순임금의 뒤를 이어 군왕이 되었다. 그에 대한 역사의 기록은 복희씨 다음으로 낙서(洛書)를 만들고, 9년 홍수를 극복한 전설적인 인물로 알려져 있다. 이런 점에서 그는 문명신(文明神)이면서도 치수(治水)의 신으로서 위대한 업적을 남긴 인물이었다.

그러나 그의 빛나는 업적 뒤에는 천자국의 태자 부루(扶婁)가 있었다. 그렇다면 《십팔사략》을 통해 하우씨의 업적과 부루태자와의 관계를 보다 자세히 살펴보고자 한다.

하우씨(夏禹氏)는 성(姓)이 사(姒)이다. 다른 이름은 문명(文命)이라고도 한다. 곤(鯀)의 아들이요, 전욱의 손자다. 곤은 요임금 때에 홍수를 막으려고 했으나, 성과를 거두지 못했다. 그래서 순임금은 곤의 아들 우로 하여금 대신하게 했다.

우(禹)는 노심초사 그 일에 열중해서 13년 동안이나 집을 떠나 있었고, 때로는 자기 집 앞을 지나가는 일이 있어도 안에 들어가지 않았다. 평지를 갈 때는 수레를 타고, 강을 건널 때에는 배를 타고, 진흙길에는 진흙썰매를 타고, 산에 올라갈 때는 나무 신발을 신고 다니면서 조사했다.

그리하여 구주(九州: 중국천하를 아홉으로 분할했던 것)에 아홉 개의 물길을 열고, 아홉 개의 늪에는 제방을 쌓아 수해를 막고, 구주의 산을 측량했다. 우는 그 사업을 순임금에게 보고했다. 순임금도 매우 기뻐하여 우에게 백관을 통솔케 하고 정무를 맡아 보게 해서 최고의 영예를 주어 그 노고를 위로 했다.

순임금이 죽고 우가 뒤를 이어 제위에 올랐다. 우의 음성은 바로 음률에 맞았고, 그의 일거일동은 모두 법칙에 어긋남이 없었다. 마치 준승(準繩)을 왼손에, 규구(規矩)를 오른 손에 쥐고 있음과 같이 일푼의 어긋남도 없었다.(準은 수평을 재는 기구, 繩은 먹줄, 規는 콤파스, 矩는 자)

또 한 번 식사할 때도 열 번이나 일어나서 정무를 듣고, 이리하여 사람들의 노고에 보답했다. 외출할 때에 죄 지은 사람을 보면 곧 수레에서 내려 그 범죄의 원인이며 경과를 물어 보고는 울면서 말했다.

"요순시대의 백성들은 다 요순의 아름다운 마음을 자기의 마음으로 하고 있었다. 그러므로 범죄가 일어나지 않았다. 내가 천자가 되고부터는 모두가 저마다 제 멋대로 살아가기 때문에 죄인이 생긴다. 참으로 내가 덕이 없음을 슬프게 생각한다."

중국에는 옛날부터 단술이 있었다. 우의 시대에 이적(夷狄)이라는 사람이 처음으로 술을 만들었다. 우는 술을 마셔보고서 참 맛있다고 생각했다. 그리고 말했다. "후세에 반드시 이 술로 해서 나라를 망치는 자가 생길 것이다." 그래서 그는 이적을 가까이 하지 않았다.

우는 구주의 목(牧)에게 금을 바치게 해서 그것으로 아홉 개의 솥을 만들었다. 발을 세 개로 한 것은 삼덕(三德)을 상징한 것이다. 그리하여 이 구정(九鼎)은 신께 제사지낼 때에 썼다. 우임금은 제후와

도산(塗山) 안휘성(安徽省)에서 회합한 일이 있었다. 이때 옥백(玉帛)을 가지고 와서 알현을 청한 제후가 1만 명이나 되었다. (중략) 우임금은 남쪽 여러 나라를 순회하다가 회계산(會稽山−浙江省)에서 병을 얻어 죽었다. 우임금의 아들 계(啓)는 현명해서, 아버지의 업적을 잘 이어받았다. 우임금은 종래의 천자가 해온 것과 같이 자기의 후계자로 익(益)을 추천하여 한울님께 고했었다. 그러나 조정의 백관은 다 익에게는 가지 않고, 계에게로 모여서 그의 덕을 칭송했다. 그리고 외쳤다. "우리 임금의 아들이다." 그리하여 계가 즉위한 것이다.

이때 유호씨가 무도해서 바른 도(道)를 어지럽혔다. 그래서 계는 감(甘: 협서성)에서 싸워 그를 멸망시켰다.47)

중국의 문화인류학자인 왕대유(王大有)에 따르면 우(禹)는 족명(族名)이며 곤족(鯀族)과 수사족(修巳族)의 혼인관계로 생겨난 족속이라 했다. 〈정의(正義)〉에서도 아버지는 곤(鯀)이고, 어머니는 수사(修巳)라고 하였다. 그러므로 우족(禹族)은 현어(玄魚)와 뱀(蛇)의 토템으로부터 생겨

---

47) [夏后氏禹]姒姓. 或曰, 名[文命]. [鯀]之子, [顓頊]孫也. [鯀]湮洪水. 舜擧[禹]代[鯀]. 勞身焦思, 居外十三年, 過家門不入. 陸行乘車, 水行乘船, 泥行乘橇, 山行乘檋. 開九州, 通九道, 陂九澤, 度九山. 告厥成功. 舜嘉之, 使率百官行天下事. 舜崩, 乃踐位.

各自以其心爲心

聲爲律, 身爲度, 左準繩, 右規矩. 一饋十起, 以勞天下之民. 出見罪人, 下車問而泣曰,「堯舜之人, 以堯舜之心爲心. 寡人爲君, 百姓各自以其心爲心. 寡人痛之.」古有[醴酪]. 至禹時,[儀狄]作酒. 禹飮而甘之曰,「後世必有以酒亡國者.」遂疏[儀狄]. 收[九牧]之金, 鑄[九鼎]. 三足象[三德]. 以享[上帝][鬼神]. 會諸侯於[塗山]. 執[玉帛]者万國. 南巡至[会稽山]而崩. 子[啓]賢, 能斷禹事. 禹嘗薦[益]於天. 謳歌朝覲者, 不之[益]而之[啓]. 曰,「吾君之子也.」啓遂立. [有扈氏]無道. 啓與戰于[甘].

난 족속이었다.

하후씨(夏后氏)는 뱀의 몸에 사람 머리를 하고 있다.
〈열자(列子)〉「황제편(黃帝篇)」

당시 뱀의 토템을 가지고 있는 수사족은 인두사신으로 나타나는 복희씨의 계통이기도 했다. 이러한 복희씨의 계통과 관련된 수사족을 어머니로 둔 하우씨는 장차 복희씨의 하도(河圖)에 이은 낙서(洛書)를 만들기도 한다.

그런데 당시에는 상극(相克)의 정신을 나타내는 낙서가 나오게 되는 계기가 되었듯이 요순(堯舜)에 의한 상극의 정치와 9년 홍수가 일어난 시대였다. 따라서 하우씨가 세상에 출현한 시대는 권력투쟁과 백성들의 피눈물이 멈추지 않던 상극의 시대였다. 그렇다면 이제 9년 홍수와 더불어 이를 극복하고 어떻게 하우씨가 군왕의 자리에 오르게 되는가를 알아볼 필요가 있다.

먼저 《십팔사략》을 보면 그는 13년 동안이나 집을 떠나 있었다. 그런 중에 그는 집 앞을 지나가는 일이 있어도 안에 들어가지 않았고, 한 번 식사 중에도 열 번이나 일어나서 정무를 들으며 사람들의 노고에 보답을 했다. 이를 볼 때에 그가 얼마나 치수사업에 힘을 쏟았는지를 짐작케 한다.

당시의 홍수에 대하여 《시자(屍子)》에서는 이때에 하우씨가 10년이나 자기 집을 들여다 볼 틈도 없었다고 적고 있다.

우(禹)가 강물을 소통시키느라 10년이나 집도 들여다 볼 틈도 없었다. 몹시 마르는 병에 걸려 길을 갈 때 사람과 부딪치지 않았다. 이에 사람들이 우보(禹步)라 일컬었다.

<시자(尸子)>

하우씨가 10년 동안 자기 집 앞을 들여다 볼 틈도 없었다는 것은 그가 그만큼 치수사업에 온 힘을 쏟았다는 것과 바쁘게 움직였다는 것을 말한다. 이에 우보(禹步)라는 명칭이 만들어지기도 했는데, 그 명칭은 그가 길을 걸을 때에 사람과 부딪치지 않을 정도로 빠르게 움직였기 때문에 생겨난 것이었다.

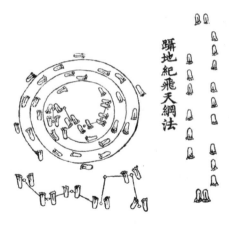

우주질서의 회복을 위한
샤먼의 발걸음인 우보(禹步)

이후 우보의 발걸음은 무너졌던 하늘의 질서를 회복하는 일이라고 하여 무당이 칠성을 밟아 하늘에 오르는 예식에도 그 명칭이 붙게 되었다. 이에 대해서는 <포박자>「잡응편(雜應篇)」에서 그 내용을 살펴볼 수 있는데, 여기서는 북두의 별을 떠 올려 땅에 그려놓은 다음에 괴성(魁星—

—北斗第一星)으로써 그 처음을 밟고, 강성(罡星——북두성)을 밟아서 운로(雲路——하늘)에 오르는 것이라고 하였다.

이러한 우보의 발걸음은 육신을 놔두고 혼령만이 사방을 여행하는 도교에서의 시해법(尸解法)으로 이용되기도 했는데, 신라 때 최치원의 경우는 당나라 유학 중에 이 법을 배워왔다고 한다. 어쨌든 우보의 발걸음은 땅의 질서와 하늘의 질서를 바로잡는 바쁜 걸음과 함께 자신의 혼령을 통해 천상을 자유롭게 오고가는 시해법의 예식으로도 쓰였다. 그러므로 우보의 바쁜 발걸음은 땅과 하늘의 질서를 바로잡고, 자신의 혼령을 통하여 천상으로 올라가는 발걸음이기도 했다.

이제 바쁜 걸음을 재촉하여 하우씨는 9년 홍수를 다스리게 되는데, 이때에 치수(治水)의 과정에서 생겨난 유명한 전설로는 용문산(龍門山)과 삼문협(三門峽)에 대한 이야기가 있다.

용문산(龍門山)과 삼문협(三門峽)

하우씨의 치수에서 대표적인 것은 용문산과 삼문협에서의 치수이다. 《서경》우공(禹貢)을 보게 되면 하우씨가 넘치는 황하(黃河)를 적석산(積石山)으로 끌어들여 용문(龍門)에 이르게 했다고 한다. 그런데 용문산은 넘쳐흐르는 황하를 가로막고 있었다.

이 때문에 이곳까지 흘러들어온 황하는 물굽이를 되돌릴 수밖에 없었다. 그래서 하우씨는 용문산을 두 갈래로 쪼개어 넘쳐나는 물을 빠지게 문(門)을 만들었다. 이로써 용(龍)을 뜻하는 물길(水路)이 문으로 빠지게 되면서 용문산이란 이름이 붙게 되었다.

용문산 하류에는 삼문협(三門峽)이 있는데 이곳 역시 하우씨가 뚫었다. 하우씨는 몇 개의 산으로 된 곳을 뚫어 세 개의 물길을 내니 이것이 삼문협이다. 삼문에는 각기 명칭이 있는데 그 명칭을 보면 신문(神門), 귀문(鬼門), 인문(人門)이라 했다.

여기서 신문은 천상의 신들이 머무는 곳으로 들어가는 문(門)이다. 귀문은 지하의 귀(鬼)들이 머무는 곳으로 들어가는 문이며, 인문은 지상의 인간들이 머무는 곳으로 들어가는 문을 말한다. 그러므로 삼문협은 천상계, 지하계, 인간계의 상징을 가지고 있다.

삼문협을 뚫을 때 하나의 전설이 전해오고 있는데, 그 내용에 의하면 하우씨가 돌로 된 일곱 우물인 칠구석정(七口石井)을 팠다고 한다. 그러나 또 다른 전설에 의하면 하우씨의 부하인 백익(伯益)이 처음으로 우물을 팠다는 것으로 보아 실질적인 역할은 백익에 의해 이루어졌다고 볼 수 있다.

어쨌든 하우씨가 처음으로 칠구석정을 파자 용(龍)은 흑운(黑雲)을 타고 사라졌으며 신(神)은 곤륜산으로 피하여 살게 되었다고 〈회남자〉「본경훈」에서는 말하고 있다. 이를 볼 때에 용과 신은 지하수(地下水)를 터전으로 하여 살았다고 할 수 있다.

이 뒤로 사람들은 칠구석정(七口石井)과 함께 삼문협을 포함하여 칠정삼문(七井三門)이라 했다. 그런데 여기서 칠구석정은 7화(七火)의 생명 기운과 뼈나 대지의 자궁을 상징하는 돌(石)로 된 우물을 나타낸다. 그러므로 칠구석정은 생명을 기르는 자궁(子宮)과 같다.

그렇다면 삼문협에 있어서 천상계, 지하계, 인간계는 생명이 생성될 수 있는 우주를 말한다면 칠구석정은 생명이 태어나게 되는 근원을 말한다. 따라서 칠정삼문(七井三門)이라 함은 생명의 바탕인 우주와 생명의 근원을 말한다고 볼 수 있다.

그런데 이러한 칠정삼문을 자연이 파괴되고 생명이 죽어가게 되는 9년 홍수에 맞서서 하우씨가 백익을 통하여 만들어 놓은 것은 자연을 복원시키고, 다시 생명이 소생할 수 있도록 했다는 것을 말한다. 그러므로 하우씨에게 9년 홍수는 세상의 파멸인 동시에 창조의 법칙을 통해 다시 자연을 복원시킬 수 있는 길을 제시해주는 홍수였다.

그러나 이 뿐만이 아니라 9년 홍수는 하우씨 개인에게 있어서 아버지를 잃게 되는 홍수이기도 했다. 그리고 군왕의 자리에 오를 수 있게 만든 홍수이기도 했다. 따라서 9년 홍수는 하우씨를 강하게 만드는 동시에 천하에 이름을 떨치게 했던 홍수였다.

그런데 하우씨의 이름을 천하에 떨치게 했던 이면에는 천자국의 부루태자(扶婁太子)가 있었다. 그러면 이제 9년의 홍수로 인해 땅이 범람하던 때에도 창조의 섭리가 이루어졌던 북방의 땅, 즉 천국에서 삶의 길을 제시해주기 위해서 하계의 땅에 내려온 부루태자에 대해서도 알아보고자 한다.

현이(玄夷)의 창수사자(滄水使者)

중원에서 일어난 9년 홍수는 인간의 힘으로는 막을 수 없었던 대홍수였다. 그래서 이때에 하계의 울부짖음에 구원의 손길을 주기위하여 지상에 있는 천국(북방)에서 한 인물이 하계의 땅으로 내려왔다. 그가 바로 하우씨에게 치수의 방법을 전해준 부루태자(扶婁太子)이다.

중국의 역사에서는 이러한 사실을 자세히 언급하고 있지는 않지만 배달국의 기록에 따르면 요순(堯舜)시대에 일어난 9년 홍수를 맞이하여 단군왕검(檀君王儉)께서는 그의 아들 부루태자를 중원의 땅에 보내게 된다. 이에 순임금의 명을 받고 있던 사공(司空) 벼슬의 우(禹)가 도산회의(塗山會議)에서 그를 맞이한다.

그 자리에서 천자국(天子國)의 부루 태자(太子)로부터 하우씨는 치수(治水)법에 관한 도움을 받게 되는데, 이때의 기록이 중원에서는 《오월춘추(吳越春秋)》48)를 통하여 전해오고 있다.

당요(唐堯) 때에 9년 홍수가 나자 당요가 하우(夏禹)에게 명하여
이를 다스리라고 했다. 우(禹)가 8년 동안이나 공을 이루지 못하고
매우 걱정하여, 남옥(南嶽) 형산(衡山)에 이르러 백마(白馬)를 잡아
하늘에 제사하면서 성공을 빌었다.

꿈에 한 남자가 스스로 현이(玄夷)의 창수사자(滄水使者)라 칭하면
서 우에게 말하되, 구산 동남의 도산(塗山)에 신서(神書)가 있으니
3개월을 재계하고 이를 내어 보라 한다.

우가 그 말에 의하여 금간지서(金簡之書)의 신서를 얻어 오행통수
(五行通水)의 이치를 알아 홍수를 다스리어 성공했다.

이에 주신(州愼)49)의 덕을 잊지 못하여, 정전(井田)을 나누어 율도
량형(律度量衡)의 제도를 세우며, 도산의 이름을 고쳐 회계산(會稽
山: 회계는 만나 뵙고 고개를 숙였다는 뜻)이라 하고 말하되, "그
열매를 먹으면 그 나뭇가지를 다치지 말고 그 물을 마시면 흐름을
흐리게 말라. 내가 회계산의 신서를 얻어 천하의 재앙을 구했으니
어찌 그 덕을 잊을꼬?" 했다. 그런 후 연로하여 탄식하기를 "장차
죽으리니 5월의 후(後)거든, 나를 회계산에 장사하라."

위의 내용에서 우(禹)는 꿈에 현이(玄夷)의 창수사자(滄水使者)라는
자로부터 안내를 받고, 도산에서 금간지서(金簡之書)의 신서(神書)를 받
게 된다. 하지만 이러한 내용은 천자국의 기록에 의하면 꿈이 아니라 사
실로 드러난다. 한마디로 중원에서는 북방의 동이족으로부터 가르침을 받
았다는 사실을 부끄럽게 생각하여 꿈속에서 금간지서를 받았다고만 기록
하고 있다.

---

48) 《피야피야 삼신 피야》「하왕조(夏王朝)」119쪽
49) 춘추시대에는 매양 조선(朝鮮)을 주신(州愼), 숙신(肅愼)이라 하였으니 주신
   은 조선을 말한다.

이러한 입장과는 달리 당시의 하우씨는 창수사자의 은혜를 못 잊어 도산을 회계산(會稽山)이라는 이름으로까지 바꾸고, 자신을 회계산(神書를 받은 곳)에서 장사(葬事)하라고까지 한다. 그렇다면 중원에서의 기록인 《오월춘추》에서 말하고 있는 금간지서(金簡之書)는 무엇이며, 현이(玄夷)의 창수사자(滄水使者)란 과연 누구를 말하는 것인가?

오월춘추의 기록에서 금간지서는 물을 다스리는 법이라 하였는데, 〈태백일사〉「삼한관경본기」에서는 이에 대하여 금간옥첩(金簡玉牒)이라 말하고 있다. 이와 함께 천부왕인(天符王印)과 신침(神針)과 황거종(皇鉅宗)의 삼보(三寶)에 대해서도 말하고 있는데, 여기서 세 가지 보물은 금간옥첩과 별도로 하우씨에게 건네 준 것이다. 그렇다면 이 삼보에 대하여 자세한 기록과 금간옥첩을 하우씨에게 전해주는 기록을 한번 살펴보고자 한다.

> 태자는 도산(塗山)에 이르러 일들을 주관했다. 곧 회합하여 번한(番韓)을 통해서 우사공(虞司空)에게 고하여 말하기를, 〈나는 북극 수정(水精)의 아들이니라. 그대의 왕(王)이 나에게 청하기를 물과 땅을 잘 다스려 백성을 도와 구하려 한다 했는데, 삼신상제(三神上帝)님께서 내가 가서 돕는 것을 기뻐할 것이므로 내가 오게 된 것이다.〉 라고 했다.
>
> 이윽고 천자의 땅에서 사용되는 글이 새겨진 천부왕인(天符王印)을 보이시며 말하기를, 〈이것을 패용하면 곧 능히 험준한 곳을 다녀도 위험이 없을 것이며, 흉한 일을 만나도 피해가 없을 것이다.
>
> 또 여기 신침(神針) 하나가 있나니 능히 물의 깊고 얕음을 측정할 수 있고, 변화가 무궁 무궁할 것이다. 또 황거종(皇鉅宗)의 보물이 있는데, 대저 험한 물도 바로 잡아 진압함으로써 오래도록 평안케

하리라. 이 삼보(三寶)를 그대에게 주노라.

천제(天帝) 아들(子)50)의 대훈(大訓)에 어긋남이 없으면 마침내 큰
공을 이룰 것이다.〉고 하였다. 이에 우(虞)나라 사공(司空)은 삼륙
구배(三六九拜)를 하고 나아가 아뢰기를, 〈천제 아드님의 명(命)을
게으름 없이 업으로 삼아 우리 우나라 순임금의 정치를 힘써 도와
삼신께 보답함은 크게 기쁜 일로 반드시 그리 하겠나이다.〉라고 하
고나서 태자 부루에게 금간옥첩(金簡玉牒)을 받았다.

〈태백일사〉「삼한관경본기」

부루태자로부터 받은 금간옥첩과 천부왕인, 신침, 황거종은 치수사업에
도움을 주는 보물들이다. 그런데 당시의 이 보물들 중에 금간옥첩에 대하
여 〈서경〉「주서周書」를 보게 되면 이 보물이 홍범구주(洪範九疇)라는
것을 말해주고 있다.

제가 듣기에 옛날에 곤(鯀)이 홍수 때에 오행(五行)법을 어겼으므로
제(帝)께서 대노하시어 홍범구주를 주지 아니하니 법도가 어그러졌
습니다. 곤이 사형을 당하고 우(禹)가 그 뒤를 이어받아 하늘(天)이
이제 홍범구주를 주시니 법도가 자연스레 되었습니다.

위의 내용에서 홍범구주로 인해 홍수가 다스려졌다는 것은 홍범구주가
바로 금간지서임을 말해주고 있다. 특히 내용 중에서 제(帝)는 요임금을
말한다. 그 이유는 오행법을 어긴 곤(鯀)에 대하여 대노하였다는 말에서
이를 알 수 있다. 또한 제(帝)께서 곤에게 홍범구주를 주지 않았다는 내

---

50) 천제(天帝)는 하늘의 주재자인 상제(上帝)를 지칭하는 명칭이다. 천제의 아들
(子)이라함은 천자문화에 있어서 군왕을 지칭하는 명칭이다. 광개토대왕의 비문
에서도 보게 되면 군왕을 천제지자(天帝之子)라고 하였다.

용은 사실 요임금이 홍범구주를 가지고 있지 않았다는 결론에 이른다.

그렇다면 홍범구주는 다른 인물에 의하여 하우씨에게 전해진 것인데, 그 인물에 대하여 《서경》에서는 하늘(天)이라고 표현하고 있다. 그런데 당시 하늘이라 함은 하늘의 임금인 상제(上帝)나, 동이족의 천자(天子)인 단군왕검을 지칭하던 언어였다. 이런 점에서 볼 때 금간옥첩, 즉 홍범구주는 하늘의 상제로부터 계시를 받은 단군왕검과 그 아들인 부루태자로부터 전해졌다고 볼 수 있다.

이와 같은 보물을 전해준 부루태자에 대하여 《오월춘추》에서는 부루태자를 현이(玄夷)의 창수사자(滄水使者)라고 하였다. 그런데 여기서 현이라는 글자에서 알 수 있듯이 현(玄)은 검정색이므로 북방을 뜻하고, 이(夷)는 동이족을 말하니, 곧 현이는 북방의 본토에 있는 동이족을 말한다.

창수사자에 대해서는 〈태백일사〉「삼한관경본기」에 나타나고 있듯이 푸른 물을 뜻하는 창수(滄水)는 부루태자의 명칭인 수정(水精)의 아들과 같은 뜻을 가지고 있다. 이렇게 볼 때 현이의 창수사자란 부루태자의 별칭인 북극 수정(水精)의 아들과 그 뜻이 같다고 할 수 있다.

이 밖에도 현이, 즉 북극에서 온 인물에 대해서는 〈역대신선통감〉「권3 제5절」에서도 나온다. 그 내용에서 우(禹)는 북방에서 도사(道士)가 나타났다는 보고를 듣고 그를 맞아들여 절하면서 치수에 대해 묻기도 한다. 이와 같은 인물에 대해서는 《시자(尸子)》에서도 나타난다. 그 내용을 보면 자칭 하정(河精)이란 자가 흰 얼굴에 물고기의 형상을 하고, 하우씨에게 치수의 지도(地圖)를 건네주고 있는 것으로 나온다.

우(禹)가 치수를 하려고 물가를 관찰하다가 홀연 인면수신(人面獸身)을 한 자가 나타나는 것을 보았는데, 흰 피부에 흰 얼굴을 한 자

가 물 가운데서 나왔다. 자칭 하정(河精)이라하고 우에게 치수의 지
도를 하나 주고 물속으로 사라져 갔다.

〈시자(尸子)〉「券下」

하정(河精)과 현이(玄夷)의 창수(滄水), 그리고 북극 수정(水精)의 아
들은 물의 근원을 뜻하는 의미에서 그 뜻이 같다. 이로 보건대 하우씨에
게 치수의 방법을 가르쳐준 부루태자는 물의 근원과 깊은 관련이 있는
인물임을 짐작케 한다.

그러한 그가 치수의 방법을 하우씨에게 가르쳐준 것은 당시에 하우씨
가 9년 홍수를 다스리기 위한 치수의 방법을 절실히 구하였기 때문이다.
이에 부루태자는 금간옥첩을 하우씨에게 건네주게 된다.

다만 하우씨에게 금간옥첩을 전해주는 과정에서 중원에서는 실질적인
표현보다는 하우씨가 꿈에서 계시를 받는 형태나 인면수신을 가진 인물
이 전해주는 형태를 취하고 있는 것이 아쉽기는 하다.51) 하지만 부루태
자의 내용이 꿈과 신화적 이미지로 전해지는 것만으로도 역사의 진실을
찾아갈 수 있는 단서가 되기 때문에 다행이라 하겠다.

물의 근원과 관련해서 창세문화(創世文化)를 전하고 있는 이야기로는
인도(India)에서의 창세신화도 빼놓을 수가 없다. 인도에서도 창세문명을
열었던 인물들은 물에서 태어나기 때문이다.

내 출생 장소는 바다 가운데 있는 물속이다. 이것을 아는 자는 데비
(Devi)의 거처를 차지한다.

---

51) 하우씨가 꿈에 계시를 받았다는 기록은 《오월춘추》 외에도 《광여기(廣輿記)》
에도 나온다. 광여기에 나와 있는 내용을 보면 하우씨가 형산에서 제사를 모시
니 꿈에 창수사자가 나타나서 이곳에서 금간옥첩(金簡玉牒)을 주었다고 하였다.
(禹祀衡山, 夢蒼水使者授金簡玉牒於此)

〈데비우파니샤드〉에 나타나고 있는 이 내용에서 대여신(Devi)은 바다 가운데 있는 물속에서 태어난다. 이런 점에서 대여신은 가장 근원적인 생명체를 나타냄과 동시에 만물을 낳는 여신으로 알려져 있다. 따라서 인도에서의 창세문명도 물에서부터 시작되고 있는 것을 알 수 있다.

이와 함께 인도네시아의 신화에서도 물고기 냄새를 가진 왕녀가 브라만과 동침하여 하나의 왕조를 세우게 되는데 그녀는 물의 본질인 수정(水精)이었다.52) 따라서 인도네시아의 신화에서도 생명의 근원인 브라만(무형의 근원)과 생명의 시초인 왕녀(유형의 근원)를 바탕으로 하나의 왕조가 세워지게 되는 것을 알 수가 있다.

수메르 역사에서도 보게 되면 반은 사람에 반은 물고기 모습을 가진 반인반어(半人半魚)의 오안네스(Oannes)가 있다. 그런데 그도 물고기의 형상을 하고 있는 것으로 보아 물의 근원과 관련되어 시원적인 역할을 한 인물이었음을 말해주고 있다. 그래서일까? 그는 시원적인 역할로서 수메르문명에서 최초의 사제였으며, 홍수이전의 첫 세대에 속한 그는 일곱 현인(賢人)이 존재하던 시기의 첫 번째 인물이기도 하였다.

이 밖에 그의 업적은 셀레우코스 왕조(기원전 321~365년) 시대의 금석문에 의하면 가장 오래된 신전을 세운 인물로도 알려져 있다. 이와 같이 오안네스도 물의 근원으로부터 온 인물답게 수메르의 역사에서 최초의 사제, 첫 번째 현인, 가장 오래된 신전을 세운 문화영웅이었다.

물과 관련하여 또다시 살펴볼 내용은 《시자(尸子)》에서 나타나고 있듯이 흰 피부에 흰 얼굴을 가진 자이다. 페르시아의 대표적 장편서사시인

---

52) 브라만(Brahman)은 삼신(三神)인 브라흐마(Brahma), 비쉬누(Visnu), 시바(Siva)의 본체가 되는 일신(一神)을 말한다. 따라서 브라만은 삼신을 주관하는 천상세계의 최고의 원리라고 할 수 있다. 왕녀가 브라만과 동침을 했다는 것은 천상세계(一神과 三神의 세계)와 지하세계(물의 본질인 精의 세계)가 만났다는 것이며, 이로 인하여 하나의 왕조가 나오게 됨을 말하고 있다.

《샤나마》에서도 보게 되면 은처럼 깨끗한 피부에 얼굴은 태양처럼 아름다운 아이는 마법사의 자식 등으로 표현하고 있다.

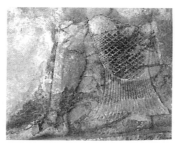

물고기 인간 오안네스

이와 함께 유대족의 전승에서도 자신들에게 선진문물을 전해준 주시자(注視者)[53]나 네피림들이 거인 같은 키에 눈처럼 흰 얼굴, 불붙은 촛불 같은 눈, 태양 같은 눈동자 등을 가지고 있는 것으로 표현하고 있다. 이것으로 보아 문화영웅의 특징 중에서 빼놓을 수 없는 것이 물과 관련된 상징과 함께 '흰 얼굴', 그리고 '거인 같은 키'이다

이 중에서 흰 얼굴의 특징에 대해서 좀 더 살펴보면 그것은 광채가 나는 얼굴을 말한다. 이러한 얼굴은 제사장이 희생제를 통해 성령감응을 받을 때에 일어나는 현상으로 모세에 대한 기록에서도 이를 확인해 볼 수 있다.

---

53) 주시자(注視者)란 '지켜보는 자', '깨어있는 자'란 뜻으로 하느님의 아들들을 지칭한다.

모세가 그 증거의 두 판(십계명이 적힌 판)을 자기 손에 들고 시내산에서 내려오니 그 산에서 내려올 때에 **모세는 자기가 여호와의 말씀하였음으로 인하여 얼굴 꺼풀에 광채가 나나 깨닫지 못하였더라.**
아론과 이스라엘 자손이 모세를 볼 때에 모세의 얼굴 꺼풀에 광채 남을 보고 그에게 가까이 하기를 두려워하더니 ……

〈출애굽기〉「34장 29~30」

얼굴에서 광채가 나는 현상은 예수에게서도 나타난다. 〈누가복음〉「9장 28절」을 보게 되면 예수는 베드로와 요한과 야고보를 데리고 기도하러 산에 올라갔을 때 용모(容貌)가 변화되고, 그 옷이 희어져 광채가 났다고 했다. 이와 같은 현상은 《에녹서》에서도 나타나는데, 에녹이 일곱 관문을 통과하는 천국여행에서 그 절정을 이룬다.

나는 높은 곳에 놓여 있는 보좌(寶座) 하나를 보았다.…… 그 보좌 밑에서 불이 콸콸 쏟아져 나왔으므로, 나는 그곳을 볼 수 없었다. 보좌 위에는 거룩한 폐하께서 앉아 있었다. 그가 입은 옷은 태양보다 더 빛났고, 많은 눈(雪)보다 더 희게 보였다.

〈에녹의 書〉「제 14장」

위에서 전하고 있듯이 거룩한 폐하께서 입은 옷이 태양보다 빛났고, 많은 눈보다 더 희었다는 것은 그가 신성적인 면과 최고의 위치에 있었다는 것을 말한다. 한마디로 이 모든 현상은 해탈과 영적의식의 높음을 상징한다. 그런데 당시의 부루태자도 흰 얼굴을 하고 있었다는 것은 부루태자도 성스럽고 뛰어난 영적수준의 인물이었음을 말해주고 있다.
이러한 인물로부터 금간옥첩, 천부왕인, 신침, 황거종을 받게 된 하우씨는 9년 홍수를 다스리게 되고, 임금의 자리에까지 오르게 된다. 이후 임금의 자리에서 임종을 맞이한 하우씨는 유언을 남기게 되는데, 이때에 그는 도산(塗山)에서의 은혜를 잊지 않고, 도산을 회계산(會稽山)이란 이름으로 바꾸고 나서 자신이 죽으면 그 곳에 묻어달라고까지 하였다. 이로 보건대 하우씨에게 부루태자의 은혜는 한량없이 컸다고 할 수 있다.

하지만 우임금은 은혜를 받은 자에게는 그 은혜를 잊지 않았으나, 자신에게 고통을 안겨준 인물에게는 철저한 응징을 가하였던 인물이기도 했다. 이러한 점에서 그는 주도면밀한 성격을 가진 인물이었다.

황룡(黃龍)이 된 하우씨

당시 우(禹)에게 고통을 안겨준 인물은 자신이 모시고 있는 순임금이었다. 《부도지》의 기록을 보게 되면 하우씨의 아버지 곤(鯀)이 순임금으로부터 죽음을 당하게 되면서 그는 9년 치수를 행하면서도 자신의 아버지에 대한 복수심을 잊지 않고 있었다.

그러다가 순임금이 자신의 아우인 유상에게 쫓기는 신세가 되었을 때, 그 기회를 놓치지 않고 하우씨는 순임금을 쫓아가 척살하였다. 이것이 《부도지》가 전하고 있는 순임금에 대한 하우씨의 복수의 결말이다. 이로써 하우씨는 9년 홍수에서 넘쳐나는 물길을 막았을 뿐 아니라, 그의 아버지 곤이 순에게 당하였던 원한을 철저하게 되갚아준 인물이었다.

삼 년이나 우산(羽山)에 가둬두고
왜 오래도록 죽이지 않았나.
곤(鯀)의 속에서 우(禹)가 나왔는데
어쩜 아비와 그렇게 다를까.

〈초사〉 「천문」

당시에 시세의 흐름을 탈줄 알았던 하우씨는 기회가 왔을 때, 자신이 섬기던 순임금을 가차 없이 죽여 버리고 권좌에 앉은 인물이었다. 이 뒤로 군왕의 자리에서 그는 황극사상을 담고 있는 홍범구주의 가르침을 바탕으로 상극의 이치를 담은 낙서(洛書)까지 만들게 된다.

그런데 당시에 하우씨가 뜻을 펼칠 수 있는 길을 처음으로 열게 된 장소가 도산(塗山)에서의 도산회의(塗山會議)였다. 이때의 기간은 얼마 되지 않지만 하우씨는 여기서 치수에 필요한 모든 방법과 자신의 부인까지도 얻게 되는 기회를 얻게 된다.

이에 대하여 《오월춘추》와 〈회남자〉 「원도훈」54)에서는 우(禹)가 8년 동안 공을 이루지 못하자 제후들을 도산에 모이게 했다고 한다. 이른바 하우씨가 도산회의를 주재하여 홍수를 다스릴 방법을 모색하기 위해서였다. 그런데 그는 바쁜 시간에도 불구하고 도산(塗山)에 있는 여자와 결혼까지 하게 된다.

> 저는…… 도산으로 장가를 들었으나 辛壬癸甲 날의 나흘밖에 함께
> 못 있었고, 아들 계(啓)가 앙앙 울었어도 나는 그 놈을 아들로서 귀
> 여워 해줄 틈도 없이 흙일만 했던 것입니다.
>
> 〈서경〉 「익직(益稷)」

9년 홍수를 막기 위한 바쁜 시간에도 불구하고 하우씨가 도산의 아가씨와 결혼을 한 이유는 무엇일까? 이에 대하여 〈초사〉 「천문」에서 굴원은 나흘 동안이라도 어떻게 '시간을 내어 정을 통했을까.' 라고 반문하고 있다.

---

54) 우(禹)가 8년 동안 공을 이루지 못하고 걱정했다는 내용은 《오월춘추》에 나온다. 우가 제후들을 도산에 모이게 했다(會諸侯塗山)는 기록은 〈회남자〉 「원도훈」에서 나온다.

우(禹)가 힘써 공을 세우려 사방에 내려와 살피던 중에 도산씨 딸과 무슨 여가로 태상의 들에서 정(情)을 통했을까. 짝이 없을까봐 장가 든 것은 아들을 얻으려 그랬겠지만 ……

굴원의 말대로라면 자기 집 앞을 지나가는 일이 있어도 안으로 들어가지 않던 하우씨가 도산회의에서는 어찌 나흘 동안이나 지체하며 결혼을 할 수 있었느냐는 반문이다. 여기에는 굴원의 말대로 아들을 낳기 위해서만은 아니었을 것이다. 그의 정치적 의도가 깔려 있지 않고서는 실행하기 어려웠던 일이었다. 이를 알려주는 내용이 〈한서漢書〉 권 79 「외척열전外戚列傳」 제 76上에 나와 있다.

"하(夏)나라는 도산국(塗山國)의 은덕으로 일어섰느니라."

하나라가 도산국의 은덕으로 일어났다는 것은 무엇을 말하는가? 한마디로 도산국과의 단합을 위한 결혼이 이루어졌다는 것을 말한다. 이 뒤로 하우씨는 힘을 길러서 결정적인 시기에 장차 순(舜)의 정치를 뒤엎고 하나라를 세우게 된다. 이것으로 보아 하우씨는 홍수를 다스리는 과정에서 정치적으로도 눈을 뜨게 되면서 권력을 찬탈했다고 볼 수 있다.

그래서 〈산해경〉「해내경」주(註) 개서(開筮)에서는 홍수를 담당했던 아버지를 발판으로 군왕이 됐다고 하여 "곤(鯀)이 죽어 3년간 썩지 않자 오도(吳刀)라는 칼로 시신을 가르니 황룡(黃龍)으로 되었다."[55]라고 했다. 따라서 곤은 군왕이 된 아들을 낳고, 하우씨는 곤의 뱃속으로부터 태어난 것이다.

---

55) 鯀死三歲不腐 剖之以吳刀 化爲黃龍

곤을 사형시켜 죽인지 3년이 되어도 썩지 않자 오(吳)의 칼로 배를
갈라 우(禹)를 태어나게 했다.[56]

《귀장(歸藏)》

결론적으로 말해 곤의 뱃속으로부터 황룡이 된 하우씨가 태어났다는
것은 아버지인 곤을 바탕으로 하우씨가 군왕이 되었다는 뜻이다. 그러므
로 곤의 입장에서는 군왕이 된 아들을 낳았다면 하우씨의 입장에서는 아
버지를 발판으로 삼아 대붕과 함께 황룡으로까지 일컬어지게 되었다고
할 수 있다. 이로써 하우씨는 신의 전령이 되었으며, 세상의 중심에 자리
를 잡게 되었다.

하우씨와 낙서(洛書)

낙서(洛書)는 태호복희씨에 의하여 만들어진 하도(河圖)에 이어 두 번
째로 만들어진 역철학의 그림이다. 역사의 기록에 의하면 낙서가 처음 나
타난 곳은 낙수(洛水)인데, 그곳에서 하우씨는 신령한 거북이의 등짝에
있는 무늬를 보고 낙서를 얻었다고 한다.

낙서의 특징을 보게 되면 최대의 분열을 뜻하는 전체 9수(九數)로 이
루어져 있기 때문에 투쟁과 대립의 상극관계를 나타내고 있다. 이러한 상
극관계는 당시 9년 홍수와 맞물려 요순(堯舜)이 무력으로 천하(天下)를
얻고, 형벌을 통해 이를 다스리고자 했던 시대의 모습 속에서도 찾아볼
수 있다. 따라서 낙서의 출현은 상극의 대립 속에서 역사가 발전하게 됨
을 나타내고 있다.

---

56) 《歸藏》(長沙: 玉函山房輯佚書, 1884) 鯀殛死, 三歲不腐, 副之以吳刀, 是以出
   禹

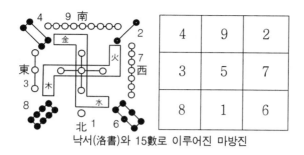

낙서(洛書)와 15數로 이루어진 마방진

그렇다면 잠시나마 상극의 정신을 가지고 있는 낙서에 대하여 알아보고자 한다. 먼저 전체 숫자의 구성을 보면 하도(河圖)인 10수와는 다르게 9수로 이루어져 있다. 그러므로 하도의 전체 55수와는 다르게 45수(1+2+3+4+5+6+7+8+9=45)로 구성되어 있는 것을 알 수가 있다.

그런데 낙서와 하도와의 관계에서 숫자의 차이가 나는 것은 무엇 때문일까? 그것은 하도의 중앙에 있는 10토(十土)가 빠져있기 때문이다. 이 때문에 낙서는 통일의 법칙을 주관하는 조화옹(造化翁)이 없이 창조적 성향의 5토(五土)만을 중심으로 분화를 하게 된다. 따라서 낙서에는 만물에 있어서 통일된 모습이 보이지 않는다.

하지만 낙서에서 중앙의 5토를 둘러싸고 있는 좌우외곽의 숫자가 서로 마주하게 될 때에는 10수를 이루게 된다. 이와 같은 원리는 낙서의 전체 9수(數)에서 분화를 멈추고 통일을 위하여 내부로 회귀하고자 하는 모습을 보여주고 있다. 이런 점에서 볼 때 낙서에서의 목적은 9수의 분화를 멈추고 장차 내부로 귀환하여 통일을 이루고자 하는 뜻을 담고 있다.

하나가 쌓여서 음(陰: 10)을 이루고 십(十)으로 커져서 양(陽: 1)을 만든다.

一積而陰立 十鉅而陽作

그렇다면 낙서에서의 목적은 외부에서 10수를 이루어 내부의 중앙으로 회귀하고자 하는 뜻을 가진다. 이때에 그 뜻을 성취한 역철학의 그림이 하도이다. 그래서 하도에는 10수가 중앙으로 들어와 5토(五土)를 감싸고 있다. 이런 점에서 볼 때에 낙서는 중앙에 15토(十五土)를 이루고 있는 하도를 목적으로 삼고 있다.

특히 낙서에는 좌우외곽의 10수를 이루는 것과 중앙의 5土까지 합산을 하게 되면 가로, 세로, 대각선에 이르기까지 15수로 이루어진 마방진(魔方陣)을 이루게 된다. 따라서 이 또한 하도의 중앙에 있는 숫자와 같이 15수를 이루는 것을 목적으로 하고 있는 것을 알 수 있다.

그렇다면 낙서가 15수를 이루고자 하는 목적은 무엇일까? 그것은 이전에 복희씨의 하도에서 알아보았듯이 개인적으로 볼 때에 나의 구도자적인 '귀일의 마음(10土)'이 '절대적 자아(5土)'를 얻게 될 때는 고급심을 이룰 수 있기 때문이다. 한마디로 낙서에서의 목적은 구도자(10土)가 천상의 자아(5土)를 얻어 해탈에 해당하는 고급심(15土)을 이루는데 있다고 할 수 있다.

5장. 십일신화(十日神話)

1. 열 개의 태양(太陽)

  〈회남자〉「본경훈」을 보면 옛날 요임금 시절 갑자기 떠올랐다는 열 개의 태양에 대한 이야기가 나온다. 그 내용에 의하면 열 개의 태양이 나란히 떠오르게 되면서 곡물을 불태우고 초목을 말려 죽였다고 했다. 그래서 백성들은 먹을 것이 없었다고 한다.

  〈초사〉「초혼」에서도 열 개의 태양에 위력을 말하고 있다. 어느 날 갑자기 열 개의 태양이 번갈아 나오게 되면서 무쇠도 녹여 흘리게 하고 돌도 녹였다고 했다. 그래서 지상의 사람들은 타는듯한 열기로 숨조차 쉬지 못할 지경까지 이르렀다고 한다.

  그렇다면 요임금의 시대에 왜 이러한 일이 갑자기 생긴 것일까? 그것도 한꺼번에 열 개의 태양이 떠오르는 이변이 왜 발생했단 말인가? 그당시 열 개의 태양은 제준(帝俊)의 아들들로서 그의 부인인 희화(羲和)가 낳은 자식들이었다.

  열 개의 태양에 대해서는 《산해경》에 부분적으로 나와 있는데, 그들은 부상(扶桑)이 있는 탕곡(湯谷)에서 목욕을 하며 머무는 것으로 되어 있다. 〈산해경〉「해외동경」에서 그 내용을 보면 아홉 개의 태양은 대목(大

木)의 아랫가지에서 머물고, 한 개의 태양만이 높은 가지에 머물다가 떠오른다. 그러므로 열 개의 태양은 서로 번갈아 가며 떠올랐다고 볼 수 있다.

> 아래에 탕곡(湯谷)이 있고 탕곡 위에는 부상(扶桑)이 있는데 열 개의 태양이 목욕하는 곳이다. 흑치(黑齒)의 북쪽에 있다. 물속에 사는 대목(大木)이 있는데 아홉 개의 태양은 아래의 가지에서 머물고 한 개의 태양은 높은 가지에서 머무른다.

위의 내용에서 말하고 있듯이 대목(大木)은 물속에서 살고 있다. 물속에 살고 있는 나무에 대해서는 페르시아신화에서도 찾아볼 수 있는데, 그 나무는 사에나 나무와 가오케레나 나무이다. 처음 이 두 개의 나무가 만들어지기 전에는 아후라마즈다에 의하여 원초목이 만들어졌다.

그러나 악신(惡神) 아리만의 공격으로 원초목이 모두 말라죽었기에 하늘에서는 비를 내려 원초목을 대신할 많은 나무들을 만들었다. 그 중에서 대표적인 나무가 바다에 뿌리를 두고 있는 사에나 나무와 가오케레나 나무이다.

사에나 나무에는 시무르그라는 영조(靈鳥)가 둥지를 틀었다. 가오케레나 나무의 경우는 불사(不死)의 약을 만드는 나무로 알려져 있다. 따라서 이 두 개의 나무도 탕곡에 있는 대목과 마찬가지로 신령한 나무들이다. 다만 탕곡에 있는 대목과 페르시아 신화에 나오는 두 개의 나무가 다른 점은 이들 두 개의 나무와는 다르게 대목의 경우에는 특이하게도 열 개의 태양이 머무르고 있다는 사실이다.

그렇다면 열 개의 태양에 대한 움직임을 보게 되면 처음에 열 개의 태양은 물속에서 하나씩 번갈아 가며 윗가지로 올라가게 된다. 이 중에서 첫 번째 태양은 대목을 떠나 움직이기 시작하는데, 〈회남자〉「천문훈」을 보면 태양이 비천(悲泉)에 이르면 이곳에서 희화(羲和)는 육룡(六龍)을 멈추고 휴식을 시킨다고 한다. 따라서 여섯 마리의 용이 태양을 수레에 태워서 옮기는 것으로 보인다.

희화와 용에 대해서 〈중국의 고대신화〉에서는 하나의 태양이 떠오를 때는 희화가 여섯 마리의 용(龍)이 끄는 수레를 이용하여 하나씩 번갈아 가면서 태워다 주곤 했기 때문에 비록 열 개의 태양이지만, 사람들은 늘 한 개의 태양만을 만날 수 있었다고 한다.

태양이 떠오르는 것에 대해서 〈회남자〉「천문훈」에서는 양곡(暘谷)에서 뜨고 함지(咸池)에서 목욕하며 부상(扶桑)의 들을 지나간다고 한다. 다시 태양이 곤오(昆吾)의 언덕에 오를 때 정중(正中)[1]이 되고, 비천(悲泉)을 지나 우연(虞淵)에 이를 때 황혼(黃昏)이 된다고 하였다.

이와 같이 희화가 끄는 육룡(六龍)의 수레는 하나의 태양을 태우고 양곡(暘谷)을 시작으로 하여 함지(咸池)에서 목욕을 시킨 뒤에 곧이어 부상(扶桑)의 들을 지나가게 된다. 그런데 여기서의 부상은 부목(榑木)이라고도 하며, 한 뿌리에 두 갈래의 둥치가 자라나고, 그 나무의 열매를 먹게 되면 온 몸에서 금빛이 난다고 한다.

> 동해의 푸른 바다 가운데 사방 1만 리가 되는 육지가 있는데, 그 위에는 태제궁(太帝宮)이 있고, 숲의 나무는 모두 뽕나무와 비슷하다. 큰 것은 높이가 수천 길이요, 둘레가 아름이나 되며 나무마다 같은 뿌리에서 두 갈래의 둥치가 자라 서로 의지하고 있으므로 부상이라 한다. 그런데 이 나무에는 9천 년에 한 번씩 열리는 열매가 있어서 신선들이 그 열매를 먹고서 온 몸에 금빛이 난다.

---

1) 정중(正中): 정오(正午)를 말한다.

부상이 자라나는 곳은 요동에 있는 청구(靑丘)의 땅이다. 그런데 그곳 동해의 바다 가운데 태제궁(太帝宮)이 있다는 것은 그곳에 제왕 중에 제왕인 천자(天子)가 살고 있다는 것을 말한다.

이와 함께 그곳에서 자라는 부상이라는 나무가 한 뿌리에 두 갈래의 등치가 자라나고 있다는 것은 하나의 뿌리로부터 음양의 원리가 나오고 있음을 말하고 있다. 따라서 부상이란 나무가 있는 곳은 생명이 처음으로 시작되고, 문명이 처음으로 열리는 창세의 땅을 말한다.

그런데 태양이 양곡에서 뜨기 시작하여 함지에서 목욕하고 세상을 비추게 되는데, 세상을 비추는 그 시작도 부상의 들이다. 한마디로 창세의 땅인 부상의 들을 시작으로 하여 해가 뜨기 시작하면서 하루의 일정을 시작하게 된다. 이로 보건대 청구의 땅, 즉 동이족들이 시작된 창세의 땅은 문명이 처음으로 시작되는 땅일 뿐 아니라, 태양이 처음으로 비추기 시작하는 땅이기도 했다.

특히 이곳에서 자라나는 부상나무는 9천 년에 한 번 열매를 맺기 때문에 집안의 가문을 상징하는 생명나무이다. 이 나무에 대해서는 이전에도 살펴보았듯이 그 열매는 9천 년에 한 번 나올까 말까하는 존귀한 자손(문화영웅)을 나타낸다.

그 열매를 먹으면 온 몸이 금빛으로 변한다는 것은 그 열매에 해당하는 존귀한 인물을 부인의 입장에서 신랑으로 얻게 될 때에는 가을에 결실하는 것과 같이 가문에 광영이 있게 됨을 말하고 있다.

이 밖에도 부상(扶桑)이 있는 산위에는 특별한 것이 있는데 그것은 옥계(玉鷄)이다. 이 옥계가 울면 천하의 닭들이 따라 울게 된다고 하니, 옥계는 곧 천계(天鷄)를 말한다.

거대한 바다 가운데에서 해를 실어 올리는 곳이 있다. 그곳 부상의 산위에 옥계(玉鷄)가 있는데 옥계가 울면 금계(金鷄)가 따라 울고, 금계가 울면 석계(石鷄)가 따라 울며, 석계가 울면 천하의 닭이 따라서 울고, 조수의 물이 그에 응한다.2)

〈신이경(神異經)〉「동황경(東荒經)」

위의 내용에서 천계인 옥계가 울면 곧이어 금계와 석계와 천하의 모든 닭들이 울기 시작하는 것을 알 수 있다. 그런데 《현중기(玄中記)》를 보면 천계인 옥계 다음에 금계가 울지 않고, 태양 속에 있는 양오(陽烏)가 먼저 응답하는 것으로 나온다.

봉래의 동쪽에는 대여산이 있는데 산위에 있는 부상(扶桑)의 높이는 10000장이다. 나무의 꼭대기에는 언제나 천계(天鷄)가 둥지를 틀고 있다. 매일 밤 자시가 되어 천계가 울면 태양 안에 있는 양오(陽烏)가 이에 응답한다. 양오가 울면 천하의 닭들이 모두 운다.3)

위에서 전하고 있는 양오(陽烏)는 태양까마귀를 말한다. 이른바 양오는 태양의 전령이다. 그런데 태양의 전령이 깨어나기 시작하는 시간은 천계인 옥계로부터 시작되므로 자정(子正)으로부터 시작된다고 볼 수 있다. 이때에 양오가 울면 천하의 닭들이 울기 시작하고, 태양은 닭들의 울음소리에 뒤를 이어 동쪽에서 서쪽으로 움직이기 시작한다. 그러므로 태양보다 앞서는 것은 닭들의 울음소리이다.

---

2) 〈신이경(神異經)〉「동황경(東荒經)」: 巨洋海中 昇載海日 蓋扶桑山 有玉鷄 玉鷄鳴則金鷄鳴 金鷄鳴則石鷄鳴 石鷄鳴則天下之鷄悉鳴 潮水應之矣
3) 《현중기(玄中記)》: 蓬萊之東 岱輿之山 上有扶桑之樹 樹高萬丈 樹顚常有天鷄 爲巢於上 每夜至子時 卽天鷄鳴 而日中陽烏應之 陽烏鳴 卽天下之鷄皆鳴

특히 여기서의 양오는 태양까마귀의 상징도 있지만 봉황의 상징도 가
지고 있다. 왜냐하면 봉황도 화조(火鳥)이기 때문이다. 그런데 이들 화조
가 태양에 앞서 우는 것은 시간을 알리는 면도 있지만 성왕(聖王)의 출
현을 알리는 상징도 있다. 그래서 고대인들은 봉황과 같은 태양조의 출현
을 성왕이 세상에 등극하는 조짐으로 보았다.

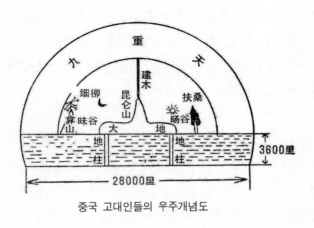

중국 고대인들의 우주개념도

태양과 관련하여 이번에는 용(龍)과 말(馬)에 대해서도 알아보면 용과
말은 태양의 수레를 끄는 신수(神獸)로 알려져 있다. 그래서 중국의 고대
신화에서 육룡(六龍)은 열 개의 태양을 하나씩 번갈아 가며 수레에 태우
고 질풍처럼 달리곤 하였다.
　이와 같은 신화는 북부여의 시조인 해모수에게서도 나타난다. 당시 해
모수는 천자(天子)로서 태양의 상징이었다. 그래서 그는 까마귀깃털이 달
린 모자를 쓰고 용광(龍光)의 칼을 옆에 찼으며, 오룡(五龍)의 수레를 타
고 하늘에 올랐다. 따라서 해모수의 신화는 태양을 오룡의 수레가 태우고
승천하는 모습이라 할 수 있다.

이번에는 태양의 수레를 끄는 천마(天馬)에 대해서도 알아보면 고대의 그리스인들은 전차를 끄는 말들에 의하여 태양이 이동한다고 믿었다. 그래서 태양을 주신으로 숭배한 로드스섬 사람들은 매년 전차와 네 필의 말을 바다에 던져 헌상하였다. 이러한 풍습은 그리스만이 아니고 유대왕국에서도 전차와 말을 헌상했고, 스파르타족, 페르시아족, 마사게타족에서도 말을 제물로 바치곤 하였다.4)

이와 같이 태양의 움직임에 대해서는 천하의 닭들이 그 이동을 미리 알렸으며, 용과 말들에 의해 이동을 하였다. 그런데 이러한 위대한 태양이 하계인 중원의 땅에서 어느 날 갑자기 하나도 아닌 열 개나 동시에 떠오르는 일이 발생했다. 이에 사람들은 대책을 세우지 않으면 안 되는 상황에 이르렀다. 그래서 《산해경》에서는 여축(女丑)이라는 무당이 뜨거워진 대지를 식히기 위하여 기우제를 드렸다고 한다.

여축에 대해서 〈산해경〉「해외서경」에서는 말하기를 열 개의 태양은 위에 있고 여축은 산위에 산다고 했다. 이 말은 그녀가 태양의 열기를 식히기 위한 기우제를 드리는 과정에서 태양의 뜨거운 열기에 맞서고 있는 모습이다.

여축시(女丑尸)는 산 채로 열 개의 태양에 구워져 죽었다. 장부(丈夫)의 북쪽에 있으며 오른손으로 그 얼굴을 가리고 있다. 열 개의 태양은 위에 있고 여축(女丑)은 산위에서 산다.

사람이 있는데 푸른 옷5)에 소매로 얼굴을 가리고 이름을 여축시(女

---

4) 〈황금가지〉「119쪽」프레이저 지음. 김상일 옮김.
5) 푸른 옷: 《단군세기》를 보면 2세 단군 부루 때에는 조서를 내려 백성들로 하여금 푸른 옷을 입게 하였다고 한다. 이를 볼 때에 여축시는 단군조선의 영역에 속하는 백성이었음을 말해준다. 푸른 옷은 동서남북의 입장에서 볼 때에 동방에

丑尸)라고 한다.6)

〈산해경〉「대황서경」

우리는 과보(夸父)의 신화에서 태양을 잡으려고 과보가 달려간 것을
알고 있다. 그러다가 그는 태양에서 내려 찌는 더위에 목이 말라 죽고 말
았다. 이와 마찬가지로 여축도 산 아래가 아닌 산꼭대기에서 태양과 맞서
고 있는 모습이다.

그녀의 이러한 모습은 과보와 같이 자신에 대한 과신이 넘쳤다는 것을
말한다. 그러나 어찌 보면 그녀가 뛰어난 무녀라는 증거이기도 하다. 이
뒤로 과보가 태양의 힘에 미치지 못하여 죽어갔듯이 여축도 태양의 열기
를 감당하지 못하고 구워져 죽어갔다.

무녀가 불에 타죽는 것에 대하여 엘리아데의 《샤마니즘》을 보게 되면
샤먼이 불에 타는 것은 천상의 영신(靈神)으로 태어나기 위한 것이라고
한다. 그렇다면 샤먼이 태양에 의하여 구워져 죽는 것은 천상의 영신으로
태어나기 위한 일종의 입문의례라고 할 수 있다. 한마디로 이 입문의례는
여축시가 작은 무녀에서 큰 무녀로 거듭 태어난 것을 말한다.

어떤 종류의 불이건 '불'은 인간을 '영신'으로 전신시킨다. 샤만이
'불을 제압하는 자'로 대접받는 까닭, 샤먼이 불붙은 석탄을 집고
도 뜨거운 줄을 모르는 것은 전부다 이 때문이다. 어떤 의미에서
'불을 제압하는 것'과 '불에 타는 것'은 입문 의례적으로 보아 동
일한 가치를 지닌다.

〈샤마니즘〉「198쪽」

속하는 동이족의 색깔이기도 하다.
6) 〈산해경〉「대황서경」: 有人衣青 以袂蔽面 名曰女丑之尸

불에 타죽는 것에 대해서는 그리스 신화에서도 찾아볼 수가 있다. 그리스 신화에서 태양신인 헬리오스는 태양마차를 몰고 다니는 일을 하였다. 그런데 헬리오스의 아들 파에톤이 하루만이라도 아버지의 태양마차를 타고 싶어 하기에 그 아버지인 헬리오스는 단 하루 기한을 정하고 아들에게 태양마차를 빌려준다.

그러나 거친 태양마차를 다루지 못했던 파에톤 때문에 마차에 태워진 태양이 지상을 불로 태우는 상황까지 오고 말았다. 그래서 제우스는 이를 막고자 파에톤에게 번개를 떨어트려 죽게 하였다.

파에톤의 경우 태양의 열기를 얕잡아본 과보와 태양의 열기를 막고자 했던 여축시의 내용과 차이는 있다. 그러나 모두 불에 의하여 타죽는 특징은 같다. 따라서 파에톤도 거듭 태어난 인물, 즉 환골탈태한 인물을 상징한다. 그래서 그에게는 '빛나는 자'라는 명칭이 붙게 되었다.

이 밖에도 태양신인 아폴론의 아들 아스클레피오스(Asklepios)가 하데스의 불평을 들은 제우스로부터 벼락을 막고 죽었다는 이야기도 있다. 그런데 그는 죽은 후에 사람들에게 숭배를 받았다고 알려져 있다. 그렇다면 의술(醫術)의 신으로 알려진 아스클레피오스도 번개를 맞고 거듭나게 되면서 그 이름을 세상에 떨쳤다고 볼 수 있다.

벼락은 이 밖에도 부정을 막는 벽사(辟邪)의 의미도 있다. 우리는 흔히 벼락 맞은 대추나무를 귀하게 여긴다. 이러한 이유는 하늘의 섬광과 신의 접촉인 불태움으로 모든 부정적인 어두운 기운을 제거했다고 믿기 때문이다.

이와 비슷한 나무로는 우리에게 불멸의 나무로 알려진 복숭아나무도 있다. 이 나무의 특징은 해(日)가 뜨는 동쪽으로 뻗은 동도지(東桃枝)를 중요하게 여긴다. 그 이유는 양기(陽氣)를 많이 받고 자란 가지이기 때문이다. 이렇듯 나무가 되었든 샤먼이 되었든 간에 햇빛과 불에 의하여 타버린다는 것은 부정적인 것이 제거되는 상징을 나타내고 있다.

다시 여축시의 내용을 보게 되면 그녀가 뛰어난 무녀였다는 것을 우리는 〈산해경〉「대황동경」을 통해서도 알 수 있는데, 당시에 그녀는 큰 게를 거느리고 있었다. 이를 쉽게 풀어보면 큰 게의 여러 다리가 상징하고 있듯이 넓은 지역을 관할하는 인물이 여축시의 밑에 있었다는 뜻이 된다. 그러므로 여축시는 요임금시대에 넓은 지역을 담당했던 유명한 무녀라고 할 수 있다.

해내(海內)에 두 사람이 있는데 이름을 여축(女丑)이라고 한다.
여축에게는 큰 게가 있다. 큰 게가 바다 가운데 있다.[7]

〈산해경〉「해내북경」

당시에 여축시가 유명한 무녀(巫女)로서 활동할 수 있었던 것은 요순시대가 신정일치(神政一致)의 사회였기 때문이다. 그러므로 당시에는 군왕과 샤먼들의 관계는 가까웠을 것이고, 뛰어난 샤먼들도 많이 있었던 것으로 여겨진다.

〈산해경〉「대황서경」을 보게 되면 "영산(靈山)[8]이 있는데 무함(巫咸), 무즉(巫卽), 무반(巫盼), 무팽(巫彭), 무고(巫姑), 무진(巫眞), 무례(巫禮), 무저(巫抵), 무사(巫謝), 무라(巫羅)라고 하는 열 명의 무당이 이 산을 따라 오르내리고 온갖 약들이 이곳에 있다."라고 하였다. 이 말은 당시 고대에는 이름을 날린 뛰어난 무당들이 많이 있었다는 것을 말한다.

---

7) 〈산해경〉「해내북경」: 大蟹在海中. 주석에 의하면 큰 게는 그 크기가 1천리나 된다고 한다. 이 말은 여축시의 밑에는 1천리나 되는 땅을 통제하는 사람이 있었다는 뜻이다. 그런데 그가 바다 가운데 있다는 것은 바다에 둘러싸인 해중(海中)의 나라, 즉 한반도에 뿌리를 둔 인물이라는 것을 말해주고 있다.

8) 영산(靈山): 신령스런 산. 靈은 무당이 천상으로부터 삼신의 가르침(口口口)을 받는다는 뜻이 있다.

특히 은나라의 무함(巫咸)에 대해서는 많은 문헌에서 그 이름이 발견되는데, 그는 길흉의 점을 잘 치는 신으로까지 받들어진 인물이다. 〈초사〉 「이소경(離騷經)」에 그에 대한 이야기가 있고, 〈성호사설〉 「제24권 경사문(經史門) 은탕입현(殷湯立賢)」에서는 사기(史記)를 상고하여 말하기를 보형(保衡), 이척(伊陟), 신호(臣扈), 무현(巫賢), 감반(甘盤)과 함께 무함(巫咸)은 세상을 울린 어진 신하라고까지 하였다.

〈동국이상국전집〉 「제2권 노무편(老巫篇) 병서(幷序)」에는 다음과 같은 시(詩)가 있다.

옛날에 무함은 신기로웠기에
모두들 산초랑 쌀이랑 바치고 의심을 풀었지만
그가 하늘에 오른 뒤엔 계승한 자 누구던가
천백 년이 지난 지금까지 아득하기만 하구나.9)

지금까지의 내용에서 무함의 기록은 샤먼인 동시에 정치가로서 그가 대단히 신통한 인물이었음을 알려주고 있다. 당시 무함이 살았던 시대를 상고해보면 그 이전으로 올라갈수록 위대한 샤먼이 많았던 것으로 여겨진다.

이로 보건대 여축시라는 인물도 나라에 부름을 받아 기우제를 드린 것으로 보아 꽤나 유능한 무당이었음을 짐작케 한다. 그러나 여축시의 힘으로 열 개의 태양을 제지할 수 없었던 것으로 《산해경》에서는 언급하고 있다. 그래서 《중국의 고대신화》에서는 이때에 요(堯)임금이 직접 나서게 되는 것으로 이야기하고 있다.

이제 여축시도 없는 상태에서 요임금이 직접 나서서 할 수 있는 일은

---

9) 昔者巫咸神且奇, 競懷椒糈相決疑, 自從上天繼者誰, 距今漠漠千百朞.

하늘에 있는 자신의 아버지인 제준에게 부탁을 하여 열 개의 태양을 막아줄 것을 요청하는 방법밖에 없었다. 그래서 요임금은 아버지에게 부탁을 하게 되고, 이에 제준은 친아들의 간청에 의해 가문의 공적으로 생각되는 아들들을 처벌해야 하는 난처함에 빠지게 된다.

그러나 친아들인 요임금의 부탁을 저버릴 수가 없었던 제준은 요임금의 뜻에 따라 실행을 하기로 결심을 하고, 천국에서 신궁(神弓)으로 유명한 예(羿)를 불러들인다. 그리고 제준은 자신이 가지고 있던 활과 화살을 예에게 건네주고 나서 철없이 날 뛰는 자신의 자식들에게 너무 심하게는 대하지 말고, 경고 정도만 하라고 시킨 후 예(羿)를 지상에 내려 보내게 된다.

> 준(俊)임금이 예(羿)에게 붉은 색의 활과 흰 화살을 하사하여 그것
> 으로 하계(下界)의 나라를 도와주도록 하였다.
>
> <산해경> 「해내경」

당시에 예(羿)가 하계로 내려오던 시대는 요임금의 시대가 아니라 하왕조(夏王朝)인 3대 태강(太康)의 시대였다. 이로부터 5대 상(相)이 집권하던 시대에 이르기까지 예는 하왕조를 어지럽히고 정권을 찬탈했다.[10] 그러므로 열 개의 태양이 떠오르던 시대는 제요(帝堯)의 시대로부터 초기 하왕조시대까지였다.

열 개의 태양이 떠오르던 시대가 요임금으로부터 초기 하왕조에까지 이어졌다는 것은 열 개의 태양에 해당하는 십천간(十天干)의 동이문화(東夷文化)가 당시에 부흥을 하면서 황금기를 맞이했다는 것을 말한다.

---

10) 하왕조의 1대는 우(禹)로부터 시작하여 2대 계(啓), 3대 태강(太康), 4대 중강(中康), 5대 상(相), 6대 소강(小康)으로 이어진다.

이른바 동이문화가 당시에 하계의 땅 곳곳에 들어가기 않은 곳이 없다는 뜻이다.

달리 말하면 십천간을 뜻하는 열 개의 태양이 하계의 땅에 사는 사람들을 거듭나게 하기 위하여 하계의 땅을 전부 불태우는 상황이 되었다는 것을 말한다. 그러므로 《중국의 고대신화》에서는 하계의 땅이 전부 불태워질 수밖에 없는 상황이 오자, 제준이 예를 지상에 내려 보내지 않으면 안 되는 상황이 되었다고 하였다.

결국 어쩔 수 없는 상황에서 제준은 예에게 활과 화살을 주고 자신의 아들들에게 경고만 하라고 당부한 후에 지상에 내려 보내게 된다. 이 뒤로 예는 유궁국(有窮國) 임금으로서의 운명을 받고 지상에 내려와 열 개의 태양에게 경고를 주기 위한 사냥을 시작한다.

예(羿)가 화살로 태양을 쏘다

유웅국의 임금이 된 예(羿)는 이후 요임금이 했던 것처럼 동이(東夷)의 문화를 탄압하는 활동을 시작하게 된다. 그렇다면 이제 그 내용을 살펴보기 전에 먼저 당시의 정치적 상황을 《십팔사략》을 통해 살펴보고자 한다.

계(啓)가 죽고 그 아들 태강(太康)이 제위에 올랐다. 태강은 여러 나라를 돌아다니며 유람하는 데 세월을 보내고 서울로 돌아오지 않았다. 그 틈에 유궁(有窮)의 임금 예(羿)라는 자가 태강의 아우 중강(中康)을 제위에 오르게 하고, 스스로 정권을 잡아 정치를 마음대로 했다.
이때 희씨(羲氏)와 화씨(和氏) 두 사람만이 의리를 지켜 복종하지 않았으므로, 예는 왕명이라고 속이고 윤후에게 명해서 두 사람을 토벌케 했다. 중강이 죽고 그 아들 상(相)이 즉위했는데, 예는 상을 몰아내고 스스로 천자의 자리에 올랐다. 그러자 예의 신하 한착(寒浞)이 예를 죽이고 천자의 자리를 빼앗았다.

그런데 상(相)의 비(妃)는 유잉국(有仍國)의 딸로서 그 때 임신하고 있었다. 상이 쫓겨나 몸이 위태롭게 되었으므로, 그는 유잉국으로 몸을 피했다. 그리하여 거기서 아들 소강(少康)을 낳았다. 소강이 자라서 십리 사방의 땅과 군사 5백 명 밖에 못 가졌었지만 하(夏)의 옛 신하 미(靡)를 장수로 삼아서 군사를 일으켜, 마침내 한착을 멸망시키고 제위를 도로 찾아서 우의 사업을 이었다.11)

당시에 예는 유궁국(有窮國)의 임금으로서 하나라 왕 태강이 유람으로 세월을 보내며 국정을 살피지 않자 태강의 아우 중강(中康)을 제위에 오르게 하고, 스스로 정권을 잡아 국정을 살피기 시작했다. 이 뒤로 예는 중강이 죽자 그의 아들 상(相)을 몰아내고 자신이 스스로 하왕조의 임금이 된 자이다.

하왕조의 임금이 된 예(羿)는 이때부터 요임금이 정권을 잡고 동이의 천부사상을 박해했던 것처럼 그 자신도 이 일에 동참하여 천부사상을 탄압하게 된다. 당시의 이러한 예의 행동은 그가 요임금의 뜻을 이어받았음을 나타내고 있다. 이후 이러한 과정 속에서 탄생한 것이 후예(后羿)의 십일신화(十日神話)이다.

예(羿)는 처음 천국에 있는 제준의 명령을 받고 지상에 내려왔으나, 점차 요임금의 뜻과 한마음이 되어 열 개의 태양에게 경고만 주지 않고 화

---

11) 啓崩. 子 [太康]立. 盤遊弗返. [有窮]后[羿], 立其弟[仲康], 而專其政. [羲][和]守義不服. [羿]仮王命, 命[胤侯]征之. [仲康]崩. 子[相]立. 羿逐[相]自立. 嬖臣[寒浞]又殺羿自立. [相]之后, [有仍]國君女也. 方娠. 奔有仍而生[少康]. 其後[少康]有田一成, 有衆一旅. 因[夏]舊臣 [靡], 擧兵滅[浞], 而復禹之續.

살로 해(日)를 꿰뚫고자 하였다. 그 이유는 동이족의 신성문화를 말살하고자 하는 예의 의도가 요임금과 그 뜻을 같이 하고 있었기 때문이다.

드디어 예(羿)는 열 개의 태양을 화살로 떨어트리고자 길을 나서게 된다. 그러나 열 개의 태양을 모두 떨어트리면 지상은 어둠에 가리어질 것을 염려한 예는 하나의 태양만을 남기고 모두 화살로 쏘아 떨어트리고자 하였다. 그래서 그는 마음을 굳히고 태양을 화살로 쏘기 좋은 높은 곳을 골라 그곳에서 신궁(神弓)인 자신의 능력을 발휘하여 태양을 향해 하나하나 활을 쏘기 시작했다.

그런데 이게 어찌된 일인가? 아홉 개의 태양이 땅에 떨어지자마자 황금색 세발 달린 까마귀로 변하여 버린 것이 아닌가! 이렇게 변해버린 것은 태양 가운데에 삼족오가 있었기 때문이었다.

태양에는 세 발 달린 까마귀12)가 있고 달에는 두꺼비가 있다.13)
〈회남자〉「정신훈」

탕곡(湯谷) 위에 부목(扶木)이 있는데, 하나의 태양이 바야흐로 도래하면 다른 태양이 떠오르며 그 가운데 까마귀를 실어서 운반한다.
〈산해경〉「대황동경」

태양 가운데에 삼족오가 있었다는 것은 제준의 아들인 열 개의 태양이 동이문화와 관련이 있다는 것을 말한다. 한마디로 삼족오는 동이문화로부터 나왔기 때문이다. 그런데 여기서 열 개의 태양은 십천간(十天干)을 상징하고 있으며, 아홉 개의 태양만이 떨어졌다는 것은 구환(九桓)족이 빛

---

12) 세발 까마귀: 서한(西漢) 때 고유(高誘)의 주석에는 준오(踆烏)를 삼족오(三族烏)라 하였다.
13) 日中有踆烏, 而月中有蟾蜍.

을 잃기 시작했다는 뜻이다.

아홉 개의 태양을 떨어트리는 예(羿)

이른바 십간십이지의 문화를 사용했던 구이(九夷)나 구려(九黎) 등으로 일컬어지는 동이족이 하계인 중원의 땅에서 쫓겨나기 시작했다는 이야기이다. 그러므로 예가 해를 활로 쏘았다는 것은 동이문화를 탄압하고, 동이족을 쫓아냈다는 것을 말한다.

당시에 동이족을 탄압하고 쫓아내기 시작한 장소에 대하여 〈초사〉「천문」에서는 동이족을 상징하는 까마귀가 '어디에 떨어졌는가?' 라고 하는 의문을 던지는 내용이 나온다.

예(羿)는 어째서 해를 쏘았고, 까마귀는 어디에 떨어 졌을까.14)

14) 羿焉彃日 烏焉解羽.

태양까마귀를 쏘는 예(羿)

중국 산동성 곡부에 있는 무씨사당 벽화

까마귀가 어디에 떨어졌는가하는 의문은 본래부터 그 까마귀들이 어디에 살고 있었는가를 먼저 알 필요가 있다. 역사의 기록에 의하면 당시 동이족들은 북방으로부터 이동하여 그 아래쪽인 하북성, 산서성, 산동성, 하남성, 안휘성과 바다를 옆으로 끼고 있는 강소성, 절강성 등에 내려와 살았다. 그러므로 까마귀가 떨어진 땅은 중원의 북쪽과 바다를 옆으로 끼고 있던 장소였다고 할 수 있다.

〈중국의 고대신화〉에서 원가(袁珂)는 이때에 화살을 맞고 떨어진 삼족오는 황금색이었다고 말하고 있다. 그러나 동북방에서 시작된 삼족오는 검정색이다. 그렇다면 어째서 검정색에서 황금색으로 바뀐 것일까? 그 이유는 본토에 살고 있는 동이족이 북방의 색상에 따른 검정까마귀로 표현되었다면 중원에 들어와 있는 동이족은 중앙의 색상에 따른 황금까마귀로 표현이 되었기 때문이다.

하여튼 예(羿)는 중원의 땅에 들어와 있는 황금색 세 발 까마귀들을 화살로 쏘아 떨어트리기 시작하였다. 예의 이러한 행동은 하나에서 셋으로 갈라지고, 다시 셋에서 하나로 귀환하는 삼일철학(三一哲學)의 천부사상이 중원대륙에 숨 막힐 정도로 넘쳐나고, 대중화를 통한 황금기를 맞이했기 때문이다.

한마디로 광명사상을 통한 뜨거운 열기와 밝음으로 인하여 중원의 백성들에게는 오히려 지상의 일에 집중하지 못하도록 혼란만이 가중되었기 때문에 예는 천부사상을 탄압하지 않을 수가 없었다. 이에 대하여 〈초사〉「초혼(招魂)」에서는 동방사람들은 열 개의 태양에 익숙해져 있지만, 중원의 사람들에게는 무쇠와 돌도 녹이는 열기로 인하여 혼(魂)이 반드시 흩어지게 된다고 말하고 있다. 따라서 《초사》에서는 예의 사냥을 어쩔 수 없는 상태에서 시작된 사냥이었다고 정당화하고 있다.

> 혼이여, 어서 돌아오라!
> 동방은 그대가 위탁할 수 없는 곳 ……
> 열 개의 태양이 번갈아 솟아 무쇠와 돌도 녹아 흐른다네.
> 거기 사람들이야 모두 익숙해 있지만,
> 네 혼은 반드시 흩어지게 되리니,
> 혼이여 돌아오라! 그 곳엔 살 수 없는 곳이니라.15)

위의 내용에서 동방은 무쇠와 돌도 녹이는 땅이다. 그런데 그 무쇠와 돌도 녹이는 열 개의 태양이 하계인 중원의 땅에서도 떠올랐으니 하계는 이제 모든 것이 불타게 되는 운명을 맞이하게 되었다는 것이 굴원의 생각이었다. 그래서 이때에 대하여 《중국의 고대신화》에서는 어쩔 수 없이 예가 세상에 나올 수밖에 없었다고 말하고 있다.

한마디로 요임금 시절부터 대중화가 시작된 천부사상이 점차 숨조차 쉬기 어려운 상황으로 다가오자, 예는 요임금의 정치구도와 같은 입장에서 동이족을 탄압할 수밖에 없었다는 것이 당시 예가 사냥에 나서게 되는 이유였다.

---

15) 〈초사〉「초혼(招魂)」魂兮歸來! 東方不可以託些. 長人千仞, 惟魂是索些. 十日代出, 流金鑠石些. 彼皆習之, 魂往必釋些. 歸來兮! 不可以託些.

그런데 웃지 못 할 일은 요임금뿐만 아니라 예(羿)도《초사》의 내용에서 이예(夷羿)라는 명칭에서 보듯이 동이족의 출신이었다. 그러므로 요임금과 예는 자신들의 뿌리가 되는 신성(神性)문화인 천부사상을 박해했을 뿐 아니라, 자신의 뿌리인 본국에까지 대항했던 인물들이었다.

당시 요임금과 예의 뿌리가 되는 본국은 선진문화를 전해주는 문명의 종주국이므로 그곳은 문화적인 입장에서 하늘이며 신들의 땅이었다. 그래서 신화에서 동이족들의 거점은 천계(天界)인 천국이었으며 그들은 신들과 동일시되는 반신반인의 인물들이었다.

그런데 그 곳 천국의 출신인 예가 요임금의 뜻을 따르고자 천국에서 하계(下界)인 지상으로 내려오게 되면서 지상의 사람들을 구해준다는 명분하에 천국의 문화를 탄압하고 하계인 중원의 문화를 내세우기 시작한 것이다. 이로써 제준에 의하여 활성화 되었던 천부사상이 그의 아들 요임금과 예에 의하여 탄압을 받게 되는 지경에 이르고 말았다.

2. 인류의 구원자 예(羿)의 활약

요임금 시대에 열 개의 태양이 떠올랐다는 재앙은 여기서 그치지 않는다. 〈회남자〉「본경훈」을 보면 갑자기 떠오른 열 개의 태양 때문에 기후는 뜨거워져 알유(猰貐), 착치(鑿齒), 구영(九嬰), 대풍(大風), 봉희(封豨), 수사(脩蛇) 등의 맹수들도 날뛰기 시작하였다. 이들 맹수들은 불타는 듯한 숲속에서, 혹은 펄펄 끓는 듯한 강물 속에서 뛰쳐나와 난폭하게 굴며 사람들을 마구 해치는 일을 서슴지 않았다.

사람들은 숨조차 쉬기 어려운 불볕더위 때문에 가뜩이나 살기 힘든 판에 맹수들마저 날 뛰며 자신들을 마구 해치니 더욱더 살아가기가 힘들어졌다. 그래서 사람들을 구하기 위하여 아홉 개의 태양을 화살로 쏘아 떨어트린 예(羿)가 다시 각종 맹수들을 잡기위한 사냥에 나서게 된다.

알유(猰貐)의 사냥

알유는 생김새가 소와 같고 몸이 붉으며 사람의 얼굴에 말의 발을 가지고 있었으며, 소리는 어린아이 같고 사람을 잡아먹는다.

〈산해경〉「북산경」

알유라는 자는 뱀의 몸체에 사람의 얼굴을 하고 있다.

〈산해경〉「해내서경」

알유의 생김새가 소(牛)와 같고 몸이 붉다는 것은 그가 농사의 기술을 전해준 문화영웅인 동시에 강한 힘과 세력을 가진 인물이었음을 말해주고 있다. 특히 사람의 얼굴에 말의 발을 가지고 있는 것은 그가 수렵과 목축에 대한 지식까지 가지고 있던 인물이었음을 나타낸다. 소리는 어린 아이와 같고 사람을 잡아먹는다는 것은 그가 순수하고, 영적인 세계로 사람들을 잘 인도하였다는 것을 뜻한다.

이 밖에도 〈산해경〉「해내남경」을 보게 되면 알유의 생김새는 용의 머리와 같고 사람을 잘 잡아먹는다고 했으며, 〈산해경〉「해내경」에서는 용의 머리를 하고 사람을 잡아먹는 알유가 건목(建木)에서 살고 있다고 하였다. 이로 보건대 알유는 용의 머리가 나타내고 있듯이 천국의 인물로서 신성(神性)을 가진 인물이었으며, 건목에서 살고 있다는 것으로 보아 아마 하늘과 땅을 연결해주는 제사장이었을 가능성이 높다고 하겠다.

알유에 대하여 다시 〈산해경〉「해내서경」을 보게 되면 알유라는 자는 뱀의 몸체에 사람의 얼굴을 하고 있다고 하였다. 이러한 모습은 중국의 고대신화에서 전형적인 문화영웅의 상징이다. 그러므로 알유의 소와 같은 생김새와 용과 같은 생김새는 모두 문화영웅의 상징으로써 그가 농업에 공적을 쌓은 인물일 뿐 아니라, 신성을 가진 인물이었음을 말해주고 있다.

이러한 알유에 대하여 위와 동일한 기록에서는 그가 이부(貳負)라고 하는 신하에 의하여 죽음을 당했다고 한다. 그런데 무팽(巫彭), 무저(巫抵), 무양(巫陽), 무리(巫履), 무범(巫凡), 무상(巫相)의 여섯 사람의 신의(神醫)가 알유의 시체를 끼고 있으면서 불사약(不死藥)을 가지고 죽음의 기운을 막고 있다고 하였다.

당시의 여섯 신의에 이름을 보면 모두 무(巫)자가 들어가는 것으로 보아 이들은 아마 하늘과 지하세계와도 통하는 접신의 전문가인 샤먼들일 가능성이 있다. 이들에 대하여 〈산해경〉「해외서경」을 보면 대체적으로 약초를 캐는 것을 일과로 삼는 것으로 보아, 이들은 샤먼의 역할과 함께 의사(醫師)의 역할까지 했던 것으로 볼 수 있다.

이런 점에서 볼 때 당시의 샤먼들은 불사약을 가지고 알유를 살릴려고 했는지도 모른다. 하지만 한 번 죽은 자는 다시 살아날 수 없는 것이 하늘의 이치이다. 그런데도 알유의 시신이 샤먼들에게 맡겨진 이유는 무엇일까? 그것은 제사를 담당하는 샤먼들로부터 알유의 혼령이 제물(祭物)을 받게 될 때에는 강력한 혼령으로 거듭나기 때문이다.

한마디로 알유의 혼령에게 샤먼들이 제물을 바치는 이유는 지상으로부터 생성되는 물질적 기운을 그에게 주어 그로 하여금 더욱더 저승에서 영적인 힘을 크게 발휘할 수 있게 하기 위해서였다. 이 뿐만이 아니라 그가 물질을 통한 힘을 얻게 될 때는 저승뿐 아니라, 이승에서도 힘을 발휘할 수 있기 때문에 샤먼들은 그에게 제물을 바쳤다고 할 수 있다.

그렇다면 알유는 이승에서 사라져가는 존재가 아니라, 이승에서 영원히 살아있게 되는 불멸의 존재가 되는 것이다. 한마디로 알유가 이승에서 불사(不死)의 삶을 살게 되는 신령(神靈)이 된다는 뜻이다.

〈산해경〉「중산경」을 보면 샤먼들은 제사에서 술과 태뢰뿐 아니라 홍산문화에서와 같이 벽옥도 함께 바침으로써 저승에서의 삶도 물질을 필요로 하는 이승과 같다는 것을 보여주고 있다.

> 괴산(騩山)은 상제(上帝)를 모시는 산이다. 그 제사에는 술을 올리고 태뢰(太牢: 소, 돼지, 양)를 갖추고 무당과 박수 두 사람이 춤을 함께 하여 하나의 벽옥(璧玉)을 바친다.

저승에서도 물질을 필요로 한다는 것은 이승에서 저승의 도움으로 살아가듯이 저승도 이승의 도움으로 살아가게 된다는 것을 말한다.[16] 한마디로 상호 보완적 관계에서 저승과 이승은 관계를 맺고 있다는 이야기이다. 이런 점에서 볼 때에 샤먼들에 의하여 알유에게 바쳐지는 제물은 저승에 있는 알유에게 힘을 주고, 그와 관련된 인물들이 다시 알유로부터 영적인 힘을 얻자는 행위이다.

특히 알유의 시신이 자손들도 아닌 샤먼들에게 맡겨졌다는 것은 샤먼들에 의하여 오랜 세월 이어질 수 있는 공적(公的)인 제사를 받게 되었다는 뜻이다. 이런 점에서 알유는 인품과 공적으로 보아 위대한 인물이었음이 틀림이 없다.

---

16) 이승에 있는 사람들은 저승에 있는 조상으로부터 보이지 않는 지혜를 얻고, 혹 영적인 계시를 받으며 살아가게 된다. 반면에 저승에 있는 혼령들은 제물을 통한 물질적 힘을 얻으며 살아가게 된다. 이는 명당혈(明堂穴)에 시체를 묻으면 그 혼령들이 지하로부터 물질적 힘을 얻게 되는 것과 같다. 이로 보건대 제사에서 제물을 바치는 일은 혼령들에게 힘을 주는 일이며, 그 혼령들로부터 삶의 지혜와 영적인 힘을 얻고자 하는 일이다.

그런데 이러한 알유가 〈산해경〉「해내서경」을 보게 되면 처음에는 이부(貳負)에 의하여 죽음을 당했는데, 〈회남자〉「본경훈」에서는 예가 다시금 알유를 죽였다고 하였다. 이 말은 예가 알유의 위패가 모셔진 신전(神殿)과 업적마저 파괴시켰다는 것을 말한다.

한마디로 알유가 다시금 천상과 지상에서 힘을 발휘하지 못하게 예가 조치를 취했다는 것을 말한다.

착치(鑿齒)와 봉희(封豨)

착치는 짐승의 이름이다. 이빨의 길이가 3척이나 되고 그 형상이 예리한 끌처럼 아래로 구멍을 뚫을 수 있도록 턱이 아래로 되어있어 날카로움에 베일 수 있는 모습과 방패와 같은 모습을 가지고 있었다.

〈회남자 · 본경편〉「동한고유주(東漢高誘注)」

착치의 특징은 괴물의 모습에 돌출된 이빨이다. 〈회남자〉「지형훈」의 주해(註解)에서는 착치민(鑿齒民)의 모습에 대하여 '하나의 어금니(一齒)'가 입 아래로 나오면 3척(尺)이나 된다고 했다. 특히 여기서 일치(一齒)를 토해내면 끌처럼 길고 날카롭다고 하였는데, 이때의 특징은 발산되어 나오는 힘, 즉 신성력의 상징이다.

이와 함께 이빨은 소화하기 좋게 음식물을 만들듯이 곱씹어 생각하는 치밀함을 나타낸다. 그러므로 이빨은 상대를 나의 의식으로 끌어당기는 지혜로움을 상징한다. 그런데 이러한 착치를 예는 화살로 쏘아 죽인 것이다.

예(羿)와 착치(鑿齒)가 수화(壽華)의 들에서 싸우고, 예가 착치를
쏘아 죽였다. 수하의 들은 곤륜허(昆侖虛)의 동쪽에 있다. 예가 활
과 화살을 가지고 착치는 방패를 가졌다. 일설에는 창(戈)이라고 했
다.

<산해경>「해외남경」

요임금은 예(羿)에게 명하여 착치를 주화(疇華)의 들에서 죽였다.

<회남자>「본경훈」

봉희(封豨)에 대해서도 <중국의 고대신화>를 보면 긴 이빨에 날카로운
발톱을 가지고 있으며 소를 능가하는 힘을 가졌다고 한다. 이를 볼 때에
봉희는 거대한 야생 멧돼지의 모습을 연상시킨다.
　봉희에 대한 기록을 <회남자>「본경훈」을 통해서 보면 예는 상림(桑
林)에서 봉희(封豨)를 사로잡았다고 하였다. 그런데 당시의 상림은 은나
라의 성탕(成湯)이 7년 기우제(祈雨祭)를 드렸던 성지였다. 따라서 그곳
은 하늘과 통하는 신성한 땅이었다.

은(殷)나라 탕왕(湯王) 때 7년에 이르는 가뭄을 당했는데 탕왕은
스스로 상림(桑林)에 나가 기도했던바 사해(四海)의 구름이 모여들
었고 천리에 걸쳐 비를 뿌렸다.

<회남자>「주술훈」

당시에 봉희를 상림에서 잡았다는 것은 그가 신과 인간의 매개자로서
제사를 주관하는 제관(祭官)임을 연상케 한다. 그런데 예는 이러한 봉희
를 희생물로 삼아 제사음식을 천제에게 바쳤다.

청패(靑貝) 무늬로 된 활을 잔뜩 끌어당겨 커다란 돼지(봉희)를 쏘아 잡고서 겨울 제사에 천제(天帝)께 드렸는데, 어째서 예(羿)를 안 도우셨을까.

<초사>「천문(天問)」

예(羿)는 알유와 착치에 이어서 잡아먹기 좋은 커다란 돼지인 봉희까지 죽이게 되자, 그만 자신을 과신하게 되었다. 그래서 예는 제준의 당부를 잊은 채 자신의 능력을 제준이 알아주기를 바라는 마음에 겨울제사의 제물로 봉희를 바쳤다.

하지만 당연한 결과라고 할까! 천제인 제준은 음식을 먹지 않았다. 그 이유는 경고에 그치라고 한 것을 아홉 개의 태양과 함께 신성한 인물을 상징하는 봉희마저 마음대로 죽여 버렸기 때문이다.

당시에 희생물을 바쳐 천제를 드리던 제관의 역할은 신성한 것이었다. 그들은 한 번의 제사를 위해서도 기한을 정하여 며칠간을 정성을 드리며 자신을 갈고 닦던 수행인들이기도 했기 때문이다. 그런데 수행생활과 제사를 모시는 신성한 땅에까지 명사수인 예가 들어와서 안하무인격으로 봉희를 사살한 것이다. 그러니 제준이 음식을 먹지 않은 것은 당연한 결과였다. 결국 이러한 과정 속에서 예는 차츰 제준의 노여움을 사기 시작한다.

구영(九嬰)과 수사(脩蛇)

<회남자>「지형훈」의 주석을 보면 구영은 수화(水火)의 괴물로 알려져 있다. 이러한 상징은 그가 일월(日月)과 천지(天地)의 음양법을 쓰는 음양가(陰陽家)의 인물이었음을 말해주고 있다. 반면에 음과 양의 조화(調和)를 통해 어느 한 곳에 치우치지 않고 중도(中道)를 지키는 수행인의

모습을 연상시키기도 한다.

〈산해경〉「해외북경」을 보게 되면 구영이 한손으로 갓끈을 잡고 있다고 했는데, 그 모습은 구영이 중도를 지키고 있음을 보여주고 있다. 쉽게 말해 갓끈을 놓고 있는 한손과 갓끈을 잡고 있는 한손을 통해서 볼 때에 한편으로는 학문과 한편으로는 현실에 있어서 중도를 지키는 모습을 보여주고 있기 때문이다. 그런데 그런 구영을 예(羿)가 흉수가에서 죽인 것이다.

구영국은 그 동쪽에 있다. 그 나라 사람들은 한 손으로 갓끈을 잡고 있다. 일설에는 이영국(利纓國)이라고 한다.

예(羿)는 구영(九嬰)을 흉수(凶水)가에서 죽였다.17)

〈회남자〉「본경훈」

중도의 가르침을 따르고자 했던 구영을 죽인 예가 이번에는 큰 뱀인 수사를 칼로 베어죽이게 되는데, 이에 대해서는 〈회남자〉「본경훈」에 다음과 같이 씌어 있다.

예(羿)는 수사(脩蛇)를 동정호(洞庭湖)에서 목 베었다.18)

예의 칼날에 목이 베이어 죽은 수사(脩蛇)는 파사(巴蛇)라는 뱀으로 묘사되기도 하는데 이에 대해서는 〈산해경〉「해내남경」에 나와 있다.

---

17) 殺九嬰於凶水之上
18) 斷脩蛇於洞庭

파사(巴巳)는 코끼리를 잡아먹고 3년이 되면 그 뼈를 내놓는다. 군자(君子)가 그것을 먹으면 마음과 뱃속의 질병이 없다.

수사와 동일시되는 파사의 행위는 많은 의미를 던져주고 있다. 먼저 코끼리를 잡아먹는 파사라는 뱀이 있다는 것은 그 크기가 상상만 해도 엄청난 크기였다는 것을 짐작하게 한다. 이에 대하여 《태평환우기(太平寰宇記)》에서는 예가 파사를 동정호에서 죽였는데, 그 뼈가 마치 능곡(陵谷)과 같이 거대했다고 하였다.[19]

이와 같은 내용을 〈초사〉「천문」에서도 전하고 있는데, 그 내용에서도 뱀 한 마리가 코끼리를 삼킨다고 기록하고 있다.

뱀 한마리가 코끼리를 삼키다니 그 뱀 크기는 얼마나 될까?

위의 기록에서 나타나고 있는 코끼리와 파사(巴蛇)라는 뱀은 거대한 몸집이 특징이다. 그런데 이러한 거대한 몸집의 상징은 큰 지혜와 큰 힘으로 나타난다. 그래서 코끼리는 인도신화에서 힘과 함께 지혜를 상징한다. 이런 점에서 파사가 코끼리를 잡아먹는다는 것은 힘과 지혜를 얻는 것을 말한다.

이와 비슷한 이야기로는 마야부인의 태몽도 있다. 태몽에서 마야부인이 석가모니를 수태하여 꿈을 꾸었을 때 여섯 개의 상아(白牙)를 가진 흰 코끼리가 자신의 옆구리로 들어오는 꿈을 꾸었다. 이러한 모습은 왕비가 힘과 지혜를 가진 성현(聖賢)을 낳게 됨을 뜻하고 있다. 이로 보건대 파사가 코끼리를 잡아먹는다는 것도 이와 마찬가지로 장차 성현을 낳게 됨을 뜻한다고 볼 수 있다.

---

19) 羿屠巴蛇於洞庭, 其骨若陵谷, 名曰巴陵.《태평환우기(太平寰宇記)》

巴
蛇

파사는 본래 태호복희씨의 후손으로 파씨(巴氏)의 시조 후조(後照)를 말한다. 그러므로 파사는 위대한 신의 후손이다.[20] 그런데 그가 힘과 지혜를 가진 코끼리를 잡아먹고 나서 3년 동안 소화시킨다는 것은 여와씨의 창자와 같은 의미로써 이것은 사람들의 부정적인 과거의 허물을 긍정적인 입장으로 바꾸어 새롭게 갱생(更生)이 된 인물로 승화시킨다는 것을 말한다.

특히 3년 동안 소화시키고 남은 뼈를 토해냈다고 하는 것은 단순한 소화가 아니라 뼈가 상징하고 있듯이 살점과 피의 허상을 버리고, 그 사람의 본래에 모습을 되찾아주었다는 것을 말한다. 그러므로 파사가 코끼리를 삼켜 3년간 소화시킨 이후 뼈를 내놓는다는 것은 자신을 따르는 무리들을 근본부터 바꾸어 놓았다는 뜻이다.

그런데 뼈가 상징하고 있는 신화적 해석은 생명의 근원뿐 아니라 재생과 불멸의 원리도 가지고 있다. 따라서 파사는 자신을 따르는 무리들을 근본부터 바꾸어 재생의 삶으로 인도하고, 불멸의 존재로 만들었다고 할 수 있다.

이 밖에도 코끼리의 뼈를 군자(君子)가 먹으면 마음과 뱃속에 질병이 없다는 것은 뼈가 가지고 있는 생명의 원천인 지혜와 힘을 군자가 얻게 될 때에는 근본을 보지 못하는 미혹한 마음을 버릴 수 있다는 뜻이며, 병

---

20) 〈산해경〉「해내경」을 보면 파국(巴國)에 대한 내용에서 태호가 함조(咸鳥)를 낳고 함조가 승리(乘釐)를 낳고 승리가 후조를 낳았는데 후조가 처음으로 파(巴)의 시조가 되었다고 했다. 또 주권국(朱卷國)의 내용에서는 파사가 검은 몸에 푸른 머리를 하고 있는데 코끼리를 잡아먹는다고 하였다.

들어가는 육신을 새롭게 할 수 있다는 뜻이다. 그러므로 군자가 지혜와 힘을 얻게 될 때에는 마음에 질병인 번뇌와 육신에 질병인 병마(病魔)를 없앨 수 있다는 것을 말한다.

이런 점에서 볼 때에 파사는 사람들에게 번뇌에서 벗어나는 길과 병마를 없애는 길을 가르친 큰 스승이었다. 그런데 이러한 큰 스승으로 상징되는 수사마저 예(羿)에 의하여 처참한 죽음을 당하고 말았다. 그러니 이때부터 천부사상을 이끌었던 인물들과 집단들이 중원에서 점차 사라져갈 수밖에 없었던 것은 당연한 결과였다.

청구(靑丘)의 늪에서 대풍(大風)을 사살하다

예가 대풍을 청구의 늪에서 사살하였다.[21]

〈회남자〉「본경훈」

동이족의 신성문화는 청구(靑丘)와 깊은 관련을 맺고 있다. 청구는 바로 치우천왕의 도읍지였으며, 자부선생이 황제에게 삼황내문을 전해준 곳이기 때문이다. 〈태백일사〉「소도경전본훈」을 보게 되면 당시에 자부선생이 머물던 곳은 청구국 대풍산(大風山)의 남쪽에 있는 삼청궁(三靑宮)에 있었던 것으로 알려져 있다. 그러므로 예(羿)가 청구에서 대풍을 사살하였다는 것은 대풍산 주변에 있는 신성문화의 요람을 탄압하고, 그 우두머리를 제거하려고 했다는 것을 말한다.

그렇다면 여기서 잠시 대풍(大風)이란 의미를 알아보면 한자로는 '큰바람'이다. 바람은 우리의 문화에서 '신바람'이며 '신들림'이다. 그러므

---

21) 羿 繳大風於靑丘之澤

로 대풍은 '커다란 신바람', '크게 신들림'이다. 이것은 나의 존재 속에 있는 신(神)이 어떠한 세계와 만나 감응이 일어남이며, 그 감응 속에서 혼연일체가 되는 것을 말한다. 이렇게 볼 때에 대풍이란 나의 존재를 우주의 근원으로 끌어들이는 신성(神性)의 세계라고 할 수 있다.

중국의 고전과 신화에서는 풍(風)을 봉(鳳)으로도 동일하게 보고 있는데, 이것은 바람이 신령함이 되고, 신령함은 즉 신의 전령인 봉황으로 나타나기 때문이다. 그러므로 옛사람들은 바람을 봉황과 동일시하는 경향이 있었다.

> 대풍(大風)이란 사실은 대봉(大鳳)을 말하는데, 옛날에는 풍(風)과
> 봉(鳳)이 같이 통용되었다.
>
> 〈중국의 고대신화〉「袁珂」

풍(風)과 봉(鳳)에 대해서는 〈복사통찬(卜辭通纂)〉에서도 봉조(鳳鳥)는 풍신(風神)이라고 하였다. 허신의 《설문해자(說文解字)》에서도 봉은 신조(神鳥)라 했고, 봉황은 동방 군자의 나라에서 나와서 사해(四海)의 밖을 날아 곤륜산(崑崙山)을 지나 지주(砥柱)의 물을 마시고 약수(弱水)에 깃을 씻고 풍혈(風穴)에 자는데, 이 새가 세상에 나타나면 천하가 크게 안녕(安寧)해진다고 했다.[22]

이와 같이 대풍(大風)은 신령한 바람인 풍신(風神)이 되기도 하고, 풍혈(風穴)에서 잠을 자는 봉황의 상징이 되기도 했다. 그렇다면 대풍은 청구의 땅에서 성천자(聖天子)와 같은 인품을 가진 인물일 가능성이 높다. 하지만 명사수인 예는 신령한 인품을 가진 대풍이 천부사상에 관여된 인

---

22) 鳳出於東方君子之國 翱翔四海之外 過崑崙 飲砥柱 灌羽弱水 莫宿風穴 見則天下安寧 〈허신 설문해자〉

물이라 하여 청구의 땅에까지 와서 가차 없이 사살을 하고 말았다. 이로써 예에 의하여 성천자와 같은 인물도 죽어갈 수밖에 없었다.

구미호(九尾狐)와 하백(河伯)을 사살하다

여우라 하면 지금은 간사한 사람을 상징하나 상고시대에는 상서로움과 근본을 아는 동물로 알려져 왔다. 그 이유는 〈예기〉「단궁 上」편에 나와 있듯이 여우가 죽을 때는 자기가 살던 굴 쪽으로 머리를 향한 상태에서 죽기 때문이다.

여우가 죽을 때는 자기가 살던 굴이 있는 곳으로 머리를 향하여 죽는 것은 차마 근본을 잊을 수 없는 까닭이다.

이러한 상징을 가진 여우가 당시에는 청구지역에 많았던 것으로 알려져 있다. 그런데 당시에는 청구지역을 뿌리로 둔 무리들이 중원대륙으로 아홉 부족이나 흘러들어왔다. 그래서 중원에서는 여우가 살던 지역으로부터 아홉 부족이 흘러들어왔다고 하여 그들을 일컬어 여우의 아홉 꼬리에 비유하여 구미호(九尾狐)라고 하였다.

당시 근본을 잊지 못하는 여우를 아홉 부족으로 이루어진 구이(九夷)와 비유한 것은 구이의 사람들이 민족에 대한 근본을 잊지 않아서 일 것이다. 하여튼 그들이 구미호로 불리었다는 것은 충의(忠義)로움을 중요시했다는 것을 말해준다.

구미호에 대해서는 〈산해경〉「남산경」에서도 보이는데, 청구산(靑邱山)에는 꼬리가 아홉이나 달린 여우가 있다고 한다. 그 소리는 어린아이 소리와 같고, 사람을 잡아먹으며, 이 짐승을 잡아먹으면 요사스러운 것을 만나지 않는다고 했다.

여기서의 구미호가 어린아이 소리와 같이 소리를 내는 것은 순수함이 있다는 뜻이고, 사람을 잡아먹는다는 것은 그가 사람의 영혼을 잘 설득하였다는 것을 말한다. 이른바 장인국(長人國)사람들이 오직 사람의 혼(魂)만을 찾아 먹는다는 것과도 같은 의미이다.

혼이여 어서 돌아오라
동방은 그대가 위탁할 수 없는 곳
키가 천 길인 장인국(長人國) 사람은
오직 사람의 혼(魂)만 찾아 먹는다네.

〈초사〉「초혼」

君子國

사람이 사람의 혼만을 찾아 먹는다는 것은 그 사람의 마음을 잘 설득한다는 것을 말한다. 다시 말해 동이족들이 하계의 사람들을 설득하여 신성(神性)한 존재로 이끌어 주고, 그들의 영혼을 크게 죽여 새롭게 했다는 뜻이다.

이 밖에도 구미호를 잡아먹으면 요사스러운 것과 만나지 않는다는 것은 구이족과 사귀게 되면 요사스러움이 없는 정의로움을 알게 된다는 뜻이다. 그래서 〈산해경〉「해외동경」을 보면 동이족 사람들을 가리키는 군자국(君子國)의 내용에서 그 나라 사람들은 의관을 갖추고 칼을 차며 사양하기를 좋아하고 다투지를 않는다고 하였다.

구미호에 대해서는 민간가요로도 전해오고 있는데, 그 가사를 보게 되

면 꼬리가 아홉 달린 백여우를 본 자는 국왕이 된다고 하였다.[23] 그렇다
면 여기서의 백여우는 누구를 말하며, 그 백여우를 만나면 어떻게 국왕이
되는 것일까?

아홉 꼬리 백여우를 본 자는 국왕이 된다네.
도산의 아가씨를 맞이한 자는 가정이 복되다네.

꼬리가 아홉 달린 백여우는 흰색이 의미
하듯이 최고의 단계를 상징하므로 구이족의
천자(天子)나 태자(太子)를 말한다.[24] 그
런데 민간가요에서 도산의 아가씨가 나오는
것으로 보아 꼬리가 아홉 달린 백여우는 부
루태자를 말한다고 볼 수 있다. 그것도 백
여우를 본 자는 국왕이 된다는 것은 부루태
자로 인하여 하우씨가 장차 국왕이 된다는
것을 말한다.

그렇다면 어떻게 부루태자가 하우씨를 국왕이 될 수 있게 했단 말인
가? 그것은 부루태자가 하우씨에게 9년 홍수의 성공을 위하여 금간옥첩
을 전해주었을 뿐 아니라 도산회의에서 인맥을 형성할 수 있는 기회를
갖게 하여 국왕이 될 수 있는 기반을 만들어주었기 때문이다.

이런 점에서 볼 때 부루태자가 하우씨에게 실질적인 도움을 주게 되면
서 하우씨는 국왕이 될 수가 있었다. 따라서 동이족의 상징인 구미호는

---

23) 구미호에 대한 민간가요는 위앤커의 《중국의 고대신화》에 나온다.
24) 흰색은 오행으로 서방 금(金)을 말한다. 따라서 서방 금은 성숙, 완성, 결실의
    뜻을 가지고 있다. 이로 보건대 흰색은 인간의식의 최고의 단계를 나타내고 있
    다.

하계의 사람들에게 근본을 아는 것뿐 아니라, 행운의 의미까지 가지게 되었다. 그런데 예(羿)는 이러한 구미호를 상징하는 큰 여우마저 죽이고자 사냥을 하였다.

> 음탕한 예(羿)는 사냥을 일삼아
> 큰 여우 쏘기만 좋아하더니
> 도리(道理)를 어긴 자 결국은 망하는 구나.
>
> <초사> 「이소경」

예(羿)가 사냥한 여우는 백여우와 같은 의미를 지닌 큰 여우이다. 따라서 동이족에서 적어도 족장정도의 지위에 있는 인물을 사냥했다고 볼 수 있다. 이와 같이 예는 천부의 가르침과 관련된 인물들과 집단의 수장들을 찾아다니며 죽이기 시작한 것이다.

이번에는 <초사> 「천문」의 주(註)에서 말하기를 하백(河伯)이 백룡(白龍)이 되어 물가에서 노는데 예가 이를 쏘았다고 하였다. 이른바 하천에 거주하는 하백이란 신령(神靈)을 활로 쏘아 죽인 것이다.

> 천제가 이예(夷羿)[25]를 내려 보낼 때는
> 하(夏)나라 백성의 재앙을 없애란 것인데
> 예는 어인 일로 황하의 하백을 활로 쏘고
> 낙수의 여신인 복비를 아내로 삼았나.
>
> <초사> 「천문」

---

25) 이예(夷羿): 예는 동이사람이란 뜻이다. 한나라 허신이 지은 설문(說文)에서 말하기를 이(夷)는 동이지인(東夷之人)이라 했다. 또 夷는 큰 대(大)와 활 궁(弓)의 글자로 이루어졌다고 하였다.

신화에서의 하백은 황하를 지키는 물의 신이다. 〈회남자〉「제속훈(齊俗訓)」에서는 하백을 풍이(馮夷)라 하고, 그는 도(道)를 득하여 큰 하천(河川)에 숨어있다고 했다.26) 곽박(郭璞)의 주석에도 빙이(冰夷)는 곧 풍이(馮夷)로 하백이라고 말하였다.

〈산해경〉「해내북경」에서는 빙이의 모습이 사람의 얼굴을 하고 있으며, 두 마리의 용을 타고 있다고 했다. 따라서 그는 두 마리의 용이 상징하고 있듯이 천상을 오고가며 지혜를 받아 내리는 존재였다.

하백(河伯)

그런데 어느 날 그가 물을 다스리는 백룡으로 변하여 물가에서 노닐고 있을 때에 갑자기 예가 나타나서 그를 화살로 쏘아 죽였다. 이때에 예가 하백을 화살로 쏜 이유는 하백이 물과 관련하여 문명의 중심을 나타내는 수호신이었기 때문이다. 한마디로 예가 화살로 하백을 쏜 것은 문명의 중심에 있던 동이족의 수호신을 없애고자 한 것이다.

당시에 동북방의 중심사상은 북방으로부터 문명이 시작된다는 천하중심(天下中心)의 사상이며, 자아완성을 위한 천부사상이었다. 그러므로 예는 동이족의 천하중심의 사상을 파괴시키고, 자아완성을 위한 수행문화(修行文化)를 탄압하고자 했던 인물이었다.

특히 하백이 도(道)를 득하였다는 《회남자》에서의 언급은 하백이 물과 관련하여 수궁(水宮) 속에 머물러 있었기 때문이다. 한마디로 이러한 상징적 의미는 물의 영향을 받고 태어난 우리의 생명이, 생명의 근원인 물

---

26) 〈회남자〉「제속훈」: 昔者馮夷得道 以潛大川

속으로 되돌아갈 때에 도를 득하는 것을 뜻한다. 그러므로 《회남자》나 〈초사〉「구가」에서 하백인 황하의 신이 수궁(水宮)에 머물러 있다는 것은 여의주를 품고 있는 경지인 도통의 경지를 말한다고 볼 수 있다.

물고기 비닐로 집을 만든 용당(龍堂)에
자줏빛 가재문에 진주 입힌 궁전!
신령은 어찌하여 수궁(水宮)에 계실까?

득도를 이룬 하백과 관련하여 〈태백일사〉「삼신오제본기」를 보면 칠월 칠일 날 만큼은 천신(天神)이 용왕에게 명령하여 하백을 용궁(龍宮)으로 불러 그로 하여금 사해바다의 모든 신들을 거느리게 한다는 기록이 있다.[27]

여기서 하백은 하천의 물이며 인간의 생명을 상징한다. 반면에 바다에 있는 용궁은 물의 중심이며 생명의 근원이다. 그렇다면 하백이 용궁으로 들어가 사해바다의 신들을 거느리는 것은 내 자신이 생명의 근원으로 돌아가 무의식에 세계를 주관하는 것을 말한다.

이른바 나의 의식이 무의식을 주관한다는 것은 해탈을 이루고 고급심을 이루는 것을 뜻한다. 한마디로 나의 생명(상념)이 근원(무의식)으로 되돌아갈 때에 내면을 밝히는 빛을 얻을 수 있기 때문이다. 그러므로 하백이 목적으로 하는 것은 초월적 자아를 이루기 위함이다.

다시 말해 양기(陽氣)가 가장 강한 7월 7일 만큼은 나의 생명력이 가장 강한 때이므로 이때만큼은 생명의 근원인 바다로 들어가 용궁에서 여의주를 얻듯이 나의 근본을 찾기 위하여 수행을 하자는 것이다. 따라서 칠성 날은 모든 사람이 수행을 할 때라는 것을 우리에게 말해주고 있다.

---

27) 七月七日……是日 天神 命龍王 召河伯 入龍宮 使之主四海諸神.

후예와 낙수의 여신 복비

〈산해경〉「해내북경」에서는 빙이(冰夷)가 항상 차지하고 있는 곳은 종극연(從極淵)이나 또는 중극연(中極淵)이라고 한다. 이 말은 지극함을 좇는 호수와 지극히 중심이 되는 호수에 하백이 항시 머물러 있는 것을 말한다. 그렇다면 하백은 항시 생명의 근원과 하나가 된 도통(道通)의 경지에 머물러 있었다는 것이 된다.

그런데 이러한 하백을 쏘아 죽인 예가 이번에는 물의 신령인 낙수(洛水)의 여신을 아내로 삼았다고 〈초사〉「천문」에서는 말하였다. 이른바 예(羿)가 하백을 화살로 쏘아죽이고 나서 낙수의 여신 복비(宓妃)의 혼령에게 애정을 느낀 것을 말한다. 그렇다면 예는 왜 죽어서 혼령이 된 낙수의 여신 복비에게 애정을 느낀 것일까?

이러한 이유는 당시에 황하에서 하백의 제사를 모시던 제사집단을 몰아내고 낙수의 여신인 복비를 모시는 과정에서 생겨난 이야기일 가능성이 크다. 그렇다면 무엇 때문에 예는 하백을 대신하여 복비를 모시고자 했을까? 그 이유는 하백이 동이족의 본국에서 모시던 신령이었기 때문이다. 그래서 예는 본국에서 이주한 복희씨의 딸을 하백을 대신해 모시고자 하였다.

예(羿)의 이러한 생각은 하백을 쫓아냄과 동시에 중원의 땅에 살았던 복비에게 힘을 주기 위해서였다. 이른바 복비로 하여금 희생물을 먹고 하계에서 강력한 힘을 발휘하는 신령으로 거듭나게 해주기 위해서였다.

오, 인드라(Indra) 신이여, 그대를 그렇게도 강력하게 만드는 것은
제물이로다.……

《리그-베다》

엘리아데의《요가》를 보면 희생제는 제신(諸神)과 모든 존재의 생명에
원리라고 한다. 처음에는 제신도 가멸적인 존재들이었으나, 이들은 희생
제를 통하여 신이 되고 불멸적인 존재가 된다고 하였다. 한마디로 모든
신들도 마치 인간이 신들의 혜택으로 살아가듯이 인간의 혜택으로 살아
가게 된다는 뜻이다.

그렇다면 예(羿)가 복비에게 희생물을 바쳐 강력한 힘을 주고자 했던
이유는 무엇일까? 그것은 예가 복비에게 강력한 힘을 주어 그 힘이 자신
에게까지 미치게 하기 위해서였다. 한마디로 중원의 땅에서도 북방까지
아우르는 천자문화를 열고자 했던 예가 복비로부터 영적인 힘을 받기 위
해서였다. 그래서 중원에 도착한 첫 이주자들의 원신(寃神)에 해당하는
복비를 예는 하백을 대신하여 모시고자 했다. 이로써 복비는 동이족들이
믿던 하백을 대신하는 황하의 신이 될 수가 있었다.

복비에 대한 인생을 보게 되면 그녀는 복희씨의 딸로서 낙수를 건너다
가 그만 물에 빠져 죽게 되면서 낙수의 신이 되었다. 그러므로 뜻하지 않
게 비명횡사하여 서럽고 안타깝게 된 복비를 예는 동정하지 않을 수 없
었다는 것이 일반적인 이해였다.

복비(宓妃)는 복희씨의 딸로 낙수(洛水)에 목숨을 던져 낙수의 신이
되었다.

〈사마상여(司馬相如)〉「상림부(上林賦)」

그래서 《중국의 고대신화》에서는 예가 복비를 동정하여 아내로 맞이했다고 하였다. 그러나 이러한 상황은 결국 그녀를 황하의 신으로 모셨다는 것을 말한다.

당시 예는 뛰어난 명사수로서 위대한 사냥꾼이었다. 복비의 경우도 뛰어난 미모를 가지고 있었던 것으로 문필가들은 기록하고 있다. 그러므로 위대한 사냥꾼과 아름다운 미모를 가진 복비에 대한 이야기는 하계의 땅 중원에서 더욱 많이 만들어질 수밖에 없었다.

그래서 시인들은 복비에 대한 많은 시(詩)를 남기고 있는데, 여기서 위(魏)나라의 조식(曹植)이 《낙신부(洛神賦)》에서 읊은 내용을 하나 소개하고자 한다.

기러기같이 날렵하고
승천하는 용과 같은 자태
멀리서 보면 아침 햇살처럼 찬란하고
가까이서 보니 물 위의 연꽃 같네.
날렵한 체구에다 산뜻한 어깨
허리와 목은 비단을 두른 듯
백설 같은 피부는 화장이 무색하고
높게 올린 검은 머리
누에의 눈썹
선홍 같은 입술
빛나는 치아와 두 눈동자
두 볼에 패인 매력적인 보조개……

3. 예(羿)와 항아(姮娥)

요임금으로부터 비롯된 천부사상의 탄압은 예의 시대까지 이어지면서 영성적인 인물과 제사집단의 탄압으로 이어졌다. 그러나 이 상황을 더 이상 눈뜨고 볼 수 없었던 제준은 예를 가만히 놔둘 수가 없었다. 그렇다고 제준으로서는 직접 간여할 수도 없었다.

그래서 그는 자신이 직접 예에게 벌하지 않는 대신에 그의 안위를 돌봐주지 않기로 결심을 하였다. 그러나 어찌 보면 이러한 상황은 온갖 못된 짓을 한 예에게는 사형선고와 같았다. 그 이유는 예(羿)로 인하여 죽은 원혼들이 너무도 많았기에 언제든지 보복을 당할지 모르는 상황이었기 때문이다.

더구나 천국의 인물이었던 예가 천국의 인물들인 동이족들을 탄압하고 죽이게 되면서 그는 이제 더 이상 천국에 오르지 못하고 땅에서 살 수밖에 없었다. 그러므로 그는 오래 살 수 있는 불사의 땅에서마저 쫓겨나게 되어 짧은 인생을 몸조심을 하며 살아갈 수밖에 없는 운명에 놓였다. 그런데 이 같은 사실을 예의 부인인 항아도 알게 되었다.

항아도 천국(天國)의 사람이었기에 남편에 대한 소식은 너무나 큰 충격이었다. 이 일로 남편뿐 아니라 자신도 자신에 고향인 천국으로 갈 수 없었기 때문이었다. 그 뿐만이 아니라 남편의 내조를 잘못했기 때문에 하늘의 노여움을 받아 장차 죽어서 지하세계인 유도(幽都)에 떨어지게 된다는 사실에 항아는 더욱더 충격이 컸다.

이 같은 상황은 예에게 있어서도 마찬가지였다. 그래서 예와 항아는 죽음을 면하고자 꾀를 내게 되는데, 그 방법은 예가 자신의 무용(武勇)을 믿고 당시 최고의 여신선으로 알려진 서왕모를 찾아가 불사약인 선도(仙桃)를 얻는 길밖에는 없었다. 결국 이러한 상황이 오자 예는 짐을 챙겨서 길을 떠나게 된다.

예(羿)가 서왕모를 찾아가다

당시의 서왕모(西王母)는 곤륜산과 그 주변인 옥산(玉山)이나 유사(流砂)를 오고가며 머무르고 있었다. 그런 그녀는 여신선의 대표로서 무병장수하는 불사약을 가지고 있었다. 〈산해경〉「해내북경」에서는 그녀가 세 마리의 파랑새를 부려 음식을 가져오게 하고 곤륜허(昆侖虛)[28]의 북쪽에 있다고도 하였다.

〈산해경〉「서산경」에서는 옥산(玉山)이라는 곳에 서왕모가 살고 있는데, 그녀의 생김새는 사람과 같으나 표범의 꼬리에 호랑이의 이빨을 하고 있었다고 한다. 또 그녀는 휘파람을 불며 흐트러진 머리에 머리꾸미개를 꽂았으며 하늘에 재앙과 오형(五刑)을 관장하고 있다고 했다.[29]

그런 그녀가 데리고 있다는 세 마리의 파랑새는 〈산해경〉「서산경」을 보면 삼위산(三危山)에 살고 있다고 했다. 그런데 그 산에는 삼수(三數)의 의미에서 또한 머리가 하나에 몸뚱이가 세 개인 치(鴟)라는 새가 있다. 이처럼 세 마리의 파랑새와 치라고 하는 새가 삼위산에 있고, 서왕모와 관련이 있는 것은 그녀가 삼신사상과 관련되어 있음을 말해주고 있다.

서왕모와 같이 새를 데리고 있는 인물을, 다른 신화에서도 찾아보게 되면 그 대표적 인물들이 수메르의 인안나여신과 그리스의 아폴론, 그리고 북유럽의 신화에 나오는 오딘이다. 이 중에서 오딘은 후긴(Huginn, 사념)과 무닌(Moninn, 기억)이라는 두 마리의 까마귀를 키우고 있었다. 그

---

28) 곤륜허는 곤륜산의 높은 봉우리를 말한다. 《설문(說文)》을 보게 되면 곤륜구(崑崙丘)를 곤륜허라고 했다. 여기서 허(虛)는 태구(太丘)라 하였으니 곧 높은 언덕이라는 뜻이다.
29) 〈산해경〉「대황북경」에서는 서왕모가 곤륜구(昆侖邱)의 신령으로 있다고 했다. 그녀는 사람의 얼굴에 호랑이의 몸체를 하고 꼬리에는 흰 반점의 무늬가 있으며 동굴에 산다고 하였다.

들 까마귀는 매일 세계를 날아다니며 연회에 참여한 오딘의 양 어깨에 앉아 보고 들은 것을 그의 양쪽 귀에 속삭이며 보고를 한다.

특히 오딘에게는 육체적 특징이 외눈박이인데, 이러한 모습은 그가 무한한 지혜를 간직한 미미르의 샘물을 마시는 대신 샘의 주인인 거인 미미르에게 한쪽 눈을 주었기 때문이다. 그래서 그는 최고의 신으로서 세계를 통치하는 데 필요한 지혜는 얻었지만 한쪽 눈을 잃게 되었다. 따라서 오딘의 신화는 저절로 얻어지는 것은 있을 수 없다는 교훈을 우리에게 상기시켜주고 있다.

[서왕모] 한나라 때의 화상석

하늘의 여주인으로 알려진
인안나(Inanna) 여신. 대영 박물관

이제 서왕모가 있다는 옥산을 중심으로 곤륜허와 삼위산의 관계를 살펴보면 당시 곤륜허는 황제의 하계에 도읍이고 삼위산은 반고의 하계에 도읍이었다. 그리고 이들 산은 서북쪽에 있다. 그러므로 서북쪽의 땅은 우주산과 하늘로 올라가는 사다리가 모여 있는 신성한 땅이었다.

흔히 곤륜산을 옛사람들은 산의 으뜸이라 하여 산지조종(山之祖宗)이라 하였다. 이 말은 곤륜산을 중심으로 모든 산천이 뻗어 있다는 것을 말한다. 이와 함께 삼위산은 반고가 도읍했던 곳이니 천간지지(天干地支)의 술법과 삼신사상이 남아있는 곳이다. 따라서 곤륜산과 삼위산은 세계의 중심이며, 문명이 시작된 곳으로써 천상에서 하계로 내려오기 위한 중간 단계에 있는 땅이었다. 그런데 그런 곤륜산과 삼위산 가까운 곳에 서왕모가 있었다.

당시에 서왕모가 삼위산과 곤륜산을 중심으로 있었다는 것은 그녀가 삼위산 계통에서 도(道)를 받아 득도를 하고, 서녘의 땅을 대표하는 여신선(女神仙)으로 있었다는 것을 말한다. 특히 그녀의 모습 중에 표범의 꼬리를 하고 있었다는 것은 그녀가 선술을 통하여 몸이 가볍고 날렵했다는 상징이다. 더불어 호랑이 이빨을 하고 있다는 것은 불에 익지 않은 날 음식을 먹었다는 증거이기도 하다.

이와 함께 휘파람을 잘 불었다는 것은 휘파람소리로 파랑새를 불러 심부름을 시키곤 했다는 것을 말한다. 흐트러진 머리에 머리꾸미개를 하고 있었다는 것은 그녀는 외형적으로 자신을 꾸미고자 하나 그 본성은 꾸밈이 없이 천지자연과 하나가 되어 살았다는 것을 나타낸다.

또 그녀가 형벌을 담당하고 불사약을 가지고 있다는 것은 그녀 자신이 여신선이기 때문에 스스로가 죽음의 길과 불사의 길을 선택할 수 있었다는 것을 말한다. 서왕모의 이와 같은 역할을 우리는 홍산문화에서도 찾아 볼 수 있는데, 〈태백일사〉「삼신오제본기」를 보면 웅족(熊族)의 여인은 수련을 담당하는 여신으로서 질병까지도 담당하고 있었다. 그렇다면 웅씨녀도 서왕모와 마찬가지로 불사의 삶과 함께 질병까지도 주관하는 여신선(女神仙)이었다고 할 수 있다.

용왕현구(龍王玄龜)는 선악(善惡)을 주관하며

주작적표(朱鵲赤熛)는 목숨(命)을 주관하며
청룡령산(靑龍靈山)은 곡식(穀)을 주관하며
백호병신(白虎兵神)은 형벌(刑)을 주관하며
황웅여신(黃熊女神)은 병(病)을 주관한다.

당시 서왕모에 짝이 되는 신선으로는 동왕공(東王公)이 있었다. 그는 여신선의 대모(大母)라 할 수 있는 서왕모와 함께 남자신선들의 우두머리로 중원의 사람들에게 알려져 있었다. 그에 대한 기록은 동방삭이 지었다는 〈신이경(神異經)〉「동황경」에 그 내용이 나온다. 여기서 그는 흰 머리카락을 가졌으며, 사람의 형상에 새의 얼굴을 하고 있다.

동황(東荒)의 중앙에 큰 돌로 된 동굴이 있으며
동왕공이 여기에 살고 있다.
키는 일장에 머리는 아주 하얗다.
사람의 형상에 새의 얼굴, 호랑이 꼬리를 했다.[30]

위의 내용에서 동왕공의 머리가 하얗다는 것은 백두(白頭)에서 알 수 있듯이 최고의 정점에 오른 것을 말한다. 이른바 가을, 완성, 성공, 결실이 흰색을 뜻하기 때문이다. 이와 함께 새의 얼굴을 하고 있다는 것은 그가 천상을 자유롭게 오고가는 샤머니즘과 관련이 있다는 것을 말한다.
특히 서왕모와 관련해서 〈신이경〉「중황경(中荒經)」에서는 곤륜산에 희유(希有)라는 큰 새가 있어, 왼쪽 날개로는 동왕공을 덮고 오른쪽 날개로는 서왕모를 덮는데 서왕모는 해마다 날개 위에 올라가 동왕공과 만난다고 하였다.[31] 이 밖에도 〈신이경〉「동황경(東荒經)」에서는 동황산(東

---

30) 東荒山中有大石室 東王公居焉...鳥面人形而虎尾 〈신이경〉「동황경」

荒山) 속의 큰 석실(石室)에 동왕공(東王公)이 거하면서, 늘 옥녀(玉女—仙女) 한 사람과 투호(投壺)를 즐겼다고 하였다.

여기서 서왕모와 동왕공이 해마다 희유라는 큰 새의 날개 위에서 만났다든가, 동왕공이 옥녀와 투호를 즐겼다는 것은 득도(得道)를 이루는 방법에 있어서 음양이 결합되어 중일(中一)을 이루는 것을 최고로 쳤다는 것을 말해주고 있다.

다시 〈태평어람〉「권1」을 보게 되면 목공(木公)을 동왕부(東王父)나 동왕공이라고도 하였고, 무릇 청양(淸陽)의 원기이며 만물의 으뜸이라고 하였다.32) 이것으로 보아 동왕공은 서방의 지역을 담당하는 서왕모와 짝을 이루어 동방(木)의 지역을 관할하는 신선(神仙)이었음을 알 수가 있다. 그렇다면 이러한 동왕공은 누구일까? 이에 대한 가장 설득력 있는 기록은 청나라 건륭제 때 만들어진 《역대신선통감》에서 찾을 수 있다.

황제가 동북지역에 있는 백두산 밑에서 홀로 도(道)를 닦다가 드디어 공(功)을 이루었다. 태호복희씨 때에는 방제(方諸)33)인 '동녘의 임금(東王公)' 태화진인(太華眞人)이 있었는데 그는 하늘의 신선을 부르고 여섯 가지 책을 맡고 있었다.34)

---

31) 上有大鳥 名曰希有 南向 張左翼覆東王公 右翼覆西王母,… 西王母歲登翼上之東 王公也. 〈신이경〉「중황경」

32) 木公, 亦云東王父, 亦云東王公, 蓋淸陽之元氣, 百物之先也. 〈태평어람〉「권1」

33) 방제(方諸): 커다란 조개를 말한다. 이 방제의 껍질을 만월(滿月) 아래에 놓고 그 속에 내린 이슬을 모으는데 이것을 월수(月水)라고 한다. 이러한 방법을 통해 구해진 '달의 정기(太陰精)'는 환술의 약으로 쓰였다. 그러나 여기서의 방제는 환술의 약을 만드는 방법뿐 아니라, 대환사(大幻師)을 뜻하기도 한다. 여기서의 대환사는 자신의 몸을 환골탈태할 수 있는 인물을 말한다.

34) 黃帝獨修於東北長白山下 日久功成 太昊時 方諸東王公太華眞人 召掌天仙六籍 〈靑 건륭제 역대신선통감 권2〉「仙眞衍派 제10절」

위의 기록에 의하면 동왕공(東王公)은 태호복희씨 때에 동녘의 임금인 태화진인(太華眞人)이라 한다. 당시 복희씨 때에 동녘의 임금으로 알려진 인물로는 배달국의 태우의(太虞儀) 환웅이 있었다. 그런데 그는 역사의 기록상 가장 일찍 호흡 수련법인 조식보정(調息保精)의 원리를 말씀하신 분이기도 했다. 이런 점에서 볼 때 동왕공은 당시 태우의 환웅을 말한다고 볼 수 있다.

　생각을 고요히 하고 마음을 맑게 하면 호흡은 고르게 되어 정精을 보전하게 된다. 이것이야말로 오래도록 생명을 유지하는 가운데 세상을 오래도록 볼 수 있는 법이다.
　黙念淸心 調息保精 是乃長生久視
〈태백일사〉「신시본기」

다시 풀어 말하면 동왕공은 동녘의 임금을 말하는 준말이다. 그런데 그 동왕공이 신선의 우두머리라는 것은 당시에 동녘의 임금이었던 태우의 환웅이 신선도(神仙道)의 가르침을 처음으로 전한 임금이었기 때문이다.

다만 여기서 중요한 것은 그가 제왕의 신분(東王公)으로서 신선의 우두머리역할을 하고 있는 것이다. 이와 같은 원리에서 볼 때에 서왕모(西王母)의 경우도 그 명칭에서 알 수 있듯이 선술(仙術)의 가르침뿐 아니라 서녘의 여왕(女王)일 가능성이 있다.

서왕모가 여왕의 모습이라는 것에 대해서는 《목천자전(穆天子傳)》에서도 잘 나타나고 있는데, 주나라 목왕은 서쪽 끝에 있는 엄자산까지 가서 서왕모를 만났다. 여기서 그녀는 시녀들의 시중을 받는 여왕의 풍모를 가졌을 뿐 아니라 자신의 신분을 나타내는 의미에서 스스로를 상제의 딸인 제녀(帝女)35)라고 하였다.

서왕모(西王母)

明刊本《月旦堂仙佛奇踪》

서왕모에 대한 더욱 후대의 기록인 《한무제내전(漢武帝內傳)》을 보면 서왕모는 나이 서른 가량의 용모절세의 여신선(女神仙)으로 나타난다. 차림새와 수행의 행렬은 황후와 비슷하다. 따라서 서왕모도 동왕공과 마찬가지로 임금의 신분을 가지고 있었다고 할 수 있다.

특히 서왕모(西王母)는 《한무제내전》에서 3,000년에 한 번 열리는 불사약인 선도(仙桃)를 가지고 있었다고 한다. 그래서 그녀는 반도(蟠桃) 연회를 열고 여러 신선들을 초청하여 장생불사하는 선도를 대접했다고도 알려져 있다. 이로 보건대 그녀는 여왕인 동시에 불사약도 가지고 있던 여신선이었다.

이러한 그녀를 만나기 위해 예(羿)가 먼 길을 재촉하여 길을 떠나게 되는데, 서왕모가 있는 곳으로 가기위해서는 곤륜허를 통해서 가야만 했다. 그런데 그 길은 너무나 험난한 길이었다. 특히 그 중에서 곤륜허를 중심으로 새의 깃털조차 가라앉는, 이를테면 배조차도 가라앉는 약수(弱水)가 둘러쳐있으므로 아무나 갈 수 없는 곳이었다.

혹 연못을 건너간다고 해도 곤륜허에는 개명수(開明獸)란 맹수가 지키고 있어서 예가 아니면 그 누구도 갈 수 없는 땅이었다. 다만 예가 천국의 사람으로서 험하고 높은 길을 자주 올라보았기 때문에 가능하지 그렇

---

35) 서왕모가 상제의 딸이라는 제녀(帝女)의 의미는 천자문화에서 임금들이 상제의 아들이라 하는 것과 같다. 따라서 서왕모도 여왕의 지위에 있었다고 할 수 있다. 그리고 제녀의 의미에서 볼 때에 그녀는 천자문화에 대한 이해를 하고 있던 여왕일 가능성이 크다.

지 않으면 그 누구도 불가능한 일이었다.

> 혼이여 어서 돌아오라
> 그대는 하늘에도 오르지 못할 것
> 호랑이 표범이 천문(天門)을 지키는데
> 올라오는 사람마다 물어뜯어 죽인다네.

〈초사〉「초혼(招魂)」

이러한 상황을 잘 알고 있던 예는 드디어 천국사람으로서의 소질을 발휘하여 서북쪽에 있는 황제의 도읍에 당도하게 된다. 그런데 그가 처음으로 마주하게 된 것은 아홉 우물과 아홉 개의 문이다. 그리고 온갖 신령들과 아홉 개의 문을 지키는 개명(開明)이라고 하는 짐승이었다.

> 해내(海內)의 곤륜허는 서북쪽에 있으며 황제(黃帝)의 하계(下界)의
> 도읍이다.…… 아홉 우물이 있는데 옥으로 난간이 쳐 있다. 그것을
> 등지면 아홉 개의 문이 있다. 이 문은 개명(開明)이라고 하는 짐승
> 이 지키며 온갖 신령들이 계시는 곳이다. 여덟 모퉁이의 바위와 적
> 수(赤水)의 사이에 있다. 이곳은 어진 예(羿)가 아니면 능히 비탈진
> 바위를 오르지 못한다.

〈산해경〉「해내서경」

위의 내용에서 아홉 우물과 아홉 개의 문이 뜻하는 것은 구이족(九夷族)과 관련이 있다. 따라서 천문(天門)을 지키는 온갖 신령들은 천국의 무리들로서 구이족을 말한다고 볼 수 있다.

특히 신령들이 천국과 하계를 자유롭게 오갈 수 있는 천문에 머무르고

있는 것으로 보아 이들은 천국에서 하계로 문화를 전달하던 문화영웅들임을 알 수가 있다. 그러므로 곤륜허에 있다는 온갖 신령들은 구이로부터 나온 문화영웅들이라 말할 수 있다.

아홉 개의 문을 지키는 개명수(開明獸)에 대해서는 〈산해경〉「해내서경」에서 몸은 크고 호랑이와 같으며 머리는 아홉 개이고, 모두 사람의 얼굴을 했다고 한다. 이 밖에도 〈산해경〉「서차삼경」에서는 곤륜구(崑崙邱)에 육오(陸吾)라는 신령이 있는데, 이 신령의 모습은 호랑이의 몸체에 아홉 개의 꼬리, 사람의 얼굴에 호랑이의 발톱을 하고 있다고 했다.

개명수(開明獸)

그렇다면 이들은 왜 인면수신(人面獸身)의 모습을 하고 있는 것일까? 그것도 머리가 아홉에 꼬리가 어찌 아홉이란 말인가? 개명수와 육오가 호랑이와 같은 모습에 사람의 얼굴을 하고 있는 것은 이들이 용맹함을 나타내는 호랑이를 신성시 했다고 볼 수 있다.

개명수의 아홉 개에 머리와 육오의 아홉 개에 꼬리의 경우는 구이(九夷)족을 나타낸다고 할 수 있다. 이렇듯 인면수신의 모습과 아홉이란 숫자의 특징을 곤륜산에 있었던 신령들이 가지고 있었다는 것은 그들이 토템신앙과 함께 아홉 부족으로 이루어진 구이족이었음을 말해주고 있다.

이 밖에도 개명수와 함께 온갖 신령들이 천문을 지키고 있었다고 하였는데, 여기서 개명수가 인면수신이었듯이 여러 신령들도 같은 모습이었으리라는 것을 미루어 짐작할 수 있다. 이런 관점에서 《산해경》에서 나타나는 여러 인면수신의 영웅들을 살펴보게 되면 〈산해경〉「서차이경」에서는 사람의 얼굴에 말(馬)의 몸을 가진 열 명의 신령들에 대해서 전하고 있다. 이와 함께 사람의 얼굴에 소(牛)의 몸을 가진 일곱 명의 신령에 대해서도 말하고 있다.

더 나아가서는 〈산해경〉「서차삼경」을 보면 사람의 얼굴에 말의 몸뚱이를 가졌고 새의 날개까지 가진 영소(英招)36)라는 신령에 대해서까지 말하고 있다. 그런데 이와 같은 반인반마(半人半馬)에 대하여 그리스의 신화에서는 수렵의 기술을 전해준 신(神)이라 하였으며, 그 인물을 키론(Chiron)이라 부른다. 이것으로 보아 반인반마(半人半馬)의 신령들은 수렵과 관련이

영소(英招)

있으며, 반인반우(半人半牛)의 신령들은 농업과 관련이 있음을 알 수가 있다.

그렇다면 예가 곤륜허에서 마주하게 된 온갖 신령들과 개명수는 각 분야에서 공적을 쌓은 문화영웅들이라 말할 수 있다. 그런데 이들 문화영웅들과 예가 곤륜허에서 마주했다는 것은 그동안 예의 신성말살을 위한 활약으로 볼 때에 문화영웅들이 쉽게 길을 열어주어 서왕 모와 만나게 했을 리가 만무하다. 그러므로 예는 천국의 문을 지키는 개명수를 비롯하여 온갖 신령들에게도 위협을 가하였으리라는 것은 당연하다.

이러한 관점에서 볼 때에 〈회남자〉「남명훈」에서 예(羿)가 불사의 선약을 서왕모에게 청하여 얻었다는 것은 결국 천문을 지키는 계명수와 온

---

36) 초(招)는 소(韶)로 발음하기도 한다.

갖 신령들을 굴복시키고 서왕모에게까지도 위협을 가하여 불사약을 빼앗아왔다고 볼 수 있다.

다시 말해 예는 손오공이 그랬던 것처럼 온갖 신령과 서왕모가 머물고 있는 신성한 성지에까지 들어가 불사약을 빼앗아 옴으로써 다시금 불사의 삶을 살 수 있는 기회를 얻었다고 할 수 있다. 하지만 불사약을 가지고 집으로 돌아가는 예의 앞날에는 불행의 운명이 기다리고 있었다.

월궁(月宮)으로 달아난 항아(姮娥)

《중국의 고대신화》에 의하면 이 뒤로 예는 불사약을 집으로 가지고 와서 항아(姮娥)에게 맡기면서 같은 날 같은 시기에 불사약을 함께 먹기로 약속을 한다. 그러나 남편으로부터 두 개의 불사약을 받은 항아는 욕심이 생겼다.

그 이유는 하나의 불사약을 먹으면 단순히 오래만 살 수 있으나, 두 개의 불사약을 먹게 되면 영원히 죽지 않을 수 있었기 때문이다. 그래서 그녀는 혼자 몰래 두 개의 불사약을 함께 삼키게 된다. 이로써 예의 그동안에 고생은 헛수고가 되고 만다. 반면에 항아는 영원히 살게 되는 행운을 잡을 수가 있었다. 그런데 이게 어찌된 일인가? 항아가 두 개의 불사약을 삼키자 그녀의 몸이 점차 가벼워지면서 공중으로 서서히 뜨기 시작한 것이다.

그러자 자신의 몸이 가벼워진 것을 알게 된 항아는 이참에 멀리 달아나고자 하였다. 그 이유는 자신 혼자만이 불사약을 먹었다는 죄책감과 함께 남편의 원망이 두려웠기 때문이다. 그래서 그녀는 끝없이 멀리 달아나고자 했고, 어느덧 달에까지 당도하게 되었다.

예(羿)가 불사(不死)의 선약(仙藥)을 서왕모(西王母)에게 청하여 얻

있는데 그의 아내 항아(姮娥)가 그것을 훔쳐가지고 달나라로 도망을
갔다.

〈회남자〉「남명훈」

달에 도착한 그녀에게 그곳은 너무나 황량하였다. 그곳에는 오직 계수
나무 하나와 방아를 찧는 토끼뿐이었기 때문이다. 달에 토끼가 있는 내용
으로는 〈초사〉「천문」에 나와 있는데, 여기서 굴원(屈原)은 "이익이 무엇
이기에 저 토끼는 달의 중심부에 들어가 살까." [37]라고 의문을 던지기도
했다.

달로 달아나는 항아

항아가 달에 도착한 이후 조금 지나니까 오강(吳剛)이라는 자도 달에
도착하였다. 이를 《유양잡조(酉陽雜俎)》에서는 오강이 도술을 배우다가
잘못을 저지르는 바람에 달나라로 귀양을 갔다고 하였다.

달나라에 도착한 오강에 대해서는 그가 높이가 5백 장(丈)이나 되는
계수나무를, 도끼로 찍어 내도록하는 벌을 받았다고 한다. 그런데 이 나
무는 도끼로 아무리 찍어내도 다시금 아물어버리는 것이었다. 오강에 대

---

37) 厥利維何, 而顧兎在腹. 굴원(屈原)의 《천문(天問)》

한 이 같은 신화는 그리스신화에서도 유사한 기록이 보이는데, 그것은 제우스의 명령을 어기고 불을 인류에게 전해준 플로메테우스의 이야기이다.

이 이야기에서 플로메테우스는 인류에게 불을 전해줌으로써 그 형벌로 코카서스 산꼭대기의 바위에 묶이게 되고, 그곳에서 그는 독수리에 의하여 간(肝)이 뜯어 먹히는 고통을 받게 된다. 그런데 이 일은 한 번에 그치는 것이 아니라 독수리에 의해 뜯어 먹힌 간은 다시 생겨나고 그때마다 독수리에 의해 다시 뜯어 먹히게 되는 가혹한 형벌이었다.

이때의 간과 계수나무를 비교해보면 간은 활력과 피곤함의 상징이며, 계수나무도 일반적인 나무와 마찬가지로 봄과 여름에 줄기를 위로 뻗다가 가을이 되면 성장을 멈추는 상징을 가지고 있다. 그러므로 간과 계수나무는 끝없이 반복되는 생명의 성쇠를 나타낸다. 그렇기 때문에 계수나무를 아무리 찍어내고, 간을 아무리 쪼아 먹어도 다시 계수나무와 간은 아물게 되고 또다시 성장을 하게 된다.

간과 계수나무의 원형이라 할 수 있는 달에 있어서도 비슷한 현상은 일어난다. 그것은 초승달과 보름달로 이어지는 변화작용이다. 처음 생겨나는 초승달은 탄생이다. 이후 달은 반달과 보름달을 거쳐서 다시 반달(하현)이 되고, 그믐달이 되어 완전히 사라진다. 그러다가 3일 뒤에 달은 다시 살아난다.

이렇듯 달은 생성과 성장에 이어 위축과 사멸로 이어지다가 다시 부활을 하듯이 흥함과 쇠락, 풍요와 죽음의 교훈을 우리에게 전해주고 있다. 그렇기 때문에 달은 흥망성쇠 하는 항아의 인생을 나타내기도 한다.

이 밖에도 달은 음(陰)의 종주로서 생명을 낳는 모든 생명체와 관련이 있다. 그래서 여성은 달의 주기와 같이 몸에 변화를 일으키는 월경이라는 것이 있고, 바다의 경우는 달의 주기로 인하여 밀물과 썰물을 통해 바다 생명을 키우기도 한다.

해는 양(陽)의 정(精)이다. 달은 음(陰)의 근본이다.

〈여씨춘추〉「정통편」

달은 모든 음(陰)의 근본이다. 만월에 방합(蚌蛤)은 가득차고 모든
음은 풍요로워진다. 그믐이 되면 방합은 속이 비고 모든 음은 여위기
시작한다.

〈여씨춘추〉「季秋紀」

　여성의 월경과 관련하여 좀 더 살펴보면 여성들에게 월경이 있는 날을
사람들은 그믐달과 비교하여 죽음의 상징으로 보았다. 그래서 월경이 있
는 처녀에게는 3일이나 4일 동안을 부정이 낀다는 이유로 캄캄한 방에
격리시키기도 하였다. 그런데 캘리포니아의 인디언들은 처녀의 첫 월경에
는 어떤 특수한 신비적인 힘이 간직되어 있다고 믿었다.[38]
　이러한 이유는 그믐달에서 초승달이 되기 위하여 다시 양기(陽氣)가
발생하듯이 초경의 경우는 가장 강한 양기가 발생하게 된다는 믿음 때문
이었다. 따라서 이때의 초경에서 생기는 피는 변하지 않은 영원성의 상징
이 되기도 했다.
　이번에는 바다생명과 관련하여 달의 주기와 가장 밀접한 관계를 가지
고 있는 조개에 대해서도 알아보면 방합조개의 경우는 달이차고 이지러
짐에 따라 진주(眞珠)를 배태한다는 사실이다. 초목자(草木子)에 의하면
중추명월(中秋明月)이 되면 방합조개는 진주를 밴다고 한다. 이러한 작용
때문인지 달의 영향을 받은 바다로부터 보물이 나오고, 여의주(如意珠)가
나왔다는 말이 이로부터 생긴 것이다.
　달과 관련하여 또 다른 특징으로는 물과 숲으로 오가며 사는 두꺼비와

---

38) 《황금가지 하》 플레이저, 을유문화사 276쪽

개구리가 있다. 이들 양서류는 달이 사멸하였다가 다시 부활하는 것과 같이 죽음과 탄생의 상징인 물속으로 들어갔다 나왔다 하기를 반복한다. 그러므로 두꺼비와 개구리와 같은 양서류는 죽음과 부활을 반복하는 달의 성향을 가지고 있다.

이 중에 두꺼비는 재복의 상징이다. 이와 같은 의미는 개구리도 마찬가지로 물을 산실(産室)로 삼아 수많은 알을 낳고 키우기 때문이다. 그래서 속설에는 두꺼비의 집(땅속과 함께 물속도 포함)을 이야기로 삼아 헌집 줄게 새집 달라고 함으로써 풍요를 빌기도 했던 것이다.

두꺼비와 달과의 관계는 고구려의 벽화에서도 나타나고 있듯이 고대로 부터 둘의 관계는 이어져왔다.[39] 그래서 고본(古本)인《회남자(淮南子)》를 인용한 초학기(初學記)에서는 항아가 달로 달아나 두꺼비로 변하여 달의 정령(精靈)이 되었다고 하였다.

이런 점에서《중국의 고대신화》에서는 오강이 달나라로 귀양을 와서 달의 작용에 의해 계수나무를 찍어내는 일을 맡았듯이 항아도 달의 작용에 의하여 흉측스러운 두꺼비로 변했다고 하였다. 이러한 현상은 어찌 보면 항아가 여성으로서의 삶에 상징인 근원으로 가버렸기 때문이다.

달에 대하여 좀 더 알아보면 우리는 그늘진 땅을 음달, 해가 비추는 땅을 양달이라고 한다. 이 말은 땅과 달이 같은 동의어로 쓰였다는 것을 말해준다. 이와 함께 여성의 경우도 달과 관련하여 딸이라고 한다. 그렇다면 땅은 달이 되고, 달은 딸(여성)로 이어졌음을 알 수가 있다.

이렇듯 달과 모든 음(陰)은 관계가 있듯이 3일간 달의 죽음은 달로 달아난 항아에게 죽음의 그림자가 기다리고 있음을 알리는 상징이기도 했다. 그렇기 때문에 항아가 달로 달아났다는 것은 죽음을 맞이했다고 볼

---

39) 고구려 벽화에 일신(日神)이 머리위로 들어 있는 태양 속에는 삼족오가 있다. 이와 함께 월신(月神)이 머리위로 들고 있는 달 속에는 두꺼비가 있다.

수 있다.

항아분월(姮娥奔月)　　　　　　동한월신 우인(東漢月神羽人)
사천신도(四川新都)　　　　　　사천팽현(四川彭縣)

하지만 달은 죽음으로부터 다시 살아난다. 그 이유는 달이 주기를 가지고 있기 때문이다. 그래서 달에는 죽음으로부터 다시 부활하는 불사약이 있다는 속설도 생겼다. 이것이 달에서 방아를 찧는 토끼이다.

달에서 방아를 찧는 내용에 대해서는 《의천문(擬天問)》에 나오는데, 여기서는 달 속에 무엇이 있는가? 흰 토끼가 약을 찧고 있다고 하였다. 그러므로 토끼의 상징은 달에서 불사약을 만들고 있는 것이다.

달은 무슨 덕이 있기에 죽었다가도 다시 살아나는가?
그는 무슨 이익이 있기에 기웃거리는 토끼(兎)를
그의 가운데에 살게 하나?40)

〈초사〉「천문」

달 속에 토끼가 살고 있다는 신화는 중국뿐 아니라 인도, 멕시코 등에도 있다. 달 속에 토끼가 있다는 상상은 아마 토끼의 간(肝)과 관련이 있는 것 같다. 토끼의 간과 관련하여 우리에게 잘 알려져 있는 토끼와 용왕

---

40) 夜光何德 死者又育? 厥利維何 而顧兎在腹?

에 대한 이야기를 간단히 살펴보면 어느 날부터인가 깊이 병든 용왕은 자라를 시켜 토끼를 잡아오도록 명령을 내린다. 그 이유는 토끼의 간을 먹고 병약해진 몸을 회복하기 위해서였다.

하지만 자라에게 속아 바다로 들어온 토끼는 간을 산 속에다 빼놓고 왔다는 구실을 앞세워 달아나게 된다. 이와 비슷한 내용으로는 《삼국유사》에 거타지(居陁知)라는 활 잘 쏘는 인물에 대한 이야기도 있다. 그 내용을 보면 서해바다의 용왕이 중으로 변신한 늙은 여우로부터 자신의 간을 빼앗길 것을 염려하여 활 잘 쏘는 거타지에게 도움을 요청한다.

무량사(武梁祠)의 화상석

그래서 거타지는 하늘로부터 내려와 중으로 둔갑하여 다라니(陁羅尼) 주문(呪文)을 읽고 있는 늙은 여우를 향해 화살을 쏘게 된다. 이에 화살을 맞은 중은 이내 늙은 여우로 변하여 땅에 쓰러져 죽었다.

이 이야기에서 용왕에게 간(肝)은 절대적으로 필요하다. 그 이유는 간이 생산력과 관련이 있기 때문이다. 즉 용왕에게 간은 줄어도 줄지 않는 풍어(豊漁)의 상징이기 때문이다. 그렇기 때문에 용왕은 풍요로운 바다를 만들기 위하여 여우에게 풍어의 상징인 간을 빼앗기지 않으려고 했던 것이다.

이와 같은 간의 상징은 달 속에 토끼가 있는 것과 무관하지 않다. 한마디로 토끼의 간과 관련해서 볼 때에 달 속의 토끼는 생명력과 풍요를 상징하기 때문이다. 그래서 토끼가 달 속에서 방아를 찧는 것은 생명력을 늘리기 위한 불사약을 만드는 일이라 할 수 있다.

이로 보건대 간이 작아질 때는 노쇠와 생명의 소멸을 가져오지만 간이 커질 때는 풍요와 불사의 삶을 가져온다. 따라서 사람들은 계속하여 간이 커지고, 보름달과 같이 살림살이가 계속하여 이어지기를 염원하는 마음에서 달에는 방아를 찧는 토끼를 만들어 놓고, 달이 밝은 만월일 때는 여성들이 둥그렇게 돌아가는 달 춤을 추면서 풍요를 빌기도 하였다.

그런데 항아가 불사약을 먹고 달로 달아난 것은 불사와 풍요로움을 나타내기 보다는 죽음을 나타낸다. 그것은 남편인 예와 음양의 합일을 이루지 못하고 혼자만이 불사약을 먹었기 때문이다. 진리의 세계에 있어서 부부간에 음양의 합일을 이루지 못한 것은 생명의 분화이며 노쇠와 생명의 소멸을 가져온다.

반면에 부부사이에 음양의 합일을 이루게 될 때에는 남녀추니(중성)가 되어 근원으로 회귀하게 된다. 그러면 이때에 구도자의 입장에서는 불멸을 얻을 수가 있다. 하지만 항아는 불사약을 혼자만 먹고 달아났고, 예는 항아의 이 같은 행위에 대하여 실망을 넘어 실의에 빠져 하루하루를 보냈다.

그래서 이들에게는 불행이 찾아오게 되면서 항아는 죽음을 맞이하게 되었고, 예는 실의에 빠져 자신의 안위를 돌보지 않는 사이에 한착이란 신하에게 살해까지 당하게 되는 운명을 맞이하고 말았다. 결국 이러한 상황을 불러온 것은 예와 함께 항아 자신이었다.

예(羿)의 죽음과 한착(寒浞)의 배신

〈좌전〉「양공(襄公)」4년의 기록을 보면 예(羿)는 자신의 활솜씨만 믿고 백성을 다스리는 일에 힘쓰지 않았을 뿐 아니라, 수렵에만 탐닉한 것으로 나온다. 그렇기 때문에 그는 무라, 백인, 웅국, 방행 등 현인을 버리고 한착을 임용하였다. 한착은 백명(伯明)씨의 간사한 자제로, 백명 후한(后寒)이 그를 버리자 예가 거두어 양육하였으며, 신임하여 자기의 보조로 삼기까지 했다.

그러나 한착은 안으로는 궁인들에게 환심을 사고 밖으로는 널리 재물을 풀어 백성들로부터 신임을 얻어 정치를 잘 하는 것처럼 예를 속인 후에 그로 하여금 수렵에 탐닉케 하였다. 그리고서 장기간의 사냥을 마치고 돌아오려고 한 예를 자신의 신하를 시켜 살해까지 한 인물이었다.

이와 같은 내용을 〈노사(路史)〉「후기 권14」에서는 예의 제자인 봉몽(逄蒙)41)이 복숭아나무로 그의 뒤통수를 쳐서 죽였다고 전한다. 여기서 복숭아나무는 양기(陽氣)가 가장 강한 나무로 알려져 있다. 그래서《형초세시기》에서는 복숭아나무를 다섯 종류의 나무 가운데 가장 영험하여 사귀(邪鬼)를 진압하고 온갖 귀신을 다스린다고까지 하였다.42)

또 〈논형(論衡)〉「난용(亂龍)」을 보면 상고시대 사람 중에서 신도(神荼)와 울루(鬱壘)가 있는데, 이들 두 형제는 복숭아나무 아래에 서서 온갖 귀신을 검사한다고 했다. 이와 같이 복숭아나무는 사귀(邪鬼)와 온갖 귀신을 다스리는 나무로 사람들에게 알려져 왔다. 그래서 인장(印章)이나 빗자루에도 복숭아나무가 쓰이게 되었다.

신도와 울루

이 뿐만이 아니라 이 나무는 서왕모와도 관련이 깊다. 그것은 서왕모가 가지고 있다는 불사약이 바로 3천 년에 한 번 열린다는 선도(仙桃)이기 때문이다. 그렇다면 복숭아나무가 3천 년에 한 번 열린다는 것은 무슨 뜻일까? 가야의 보주태후(普州太后) 허황옥이 3천 년에 한 번

---

41) 봉몽: 한착으로 일컬어지는 인물
42)《형초세시기》: 桃者五行之精 壓伏邪鬼 制百鬼,,,,

열린다는 반도(蟠桃)를 찾아 김수로왕에게 왔다는 이야기에서도 그 뜻을 찾아볼 수 있다.

이와 같은 내용은 소호금천씨 편에서도 나타났듯이 반도가 3천 년에 한 번 열린다는 뜻은 가문에서 3천 년에 한 번 나올까말까 하는 뛰어난 자손이 나오는 것을 말한다. 이와 함께 그 열매를 얻으면 불사한다는 것은 그 뛰어난 영웅을 얻는 부인은 자신의 이름을 영원히 남기게 된다는 뜻이다.

이처럼 선도(仙桃)는 사귀(邪鬼)를 물리치는 나무일뿐 아니라, 이름을 날리는 영웅의 출현과 그 영웅을 얻는 부인의 입장에서는 자신의 이름을 영원히 남기게 되는 의미를 가진다. 그런데 이러한 사귀를 물리치는 힘과 영웅의 출현, 그리고 불사의 의미를 가진 복숭아나무로 후예(后羿)는 뒤통수를 맞고 죽은 것이다.

　　　예는 복숭아나무 몽둥이에 맞아 죽었다.[43]

　　　　　　　　　　　　　　　　　〈회남자〉「전언훈(詮言訓)」

예(羿)가 사귀를 물리치는 복숭아나무로 맞아 죽었다는 것은 정의로움에 의해 처벌을 받았다는 것을 말한다. 이와 함께 영웅의 출현과 불사의 의미를 가진 복숭아나무로 맞아 죽었다는 것은 그가 문화영웅들을 탄압하고 복숭아나무의 뜻(천부사상)을 저버렸기 때문이다.

한마디로 정의롭지 못한 입장에서 동이족의 영웅들을 탄압하고, 불사의 정신을 추구하는 천부사상을 탄압하게 되면서 인과응보를 통해 죽음을 맞이하게 됐다고 볼 수 있다.

당시 인과응보에 대한 벌(罰)은 예의 죽음으로만 그친 것이 아니다. 한

---

43) 羿死於桃棓.

착은 예의 시신까지 국으로 끓여서 그의 자식들에게까지 먹이려고 했다. 하지만 그의 자식들이 이를 알고 먹지 않으려고 하자 한착은 그들까지 죽이고 말았다. 이로 보건대 한착은 예의 혈통마저 끊어버린 냉혹한 인물이었다.

> 예(羿)가 8년 만에 사냥터에서 돌아오자 봉몽(逢蒙)이 복숭아 가지
> 로 만든 몽둥이로 그를 타살하고 가중(家衆)이 그 시체를 삶았다.
> 羿八年將歸畋, 逢蒙桃倍殺之, 家衆烹之.
>
> 〈노사(路史)〉 후기 권14.

이로써 예는 불멸의 생명을 얻는 천부사상을 배신하고 탄압함으로써 영원히 후손이 끊기는 비운을 맞이하게 되었다. 예와 항아에 대한 또 다른 이야기에서는 항아가 남편의 신하인 한착의 꼬임에 빠져 둘이 공모를 하여 사냥에서 돌아온 예를 죽였다고도 하였다. 이후 한착은 다시 쓸모가 없게 된 항아마저 죽이게 되는데, 이때에 대하여 《초사》에서는 다음과 같이 말하고 있다.

> 도리(道理)를 어기니 기어이 망하는 구나.
> 한착(寒浞)에게 죽고 처(妻)를 빼앗기더이다.
>
> 〈초사〉「이소경」

> 예(羿)의 아내를 한착(寒浞)이 빼앗고서
> 눈먼 그녀와 예를 죽였으니
> 그리도 억센 예의 활 솜씨를
> 어떻게 번갈아 없애버렸을까.

〈초사〉「천문」

　〈초사〉의 내용은 활 솜씨에 능한 예의 화살을 한착이 어떻게 연거푸
피할 수가 있었고, 어떻게 예를 죽일 수가 있었느냐는 의문을 던져주고
있다. 여기에는 한착의 꼬임에 빠진 예의 아내가 가세하여 사냥에서 돌아
오는 예를 죽이는데 도움을 주었기 때문이다. 그러나 한착은 자신의 꼬임
에 빠진 항아마저 가차 없이 죽인 것이다.

　이 역사의 기록에서 우리는 항아의 인생을 더듬어 보게 된다. 그녀는
한때 좋은 집안으로 시집을 가서 늠름한 자식도 두었다. 일설에는 그 아
들이 봉희(封豨)로 불렸던 백봉(伯封)이며 그녀의 남편으로는 요임금 때
악관(樂官)을 지낸 기(夔)였다고 한다.

　그녀 자신은 유잉씨(有仍氏)의 딸로 절세의 미인으로 알려져 있다. 이
름은 현처(玄妻)로 알려져 있으며 기다란 검은 머리카락을 지닌 그녀는
적지 않은 나이에도 불구하고 눈부시게 아름다워 검은 여우라는 별명이
붙기까지 했다고 한다. 〈춘추좌씨전〉「소공28년」,《중국의 고대신화》김
희영 편역

　그런데 예(羿)의 손에 아들이 죽게 되면서 그녀는 복수를 위해 예의
아내가 된다. 이후 그녀는 자식에 대한 복수심으로 남편의 신하인 한착과
함께 공모하여 예를 죽였다. 그리고 점차 마음에 안정을 찾고 편안할 줄
알았다. 그러나 이것도 한때였다. 이번에는 한착으로 하여금 자신마저 죽
게 되는 운명을 맞이하고 말았다.

　그녀의 승승장구했던 생활, 그러다가 어두워지기 시작하는 그녀의 운명
은 자식의 죽음에 이어서 배신과 함께 자신까지 죽게 되는 운명을 맞이
했다. 이른바 초승달이 반달이 되고 이어서 보름달이 되었으나 다시 반달
과 그믐달이 되면서 죽음을 맞이하게 되는 것과 같았다.

하지만 그녀는 이러한 슬픈 이야기를 만들어내면서 사람들에게 영원히 살아있게 되었다. 그래서 그녀는 다시 살아났다. 바로 달이 3일간 죽었다가 살아나듯이, 역사 속에서 신화 속에서 그녀의 우여곡절의 인생은 다시 살아났다. 그것도 사람들의 가슴 속에서 월궁(月宮)에 사는 항아라는 이름으로 다시 살아난 것이다.

6장. 탄생신화(誕生神話)

1. 후직(后稷)의 탄생

탄생신화에는 감생(感生)신화와 난생(卵生)신화, 그리고 바위와 세계수로부터 태어나는 암생(岩生)신화와 목생(木生)신화가 있다. 이러한 신화의 중심에는 주(周)나라의 시조 후직(后稷)과 은(殷)나라의 시조 설(契), 그리고 은나라 건국의 재상 이윤 등이 대표적이다.

우선 후직에 대하여 알아보기 전에 먼저 《열자(列子)》에 나와 있는 문헌부터 보도록 한다.

> 자식을 갖고자 하는 사내는 처를 들이지 않아도 생명을 감생시킬 수
> 있고, 자식을 갖고자 하는 여자는 서방을 들이지 않아도 아이를 밸
> 수 있다. 주나라의 시조 후직(后稷)은 거대한 발자국에서 탄생하였
> 고, 은나라를 섭정한 명재상 이윤(伊尹)은 세계중심에 뿌리를 둔 뽕
> 나무에서 탄생하였다.
> 思士不妻而感, 思女不夫而孕. 后稷生乎巨跡, 伊尹生乎空桑.

역대 성철들의 탄생신화는 그들이 평범함을 뛰어넘어 많은 문화적 공

덕이나 뛰어난 후손을 남기게 되는 덕(德)을 베풀었기 때문에 생겨나고 오랫동안 전해올 수 있었다. 그러므로 이들의 탄생신화에는 남다른 모습의 징조로서 상제(上帝)의 등장과 상제의 심부름꾼인 까마귀가 등장하고, 대지의 자궁이 되는 바위나 대지의 배꼽으로부터 솟아오른 나무가 등장하기도 한다.

그래서 탄생신화의 형태에는 하늘로부터 영웅이 왔다든가, 대지의 자궁인 지하로부터 영웅이 왔다고 하는 이야기 등으로 전해진다. 그렇다면 후직의 탄생신화에서 먼저 〈사기(史記)〉에 나와 있는 「주본기(周本紀)」부터 보도록 한다.

주(周)나라의 시조는 후직(后稷)인데, 그 이름은 기(弃)이다. 그 어미는 유태씨(有邰氏)의 딸이었는데, 강원(姜原)이라고 불렀다. 강원은 오제(五帝) 중의 하나이며 황제의 증손인 제곡(帝嚳)의 첫째부인이었다. 강원이 들판에 놀러 나갔다가 거대한 사람의 발자국을 발견했는데, 마음이 어쩐지 기쁘게 생각되며 성욕이 발동하여 그것을 한 번 밟아보고 싶은 심정이 생겼다.

그래서 그것을 밟았더니 몸이 굼틀하고 움직이더니 꼭 태기가 있는 것 같았다. 자궁 속에 아기를 품은지 일 년이나 되어서야 해산하였다. 보통 10개월이면 나올 뿐 아니라 애비도 없는 아기고 해서 매우 불길하게 생각이 들어 좁은 골목에다가 버렸다. 그런데 지나가는 말과 소가 모두 피하여 밟지 않았다. 그래서 산 숲속에다가 옮겨 버리려고 하였는데 산 숲을 가는 도중 때때로 많은 사람과 만나게 되어 버릴 기회를 얻지 못하였다. 그래서 또 자리를 옮겨 강둑에 떠있는 얼음조각 위에다가 버렸더니 새가 날아와 날개를 펴서 그 아기를 덮어 주기도 하고 또 아기 밑에 날개를 깔아 떨어지지 않도록 하여 보호하였다. 강원은 아무래도 신령스러운 아이라는 생각이 들어 드디어 그를 거두어들여 클 때까지 길렀다.

처음에 그를 버릴려고 하였기 때문에 그것을 좇아 이름 짓기를 버릴 기(弃)자를 써서 弃라고 한 것이다. 弃가 어린아이 때 그 우뚝 서 있는 모습이 거인의 기상을 가지고 있었고, 아이들과 장난을 하고 놀 때에도 삼(麻)이나 콩(菽)을 심어 키우는 것을 좋아하였고 또 그가 심은 삼과 콩은 매우 훌륭하게 결실을 맺었다. 성인이 되는데 이르러서는 드디어 농사짓는 것을 좋아하였다. 지질의 적절함을 간파하고 그 토질에 마땅한 곡식을 심어 거두어들이곤 하였다. 백성들이 모두 그를 본받았다. 요(堯)임금이 그 소문을 듣고, 弃를 등용하여 농사의 모범(農師)으로 삼았다.

천하사람이 그로인하여 많은 이익을 얻게 되니 그의 공이 컸다. 후에 순(舜)임금이 그에게 말하기를, "弃! 검은머리 백성들이 처음에는 기아에 시달렸는데 그대 덕분에 좋아졌다. 그대는 후직(농림장군)으로서 때에 맞추어 온갖 곡식을 심어주게." 그렇게 말하고 弃를 태(邰——협서성 무공현)지방에 보내고 그를 후직이라고 호칭하였다. 그리고 따로 성(姓)을 주어 희씨(姬氏)라 하였다. 후직의 일어남은 도당(陶唐——요임금), 우(虞——순임금), 하(夏——우임금)의 시대에 걸친 것이다. 이 임금님들을 다 섬기매 그 훌륭한 덕성을 발휘하였다. 1)

---

1) 周后稷, 名弃. 其母有邰氏女, 曰姜原. 姜原爲帝嚳元妃. 姜原出野, 見巨人跡, 心忻然說, 欲踐之, 踐之而身動如孕者. 居期而生子, 以爲不祥, 弃之隘巷, 馬牛過者皆辟不踐. 徙置之林中, 適会山林多人, 遷之. 而弃渠中冰上, 飛鳥以其翼覆薦之. 姜原以爲神, 遂收養長之. 初欲弃之, 因名曰弃. 弃爲兒時, 屹如巨人之志. 其游戲, 好種樹麻, 菽, 麻, 菽美. 及爲成人, 遂好耕農, 相地之宜, 宜穀者稼穡焉, 民皆法則之. 帝堯聞之, 擧弃爲農師, 天下得其利, 有功. 帝舜曰："弃 , 黎民始餓, 爾后稷, 播時百穀." 封弃於邰 , 號曰后稷, 別姓姬氏. 后稷之興, 在陶唐, 虞, 夏之際, 皆有令德.

후직의 탄생에 특징은 그 어미가 들판에서 거대한 사람의 발자국을 밟고서, 이로부터 후직을 낳은 일이다. 후직의 탄생에서 그가 애비도 없는 자식이라 하여 버려졌으나 말과 소가 모두 피하여 가고 새가 날아와 날개를 펴서 덮어주었다는 것은 어려운 시련 속에서도 주변으로부터 많은 도움을 받았다는 것을 나타낸다. 이러한 신화는《삼국유사》에 나오는 주몽신화와도 비슷하다.

주몽도 그 어미가 방에 있을 때 햇빛이 비추어 옴으로써 피하였더니 다시 쫓아와 이로부터 태기가 있어 알(卵)을 하나를 낳았는데 그 크기가 닷 되(五升)들이만 했다. 그래서 알을 개와 돼지에게 주었으나 이를 모두 먹지 않았다. 다시 길에 내다 버렸더니 소와 말이 그 알을 피해서 가고, 들에 내다 버리니 새와 짐승들이 알을 덮어주었다고 한다.

이렇듯 후직과 주몽의 신화에서 공통점은 외부적인 힘에 의하여 태아를 갖게 된 것이다. 이른바 거대한 사람의 발자국을 밟고 자식을 낳았을 뿐 아니라, 햇빛을 받고 자식을 낳았다. 이 밖에도 이들의 공통점은 똑같이 태어나면서부터 시련을 겪게 되나 주변의 도움으로 성장하는 모습을 보여주고 있다. 이 뒤로 이들은 사람들에게 혁신적인 농사법을 전해주는 인물이 되고, 고구려를 창업하는 인물이 된다.

후직에 대한 기록을 〈시경〉「대아(大雅), 생민(生民)」에서 좀 더 보게 되면 후직의 어머니 강원은 아이가 없어서 제사를 통해 자식을 낳았다. 그런데 그녀는 태기가 있기 전에 제(帝)2)의 발자국에서 엄지발가락 자국을 밟고서부터 태기가 있었다.

厥初生民 時維姜嫄 生民如何 克禋克祀 以弗無子
궐초생민 시유강원 생민여하 극인극사 이불무자

---

2) 제(帝): 당시의 帝는 제왕의 상징이 아니라 상제(上帝)와 하나님을 나타내었다.

履帝武敏歆 攸介攸止 載震載夙 載生載育 時維后稷

　리제무민흠 유개유지 재진재숙 재생재육 시유후직

처음 백성을 낳으신 분은 다름 아닌 강원이란 분이라

어떻게 백성을 낳았오, 정결히 제사 지내시어

자식 없는 징조 쫓아내시고 상제(帝)님 엄지발가락 자국 밟고

하늘의 복을 받으사 쉬어 머무르셨네 곧 아기 배고 신중히 하사

아기 낳아 기르셨으니 이분이 바로 후직이셨네.

위의 내용에서 제(帝)는 하나님, 즉 천상의 상제(上帝)를 뜻한다. 그런데 강원은 자신의 두 발을 하나님의 엄지발가락 자국에 집어넣고 나서 태기를 가졌다고 했다. 그렇다면 강원은 애비가 없이 하나님으로부터 은혜를 받고 후직을 낳은 것이 된다.

이러한 이야기들은 지극히 높으신 분의 능력이 마리아를 덮어 성령으로 예수를 잉태하였다는 것이나, 태양빛을 몸으로 받고 알을 낳았다는 주몽의 이야기와도 같은 의미를 가진다. 한마디로 모두 성령감응으로 자식을 낳은 것을 말한다.

성령감응으로 자식을 낳는 감생신화(感生神話)를 동이족의 가르침에서 보게 되면 자식은 삼신이 점지해주게 된다. 다시 말해 자식은 무형적 성향의 삼신(三神)이 점지해주고, 조상을 대표하는 삼신할머니는 삼신으로부터 자식을 타내는 역할을 한다.

그러나 여기에는 예외가 있다. 큰 자식을 낳을 경우는 그 집안의 삼신할머니만으로는 큰 자식을 타낼 수가 없다. 그래서 이때는 삼신과 일체의 관계에 있는 하나님, 즉 삼신상제(三神上帝)께서 삼신으로부터 자식을 타내는 역할을 하게 된다. 그러면 최고신인 삼신상제는 삼신으로부터 큰 자

식을 타내게 되고, 그 자식의 부모가 될 자에게는 성령으로 나타나서 크게 될 자식을 점지해주는 역할을 한다.

이러한 이야기는 〈삼국유사〉「기이 제2」편에 나오는 경덕왕과 표훈대사의 내용에도 있다. 여기서 경덕왕은 표훈대사에게 천상에 올라가서 하늘의 상제(上帝)께 부탁하여 자신에게 아들을 하나 점지해달라고 부탁을 한다.

그런데 상제께서는 그 집안의 자식 운(運 — 삼신으로부터 정해진 運 —)을 보시고 아들은 없고 딸만이 있음을 표훈에게 말한다. 그러나 표훈의 이야기를 들은 경덕왕은 아들만을 점지 받아야 한다고 표훈에게 간곡히 당부한다. 그래서 다시 표훈께서 천상에 올라가 고함에 상제께서는 어쩔 수 없이 아들을 점지해주게 된다. 대신 경덕왕은 아들은 아들이나 여자와 같은 성품을 가진 아들을 점지를 받는다.

이 이야기에서 삼신상제는 창조적 성향을 가진 삼신으로부터 자식을 타내는 역할과 그 부모에게 자식을 점지해주는 역할을 한다. 이와 같은 이야기를 우리는 그리스 신화에서도 쉽게 찾아 볼 수 있는데, 제우스가 많은 부인을 거느리고 있는 것은 한마디로 삼신상제가 여러 여성들에게 나타나서 자식을 점지해주는 역할과 같기 때문이다. 따라서 제우스에게 나타나는 많은 부인들은 육체적 관계로 형성된 부인들이 아니라, 자식을 점지해주기 위한 정신적관계로 형성된 부인들을 말한다.

이런 점에서 제우스는 정실부인 이외로도 많은 부인과 자신의 누이동생인 데메테르와 데메테르의 딸인 페르세포네에게도 나타나서 자식을 점지해주는 역할을 한다. 이렇게 볼 때에 제우스는 강원에게 나타난 상제와 마찬가지로 자식을 점지해주는 역할을 했던 최고신이었다.

특히 감생신화에서 눈여겨 볼 일은 강원에게 상제께서 큰 발자국을 남긴 것이다. 이러한 경우는 제우스가 데메테르와 페르세포네의 앞에 나타날 때에 자신의 몸을 뱀으로 변신해보이고, 페르세우스의 어머니 다나에 (Danae) 앞에 나타날 때는 금빛의 비(雨)로 자신의 모습을 나타낸 것과 도 같다.

뱀의 모습으로 나타난
제우스에게 기도하는 사람들

이 밖에도 제우스가 스파르타의 왕 튄다레오스(Tyndareus)에게 나타날 때는 백조의 모습으로 변장하고 나타나기도 했다. 이러한 모든 모습은 자식들의 운명과도 연관시켜 볼 수 있는데, 큰 발자국의 경우는 일반적인 사람들과는 다르게 큰 인격과 남다른 능력을 가진 인물을 낳게 됨을 상징하고 있다.

뱀의 경우는 땅속에서 지상으로 나오게 됨으로 지하세계와 지상과의 관계를 연결해주는 인물을 낳게 됨을 상징하고 있다. 그래서 뱀이 가지고 있는 운명을 받고 태어난 페르세포네는 뱀의 습성과 같이 매년 겨울이 되면 지하세계로 들어가 저승대왕의 왕비가 되었으며 꽃이 만발할 무렵의 봄이 되면 지상으로 올라와 자신의 어머니와 살기도 하였다.

금빛 비의 경우는 메마른 땅에 비를 내려 황금들판을 만들어주게 되듯이, 그러한 역할을 할 수 있는 인물이 태어남을 상징하고 있다. 그렇다면 여기서 금빛의 비를 통해 탄생한 페르세우스의 경우를 보게 되면 그는 어려움에 빠진 케페우스 왕의 나라를 구하기도 하고, 질투심에 빠져 있는 폴리데크티스 왕을 메두사로 하여금 돌로 만들어 버림으로써 마음이 아름다운 디크티스를 왕으로 세우기도 하였다. 이처럼 페르세우스는 금빛의 비를 통해 황금들판을 만들어주듯이 두 나라를 살기 좋게 만들어 준 것이다.

백조의 경우는 아름다운 미인을 낳게 됨을 나타내고 있다. 잠시 스파르타의 왕 튄다레오스의 아내 레다(Leda)에 대해서도 알아보면 그녀는 백조의 모습으로 변장하고 다가온 제우스를 알아차리지 못한다. 그래서 그녀는 백조와 사랑을 나누게 되고, 이 뒤로 두 아이를 갖게 되는데, 그 중 하나가 미녀 헬렌(Helen)이다. 이와 같이 신에 의한 감생신화(感生神話)는 신으로부터 어떠한 상징의 감생을 받느냐에 의하여 자식의 운명이 예시되기도 하였다.

감생신화에 있어서 이번에는 최고신(最高神)은 아니나, 큰 자손을 점지해주기 위하여 산신령(山神靈)이 나타나기도 한다. 이 산신령은 조상들의 공덕과 자손들이 산천에 제사를 드리는 정성에 의하여 자식을 점지해주게 된다.

〈시경〉「대아(大雅), 숭고(崧高)」를 보게 되면 주목왕(周穆王)의 현상(賢相) 보후(甫侯)와 주선왕(周宣王)의 현상 신백(申伯)은 모두 높은 산으로부터 신령(神靈)이 내려오게 되면서 이로 인하여 태어났다고 하였다. 이 경우도 조상의 공덕과 자손들의 정성에 의해 산신령들이 높은 산봉우리로부터 내려와 자식들을 점지해주는 사례이다. 그런데 이들 산신령들도 그 근원으로 가게 되면 삼신으로부터 자손을 타내주었다고 할 수 있다.

嵩高惟嶽 峻極于天 惟嶽降神 生甫及申
숭고유악 준극우천 유악강신 생보급신
惟申及甫 惟周之翰 四國于蕃 四方于宣
유신급보 유주지한 사국우번 사방우선

우뚝 치솟은 높은 봉우리 하늘에 치솟아 닿을듯하네
높은 봉우리에서 신령이 내려와 보후와 신백을 낳게 하셨도다.
이러니 신백과 보후는 길이길이 주나라의 기둥이로다.
사방 주나라 울타리 되시며 온 세상의 담장이 되셨도다.

한 인간이 태어날 때에는 삼신으로부터 자손 줄은 정해지게 되고, 이때에 조상신인 삼신할머니는 자손의 혼령을 점지 받게 된다. 하지만 큰 자손의 경우는 삼신상제와 산신령들이 가세하여 자손을 타내는 역할을 한다. 이렇듯 영웅의 탄생에는 보이지 않는 손길이 작용을 하게 되는 것이다.

〈사기〉「공자세가」에서도 공자는 그의 어머니 안징재(顔徵在)가 니구산(尼丘山)에서 기도하여 낳았다고 한다. 이로부터 공자가 니구산에 정기를 받고 태어나서인지, 그는 니구산의 봉우리모습과 같이 나면서부터 머리 위가 오목하게 들어갔다고 하여 이름을 구(丘)라고 했다. 이런 점에서 볼 때에 창업군주나 성현의 탄생에는 남다른 상서로움이 작용했음을 말해주고 있다.

2. 이윤(伊尹)의 탄생

이윤이란 인물은 성탕을 도와 상(商)3)나라를 세운 인물이다. 그에 대한 기록을 보면 성탕의 부인인 유신씨(有莘氏)의 여인이 공상에서 뽕잎을 따다가 이윤을 발견했다고 한다. 이 뒤로 이윤은 주방장으로 있다가 유신씨의 여인이 성탕에게 시집갈 때에 따라가서 이로부터 성탕의 눈에

---

3) 상(商): 성탕이 세운 나라의 초기 이름, 나중에는 여러 번 수도가 바뀌면서 은(殷)나라로 명칭이 되었다.

띄어 제상으로까지 오른 인물이다.

그에 대하여 전해오는 이야기로는 공상(空桑)이라는 나무의 한가운데서 태어났다고 한다. 이에 대한 자세한 기록으로 〈열자(列子)〉「천서(天瑞)」에서 나와 있는 장감(張湛)의 주(注)를 보도록 한다.

전해오는 기록에 의하면 이윤의 어머니는 이수(伊水)의 윗동네에 살았다. 그런데 이미 태기가 있은 후 어느 날 태몽을 꾸었는데 꿈속에 신이 현현하여 그에게 고하여 말하기를 "돌절구에서 물이 나오면 동쪽으로 피난을 가되 뒤를 돌아보지 말라"고 하였다. 그 다음날 일어나 돌절구를 들여다보니 물이 나오고 있었다. 이윤의 어미는 동네사람들에게 같이 대피할 것을 권고하였으나 듣지 않았다. 그래서 그녀는 하는 수 없이 홀로 동쪽으로 십리나 뛰었으나 살던 동네가 보고파 뒤를 돌아보고 말았다. 그랬더니 그 동네는 완전히 물에 잠기어 있는 것이 아닌가! 그 순간 그녀의 몸은 뒤돌아 본 것으로 인하여 변화를 일으켜 공상(空桑 ― 근원이 되는 뽕나무)이 되어버리고 말았다. 어느 날 유신씨(有莘氏)의 딸이 뽕나무를 찾았는데, 그 근원이 되는 뽕나무 가운데서 갓난 애기를 얻게 되었다. 그러므로 그 애기를 이름지어 이윤이라고 하였고 또 그 애기를 임금에게 바치었다. 임금은 주방관리에게 그 애기를 기르게 하였다. 그 아기가 자라서 매우 영리하였고 드디어는 은나라 탕왕의 명재상이 된 것이다.[4]

이윤에 대한 기록은 그가 낮은 신분임에도 불구하고 그의 재능으로 인하여 명재상에까지 오른 것이다. 이 뿐만이 아니라 그는 창업공신에까지

---

4) 傳記曰：伊尹母居伊水之上，既孕，夢有神告之曰，曰水出而東走，無顧，明日視曰出水，告其鄰，東走，十里而顧，其邑盡爲水，身因化爲空桑，有莘氏女子探桑，得嬰兒于空桑之中，故命之曰伊尹，而獻其君．令庖人養之．長而賢，爲殷湯相．

이르게 되면서 세상에 그 이름을 떨쳤다. 그런 그에 대해서 〈서경〉「상서」에서 말하기를 이윤은 성탕이 죽고 나서도 그의 손자인 태갑이 방탕하자 그를 위하여 끊임없이 충언을 아끼지 않았다고 하였다.

그러나 여전히 달라질 기미가 없으므로 이윤은 선왕의 묘(墓)가 있는 동(桐)이란 곳에 궁(宮)을 세우고, 그곳에 그를 감금하다시피 하여 선왕의 교훈을 되새기게 하였다. 이때부터 태갑은 복상(服喪)을 하고 있었는데, 마침내 진실한 덕을 다할 수가 있었다고 한다. 이에 이윤은 면류관과 곤룡포를 가지고 가서 태갑을 모시고 대궐에 돌아왔고, 이윤은 글을 지어 태갑에게 아뢰었다.

> 백성은 임금이 아니면 서로 바로 잡아주며 살 수 없는 것이요, 임금
> 은 백성이 아니면 세상을 다스릴 수가 없는 것입니다. 하늘이 상나
> 라 왕실을 돌보시고 도와서 뒤를 이은 임금으로 하여금 그 덕을 다
> 할 수 있게 하셨으니, 실로 만세토록 무한한 축복입니다.5)

이윤에 충언과 덕담을 들은 태갑은 절하고 머리를 조아리면서 말하였다.

> 나 소자는 덕이 밝지 못하여 스스로 못난 짓을 하여 욕망을 좇아 법
> 도를 어기고 방종함으로써 예를 어기어 이 몸에 죄를 불러 들였습니
> 다. 하늘이 내리시는 재앙은 어길 수가 있으나 스스로 만든 재앙은
> 피할 수가 없는 것입니다. 전에는 스승이나 보호자가 되시는 분의
> 교훈을 어기어 저의 시초를 잘하지 못하였으나, 바로 잡고 구하여

---

5) 〈서경〉「상서」作書曰民非后면 罔克胥匡以生하여 后非民이면 罔以辟四方하리니 皇天이 眷佑有商하사 俾嗣王으로 克終厥德하시니 實萬世無疆之休니이다.

주시는 덕에 힘입어, 끝까지 잘 다스리는 데 전력을 다하고자 합니
다.6)

이와 같이 이윤은 성탕을 도와서 상나라를 세웠을 뿐 아니라 방탕했던
태갑을 성군(聖君)으로 바로 세움으로써 상나라를 반석위에 올려놓은 인
물이었다. 그래서 〈초사〉「천문」에서는 그가 나중에는 종묘에서 제사까지
받았다고 하였다.

처음에 탕왕은 이윤을 신하로 삼고
그 뒤에 이윤을 재상(宰相)으로 높였네,
이윤은 탕왕을 어떻게 도왔기에
죽어서 종묘에 제사를 받는고.

그의 이와 같은 인물됨은 탄생신화에서 잘 나타나는데, 그의 어머니가
꿈속에서 신(神)으로부터 계시를 받았다는 것은 예수의 탄생에서 가브리
엘이 나타나는 것과 같이 신령의 보호를 받고 있는 것을 말한다. 그러므
로 그는 어머니의 꿈속을 통해서 알 수 있듯이 신성한 인물이 될 수 있
음을 암시하고 있다.

또 절구로부터 물이 새어나오면 동쪽으로 도망가라고 해서 도망을 갔
는데 그만 뒤를 되돌아보는 바람에 공상(空桑)이 되었다는 것은 이윤의
어머니가 근원이 되는 뽕나무가 되었다는 것을 말한다. 이른바 공(空)은
단순히 속이 비어있는 것이나, 앙상한 가지를 말하는 것이 아니라 생명이
나타나기 전을 말하고 있기 때문이다. 그러므로 공상은 근원적인 나무로

6) 〈서경〉「상서」王이 拜手稽首曰, 予小子는 不明于德하여 自底不類하여 欲敗度하
며 縱敗禮하여 以速戾于厥躬커니 天作孽은 猶可違나, 自作孽은 不可逭이니 旣往
에 背師保之訓하여 弗克于厥初이나 尙賴匡救之德하여 圖惟厥終하리이다.

써 생명의 고향, 즉 생명(桑)의 시발처(空)로부터 시작된 나무라고 말할 수 있다.

이로 보건대 공상은 생명의 근원, 세상의 중심을 나타내고 있다. 이에 대하여 상자지향(桑梓之鄉)[7]이라는 고사가 있는데, 그 뜻은 여러 대(代)의 조상무덤이 있는 고향이나 대대로 살아오던 고향을 말한다. 그러므로 이윤의 어머니가 공상이 되었다는 것은 그녀가 멈춘 곳이 곧 생명의 시초가 되는 세상의 중심임을 말해주고 있다. 이런 점에서 이윤은 세상의 중심으로부터 온 인물, 즉 성스러운 인물이 되는 것이다.

이와 같이 나무와 관련하여 탄생한 신화이야기는 세계의 중심으로부터 영웅이 태어나게 됨을 나타내고 있다. 따라서 그리스신화에서 제우스의 아내인 여신 레토(Leto)도 델로스 섬에서 종려나무를 붙잡고 무릎을 꿇은 자세에서 쌍둥이인 태양신 아폴론(Apollon)과 달의 여신 아르테미스(Artemis)를 출산하였다.

이와 마찬가지로 석가의 어머니 마야부인도 무우수(無憂樹) 가지를 오른 손으로 붙잡고 서 있는 채로 석가를 낳았다. 신라의 김알지의 경우도 황금빛 상자에 담긴 아기가 나뭇가지에 걸려 있었다. 이처럼 영웅은 세계의 중심으로부터 태어나게 되는 상징을 가지고 있었다.

이 밖에도 이윤의 신화와는 조금 다르지만《성경》에도 이와 비슷한 소돔과 고모라에 대한 신화가 있다. 당시 소돔과 고모라는 멸망하기 직전의 땅이었다. 그래서 여호와가 두 명의 천사를 통해 그곳의 사람들을 구해내게 한다. 그러나 두 곳의 사람들은 여호와가 보낸 천사의 말을 듣지 않는다.

---

7) 상자지향(桑梓之鄉)에서 상(桑)은 뽕나무밭을 말하므로 우리의 삶이 있는 곳이다. 자(梓)는 가래나무 재(자)가 뜻하고 있듯이 임금의 관(棺)을 만들던 나무이다. 따라서 상자지향은 삶과 죽음이 있는 고향을 말한다.

이때 소돔에 있는 롯이라는 사람만이 천사의 말을 듣고자 하므로 천사는 장차 소돔이 멸망하게 되어 있으니 가족들과 함께 도망가라고 일러준다. 대신 도망을 갈 때에 절대로 뒤를 돌아보지 말라고 경고한다. 하지만 이를 깜박 잊고 있던 롯의 부인이 그만 도망가는 길에 뒤를 돌아보는 순간 그녀는 소금 기둥으로 변하였다.

우리는 여기서 뽕나무나 소금은 사람이 살아가는데 절대적으로 필요하다는 것을 잘 알고 있다. 그러므로 이윤의 어머니가 생명의 시초가 되는 뽕나무가 되었다든가, 롯의 아내가 소금기둥이 되었다는 것은 피난하여 정착하였다는 것을 말한다.

다시 말해 생명의 시초가 되는 뽕나무가 되고, 소금이 기둥과 같이 되었다는 것은 이윤의 어머니가 정착한 곳으로부터 뽕나무 밭이 시작되고, 롯의 아내가 정착한 곳으로부터 소금이 많이 필요로 하게 되었다는 것을 말한다. 그러므로 그녀들이 정착한 곳은 이제 삶의 근원이 되고, 세계의 중심이 될 수가 있었다.

이와 같은 내용은 우임금의 아들 계(啓)에게서도 나타난다. 《수소자(隨巢子)》의 기록을 보면 우임금은 도산(塗山)의 여자를 아내로 맞이하게 되면서 홍수를 다스리게 된다. 이때 우임금이 환원산을 통과하다 곰으로 변했는데, 그의 아내는 이를 보고 놀라서 도망가다가 돌이 되었다고 한다.

> 우는 도산의 여자를 아내로 맞아 홍수를 다스리고, 환원산을 통과하다 곰으로 변했다. 아내는 이를 보고 놀라 달아났는데 숭고산 아래에 이르러서 돌로 변했다. 우가 '내 아들을 돌려 달라' 하고 말하자, 돌이 북쪽으로 갈라지더니 계(啓)가 태어났다.[8]

---

8) 《수소자(隨巢子)》 禹娶塗山, 治鴻水, 通轘轅山, 化爲熊, 塗山氏見之, 慚而去, 至

하우씨가 곰으로 변하였다는 것은 그의 아버지인 곤(鯀)과 마찬가지로 그 자신도 변신을 하였다는 것을 말한다. 즉 하우씨가 아들인 계(啓)를 낳게 된다는 뜻이다. 그래서 하우씨의 아내인 여교(女嬌)는 도망가다가 바위로 변했고, 그 바위가 갈라지더니 계를 낳은 것이다.

이때의 바위는 세계의 근원인 지하, 즉 대지(大地)의 자궁을 나타낸다. 그러므로 계가 태어난 곳은 세계의 근원인 대지의 자궁으로부터 태어난 것이 된다.

하후개(夏后開)

더구나 바위가 북쪽으로 갈라졌다는 것은 계가 생명의 근원인 대지의 자궁으로부터 시작하여 대지의 배꼽을 통해 태어났다는 것을 말한다. 따라서 계(啓)는 보통의 자식이 아니라 하늘의 기운과 땅의 기운인 천지기운(天地氣運)이 뭉쳐진 세상의 중심이 되는 곳에서 태어난 자식이었다.

이로 인하여 그는 성장한 뒤에 중원의 천자(天子)가 되었을 뿐 아니라 천상으로부터 문명을 받아 내리는 역할도 하게 된다. 그래서 〈산해경〉「대황서경」을 보게 되면 하후개(夏后開)로도 알려져 있는 계(啓)는 푸른 뱀으로 귀고리를 하고 두 마리의 용을 타고 다녔다고 한다.

유사(流沙)의 서쪽에 사람이 있는데 두 마리의 푸른 뱀으로 귀고리를 하고 두 마리의 용을 타고 있으며 이름을 하후개(夏后開)[9]라고

嵩高山下, 化爲石. 禹曰: '歸我子!' 石破北方而生啓.

한다. 개(開)는 세 차례 하늘에 올라가 상제(上帝)님을 모시다가 구
변(九辯)과 구가(九歌)를 얻어서 내려왔다.

  하후개가 두 마리의 푸른 뱀을 귀에 걸고 있다는 것은 그가 새로운 문
화를 여는 일에 관여 했다는 것을 말한다. 특히 두 마리의 용을 타고 다
녔다는 것은 천상으로부터 신의 가르침을 받았다는 뜻으로 그가 제례(祭
禮)의 음악이라 할 수 있는 구변과 구가를 얻기 위하여 하늘에 오르내렸
다는 것을 뜻한다. 그래서 〈초사〉「천문」에서는 계(啓)가 꿈에 상제의 손
님(客)이 되어 구변과 구가를 얻어 왔다고 하였다.
  이와 같이 계(啓)는 대지의 자궁인 바위로부터 태어났으므로 문화영웅
으로서의 기질을 발휘할 수가 있었다. 이런 점에서 볼 때 생명의 근원과
세계의 중심으로부터 탄생하게 되는 신화(神話)는 창업공신과 문명에 기
여한 문화영웅들에 대한 이야기를 담고 있다고 할 수 있다.

3. 설(契)의 탄생

  설(契)은 상(商)왕조 성탕(成湯)의 시조가 되는 인물이다. 전해오는 말
에 의하면 그는 요순시절에 하우씨를 도와 치수에 참여하고, 이로부터 순
임금으로부터 교육을 담당하는 관리로 임명되면서 상(商)이란 곳에 봉해
졌다고 한다.
  그 뒤 동방의 초원이 있는 商이란 곳으로부터 설(契)의 자손들은 여러
대(代)를 하나라의 제후국으로 있으면서 힘을 길러왔다. 그러다가 하(夏)
의 걸(桀)이 폭정을 일삼는 때를 맞이하여 성탕이 등극하고, 이때부터 중

---

9) 계(啓)를 갈라져 열린다는 뜻의 개(開)를 사용하여 하후개(夏后開)라고 말하
   고 있다.

원에서의 천자국(天子國)이 되었다.

그렇다면 성탕이라고 하는 위대한 자손을 둔 설이 어떠한 인물인지를 한번 알아보고자 한다.

> 은(殷) 왕조 설(契)의 어머니는 간적(簡狄)이라고 하는데, 유융(有娀) 부족의 여자로서 제곡(帝嚳)의 둘째 부인이 되었다. 세 사람이 목욕을 하러 갔다가 현조(玄鳥)가 알을 낳은 것을 보았다. 이에 간적은 그 알을 가져다 삼켜 버렸고, 이윽고 임신을 하여 설을 낳았다.
>
> 〈사기〉「은본기」

위의 내용에서 간적(簡狄)[10]은 현조(玄鳥)가 낳은 알(卵)을 삼켜버렸고 이윽고 설을 낳았다. 그런데 독자들은 이전에 제곡의 아들들인 아홉 개의 태양이 삼족오로 변한 것을 알 것이다. 그렇다면 간적은 제곡의 상징인 까마귀가 낳은 알을 삼켰고, 이로 인하여 설을 낳았다고 할 수 있다.

이 밖에도 역사의 기록에서 현조는 제비(燕)로도 나타난다. 그 이유는 단순히 검은 색을 취해서 제비로 표현한 것으로 보인다. 현조가 제비로 표현되는 문헌에는 〈여씨춘추〉「계하기(季夏紀)」가 있는데, 그 기록에서 유융씨의 두 딸은 제비의 알을 얻게 된다고 말하고 있다.

> 유융씨의 부족에 아름다운 여인 두 명이 있었는데, 이들을 위해 9층 누대를 만들고 북소리에 맞춰 흥겹게 먹고 마실 수 있게 하였다. 상제(帝)가 제비(燕)에게 이 여인들을 가서 보게 하자 제비는 아름다

---

10) 간적(簡狄): 유융씨(有娀氏)의 딸이다. 제곡의 비(妃). 유융이 간적(簡狄), 건자(建疵) 두 딸을 위하여 높은 옥루대(玉樓臺)를 지었다한다.

운 소리로 울었다. 이에 매료된 두 여인은 다투어 제비를 잡아다 옥
광주리에 가두었다. 그런데 동생(簡狄)이 광주리 뚜껑을 열자 제비
는 알 두 개를 남겨 두고 북쪽으로 날아가 돌아오지 않았다. 11)

위의 내용에서 핵심은 상제(上帝)의 명령에 의하여 제비가 간적에게
날아갔고, 두 개의 알을 남겨놓은 것 중에 하나의 알을 간적이 먹었다는
이야기이다. 여기서의 알(卵)은 간적의 입장에서는 제비의 생명에 씨(種)
와 같다. 그러므로 간적과 제비와의 만남으로 설이 탄생을 한 것을 알 수
있다.
　이와 같은 내용은 〈시경(詩經)〉「상송(商頌), 현조(玄鳥)」에서도 찾아
볼 수 있다. 다만 여기서는 제비를 대신하여 현조가 商민족을 낳았다고
전하고 있다.

　하늘이 현조에게 명하여
　현조는 내려와 상 민족을 낳았네.
　이들이 거주하는 은殷의 땅은 드넓으니
　그래서 제帝는 무탕武湯에게 명령했네.12)

또 〈상송(商頌)〉「장발(長發)」에서는 더욱 구체적으로 상 민족에 대해
이렇게 말하고 있다.

　현명하고 총명한 상 민족은

11)〈여씨춘추〉「季夏紀」有娀氏有二佚女, 爲之九成之臺, 飮食必以鼓. 帝令燕往視
　之, 鳴若謚隘. 二女愛而爭搏之, 覆以玉筐, 少選, 發而視之, 燕遺二卵, 北飛, 遂不
　反,
12) 天命玄鳥, 降而生商, 宅殷土芒芒, 古帝命武湯

오랫동안 그 상서로움을 드러내네.

홍수가 범람함에

우禹는 땅 위에 질서를 세우고

크고 작은 제후국의 국경을 정하며

국경의 길이가 길어졌네.

유융(有娀)이 혼기가 되자

제帝는 아들과 혼인시켜 상 민족을 낳았네.13)

〈상송(商頌)〉에 실린 노래에서 우임금이 나오는 것은 상 민족의 시조 설(契)이 치수에 함께 참여했기 때문이다. 그래서 이때부터 오랫동안 상 서로움을 드러냈다고 하였다.

[삼족오] 한나라 때의 벽화

특히 〈상송〉에서는 현조를 상제의 아들로 나타내고 있다. 그런데 여기서의 상제는 고대로부터 태양신(太陽神)을 상징한다. 따라서 현조는 태양신의 아들이 되며, 태양신의 전령인 까마귀가 된다. 이런 점에서 볼 때에 설의 아버지는 상제의 아들인 까마귀가 되는 것을 알 수 있다.

한마디로 설의 탄생신화가 의미하는 것은 설의 아버지 제곡이 상제의 아들임을 나타내고자 함이다. 이렇게 될 때에 제곡은 상제의 아들이 되고, 설은 상제의 손자가 되기 때문이다. 이와 같은 원리는 천자(天子)사

---

13) 濬哲維商, 長發其祥, 洪水芒芒, 禹敷下土方, 外大國是疆, 福隕旣長, 有娀方將, 帝立子生商

상과 관련이 있고, 태양조를 근본으로 한 난생신화(卵生神話)와 관련이 있다.

어쨌든 간적은 현조의 알(씨)을 삼킴으로써 하나님이신 상제의 손자를 낳았다. 이로써 설의 입장에서는 상제를 할아버지로 두고, 상제의 아들을 아버지로 둔 것이 된다.

그렇다면 이와 관련하여 난생신화를 보게 되면 모든 창업시조들은 알(卵)에서 태어나고, 그 알은 태양조가 가져오게 되는 것이다. 이렇게 볼 때에 모든 창업시조들은 태양조의 아들이 되기 때문에 신성한 인물로 불린다. 그 대표적 인물들이 간적의 아들인 설이며, 신라의 박혁거세와 금관가야의 김수로, 고구려의 주몽 등이다.

다만 박혁거세의 경우는 그 알을 말(馬)이 낳고 품었다면 김수로왕의 경우는 자줏빛 줄이 하늘에서 알을 담은 금빛상자를 내려주었다. 이와 함께 고주몽은 유화부인이 알을 낳고 천으로 따뜻하게 감싸서 아이를 낳았다. 여기서 여러 형태를 빌려서 아이를 낳고 있지만 그 모든 알(씨앗)은 본래 태양조로부터 왔음을 말해주고 있다. 그러므로 창업시조들은 그 태생이 태양조의 자식들이며 하나님의 손자들이었다.

맺는 글

필자가 《신화가 된 동이東夷이야기》를 쓰게 된 동기는 동이족의 역사가 중국일변도의 신화로만 풀어지고, 한국적 신화로 인식되지 못한다는 점에서 시작되었다. 이와 함께 역사 속에서는 알려져 있지 않지만 신화 속 인물들이 문명(文明)에 끼친 업적을 드러내고자 하는 마음 때문이기도 했다.

더구나 신화가 나의 현재의 위치에서 근원으로 되돌아가는 중심사상을 가지고 있으며, 잊어버렸던 자신의 근본모습을 복원시켜야만 한다는 메시지를 갖고 있는 것에 대해서도 깊은 감동을 받고 있었기 때문이다.

그런데 이러한 감동은 어찌 보면 필자의 졸저 《수행문화의 원형 천부경》에서도 밝히고 있듯이 천부경이나 삼일신고, 참전계로부터 시작되었다. 그러므로 필자는 천부사상으로부터 시작하여 신화가 가지고 있는 사상에서 공통된 감동을 느끼게 되어, 이때부터 《신화가 된 동이이야기》를 쓰고자 하는 마음을 가지게 되었다.

우리는 전욱과 후예의 신화에서 이들이 천부사상을 가졌던 천국의 인물들이었다는 것을 알 수 있었다. 하지만 이들은 하계에서 권력을 휘두르는 과정에서 천부의 뜻을 저버리기 시작하였다. 이러한 결과는 어찌 보면 그들이 저급심을 가지고 물질의 풍요로움에만 치우쳐서 신성(神性)을 회복하는 가르침에서 멀어졌기 때문이다.

그런데 이러한 물질에만 치중했던 고대에 타락한 영웅들에 삶의 모습은 어찌 보면 현대의 사회에 살아가는 우리들의 모습이기도 하다. 한마디로 우리들의 모습 속에도 문화영웅의 삶과 타락한 영웅들의 삶이 있기 때문이다. 이런 점에서 볼 때에 신화 속 영웅들의 이야기는 우리들에게 삶의 지침이 되고 교훈이 된다. 그렇다면 이제 우리는 물질에만 치우친 삶을 버리고 인간의 내면에서 잠들기 시작한 신성(神性)을 다시 깨어나게 해야 하는 사명이 우리에게는 있다.

그러기 위해서는 이제 우리는 신화가 제시하는 교훈을 받아들여야 한다. 즉 신화가 제시하는 교훈인 신성(神性) 회복의 삶이 필요하다. 그렇게 될 때에 우리는 고대인들의 사유방식인 천상과 지하세계와 바다의 세계로 이루어진 신화의 세계 속에서 오고감을 뜻대로 하는 영웅이 될 수도 있을 것이다.

이러한 입장에서 필자는 만약 당신이 신화가 제시하는 영웅이 되고자 한다면 생명의 복구를 위하여 태초의 시간으로 되돌아갈 것을 당부하고 싶다. 그러면 당신은 아마 초월적 자아를 이루어 천상과 지하와 수궁(水宮)의 세계를 자유롭게 오고갈 수도 있기 때문이다.

특히 필자가 이 책을 쓰면서 크게 느낀 점은 신화는 단순히 만들어진 이야기가 아니라 역사의 사실을 상징을 통하여 표현했다는 점이다. 이 말은 신화란 상징의 역사이지 허구로 만들어진 역사가 아니라는 뜻이다.

이런 점에서 신화란 역사를 재미있게 알고, 이해시키는 보석과 같은 이야기라 할 것이다. 아무쪼록 이 책이 출간될 수 있도록 힘써주신 분들에게 감사함을 전하는 바이다.

참고서적

《거북의 비밀》 사라 알란 지음, 예문서원, 2002

《금지된 신의 문명》 앤드류 콜린스, 오정학 역, 사람과 사람, 2002

《동학과 신서학》 김상일 지음, 지식산업사, 2000

《마야문명》 존 S. 헨더슨(이남규 역), 기린원, 1999

《문명의 창세기》 데이비드 롤(김석희 역), 해냄, 1999

《베일 벗은 천부경》 조하선, 물병자리, 1998

《부도와 환단의 이야기》 지승, 대원출판, 1996

《산해경》 최형주 역, 자유문고, 1998

《삼국유사》 일연(이민수 역), 을유문화사, 1999

《샤마니즘》 미르치아 엘리아데, 이윤기 옮김, 까치, 1998

《성과 속》 엘리아데(이동하 역), 학민사, 2009

《수행문화의 원형 천부경》 김진일, 거발환, 2011

《신선사상과 도교》 도광순 편, 범우사, 1994

《요가》 엘리아데(정위교 역), 고려원, 1991

《우리 문화의 수수께끼》 주강현, 한겨레신문사, 1996

《원효결서》 김중태, 화산문화, 1997

《여자란 무엇인가》 김용옥, 통나무, 1990

《용봉문화의 원류》 왕대유(임동석 역), 동문선, 1994

《인류원한의 뿌리 단주》 이재석, 상생출판, 2008

《이미지와 상징》 엘리아데(이재실 역), 까치글방, 2010

《이집트 사자의 서》 서규석 편저, 문학동네, 1999

《인도신화》 라다크리쉬나이야(김석진 옮김), 장락, 1996

《인도 사상의 역사》 정호영 옮김, 민족사, 1993

《잃어버린 무대륙》제임스 처치워드(지방훈 옮김), 나무, 1989

《중국의 고대신화》원가(정석원 역), 문예, 1992

《중국고대신화》김희영 편역, 육문사, 1993

《중국신화연구》선정규, 고려원, 1996

《초사》송정희 번역, 명지대학 출판부, 1979

《통곡하는 민족혼》안원전, 대원출판, 1989

《페르시아 신화》편집부, 글사랑, 1995

《피야 피야 삼신 피야》지승스님 저, 전예원, 1985

《하나 되는 한국사》고준환, 범우사, 1992

《한단고기》임승국 번역 · 주해, 정신세계, 1991

《한국 수메르 · 이스라엘 역사》문정창, 한뿌리, 1993

《한국신화와 원초의식》전규태, 이우출판사, 1980

《황금의 가지》프레이저(김상일 역), 을유문화사, 1997

《한비자》성동고 번역, 홍신문화사, 1997

《해동이적》홍만종(이석호 역), 을유문화사, 1982

《화엄경》최호 역해, 홍신문화사, 1995

《회남자》안길환 편역, 류안 편저, 명문당, 2001